T0259668

Informatik & Praxis

Reihenherausgeber

Helmut Eirund
Herbert Kopp
Axel Viereck

Die Reihe Informatik & Praxis wird herausgegeben von Prof. Dr. Helmut Eirund, Prof. Dr. Herbert Kopp und Prof. Dr. Axel Viereck.

Anwendungsorientiertes Informatik-Wissen ist heute in vielen Arbeitszusammenhängen nötig, um in konkreten Problemstellungen Lösungsansätze erarbeiten und umsetzen zu können. In den Ausbildungsgängen an Universitäten und vor allem an Fachhochschulen wurde dieser Entwicklung durch eine Integration von Informatik-Inhalten in sozial-, wirtschafts- und ingenieurwissenschaftliche Studiengänge und durch Bildung neuer Studiengänge – z.B. Wirtschaftsinformatik, Ingenieurinformatik oder Medieninformatik – Rechnung getragen. Die Bände der Reihe wenden sich insbesondere an die Studierenden in diesen Studiengängen, aber auch an Studierende der Informatik, und stellen Informatik-Themen didaktisch durchdacht, anschaulich und ohne zu großen „Theorie-Ballast" vor.

Die Bände der Reihe richten sich aber gleichermaßen an den Praktiker im Betrieb und sollen ihn in die Lage versetzen, sich selbständig in ein in seinem Arbeitszusammenhang relevantes Informatik-Thema einzuarbeiten, grundlegende Konzepte zu verstehen, geeignete Methoden anzuwenden und Werkzeuge einzusetzen, um eine seiner Problemstellung angemessene Lösung zu erreichen.

Edwin Schicker

Datenbanken und SQL

Eine praxisorientierte Einführung mit
Anwendungen in Oracle, SQL Server und
MySQL

5., aktualisierte und erweiterte Auflage

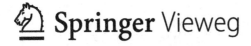 Springer Vieweg

Edwin Schicker
Fakultät Informatik und Mathematik
OTH Regensburg
Regensburg, Deutschland

ISSN 1615-8245
Informatik & Praxis
ISBN 978-3-658-16128-6   ISBN 978-3-658-16129-3 (eBook)
DOI 10.1007/978-3-658-16129-3
Die Deutsche Nationalbibliothek verzeichnet diese Publikation in der Deutschen Nationalbibliografie; detaillier-te bibliografische Daten sind im Internet über http://dnb.d-nb.de abrufbar.

Springer Vieweg
© Springer Fachmedien Wiesbaden GmbH 1996, 1999, 2000, 2014, 2017

Gedruckt auf säurefreiem und chlorfrei gebleichtem Papier.

Springer Vieweg ist Teil von Springer Nature
Die eingetragene Gesellschaft ist Springer Fachmedien Wiesbaden GmbH
Die Anschrift der Gesellschaft ist: Abraham-Lincoln-Strasse 46, 65189 Wiesbaden, Germany

Vorwort

Datenbanken entstanden ab etwa 1960 aus der Notwendigkeit, die logischen Zugriffe auf die immer größer werdenden Datenmengen der Großrechner zu vereinfachen und zu normieren. Inzwischen haben Datenbanken längst ihren Siegeszug in nahezu allen Anwendungsbereichen angetreten. Für diese rasante Entwicklung zeichnen vor allem drei Gründe verantwortlich: Erstens stieg die Rechnerleistung in den letzten Jahrzehnten extrem an. Zweitens ermöglichen die nach 1970 entwickelten relationalen Datenbanken ein intuitives Erstellen von Datenbanken mit einfachen Zugriffen. Und drittens unterstützen grafische Oberflächen den Anwender und Datenbankdesigner dank einer intuitiven Benutzerführung.

Damit wird das Erstellen einer kleinen Datenbank fast zum Kinderspiel. Doch nur ein korrektes Design gepaart mit wohlüberlegten strukturierten Zugriffen garantieren Flexibilität, Zuverlässigkeit und eine problemlose spätere Erweiterung der Datenbank. Erst ein optimiertes Design basierend auf theoretischen Grundlagen und praktischen Erfahrungen sorgen für Konsistenz und Integrität einer Datenbank. Nur so erhalten wir fehlerfreie und widerspruchsfreie Datenbestände, die stets zugreifbar sind.

Dieses Buch entstand aus Vorlesungen zu Datenbanken, die ich für Informatiker und Mathematiker an der Technischen Hochschule Regensburg seit vielen Jahren lese. Ich möchte mit diesem Buch aber auch alle interessierten Laien und Nicht-Informatiker bewusst ansprechen. Der theoretische Stoff wird mittels zahlreicher Beispiele sofort praktisch angewendet. Regelmäßige Zusammenfassungen erleichtern die Wiederholung und Reflexion des behandelten Stoffes. Zur Lernzielkontrolle dienen dem Autodidakten die zahlreichen Übungsaufgaben. Der Praxisbezug wird unterstützt durch eine im Buch fortlaufend verwendete Beispieldatenbank, die im Anhang ausführlich vorgestellt wird.

Dieses Buch wendet sich vor allem an Programmierer, die mit Hilfe von SQL auf Datenbanken zugreifen wollen, und an alle, die kleine bis mittlere Datenbanken selbst entwerfen, erweitern und ändern möchten. Da viele Kapitel voneinander unabhängig sind, empfehle ich dieses Buch ausdrücklich auch als Nachschlagewerk. Ein umfangreiches Kapitel zur Datenbankprogrammierung erschließt zusätzlich die Welt des Internets und der grafischen Oberflächen.

Ganz grob lässt sich dieses Buch in drei Teile gliedern. Die Kap. 1 bis 3 geben zunächst einen Überblick über Datenbanken und beschäftigen sich dann intensiv mit Aufbau und

Design von relationalen Datenbanken. Dieser mehr theoretische Stoff wird im zweiten Teil durch die in den Kap. 4 und 5 behandelte Datenbanksprache SQL intensiv angewendet und dabei zusätzlich erheblich vertieft. Die Internet-Programme in Kap. 6 schließen diesen zweiten Teil ab. Im dritten Teil ab Kap. 7 werden weiterführende Themen vorgestellt. Es finden sich Kapitel zur Performance, zur Korrektheit der gespeicherten Daten, zu Möglichkeiten des parallelen Datenzugriffs, zum Schutz vor Datenverlusten oder unberechtigten Zugriffen und zu verteilten und objektrelationalen Datenbanken.

Kapitel 1 bespricht die Vorzüge von Datenbanken gegenüber selbst verwalteten Datenbeständen, erklärt die wichtigsten Datenbankbegriffe und gibt einen kleinen Überblick über die Leistungsfähigkeit und Möglichkeiten von Datenbanken. Dieses Kapitel dient zur Übersicht und Motivation und ist vor allem für den Anfänger empfehlenswert.

Kapitel 2 und 3 beschäftigen sich mit relationalen Datenbanken. Sie sind zusammen mit der Sprache SQL ab Kap. 4 die zentralen Kapitel dieses Buches. Hier liegt der Fokus auf den Methoden zum Erstellen einer relationalen Datenbank im Detail. Der Aufbau von Relationen zusammen mit den beiden Integritätsregeln wird vorgestellt. Die Normalformen von Relationen und das Entity-Relationship-Modell als Basiswerkzeuge zum Design von Datenbanken werden ausführlich behandelt.

Die Kap. 4 und 5 führen praxisorientiert und umfassend in die Datenbankzugriffssprache SQL ein, wobei an Hand von Beispielen der Stoff der Kap. 2 und 3 wesentlich vertieft wird. Kapitel 4 befasst sich intensiv mit den Zugriffsmöglichkeiten auf Datenbanken mittels SQL. In Kap. 5 gehen wir einen Schritt weiter und erzeugen Datenbanken mit geeigneten SQL-Befehlen und beschäftigen uns zusätzlich mit der Vergabe von Zugriffsrechten in SQL. Hier werden auch wichtige Themen wie Sicherheit und Integrität behandelt. In Kap. 6 wird der SQL-Teil mit umfangreichen Programmen abgeschlossen. Hier greifen wir mittels HTML und PHP vom Internet aus direkt auf Datenbanken zu.

Der dritte Teil dient der Weiterführung und Vertiefung. Er beginnt in Kap. 7 mit einer Einführung in die Performance. In Kap. 8 folgen die im produktiven Einsatz sehr wichtigen Themen Recovery und Concurrency. Es werden ausführlich die erforderlichen Maßnahmen beschrieben, um einem plötzlichen Rechnerabsturz ruhig entgegenzusehen und um Parallelzugriffe zu ermöglichen.

In Kap. 9 werden die Grundideen verteilter und objektrelationaler Datenbanken vorgestellt. Dies beinhaltet die Grundregeln der verteilten Datenbanken und erste Gehversuche mit der objektrelationalen Erweiterung der Sprache SQL.

Geübt wird im gesamten Buch durchgehend mit Oracle, aber auch mit MySQL und SQL Server. Dank der normierten Sprache SQL sind die meisten Beispiele dieses Buches auch auf andere Datenbanken direkt anwendbar. Auf die wenigen Abweichungen zwischen Oracle, SQL Server und MySQL wird immer explizit hingewiesen. Die Beispieldatenbank *Bike* wird durchgängig verwendet, besonders intensiv in den SQL-Kapiteln. Diese Datenbank *Bike* wird im Anhang ausführlich vorgestellt und ist Basis für alle praktischen Übungen dieses Buches. Installationsprogramme zum automatischen Erstellen dieser Datenbank für Oracle, SQL Server und MySQL stehen im Internet kostenlos zur

Verfügung. Entsprechende Hinweise werden ebenfalls im Anhang gegeben. Jedes Kapitel endet mit einer Zusammenfassung, Übungsaufgaben und Literaturhinweisen.

Die vorliegende fünfte Auflage wurde um aktuelle Themen wie SQL Injection erweitert, ebenso wurden Fehler korrigiert. Anpassungen sind auch auf Anregungen von Lesern zurückzuführen. Dafür bedanke ich mich besonders.

Mein besonderer Dank gilt meiner Familie, deren Rücksicht und Verständnis dieses Buch erst ermöglichten.

Regensburg, im Oktober 2016

Inhaltsverzeichnis

Übersicht über Datenbanken

Übersicht

Aller Anfang ist schwer. Dieses Kapitel soll diesen Anfang erleichtern und führt in diese ganz neue Welt der Datenbanken mit all ihren Begriffen und Besonderheiten ein. Wir beginnen mit der Definition einer Datenbank und stellen anschließend einen Katalog über Wünsche und Erwartungen an Datenbanken zusammen. Es überrascht nicht, dass dieser ziemlich umfangreiche Katalog heute von Datenbanken fast vollständig erfüllt wird. Und schon beginnen wir zu erahnen, wie mächtig und komplex moderne Datenbanksysteme sind. In den folgenden Abschnitten definieren wir die Aufgaben eines Datenbank-Administrators, lernen grob die einzelnen Datenbankmodelle kennen, gewinnen einen Überblick über Datenbankzugriffe und stoßen schließlich auf den enorm wichtigen Transaktionsbegriff. Der Leser, der bereits Grundkenntnisse in Datenbanken besitzt, kann dieses Kapitel gerne überspringen. Einen sehr schönen knappen Überblick über Datenbanken finden wir auch in Eirund und Kohl (2010).

1.1 Definition einer Datenbank

Daten können äußerst effizient verwaltet werden, um extrem schnelle Zugriffe auf Daten zu ermöglichen. Es stellt sich daher fast automatisch die Frage: „Benötigen wir überhaupt Datenbanken?" Und wir neigen dazu, *nein* zu sagen, da auch auf größte Datenmengen bei entsprechender Optimierung hochperformant zugegriffen werden kann. Um diese Frage letztendlich doch mit einem klaren *Ja* zu beantworten, müssen wir zunächst den Begriff Datenbanken exakt definieren. Anschließend werden wir die wichtigen Unterschiede zwischen Datenbanken einerseits und einer komplexen Dateiverwaltung andererseits herausarbeiten.

© Springer Fachmedien Wiesbaden GmbH 2017
E. Schicker, *Datenbanken und SQL*, Informatik & Praxis, DOI 10.1007/978-3-658-16129-3_1

Wir beginnen mit einem Beispiel: Wir betrachten einen Mehrbenutzerbetrieb (Multi-User-Betrieb): Auf einen großen Datenbestand greifen Benutzer von vielen Rechnern aus mehr oder weniger gleichzeitig zu. Nehmen wir als Beispiel das Buchen einer Flugreise. Von vielen Reisebüros aus wird nach freien Plätzen in Flugzeugen gesucht, um diese, falls vorhanden, zu reservieren. Mit dieser Buchung sind diese Plätze für alle andere Kunden sofort als belegt markiert. Diese Daten müssen deshalb für alle gleichzeitig zugreifbar und trotzdem immer aktuell sein.

Die Situation ist in diesem Beispiel also die folgende (siehe auch Abb. 1.1): Mehrere Benutzer greifen auf die gleichen Datenbestände lesend und schreibend zu. Anwendungs-programme mit einer komfortablen Benutzeroberfläche übernehmen die meist doch recht komplexen Zugriffsbefehle, da diese der Endbenutzer in der Regel nicht kennt.

Analysieren wir diese Zugriffsweise. Das Anwendungsprogramm (und damit der Pro-grammierer dieser Anwendung) muss die physische Struktur aller verwendeten Daten exakt kennen. Leider sind die Daten auf verschiedenen Hardware-Plattformen in der Re-gel unterschiedlich abgespeichert. Das Anwendungsprogramm muss daher immer an die jeweilige Hardware angepasst sein. Soll ein unter Unix laufendes Zugriffsprogramm auf Windows portiert werden, so genügt nicht nur ein erneutes Übersetzen, es muss vielmehr aufwendig umgeschrieben werden.

Auch wenn gar kein Umstieg auf ein anderes System geplant ist, treten früher oder spä-ter Probleme auf; denn die riesigen Datenmengen haben sich meist über viele Jahre oder gar Jahrzehnte angesammelt. Denken wir nur an Lebensversicherungen mit vertraglichen Laufzeiten von 25 oder mehr Jahren. In diesem Zeitraum haben sich die Computer und Speichermedien und damit auch die Schnittstellen zu den Daten erheblich geändert. Jede dieser Änderungen erfordert Korrekturen in all den Programmen, die diese Schnittstellen verwenden. Aus Abb. 1.1 erkennen wir ganz klar: <u>Alle</u> Anwendungsprogramme müssen bei Datenstrukturänderungen angepasst werden!

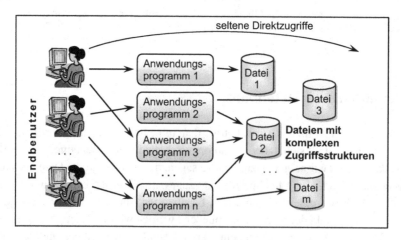

Abb. 1.1 Mehrbenutzerbetrieb mit Datenorganisation

Aber schon allein die Tatsache, dass jeder Anwendungsprogrammierer die physische Struktur aller Daten kennen muss, ist unbefriedigend. Hohe Kosten wegen der aufwendigen Einarbeitung neuer Mitarbeiter und eine hohe Fehleranfälligkeit wegen der vielen unterschiedlichen und komplexen Strukturen sind die Folge. Erst Datenbanken versprechen hier Abhilfe.

▶ **Definition: Datenbank** Eine <u>Datenbank</u> ist eine Sammlung von Daten, die untereinander in einer logischen Beziehung stehen und von einem eigenen Datenbankverwaltungssystem (Database Management System, DBMS) verwaltet werden.

Der erste Teil der Definition sollte klar und selbstverständlich sein: Daten, die nicht zusammengehören, werden getrennt verwaltet, etwa in separaten Datenbanken. Eine große Versicherungsgesellschaft wird beispielsweise seine Daten zur Lebensversicherung und zur KFZ-Versicherung gesondert in eigenen Datenbanken halten, was auch der Übersicht zu Gute kommt. Ein besonderes Gewicht besitzt der zweite Teil der Definition: Eine Datenbank impliziert eine Datenhaltung <u>und</u> eine dazugehörige Verwaltung dieser Daten. Wir können diese Neuerung deutlich aus Abb. 1.2 ablesen.

Neu gegenüber Abb. 1.1 ist die Abschottung der physischen Daten durch das Datenbankverwaltungssystem. Dieses DBMS besitzt eine <u>logische</u> Schnittstelle nach außen. Jeder Benutzer und damit auch jedes Anwendungsprogramm greift ausschließlich über diese Schnittstelle auf die Daten zu. Das DBMS selbst setzt diese logischen Zugriffe in physische um und liest und schreibt letztlich die Daten auf das Speichermedium. Da die logische Schnittstelle eine exakt festgelegte und nicht allzu komplexe Zugriffsschnittstelle ist, kann auch ein Endbenutzer gegebenenfalls direkt auf die Datenbank zugreifen. Insbesondere werden die Anwendungsprogramme einfacher und damit auch weniger feh-

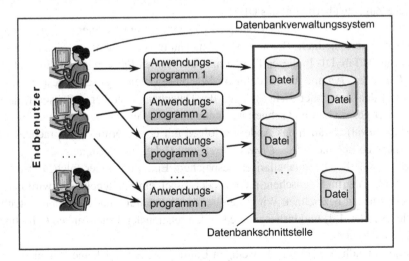

Abb. 1.2 Schematischer Zugriff auf Datenbanken

leranfällig. Und der Leser dieses Buches wird sich darüber freuen, dass er nur am Rande von der physischen Datenorganisation „belästigt" wird.

Zu der mit Abstand wichtigsten internationalen Datenbankschnittstelle hat sich in den letzten 25 Jahren SQL entwickelt. **SQL** steht für Structured Query Language und ist eine Programmiersprache, mit deren Hilfe auf relationale Datenbanken zugegriffen werden kann. Sie wurde von E. F. Codd ab 1970 bei IBM entwickelt, hieß zunächst SEQEL (daher auch die englische Aussprache „säquel" für SQL), und wurde dann 1979 von Oracle unter dem Namen SQL vorgestellt. Ihre Bedeutung gewann sie durch die Normierung im Jahr 1986 (wir sprechen hier von SQL1). Seitdem wurde diese Sprache ständig weiterentwickelt. 1992 kam der wichtige Schritt zu SQL2, eine Norm, die heute durchgängig unterstützt wird. Weitere Normierungen ergänzen SQL. So wurden im Jahr 1999 objektorientierte Konzepte und Rekursion mit der SQL3-Norm eingeführt. In den Jahren 2003 und 2006 kam die XML-Unterstützung hinzu. Weitere Ergänzungen folgten 2008 und 2011. Wir werden uns auf SQL2 konzentrieren, da diese Norm von praktisch allen modernen Datenbanken unterstützt wird, unter anderem von Oracle, DB2, MS SQL Server, MySQL und PostgreSQL.

SQL ist eine nicht prozedurale Programmiersprache, mit der ein Anwender dem Datenbanksystem lediglich mitteilt, welche Daten er benötigt, und nicht, wie er zu diesen Daten gelangt. Dies vereinfacht die Programmierung erheblich. Wir werden bereits im Folgenden einfache SQL-Befehle kennen lernen. Sehr ausführlich werden wir in den Kap. 4 bis 6 auf SQL eingehen.

Die Vorteile einer Datenbank wurden bereits deutlich herausgestellt. Sie seien hier nochmals zusammengefasst: Der Anwendungsprogrammierer und der Endbenutzer können über eine komfortable, mächtige und normierte Schnittstelle des DBMS (zum Beispiel SQL) auf die Daten der Datenbank zugreifen. Kenntnisse über die innere physische Struktur der Daten in der Datenbank sind nicht erforderlich. Die Umsetzung der logischen in physische Zugriffe übernimmt das DBMS.

Beginnen wir mit einem ersten Beispiel. Gegeben sei ein Händler, der in seinem Getränkelager unterschiedliche Biersorten vorrätig hat. Ein Ausschnitt über den Inhalt dieses Lagers enthält Tab. 1.1. In dieser Tabelle mit dem Namen *Bierdepot* sind die Spalten *Nr*, *Sorte*, *Hersteller*, *Typ* und *Anzahl* definiert. Wie diese Daten physisch abgespeichert sind, interessiert den Anwender nicht, solange der Datenbankhersteller dafür sorgt, dass die Daten sicher gespeichert und schnell gefunden und geändert werden können. Sowohl die Suche (Retrieval) als auch das Ändern erfolgen mit einer normierten Sprache. In SQL stehen dazu die Befehle *Select*, *Update*, *Insert* und *Delete* zur Verfügung.

In SQL sind alle Daten tabellarisch gespeichert. Eine Zeile einer solchen Datenbanktabelle heißt Satz (im Englischen: record) oder Tupel, ein Spaltenelement wird meist als Feld oder Attribut bezeichnet. Wir gehen bei der Behandlung der einzelnen Datenbankmodelle (Abschn. 1.4) und insbesondere bei den relationalen Datenbanken (Abschn. 2.2) ausführlich darauf ein.

Selbstverständlich wäre für die wenigen Einträge in Tab. 1.1 keine Datenbank erforderlich. Handelt es sich hier hingegen nur um einen kleinen Ausschnitt aus dem um-

Tab. 1.1 Bierdepot

Nr	Sorte	Hersteller	Typ	Anzahl
1	Export	Schultheiss	Kasten	12
3	Roggen	Thurn und Taxis	Kasten	10
4	Pils	Löwenbräu	Kasten	22
8	Export	Löwenbräu	Fass	6
11	Weißbier	Paulaner	Kasten	7
16	Hell	Spaten	6er Pack	5
20	Hell	Spaten	Kasten	12
23	Hell	EKU	Fass	4
24	Starkbier	Paulaner	Kasten	4
26	Dunkel	Kneitinger	Kasten	8
28	Märzen	Hofbräu	Fass	3
33	Pils	Jever	6er Pack	6
36	Alkoholfreies Pils	Löwenbräu	6er Pack	5
39	Weißbier	Erdinger	Kasten	9
47	Alkoholfreies Pils	Clausthaler	Kasten	1

Tab. 1.2 Weißbiere im Bierdepot

Sorte	Hersteller	Anzahl
Weißbier	Paulaner	7
Weißbier	Erdinger	9

fangreichen Sortiment eines Getränkehändlers, so kann bei jeder Bestellung nachgesehen werden, ob die entsprechende Biersorte vorrätig ist; und wenn ja, kann vom Bestand die bestellte Ware direkt abgezogen werden. Dies wäre auch mit Papier und Bleistift möglich, aber zeitintensiv und Fehler anfällig. Hat sich unser Getränkehändler für eine SQL-Datenbank entschieden, so wird ihm beispielsweise sogar die direkte Anfrage nach einem guten Weißbier relativ leicht fallen. Sie lautet in SQL:

```
SELECT    Sorte, Hersteller, Anzahl
  FROM    Bierdepot
 WHERE    Sorte = 'Weißbier' ;
```

Als Ergebnis wird in unserem Beispiel Tab. 1.2 ausgegeben.

Auch das Einfügen einer weiteren Pils-Sorte, das Hinzufügen zweier Kästen Paulaner Weißbier oder das Löschen des Jever Pils sind einfach auszuführen:

```
INSERT INTO  Bierdepot
    VALUES   (43, 'Pils', 'Dortmunder Union', 'Kasten', 6) ;

UPDATE       Bierdepot
   SET       Anzahl = Anzahl + 2
 WHERE       Nr = 11 ;

DELETE FROM  Bierdepot
 WHERE       Nr = 47 ;
```

Mit diesen drei SQL-Befehlen wird jeweils in der Tabelle *Bierdepot* eine Änderung vorgenommen (zur genauen Syntax und Wirkungsweise dieser SQL-Befehle sei auf Kap. 4 verwiesen). Genauso einfach sind auch die Zugriffe auf große und größte Datenbestände. Immer liefert SQL die Abfrageergebnisse in Tabellenform zurück, und Änderungen werden direkt in die Datenbank geschrieben. Dieses kleine Beispiel zeigt bereits, wie einfach und übersichtlich Anwendungsprogramme dank relationaler Datenbanken werden.

Gehen wir nun in unserem Gedankenbeispiel weiter. Wegen guter Umsätze baut der Getränkehändler sein Händlernetz aus. Jetzt benötigt er auch eine Kunden-, eine Personal- und eine Verkaufsdatei. Auch Rechnungen, Mahnungen, Statistiken, Finanz- und Steuerabrechnungen wollen verwaltet werden. Schließlich sollen diese Daten auch von allen Zweigstellen aus zugreifbar sein. Dies wiederum erfordert die Notwendigkeit paralleler Zugriffe für einen eingeschränkten Personenkreis (Kennwortschutz). Wir erkennen die hohen Anforderungen an Datenbanken, denn eine leistungsfähige Datenbank sollte selbstverständlich alle diese Merkmale unterstützen.

1.2   Anforderungen an eine Datenbank

Nachdem wir im letzten Abschnitt am Beispiel des Getränkehändlers schon aufzeigten, welche Anforderungen an eine Datenbank gestellt werden können, wollen wir in diesem Abschnitt systematisch darauf eingehen. Wir überlegen dazu, welche Probleme und Wünsche in Zusammenhang mit der Haltung und Verwaltung großer Datenbestände auftreten können, und fordern, dass moderne Datenbanksysteme unsere Probleme lösen und unsere Wünsche erfüllen. Wir wollen mit Erwartungen beginnen, die wir bereits an komplexe Datenstrukturen stellen:

- Sammlung logisch verbundener Daten
- Speicherung der Daten mit möglichst wenig Redundanz
- Abfragemöglichkeit und Änderbarkeit von Daten

Die Anforderung, nur zusammengehörige Daten zu sammeln, ist fast schon trivial. Diese Anforderung unterstreicht aber nochmals, dass Daten, die nicht miteinander in Verbindung stehen, auch getrennt verwaltet werden. Dies vereinfacht den Aufbau von Datenbanken wesentlich.

Eine Sammlung von Daten erlaubt umgekehrt, dass diese Daten nicht notwendigerweise an einer Stelle gespeichert sind. Vielmehr können diese Daten auf mehreren Rechnern verteilt sein, auch im Internet. Die Datenbank muss im Falle der Verteilung natürlich jederzeit alle Speicherorte kennen, um bei einer Anfrage die gewünschten Daten sofort liefern zu können. Es versteht sich von selbst, dass der Anfragende mit den Problemen der Verteilung nicht belästigt wird.

Unter **Redundanz** verstehen wir das mehrfache Abspeichern gleicher Daten. Mehrfachhaltung kostet Speicherplatz und zusätzlichen Verwaltungsaufwand ohne erkennbaren

Nutzen und ist daher unerwünscht, lässt sich aber aus Laufzeitgründen und aus Gründen der Datenverwaltung selten ganz vermeiden. Da diese Mehrfachhaltung zu Inkonsistenzen (Widersprüche innerhalb des Datenbestands) führen kann, sollte eine Datenbank einen möglichst redundanzarmen Aufbau der Daten durch entsprechende Datenstrukturen unterstützen. Des Weiteren sollte das Datenbankverwaltungssystem die nicht vermeidbaren Redundanzen kennen und bei Änderungen eines dieser redundanten Daten auch alle anderen entsprechend automatisch mit anpassen.

Redundanz in der Datenhaltung ist beispielsweise gegeben, wenn der Getränkehändler neben der Lagertabelle auch eine Einkaufs- und Verkaufstabelle führt. Allein aus der Differenz der letzten beiden Tabellen lässt sich der Lagerbestand berechnen. Die Lagertabelle enthält demnach ausschließlich redundante Daten, trotzdem wird diese Tabelle in der Regel mitgeführt. Die Datenbank hat beim Einkauf für die ordentliche Buchung sowohl in der Lager- als auch in der Einkaufstabelle zu sorgen. Analoges gilt für den Verkauf.

Dass wir Daten abfragen und ändern können, ist selbstverständlich und schließt ein, dass dieses Abfragen und Ändern von Daten den Anforderungen entsprechend schnell ausgeführt wird. Die erwartete Ausführungsgeschwindigkeit liegt in der Regel im Bereich des menschlichen Reaktionsvermögens. Schon Antwortzeiten der Datenbank von mehr als zwei Sekunden sind unerwünscht. Da Abfragen sehr komplex sein können und sich nicht selten über mehrere Tabellen, Dateien und Speicherorte erstrecken, wird eine große Datenbank intern mit komplexen und extrem leistungsfähigen Datenstrukturen arbeiten. Es ist also die Aufgabe des DBMS, für eine optimale physische Speicherung zu sorgen. Der Benutzer und Anwender wird mit diesen Details selbstverständlich nicht belästigt.

Die bisher aufgeführten Punkte werden auch von komplexen Datenstrukturen mit entsprechenden Zugriffsmethoden erfüllt. Der wahre Vorteil eines DBMS ist seine genau definierte und im Falle von SQL auch normierte Schnittstelle, die diese physischen Strukturen dem Benutzer gegenüber vollständig verbirgt. Damit bleiben Datenbankzugriffe relativ einfach. Doch ein Datenbanksystem sollte noch wesentlich mehr leisten, und wir setzen unsere Wunschliste fort:

- Logische Unabhängigkeit der Daten von ihrer physischen Struktur
- Zugriffsschutz
- Integrität
- Mehrfachzugriff (Concurrency)

Wir gehen auf diese vier Punkte im Einzelnen ein. Die Datenbank sorgt nicht nur für die optimale Speicherung der Daten, sondern verbirgt zusätzlich die physische Datenstruktur vor dem Benutzer. Natürlich muss der Benutzer die Daten kennen, aber es genügt, wenn er über den logischen Aufbau dieser Daten Bescheid weiß. Der Benutzer greift auf die „logischen" Daten zu, und die Datenbank wandelt diese logische Anforderung selbstständig in den entsprechenden physischen Zugriffsbefehl um und führt ihn aus.

Veranschaulichen wir dies am Beispiel unseres Bierdepots. Der Benutzer der Datenbank kennt nur die Tabellenstruktur. Wird in dieser Tabelle die Herstellerspalte zwecks schnelleren Zugriffs mit einem Index (siehe Abschn. 7.1) versehen, so darf sich dies an der Benutzerschnittstelle grundsätzlich nicht bemerkbar machen! Über die verbesserte Antwortzeit darf sich der Anwender aber natürlich dennoch freuen.

Diese Forderung entspricht in ihrer Bedeutung etwa dem Übergang von Assembler zu einer strukturierten Hochsprache wie C++ oder Java. Sie ermöglicht zum einen ein schnelles und einfaches Programmieren, zum anderen eröffnet es große Freiheiten in der Verwaltung der Datenbank. Das DBMS kann intern optimieren, ohne die Anwenderschnittstelle anpassen zu müssen. Die Daten können jederzeit umorganisiert und performant gespeichert werden, sei es in Verknüpfung mit internen Strukturen, sei es auf Band, Festplatte oder anderen Medien. Unter anderem kann die Hardware, das Betriebssystem und das verwendete Blockformat der Festplatte geändert werden, ohne dass dies an der Schnittstelle zum Anwendungsprogramm sichtbar wird.

Zum <u>Zugriffsschutz</u> ist zu sagen, dass Betriebssysteme zwar den Schutz von Dateien kennen, nicht aber den Schutz einzelner Daten innerhalb einer Datei. Dieser interne Schutz ist aber bei sensiblen Daten wie etwa Personaldaten erforderlich. Einerseits soll die Lohnbuchhaltung auf die Adresse und die Kontonummer von Mitarbeitern zugreifen können, andererseits soll es der Firmenleitung vorbehalten sein, Einblicke in die Gehalts- und Beurteilungsdaten einzelner Personen zu bekommen, ganz zu schweigen vom Ändern dieser sensiblen Daten.

Die Datenbanken haben daher für den Zugriffsschutz zu sorgen, sie verwalten die Kennungen und Passwörter zum Zugang zur Datenbank und geben je nach Autorisierung nur die entsprechend erlaubten Teile (Sichten, siehe Abschn. 5.4) der Datenbank frei. Das DBMS ermöglicht darüber hinaus, diese Zugangsberechtigungen jederzeit zu widerrufen oder neu festzulegen.

<u>Integrität</u> ist eine ganz wesentliche Forderung. Integrität kommt von *integer* und bedeutet, dass alle gespeicherten Daten korrekt sein sollten. Integrität ist eine der Forderungen, die selbstverständlich ist, in der Praxis jedoch nur sehr schwer umfassend zu erfüllen ist. Natürlich wäre es schön, wenn zum Beispiel dieses Buch frei von jeglichen Schreibfehlern wäre, was aber trotz größter Sorgfalt kaum zutreffen wird. Integrität umfasst einen sehr weiten Bereich, beginnend bei der physischen über die logische zur semantischen Integrität. Zum einen müssen also die Daten physisch korrekt gespeichert sein, einschließlich der kompletten Datenverwaltung. Weiter müssen die Daten logisch richtig sein. Mehrfach vorhandene Daten müssen den gleichen Wert besitzen, und Änderungen müssen sich auf alle redundanten Daten beziehen. Im Detail gehen wir auf diese Probleme im Abschn. 2.4 ein.

Auch wenn dies erfüllt ist, bleibt als Hauptschwachstelle die semantische Integrität, also die Übereinstimmung der Daten in der Datenbank mit den Daten der realen Welt. Hier ist die Datenbank auf die Eingabe durch den Menschen angewiesen. Der Mensch ist glücklicherweise keine Maschine; beim Einlesen von Daten geschehen damit aber zwangsweise früher oder später Fehler. Ein gutes DBMS sollte aber durch Plausibilitätskontrollen zumindest offensichtliche Fehler erkennen. Die Eingabe einer wöchentlichen Arbeitszeit von versehentlich 400 statt 40 Stunden sollte daher beispielsweise grundsätzlich abgewiesen werden.

Bis heute werden Daten meist zentral in einem Rechner gehalten, wobei von anderen Rechnern und „intelligenten" Automaten (z. B. Bankautomaten) aus zugegriffen wird. Immer öfter werden aber Daten auch auf mehrere Rechner verteilt. Die einzelnen Daten können dabei im einen Fall fix einem Rechner zugeordnet sein, oder im anderen Extremfall irgendwo in der Cloud liegen. Das System kennt aber immer den augenblicklichen Speicherplatz und kann jederzeit auf jedes dieser Daten zugreifen (siehe Abb. 1.3, siehe auch Kap. 9).

Bei gleichzeitigen Mehrfachzugriffen können Konflikte auftreten. Beispielsweise dürfen die letzten drei Kasten Märzen aus unserem Bierdepot aus Tab. 1.1 nicht gleichzeitig an zwei Kunden verkauft werden. Wir fordern daher, dass die Datenbank dafür sorgt, Konflikte zu verhindern. Mehr noch, wir fordern, dass sich die Datenbank aus der Sicht des Benutzers so verhält, als sei er der einzige Benutzer! Die Lösung dieses Problems führt zum Begriff der Transaktion. Auf Transaktionen werden wir am Ende dieses Kapitels und insbesondere in Kap. 8 ausführlich eingehen.

Mit den bisherigen Anforderungen ist unsere Wunschliste noch nicht abgeschlossen. Wir fügen noch weitere Wünsche hinzu:

- Zuverlässigkeit
- Ausfallsicherheit
- Kontrolle

Zuverlässigkeit bedeutet auch Sicherheit vor unerlaubten Zugriffen. Unerlaubte Zugriffe müssen von der Datenbank verhindert werden. Doch auch die Datenbank-Software ist vermutlich nicht fehlerfrei. Sicherheitshalber sollten also zusätzlich alle Zugriffe auf die Datenbank einschließlich den Angaben zum Benutzer protokolliert werden (Fachbegriff: *Audit*, Nachverfolgung von Ereignissen). Dadurch wäre sowohl eine nachträgliche Ermittlung unbefugter, meist krimineller Zugriffe möglich, als auch die Feststellung, welche Daten manipuliert wurden.

Ausfallsicherheit bedeutet Sicherheit der Daten in allen nur denkbaren Fällen, angefangen vom Rechnerausfall bis zur Zerstörung durch Feuer. Immer müssen wirklich wichtige

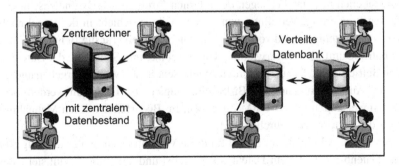

Abb. 1.3 Zentrale und verteilte Datenbanken

Daten rekonstruiert werden können, Inkonsistenzen dürfen dadurch nicht entstehen. Dies erfordert die unabhängige Protokollierung aller geänderten Daten der Datenbank auf eigenen Medien.

Kontrolle heißt, dass die Datenbank ständig Informationen über den augenblicklichen Zustand führt, etwa die Anzahl der Benutzer, die Auslastung der Magnetplatten, die Auslastung des DBMS, die Auslastung der Netze. Dies beinhaltet die Aufbereitung dieser Daten in Statistiken und natürlich auch eine Abrechnung für die Benutzer der Datenbank. Kontrolle heißt aber auch, dass das Systemverhalten mittels Einstellmöglichkeiten jederzeit gesteuert und verbessert werden kann.

Mit diesen letzten drei Wünschen beenden wir unsere inzwischen doch recht lange Wunschliste. Wir erkennen, dass eine Datenbank mehr ist als nur die Verwaltung von ein paar Daten. Heutige professionelle Datenbanken besitzen einen Umfang von vielen Millionen Zeilen Code. Diese Profi-Datenbanken laufen auf Großrechnern, Unix- oder Windowsservern und erfüllen heute alle obigen Anforderungen.

Zusammenfassend können wir sagen, dass eine Datenbank eine komplexe Datenorganisation mit einem umfangreichen Angebot an Dienstleistungen verschmilzt mit dem Ziel, dem Anwender eine möglichst einfache, logische und trotzdem mächtige und leistungsfähige Schnittstelle anzubieten.

1.3   Der Datenbank-Administrator

Die zahlreichen Wünsche des letzten Abschnitts, insbesondere auch zum Zugriffsschutz und zur Datenbankkontrolle, lassen erkennen, dass die Datenbank von einer autorisierten Person oder Personengruppe verwaltet werden muss. Dieser Verwalter der Datenbank heißt Datenbank-Administrator. Zu seinen Aufgaben zählen:

- Einrichten der Datenbank
- Kontrolle der Datenbank

Zum Einrichten gehören der vollständige Aufbau der Datenbank, das Erzeugen der Datenbanktabellen und das Festlegen der internen Strukturen (z. B. Indizes für schnelle Zugriffe, Partitionierung, Verteilung von Daten). Dies geschieht in der Regel nach dem Erzeugen einer Datenbank und vor der eigentlichen Freigabe für die Benutzer.

Die Kontrolle umfasst die Verwaltung, Überwachung und Steuerung der Datenbank im laufenden Betrieb. Neue Benutzer werden zugelassen, Schutzwörter vergeben und Sichten eingerichtet. Auf Meldungen des DBMS wird reagiert. Im Fehlerfall werden die erforderlichen Anweisungen an das DBMS gegeben. Im Bedarfsfall werden Maßnahmen zur Steigerung der Performance durchgeführt.

Der Datenbank-Administrator besitzt für diese Verwaltungsaufgaben alle Zugriffsrechte auf die Datenbank. Er ist ein Datenbankspezialist und kennt die Schnittstelle des verwendeten Datenbanksystems genau. Auf Performance-Probleme kann er passend reagieren und leistet gegenüber dem Anwender gegebenenfalls technische Unterstützung.

Demgegenüber besitzt der „normale" Benutzer keine Rechte zum Aufbau oder Ändern der internen logischen Datenbankstruktur. Diese klare Aufgabenteilung ist sinnvoll und zweckmäßig. Das Interesse des Anwenders liegt schließlich ausschließlich an den in der Datenbank gespeicherten Daten und dem Zugriff auf diese Daten. Der Anwender besitzt dazu Rechte zum Abfragen und Ändern dieser Daten, wobei diese Rechte vom Datenbank-Administrator für jeden Anwender passend vergeben werden. Es liegt also eine genau definierte Aufgabenteilung zwischen Anwender und Administrator vor. Diese Aufgabenteilung tritt auch an der Datenbankschnittstelle deutlich hervor. Diese Schnittstelle lässt sich nämlich in drei Teile zerlegen:

- DDL (Data Description Language)
- Kontrollsprache (oft in DDL integriert)
- DML (Data Manipulation Language)

Die ersten beiden Teile betreffen den Administrator. Sie dienen zur Beschreibung und Kontrolle der Datenbank. Mit Hilfe von DML-Befehlen werden Daten gespeichert, gelesen, geändert und gelöscht. Die vier DML-Befehle von SQL haben wir bereits kurz kennen gelernt. Sie heißen:

```
SELECT      zum Abfragen,
UPDATE      zum Ändern,
DELETE      zum Löschen und
INSERT      zum Einfügen von Daten in eine Datenbank.
```

Intensiv werden wir auf diese Zugriffsbefehle in Kap. 4 eingehen. Einige typische DDL-Befehle in SQL sind:

```
CREATE TABLE    zum Erzeugen einer Tabelle,
DROP TABLE      zum Löschen einer Tabelle,
CREATE VIEW     zum Erzeugen einer Sicht,
GRANT           zum Gewähren von Zugriffsrechten.
```

Diese und weitere DDL-Befehle werden wir in Kap. 5 im Detail kennen lernen.

1.4 Datenbankmodelle

Wir unterscheiden heute im Wesentlichen vier Datenbankmodelle. Eines dieser Modelle haben wir bereits kennen gelernt, die *Relationalen Datenbanken*. Hinzu kommen die objektorientierten und die bereits in die Tage gekommenen hierarchischen und netzwerkartigen Datenbanken. Die Unterschiede dieser vier Modelle liegen im logischen Aufbau der Datenbank. In den letzten 30 Jahren erlebten die relationalen Datenbanken einen enormen Aufschwung. Da aber ein immer noch erheblicher Teil der heutigen Datenbanken älter als 30 Jahre ist, sind weiterhin viele Daten in hierarchischen oder netzwerkartigen Datenbanken gespeichert. In den letzten 20 Jahren haben auch die objektorientierten Datenbanken Fuß gefasst, eine wirklich große Bedeutung haben sie aber bis heute nicht erlangt. Die konzeptuellen Unterschiede dieser vier Modelle wollen wir im Folgenden kurz vorstellen.

Es sei nicht unerwähnt, dass in den letzten Jahren weitere neue Datenbankkonzepte entstanden. Riesige Datenbestände im Internet müssen hocheffizient verwaltet werden. Hier spielt Replikation eine enorm wichtige Rolle, aber auch neue Speichertechniken, wie etwa spaltenorientierte Datenbanken. Meist werden diese Datenbanken unter dem Begriff NoSQL zusammengefasst. Wir werden darauf hier und in Abschn. 9.1 kurz eingehen.

1.4.1 Relationale Datenbanken

Eine relationale Datenbank besteht ausschließlich aus Tabellen, auch Relationen genannt. Ein Zugriff erfolgt immer über diese Tabellen. Da neue Tabellen relativ einfach hinzugefügt oder gelöscht werden können, sind spätere Änderungen des logischen Datenbankaufbaus jederzeit möglich. Weiter sind Zugriffe auf Tabellen einfach zu programmieren, was zu der großen Beliebtheit dieses Datenbankmodells führte: Fast alle neuen Datenbanken sind relational.

Die Zusammenhänge zwischen den einzelnen Tabellen werden über Beziehungen hergestellt. Diese Beziehungen sind in den Tabellen mit abgespeichert. Der Aufbau von Datenbeständen über Tabellen und ihre Beziehungen zueinander sind mathematisch fundiert, etwa im Relationenkalkül und in der relationalen Algebra, siehe Abschn. 2.5 und Date (2003) und Elmasri und Navathe (2009).

Die relationalen Datenbanken besitzen aber auch Nachteile. Zugriffe erfordern oft das Lesen und Zusammenfügen von Daten aus mehreren Tabellen, was die Laufzeit verlängert und zu vielen Ein- und Ausgaben führt. Auch können einige Daten nur redundant in Tabellenform abgespeichert werden. Diese Vor- und Nachteile der relationalen Datenbanken sind in Tab. 1.3 kurz zusammengefasst.

Tab. 1.3 Zusammenfassung zu relationalen Datenbanken

	Relationale Datenbanken
Vorteile	leichte Änderbarkeit des Datenbankaufbaus mathematisch fundiert leicht programmierbar und zu verwalten
Nachteile	häufig viele Ein-/Ausgaben notwendig erfordern eine hohe Rechnerleistung besitzen Redundanzen

Die verbreitetsten relationalen Datenbanken sind Oracle, DB2 von IBM und SQL Server von Microsoft. Sehr bekannte Open-Source-Datenbanken sind MySQL und PostgreSQL.

1.4.2 Objektorientierte Datenbanken

Eine objektorientierte Datenbank besteht ausschließlich aus Objekten. Ein Objekt kann entweder eine Person, eine Abteilung einer Firma, ein realer Gegenstand (z. B. ein Buch) oder ein abstrakter Gegenstand (z. B. eine Adresse oder eine Rechnung) sein.

Da viele Objekte auch in Tabellenform gespeichert werden können, werden objektorientierte Datenbanken häufig als eine Erweiterung relationaler Datenbanken angesehen. Dies trifft allerdings nur teilweise zu. Schließlich gehören zu einer objektorientierten Datenbank auch objektorientierte Ansätze wie Klassen, Datenkapselung oder Vererbung – Ansätze wie sie auch in der objektorientierten Programmierung Verwendung finden.

In der Praxis hat sich in den letzten Jahren eine Mischform zwischen objektorientierten und relationalen Datenbanken durchgesetzt: so genannte objektrelationale Datenbanken. Diese Datenbanken sind eine Erweiterung der relationalen Datenbanken in Richtung Objektorientierung, ohne aber wirklich alle Ideen der Objektorientierung auszuschöpfen.

Objektorientierte und objektrelationale Datenbanken haben einen komplexeren Aufbau als relationale Datenbanken (komplexe Objekte statt einfacher Tabellen). Als Konsequenz müssen Designer und Anwendungsprogrammierer einen höheren Aufwand in Entwurf und Programmierung investieren. Auch die interne Verwaltung der Datenbank ist sehr aufwendig. Als Vorteil erhalten wir einen Aufbau, der direkt der Realität entspricht, insbesondere bei technischen und multimedialen Anwendungen. Komplexe Objekte müssen nicht mühevoll auf einfache Strukturen (zum Beispiel auf Tabellen) abgebildet werden. Die Vor- und Nachteile sind kurz in Tab. 1.4 zusammengefasst. Eine übersichtliche Einführung finden wir in Abschn. 9.2 und in Date (2003) und Elmasri und Navathe (2009).

Die bekanntesten Vertreter objektrelationaler Datenbanken sind Oracle, DB2 und PostgreSQL.

Tab. 1.4 Objektorientierte Datenbanken

	Objektorientierte und -relationale Datenbanken
Vorteile	objektorientierter Aufbau universell einsetzbar noch relativ einfach zu programmieren und zu verwalten (teilweise) aufwärtskompatibel zu relationalen Datenbanken
Nachteile	relativ viele Ein-/Ausgaben notwendig erfordert eine relativ hohe Rechnerleistung teilweise recht komplexer Aufbau

1.4.3 Hierarchische und netzwerkartige Datenbanken

Die Dinosaurier unter den Datenbanken sind hierarchische Datenbanken. Sie wurden ab etwa 1960 eingesetzt. Der logische Aufbau dieser Datenbanken entspricht einer Baumstruktur. Der Zugriff erfolgt immer über die Wurzel (oberster Knoten) in Richtung des gewünschten Knotens. Dies gewährleistet geringste Redundanz, da direkt über die Baumstruktur zugegriffen wird, und garantiert kürzeste Zugriffszeiten. Der Nachteil ist eine extrem hohe Inflexibilität gegenüber Änderungen in der Datenbankstruktur.

Aus diesem Grund wurde dieses Modell sehr schnell durch die netzwerkartige Datenbank ergänzt. Hier besteht der logische Aufbau aus Daten, die nicht mehr hierarchisch, sondern über ein beliebig aufgebautes Netz miteinander in Verbindung stehen. Dies erhöht die Flexibilität erheblich, allerdings auf Kosten der Komplexität des Aufbaus (siehe Abb. 1.4). Beide Modelle können aus heutiger Sicht nicht mehr befriedigen, da Strukturänderungen aufwendig und Zugriffe komplex sind.

Der wichtigste Vertreter hierarchischer Datenbanken ist IMS von IBM, netzwerkartige Datenbanken sind IDMS (Computer Associates) und UDS (Fujitsu). Einzelheiten können in McGee (1977) und UDS (1986) nachgelesen werden. Eine sehr schöne Darstellung finden wir auch in Date (2003). Eine kleine Zusammenfassung finden wir in Tab. 1.5.

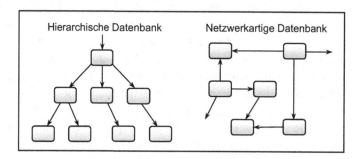

Abb. 1.4 Hierarchische und netzwerkartige Datenbanken

Tab. 1.5 Hierarchische und netzwerkartige Datenbanken

	hierarchisch	netzwerkartig
Vorteile	sehr kurze Zugriffszeiten minimale Redundanz	kurze Zugriffszeiten geringe Redundanz
Nachteile	Strukturen kaum änderbar komplexe Programmierung	Strukturen änderbar aufwendige Programmierung

1.4.4 Moderne Entwicklungen

Das Verwalten riesiger Datenbestände im Internet wird immer wichtiger und auch markt-entscheidend. Google ist zur Zeit die mit Abstand bekannteste Suchmaschine. Milliarden von Informationen werden intern verwaltet, und im Bruchteil einer Sekunde wird jede Anfrage punktgenau beantwortet. Auch Amazon operiert im Internet äußerst erfolgreich. Hier kommt zusätzlich der Verkauf hinzu, so dass zu den vielen Anfragen auch viele Buchungen pro Sekunde bewältigt werden müssen. Als drittes Beispiel sei Facebook erwähnt. Weit über einhundert Millionen Menschen tummeln sich täglich in diesem ebenfalls weltweit operierenden Portal.

Alle drei Firmen haben das gleiche Problem: „Normale" relationale Datenbanken können diese Fülle von Anfragen nicht mehr effizient bewältigen. Relationale Datenbanken sind auf extreme Sicherheit bedacht, und der Transaktionsmechanismus ist eine wesentliche Säule dieser Datenbanken. Jede Datenänderung ist sofort sichtbar. Rechnerabstürze führen nicht zu Inkonsistenzen. Dies alles kostet eine erhebliche Systemleistung. Bei Internetabfragen spielt es aber meist keine Rolle, ob eine Information sekundengenau stimmt, oder ob der Informationsstand bereits 10 Minuten alt ist. Indem wir also die Konsistenz der Daten nicht sekundengenau garantieren, können wir Transaktionen vereinfachen und somit schneller zugreifen. Eine parallele Verteilung unserer Daten auf mehrere Server kann performant erfolgen. Das eigene Verwaltungssystem sorgt dafür, dass die Daten in absehbarer Zeit untereinander abgeglichen werden und damit auf Dauer konsistent werden. Gleichzeitig wird bei Anfragen auf den nächsten verfügbaren Server zugegriffen, auch wenn dessen Daten noch nicht aktuell sind.

Diese neuen Modelle sind seit einigen Jahren im professionellen Einsatz. Sie werden meist unter dem Begriff NoSQL zusammengefasst. Diese Bezeichnung soll die Abkehr von SQL dokumentieren. Seit einigen Jahren gibt es jedoch eine deutliche Annäherung an SQL, seit 2009 sprechen wir meist nicht mehr von *No SQL*, sondern von *Not Only SQL*. Wir können die NoSQL-Datenbanken grob in drei Datenbankmodelle gliedern:

- Key/Value und dokumentenbasierte Modelle
- Spaltenorientierte Modelle
- Graphen orientierte Datenbankmodelle

Key/Value-Speichermodelle und dokumentenbasierte Datenbanken sind schemafreie Systeme. Dies bedeutet, dass der Aufbau der Datensätze nicht schon beim Anlegen der Datenbank vorgegeben wird. In relationalen Datenbanken ist die Tabellenform vorgeschrieben, in Key/Value-Modellen kann die Struktur noch bis direkt vor dem Ablegen eines Datensatzes definiert werden. Wir erhalten dadurch eine extrem hohe Flexibilität, so dass wir beliebige Dokumente, auch binär kodierte Objekte, in der Datenbank ablegen können. Key/Value-Datenbanken und dokumentenbasierte Modelle gibt es schon sehr lange, etwa DBM (Database Manager) von Ken Thompson seit 1979, und auch Lotus Notes von IBM ist eine dokumentenbasierte Datenbank. Berkley-DB als Key/Value-Datenbank wird auch heute noch produktiv eingesetzt. Bekannte dokumentenbasierte Datenbanken sind CouchDB und MongoDB (Boeker 2010). Im Detail sei hier auf Edlich et al. (2010) verwiesen.

Die spaltenorientierten Datenbanken speichern Daten spaltenweise ab. In relationalen Datenbanken werden alle Datensätze Zeile für Zeile abgelegt. Suchen wir jetzt immer nur ganz gestimmte Eigenschaften, so kann der spaltenorientierte Ansatz gegenüber dem bisherigen zeilenorientierten zu erheblichen Leistungssteigerungen führen. Vertreter dieser Datenbanken sind beispielsweise Googles BigTable (Chang et al. 2006), Amazons SimpleDB und die Open Source Produkte HBase (Bangel und Weingärtner 2011) und Cassandra (Spichale 2011).

Graphen orientierte Datenbanken basieren auf der Graphentheorie. Insbesondere beim Speichern von Geodaten sind diese Datenbanken von großem Vorteil. Das Traversieren, also das Bestimmen einer Route, ist mit diesen Datenbanken deutlich performanter zu lösen als mit herkömmlichen Systemen. In Navigationsgeräten und Smartphones halten diese Datenbanken daher vermehrt Einzug. Die derzeit bekanntesten Vertreter sind Sones und Neo4j. Einen guten Überblick über diese Techniken liefert wiederum Edlich et al. (2010). Einen guten Gesamtüberblick über diese postrelationalen Datenbanken finden wir auch in Meier (2010).

1.5   Transaktionen

Datenbanken wurden eingeführt, damit Anwender möglichst einfach auf Datenbestände zugreifen können. Zugriffe auf eine Datenbank können lesend oder schreibend erfolgen. Genaugenommen unterscheiden wir zwischen drei Zugriffsarten:

- Abfrage (Query, Retrieval)
- Mutation
- Transaktion

Mit einer Abfrage wird ein Ausschnitt der Datenbank ausgewählt und abgegrenzt. Anschließend wird der Inhalt dieses Ausschnitts gelesen. Die Datenbank selbst bleibt unverändert.

In SQL erfolgen Abfragen mit dem *Select*-Befehl. Beispiel:

```
SELECT Spalten FROM Tabellen WHERE Bedingungen ;
```

Hier sind die Angaben *Spalten*, *Tabellen* und *Bedingungen* Abgrenzungen der Datenbank. Als Ergebnis erhalten wir einen Ausschnitt aus der Datenbank.

Mit einer Mutation wird ein Ausschnitt der Datenbank ausgewählt und abgegrenzt. Der Inhalt dieses Ausschnitts wird geändert, gelöscht, oder neuer Inhalt wird hinzugefügt. Der Datenbankinhalt wird dadurch verändert. Die SQL-Befehle für die Mutation heißen *Update*, *Delete* und *Insert*.

Eine **Transaktion** ist eine Konsistenz erhaltende Operation auf einer Datenbank. Eine Operation besteht aus eventuell mehreren Abfragen und Mutationen. Unter Konsistenz erhaltenden Operationen verstehen wir Operationen, die, ausgehend von konsistenten Datenbanken, diese Konsistenz beibehalten.

Die Begriffe *Abfrage* und *Mutation* sind selbsterklärend. Wir unterscheiden sie deshalb, da Mutationen im Gegensatz zu Abfragen zusätzlich schreibend auf Teile der Datenbank zugreifen. Neu hingegen ist der Begriff *Transaktion*. Wir wollen die Notwendigkeit von Transaktionen an einem einfachen Beispiel aufzeigen:

Betrachten wir eine Überweisung innerhalb eines Geldinstituts. Dieses Institut speichert in ihrer Datenbank in der Regel auch die Tagessalden, so zum Beispiel die Summe aller Kontostände der Bank. Überweist nun Kunde A den Betrag von 1000 Euro auf das Konto des Kunden B in der gleichen Bank, so besteht diese Überweisung aus zwei Mutationen: Kunde A wird mit 1000 Euro belastet, Kunde B erhält 1000 Euro. Jede dieser beiden Mutationen ist für sich keine Transaktion: Beispielsweise wurde nach dem Abbuchen von 1000 Euro von Konto A die Summe aller Kontostände der Bank um genau diesen Betrag reduziert, der in der Datenbank gespeicherte Summenwert wurde aber nicht geändert! In diesem kurzen Augenblick nach der ersten und vor der zweiten Buchung widersprechen sich die Summe und der gespeicherte Summenwert: Die Konsistenz ist verletzt! Erst beide Mutationen zusammen erhalten die Konsistenz:

```
Update Kontotab Set Kontostand = Kontostand - 1000
 Where Konto = A
Update Kontotab Set Kontostand = Kontostand + 1000
 Where Konto = B
```

War die Datenbank vor der Ausführung dieser beiden Befehle in sich schlüssig, so bleibt sie dies auch danach. Es liegt somit insgesamt eine Transaktion vor.

Konsistenz heißt die Freiheit von Widersprüchen innerhalb einer Datenbank. Konsistenz ist in Datenbanken von zentraler Bedeutung. Ist die Datenbank nach ihrer Erzeugung konsistent, und werden als Zugriffe auf die Daten dieser Datenbank ausschließlich Transaktionen zugelassen, so wird diese Datenbank nach Definition dauerhaft konsistent bleiben.

Wir erkennen daraus zweierlei: Erstens ist die Konsistenz einer Datenbank umso aufwendiger, je mehr Redundanz diese Datenbank enthält, da dadurch die logischen Abhängigkeiten der Daten untereinander wachsen. Zweitens sind alle Zugriffe in einer kommerziellen Datenbankanwendung zwingend Transaktionen.

Es sei noch angemerkt, dass eine Transaktion nicht nur im Normalbetrieb die Konsistenz erhalten muss, sondern vor allem im Fehlerfall, etwa bei einem Rechnerabsturz. Eine Datenbank hat folglich immer dafür zu sorgen, dass eine Transaktion komplett oder gar nicht ausgeführt wird. Eine Transaktion ist somit ein atomarer Zugriff! Die Garantie, dass eine Transaktion tatsächlich atomar abläuft, muss das DBMS übernehmen.

Wegen der Wichtigkeit von Transaktionen in einem Datenbanksystem werden die Begriffe *Datenbanksystem* und *Transaktionssystem* meist synonym verwendet:

In den nächsten Kapiteln werden wir zunächst den Aufbau von relationalen Datenbanken und die Abfragen und Mutationen auf Datenbanken kennen lernen. Anschließend werden wir uns mit Transaktionen in den Kap. 6 und 8 ausführlich beschäftigen.

1.6 Das Konsistenzmodell ACID

Wir wollen das Transaktionsprinzip noch etwas vertiefen und darlegen, warum Transaktionen in einer Datenbank so wichtig sind. Kommen wir daher zurück zu unseren wesentlichen Erwartungen an eine Datenbank: Diese soll Daten dauerhaft, sicher und konsistent abspeichern. Mehrere Benutzer sollen problemlos parallel lesend und schreibend auf die Daten zugreifen können. Diese Grunderwartungen haben T. Härder und A. Reuter (1983) dazu inspiriert, den Transaktionsbetrieb mit nur vier Begriffen zu charakterisieren und als Konsistenzmodell *ACID* zu bezeichnen. Diese vier Buchstaben *ACID* stehen für:

- Atomarität (Atomarity)
- Konsistenz (Consistency)
- Isolation
- Dauerhaftigkeit (Durability)

Diese vier Begriffe geben sehr genau wieder, was wir von einem Transaktionsbetrieb erwarten. Jede Transaktion erfolgt atomar, also zusammenhängend. Entweder wird die gesamte Transaktion vollständig ausgeführt, oder die Transaktion wird überhaupt nicht vollzogen, auch nicht in Teilen. In relationalen Datenbanken gibt es für den Transaktionsbetrieb zwei wichtige Befehle:

```
COMMIT ;
ROLLBACK ;
```

Mit dem Befehl *Commit* wird eine Transaktion beendet. Jetzt kann der Benutzer sicher sein, dass die Transaktion vollständig bearbeitet wurde und alle Daten entsprechend in der Datenbank gespeichert sind. Mit dem Befehl *Rollback* hingegen wird die Datenbank angewiesen, bereits durchgeführte Änderungen dieser Transaktion wieder zurückzunehmen. Wir erwarten natürlich von der Datenbank, dass sie dazu auch jederzeit in der Lage ist.

Transaktionen sind konsistenzerhaltende Operationen. Der Anwendungsentwickler muss bei Zugriffen genau wissen, wann Konsistenzpunkte erreicht sind. An diesen Punkten wird dann jeweils eine Transaktion beendet und eine neue startet. Die Atomarität garantiert, dass Transaktionen nur vollständig ausgeführt werden. Die Konsistenz der Datenbank bleibt also gewährleistet.

Nach dem Beenden einer Transaktion darf ein einmal gespeichertes Datum grundsätzlich nicht mehr verloren gehen. Auch nach einem Rechnerabsturz, ja sogar nach einem Brand müssen diese möglicherweise verlorenen Daten wiederhergestellt werden können. Das langfristige und dauerhaft sichere Ablegen der Daten ist die Basis jeder Datenbank.

Im heute üblichen Mehrbenutzerbetrieb greifen parallel hunderte Benutzer auf die Daten der Datenbank zu. Ohne interne Schutzmechanismen könnten hier gleichzeitige Änderungen zu fehlerhaften und inkonsistenten Daten führen. Wir gehen darauf im Abschn. 8.3 im Detail ein. Eine Datenbank muss daher die einzelnen Benutzer gegenseitig schützen und isolieren. Jede einzelne Transaktion muss so ablaufen, als sei sie allein im System.

Keine Bank, keine Versicherung und kein anderes größeres Unternehmen könnten heute ohne diese Grundforderungen erfolgreich ihre Daten verwalten. ACID ist nicht nur ein Schlagwort, sondern fast immer ein absolutes Muss!

1.7 Übungsaufgaben

Aufgaben

1. Welche Vorteile bietet eine Datenbank gegenüber der direkten Verwaltung von Daten? Was sind die Nachteile?

2. Beantworten Sie an Hand des Beispiels des Bierdepots folgende Fragen intuitiv: Hängt die SQL-Datenabfrage von der Reihenfolge der Datensätze ab? Hängt die Manipulation von Daten von der Reihenfolge der Datensätze ab? Spielt vielleicht die Reihenfolge der Spalten beim Lesen oder Schreiben eine Rolle? Sind doppelte vollständig identische Datensätze in irgendeiner Weise von Nutzen?

3. Geben Sie am Beispiel einer großen Datenbank (z. B. Datenbank einer Versicherung oder eines Geldinstituts) an, wie wichtig die einzelnen Anforderungen aus Abschn. 1.2 sind. Betrachten Sie dabei alle Anforderungen einzeln.

4. Warum ist die Trennung zwischen Administrator und Anwendern (Benutzer) in Datenbanken so wichtig?

5. Wenn eine (kleinere) Datenbank im transaktionslosen Einbenutzerbetrieb verwendet wird, so muss die Konsistenz der Daten vom Anwender selbst kontrolliert werden. Wie könnte dies aussehen? Diskutieren Sie den Aufwand? Warum arbeiten einige kleine Datenbanken auch heute noch ohne Transaktionsmechanismen?

6. Was ist eine relationale Datenbank? Wie unterscheidet sie sich von nicht relationalen?

7. Geben Sie die Ergebnisse folgender SQL-Abfrage-Operationen zum Bierdepot aus:

```
a) SELECT Sorte, Hersteller FROM Bierdepot
                    WHERE Typ = 'Fass' ;
b) SELECT Sorte, Hersteller, Anzahl FROM Bierdepot
                        WHERE Anzahl < 4 ;
c) SELECT Hersteller, Anzahl FROM Bierdepot
                    WHERE Sorte = 'Pils'
                    AND Typ = 'Kasten' ;
```

8. Geben Sie die Ergebnisse folgender SQL-Änderungs-Operationen zum Bierdepot aus:

```
a) INSERT INTO Bierdepot
      VALUES (18, 'Export', 'EKU', '6er Pack', 8);
b) DELETE FROM Bierdepot
      WHERE    Typ = 'Kasten' AND Anzahl < 5;
c) UPDATE Bierdepot
      SET     Anzahl = Anzahl + 2
      WHERE    Nr = 28 OR Nr = 47;
```

9. Schreiben Sie die entsprechenden SQL-Anweisungen:
   a) Geben Sie alle Sorten mit Hersteller an, die 6er-Packs vertreiben.
   b) Geben Sie alle Sorten an, die vom Hersteller Löwenbräu im Depot vorrätig sind.
   c) Entfernen Sie alle Sorten des Herstellers Kneitinger.
   d) Entfernen Sie 10 Kasten Pils des Herstellers Löwenbräu.
   e) Fügen Sie die Biersorte *Dunkles Weißbier* der Firma Schneider mit der Nummer 10, dem Typ *Kasten* und der Anzahl 6 hinzu.

10. In NoSQL-Datenbanken wird der Transaktionsmechanismus aufgeweicht. In welchen Einsatzbereichen ist dies hinnehmbar, wo nicht?

11. Warum ist Isolation (Isolation steht für den Buchstaben *I* in ACID) so wichtig? Geben Sie ein Beispiel an, warum fast gleichzeitige ungeschützte parallele Zugriffe auf Daten die Konsistenz verletzen können.

Literatur

Bangel, D., & Weingärtner, K. (2011). *NoSQL Reality Check*. Java Spektrum.

Boeker, M. (2010). *MongoDB – Sag ja zu NoSQL*. entwickler.press.

Chang, F., Dean, J., Ghemawat, S., & Hsieh, W. C. et al. (2006). *Bigtable: A Distributed Storage System for Structured Data* Proc USENIX Symposium on Operating System Design and Implementation.

Connolly, T., & Begg, C. (2015). *Database Systems* (6. Aufl.). Pearson.

Date, C. J. (2003). *An Introduction to Database Systems* (8. Aufl., Bd. 1). Addison-Wesley.

Edlich, S., Friedland, A., Hampe, J., Brauer, B., & Brückner, M. (2010). *NoSQL – Einstieg in die Welt nichtrelationaler WEB 2.0 Datenbanken*. Hanser.

Eirund, H., & Kohl, U. (2010). *Datenbanken – leicht gemacht*. Springer Vieweg.

Elmasri, R., & Navathe, S. (2009). *Grundlagen von Datenbanksystemen* (3. Aufl.). Pearson.

McGee, W. C. (1977). The Information Management System IMS/VS. *IBM Systems Journal, 16*(2), 84–95.

Haerder, T., & Reuter, A. (1983). Principles of Transaction-Oriented Database Recovery. *Computing Surveys, 15*(4), 287–317.

Kemper, A., & Eickler, A. (2015). *Datenbanksysteme – Eine Einführung*. Oldenbourg.

Meier, A. (2003). *Relationale Datenbanken: Eine Einführung für die Praxis*. Springer Taschenbuch.

Meier, A. (2010). *Relationale und postrelationale Datenbanken*. Springer.

Redmond, E., & Wilson, J. R. (2012). *Sieben Wochen, sieben Datenbanken*. O'Reilly.

Spichale, K. (2011). Cassandra und Hector. *Javamagazin, 8*, 47.

UDS (1986). *UDS: Universelles Datenbanksystem im BS2000*. Siemens AG.

Unterstein, G., & Matthiessen, M. (2012). *Relationale Datenbanken und SQL in Theorie und Praxis*. Springer.

Zehnder, C. A. (2005). *Informationssysteme und Datenbanken*. vdf Hochschulverlag.

Das Relationenmodell

2

Übersicht

Der logische Aufbau relationaler Datenbanken ist denkbar einfach: Eine relationale Datenbank besteht ausschließlich aus mit Daten gefüllten Tabellen. Der Zugriff auf die Daten dieser Datenbank erfolgt grundsätzlich nur über diese Tabellen. Tabellen sind geläufige Strukturen. Es ist daher sogar für den Laien einfach, eine relationale Datenbank zu erzeugen, darin Daten zu speichern und bei Bedarf abzurufen. Dies gilt jedoch nur für sehr kleine Datenbanken! Schon Datenbanken mit 10 oder 20 Tabellen erfordern einen sauberen und überlegten Aufbau. In der Praxis bestehen relationale Datenbanken aber häufig aus hunderten oder gar tausenden von Tabellen. Der Datenbankaufbau ist dann von entscheidender Bedeutung für den späteren problemlosen Betrieb dieser Datenbank. Wir dürfen nämlich folgende wichtigen Forderungen beim Arbeiten mit Datenbanken nicht außer Acht lassen:

- Geringe Redundanz
- Gute Handhabbarkeit und einfache Erweiterbarkeit
- Einfache Zugriffe über möglichst wenige Tabellen
- Sicherstellung von Konsistenz und Integrität.

Redundanz, Handhabbarkeit, Konsistenz und Integrität haben wir bereits im Abschn. 1.2 angesprochen: Wir wollen keine Mehrfachhaltung von Daten, diese kostet nur Speicherplatz und führt schnell zu Inkonsistenzen. Wir wollen weiter eine integre und widerspruchsfreie Datenbank, auf die wir uns verlassen können. Natürlich sollte diese Datenbank auch einfach handhabbar sein, was noch durch den Wunsch nach einfachen Zugriffen verstärkt wird. Wir wollen aber auch pro Anforderung auf nur wenige Tabellen zugreifen, um die Antwortzeiten klein zu halten.

© Springer Fachmedien Wiesbaden GmbH 2017

E. Schicker, *Datenbanken und SQL*, Informatik & Praxis, DOI 10.1007/978-3-658-16129-3_2

Die vollständige Berücksichtigung dieser vier Anforderungen setzt fundierte Kenntnisse über den logischen Aufbau und das Design von Tabellen voraus. Mit dem logischen Aufbau einzelner Tabellen und ihrer Beziehungen zueinander werden wir uns in diesem Kapitel im Detail beschäftigen. Das Design einzelner Tabellen und ganzer Datenbanken ist Inhalt von Kap. 3. Grob können wir sagen, dass wir in diesem Kapitel den Pflichtteil behandeln. In Kap. 3 folgt dann die Kür, die aber ebenfalls ungemein wichtig für das einwandfreie Funktionieren einer Datenbank ist.

Wir beginnen mit einer Beispieltabelle, die wir nicht zur Nachahmung empfehlen. Erfahrungsgemäß motivieren Negativbeispiele dahingehend, es zukünftig besser zu machen. Wir gehen anschließend ausführlich auf relationale Datenstrukturen ein und werden relationale Datenbanken exakt definieren. Es folgt ein Abschnitt über die zwei Integritätsregeln, die zur Sicherstellung der Integrität in Datenbanken erfüllt sein müssen, und die deshalb den Aufbau von Tabellen und die Beziehungen zwischen den Tabellen entscheidend mitprägen. Wir beenden dieses Kapitel mit einem theoretischen Abschnitt zur relationalen Algebra, der mathematischen Grundlage des Zugriffs auf relationale Datenbanken. Als zusätzliche und vertiefende Literatur sei auf Date (2003), Jarosch (2016), Kemper und Eickler (2015), Maier (1983), Meier (2003) und Unterstein und Matthiessen (2012) hingewiesen.

2.1 Beispiel zu relationalen Datenbanken

Relationale Datenbanken gewähren dem Datenbankentwickler viele Freiheiten. Dies hat aber nicht nur Vorteile, denn nur ein guter Aufbau der Tabellen ermöglicht dauerhaft zuverlässige und performante Zugriffe. Umgekehrt führt ein schlechtes Design zu einer komplexen und umständlichen Handhabung. Wir wollen den Satz „einmal schlechtes Design, immer schlechte Anwendung" an einem einfachen Negativbeispiel demonstrieren, der Datenbanktabelle *VerkaeuferProdukt* in Tab. 2.1. Wie wir Tabellen besser, ja optimal, gestalten, zeigen wir dann im weiteren Verlauf auf.

Auf den ersten Blick wirkt die Tabelle *VerkaeuferProdukt* unspektakulär. Sie enthält alle wichtigen, benötigten Daten: die Daten des Verkäufers und die verkauften Produkte mit Wertangaben. Herr Meier hat zum Beispiel Waschmaschinen im Wert von 11.000 Euro, Herde im Wert von 5000 Euro und Kühlschränke im Wert von 1000 Euro verkauft.

Tab. 2.1 *VerkaeuferProdukt*

VerkNr	VerkName	PLZ	VerkAdresse	Produktname	Umsatz
V1	Meier	80331	München	Waschmaschine	11000
V1	Meier	80331	München	Herd	5000
V1	Meier	80331	München	Kühlschrank	1000
V2	Schneider	70173	Stuttgart	Herd	4000
V2	Schneider	70173	Stuttgart	Kühlschrank	3000
V3	Müller	50667	Köln	Staubsauger	1000

Bei näherer Betrachtung fallen allerdings sofort Redundanzen auf. Der Name, die Postleitzahl und die Adresse der Verkäufer kommen mehrfach vor. Änderungen der Daten eines Verkäufers müssen wir in allen Zeilen durchführen, in denen dieser aufgeführt ist. Aus einer einzigen beabsichtigten Mutation (Änderung) entstehen mehrere. Um Inkonsistenzen zu vermeiden, müssen diese Mutationen atomar, also innerhalb einer Transaktion, ausgeführt werden. Wir erhalten daher mit dieser kompakten und sicherlich gut gemeinten Tabelle unnötige Redundanzen. Redundanz birgt nicht nur in diesem Beispiel immer eine Gefahrenquelle für Fehler und Inkonsistenzen und kostet zusätzlich Speicherplatz.

Dieses einfache Beispiel enthält aber ein weiteres schwerwiegendes Problem: Nehmen wir an, die Firma entschließt sich, den Artikel *Staubsauger* aus dem Sortiment zu nehmen. Dieser Artikel soll daher in der Datenbank nicht mehr auftauchen. Es werden deshalb alle Zeilen, die den Artikel *Staubsauger* enthalten, aus der Datenbank entfernt. Leider verliert damit die Datenbank auch alle Informationen zum Verkäufer *Müller*! Die intuitive Tabelle *VerkaeuferProdukt* erweist sich folglich sowohl in der Ausführung als auch im Speicherverbrauch als problematisch. Wir werden später im Abschn. 2.3 noch sehen, dass das naheliegende Löschen allein des Spalteneintrags *Staubsauger* nicht sinnvoll und in relationalen Datenbanken auch nicht zugelassen ist.

Dieses kleine Beispiel zeigt uns bereits, dass zum Erstellen leicht anwendbarer Tabellen gewisse Grundkenntnisse zu relationalen Datenbanken erforderlich sind. Bereits 1970 begann E. F. Codd bei seinen Untersuchungen zu relationalen Datenbanken den Aufbau von Tabellen systematisch zu studieren. Seine grundlegenden Arbeiten (Codd 1970, 1972) auf diesem Gebiet führten zu mathematisch fundierten Theorien (Relationale Algebra, Relationenkalkül, Normalformenlehre). Diese Theorien zeigen, dass Tabellen so aufgebaut werden können, dass sowohl Redundanzen in den Daten vermieden als auch Einzeldaten isoliert gelöscht werden können. Wir werden uns im Folgenden mit diesen Theorien eingehender beschäftigen, wobei die praktische Anwendung im Vordergrund stehen wird.

2.2 Relationale Datenstrukturen

In diesem Abschnitt befassen wir uns mit dem Aufbau relationaler Datenbanken. Wir beginnen mit theoretischen Grundlagen, insbesondere einigen wichtigen Begriffen. Betrachten wir gleich Tab. 2.2, in der formale relationale Bezeichner den mehr informellen alltäglichen Bezeichnungen gegenübergestellt sind.

In der Regel bevorzugen wir in diesem Buch die exakteren formalen Bezeichnungen, insbesondere benutzen wir meist den Begriff *Relation* anstelle des Begriffs *Tabelle*. Zur besseren Veranschaulichung dieser formalen Bezeichner aus Tab. 2.2 betrachten wir Abb. 2.1. Dort steht eine kleine Relation von Lieferanten im Mittelpunkt. Die einzelnen Zeilen heißen Tupel, die einzelnen Spalten Attribute. Insgesamt besitzt diese Relation fünf Zeilen und vier Spalten, die Kardinalität dieser Relation ist daher fünf, der Grad ist vier. Der Grad ist in einer Relation fest vorgegeben, während die Kardinalität durch Einfügen oder Löschen von Tupel laufend geändert werden kann.

Tab. 2.2 Begriffe in relationalen Datenstrukturen

Formale relationale Bezeichner	Informelle Bezeichnung
Relation	Tabelle
Tupel	eine Zeile (Reihe) einer Tabelle
Kardinalität	Anzahl der Zeilen einer Tabelle
Attribut	eine Spalte (Feld) einer Tabelle
Grad	Anzahl der Spalten einer Tabelle
Primärschlüssel	eindeutiger Bezeichner
Gebiet	Menge aller möglichen Werte

Der Primärschlüssel ist in dieser Relation das erste Attribut, die Lieferantennummer *LNr*. In relationalen Datenbanken wird die Eindeutigkeit des Primärschlüssels zwingend gefordert. Weiter sind die einzelnen Einträge in der Relation nicht willkürlich wählbar. Vielmehr werden sie einer Menge von gültigen Werten entnommen, der Definitionsmenge. Dies ist zum Beispiel die Menge aller gültigen Lieferantennummern, die Menge aller denkbaren Namen, die Menge aller Städte im Umkreis usw. Es existiert demnach zu jedem Attribut ein eigener Definitionsbereich, auch Definitionsgebiet oder kurz Gebiet genannt.

Wir bezeichnen die Tabellen in einer relationalen Datenbank als Relationen, wobei natürlich nicht jede beliebige Tabelle im herkömmlichen Sinne eine Relation ist. Genau genommen ist eine Relation R auf einer Ansammlung von Gebieten D_i definiert und enthält zwei Teile, einen Kopf und einen Rumpf.

Der Kopf besteht aus einer festen Anzahl n von Attributen A_i der Form

$$\{(A_1; D_1), (A_2; D_2), (A_3; D_3), \ldots, (A_n; D_n)\} \,,$$

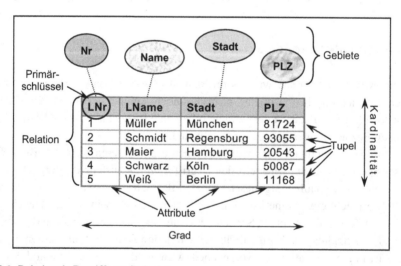

Abb. 2.1 Relationale Begriffe am Beispiel

wobei jedes Attribut A_i genau mit einem Gebiet D_i korrespondiert mit $1 \leq i \leq n$. Informell können wir sagen, dass der Kopf aus den Spaltenbezeichnungen mit den dazugehörigen Datentypen aufgebaut ist.

Der Rumpf besteht aus einer variablen Anzahl von Tupel. Jedes Tupel besitzt die Form:

$$\{(A_1; v_{j1}), (A_2; v_{j2}), (A_3; v_{j3}), \ldots, (A_n; v_{jn})\}$$

mit dem Tupelzähler $j = 1 \ldots m$, wobei $v_{ji} \in D_i$ mit $1 \leq i \leq n$ gilt. Jeder Attributseintrag eines jeden Tupel enthält also ein Element aus dem dazugehörigen Gebiet. Das entsprechende korrespondierende Gebiet wird durch den Kopf festgelegt.

Wir bezeichnen die Zahl m als die Kardinalität und die Zahl n als den Grad der Relation R. Es sei nochmals angemerkt, dass der Grad bereits beim Erzeugen der Relation festgelegt wird. Das Hinzufügen einer weiteren Spalte (eines Attributs) ändert zwar den Grad, genau genommen handelt es sich dabei aber um die Überführung einer Relation in eine neue. Die Kardinalität hingegen ist nach dem Erzeugen der Relation zunächst immer gleich Null und wird sich mit jedem Einfügen eines neuen Tupel in die Relation erhöhen.

▶ **Definition: Relation** Eine Relation ist eine Tabelle obiger Gestalt, bestehend aus einem Kopf und einem Rumpf, mit folgenden vier Eigenschaften:

1. Es gibt keine doppelten Tupel.
2. Tupel sind nicht geordnet (etwa von oben nach unten).
3. Attribute sind nicht geordnet (etwa von links nach rechts).
4. Alle Attribute sind atomar.

Eine Relation wird auch als normalisierte Relation bezeichnet.

Die ersten drei Eigenschaften ergeben sich aus einer streng mathematischen Definition der Relationen: Eine Relation ist darin ganz grob nichts anderes als eine Menge von Zeilen (Tupel). Und in Mengen existieren keine doppelten Einträge. Ein Element ist entweder in der Menge oder aber nicht; nach der Häufigkeit des Vorkommens wird bei Mengen nicht gefragt. Aber auch ohne Mathematik stellen wir fest, dass wir keine Zusatzinformation gewinnen, wenn wir einen Eintrag zwei- oder dreimal in der Relation abspeichern. Wir würden nur die Redundanz erhöhen, ohne dafür auch nur den geringsten Vorteil als Gegenleistung zu erhalten.

Nicht ganz so leicht nachvollziehbar ist die fehlende Anordnung der Tupel und Attribute. Es gibt in Mengen zwar keine Reihenfolge. Für den Betrachter spielt es aber eine große Rolle, in welcher Reihenfolge Informationen ausgegeben werden. Diese fehlende Anordnung basiert aber auf der Forderung aus Kap. 1, physische und logische Datenhaltung zu trennen. Diese Forderung vereinfacht nämlich die interne physische Datenverwaltung enorm: ein Datenbankhersteller kann seine Daten physisch beispielsweise nach dem Primärschlüssel ordnen, muss dies aber nicht, und tut dies in der Regel auch nicht. Wir werden daher beim Zugriff auf Relationen nie die Anordnung der Tupel oder Attribute innerhalb der Relation ausnutzen. SQL ist in dieser Hinsicht konsequent: SQL besitzt

Tab. 2.3 Nicht atomare Relation *VerkaeuferProdukt*

VerkNr	VerkName	PLZ	VerkAdresse	Produktname	Umsatz
V1	Meier	80331	München	Waschmaschine, Herd, Kühlschrank	17000
V2	Schneider	70173	Stuttgart	Herd, Kühlschrank	7000
V3	Müller	50667	Köln	Staubsauger	1000

keine Möglichkeit, die zweite oder siebte oder irgendeine andere bestimmte Zeile auszugeben! Andererseits unterstützt jede Abfragesprache, auch SQL, eine logische Sortierung.
Physische und logische Datenhaltung sind also sauber getrennt. Es ist die Aufgabe der Datenbank und nicht die des Benutzers, die Tupel so zu speichern, dass logische Sortierungen
möglichst performant durchgeführt werden.

Wir sollten nicht unterschätzen, welche Vorteile uns die Punkte 2 und 3 dieser Definition einer Relation bringen. Wir müssen uns beim Zugriff keine Gedanken über die
Reihenfolge der Tupel machen. Die Platzierung beim Hinzufügen eines neuen Tupel überlassen wir der Datenbank. Ein komplexes Einfügen an einer bestimmten Stelle entfällt
oder wird intern gelöst. Genauso verhält es sich beim Hinzufügen eines weiteren Attributs.
Diese Punkte 2 und 3 sind ein wichtiger Grund, warum Zugriffssprachen auf relationale
Datenbanken so einfach sind.

Die vierte Eigenschaft von Relationen erfordert eine genaue Definition des Begriffs
atomar. Ein Attribut A_i einer Relation heißt atomar, wenn jeder dazugehörige Attributseintrag v_{ij} nur genau ein Element des Gebiets D_j enthält oder leer ist. Ebenso bestehen
die Gebiete nur aus Elementen, die im Sinne der Anwendung nicht noch weiter zerlegt
werden können. Dies wollen wir an dem einfachen Beispiel des Gebiets *Stadt* veranschaulichen. Dieses Gebiet enthält ausschließlich Städtenamen. Alle deutschen Städtenamen
wären demnach Elemente dieses Gebiets. Die Attribute im Rumpf der Relation enthalten
je Tupel genau eines dieser Elemente. Die Städtenamen sind also im Sinne obiger Definition atomar, auch wenn sie intern aus vielen Einzelbuchstaben zusammengesetzt sind.

Die Forderung der Atomarität ist nicht direkt einsichtig, doch die Handhabung von
Relationen wird dadurch deutlich vereinfacht. Dies wollen wir an unserem Beispiel der
Relation *VerkaeuferProdukt* aus Tab. 2.1 aufzeigen. Wir hatten Redundanzen erhalten, da
wir zu jedem verkauften Produkt nicht nur den Namen sondern auch die Adresse des Ver-
käufers notierten. Diese Redundanzen könnten wir sofort beseitigen, wenn wir im Attribut
Produktname alle verkauften Produkte eines Verkäufers aufzählen würden. Die sich dabei
ergebende Tabelle ist in Tab. 2.3 wiedergegeben. Wir sehen, dass wir jetzt nur noch eine
Zeile je Verkäufer benötigen.

Wenn wir uns nicht für die Einzelumsätze jedes Mitarbeiters zu jedem Produkt interessieren, könnten wir geneigt sein, dieser Tabelle den Vorzug zu geben. Diese besitzt aber
leider erhebliche Nachteile. Ein erster Nachteil betrifft die physische Speicherung: In einer Relation sind (gemäß unserer Definition) alle Tupel gleich lang. Dies vereinfacht die
physische Speicherung erheblich. Wir fügen immer gleich große Tupel hinzu, beziehungs-

weise löschen diese wieder. Die interne Verwaltung ist somit relativ einfach. Betrachten wir nun unsere nicht atomare Relation: Verkauft etwa Herr Schneider einen Trockner für 600 Euro, so ist das Attribut *Produktname* um ein Element zu erweitern. Wir brauchen zusätzlichen Platz, eine Zusatzverwaltung wie beispielsweise verkettete Listen wäre erforderlich. Unsere logische Tabellenstruktur würde komplex auf die physische abgebildet. Dies wollte aber E. F. Codd mit der Einführung der relationalen Datenbanken vermeiden.

Ein weiterer Nachteil bezieht sich auf den Zugriff auf die Relation selbst. Wir haben bereits gesehen, dass der Verkauf eines Trockners durch Herrn Schneider nur zu einem Hinzufügen eines Attributs führen würde. Hätte hingegen Frau Schmidt, die noch nicht in der Tabelle aufgeführt ist, den Trockner verkauft, so wäre ein Hinzufügen eines kompletten Tupel erforderlich. Der Verkauf eines Produkts würde demnach gegebenenfalls unterschiedliche Operationen erfordern, je nachdem ob der Verkäufer bereits in der Tabelle eingetragen ist oder nicht. Dieses Problem tritt in normalisierten Tabellen nicht auf. In beiden Fällen erfolgt dort immer der Neueintrag eines Tupel. Wir wollen diese zusätzliche Komplexität nicht und fordern daher explizit die Atomarität.

Es sei allerdings nicht verschwiegen, dass das nicht atomare Abspeichern auch seinen Reiz besitzt. Wir können damit ganz einfach größere Listen aufnehmen, oder gar komplexe Objektstrukturen! Und genau darauf basiert die Idee der objektrelationalen Datenbanken. Als Einzelattribute sind nun sogar komplette Relationen erlaubt, Relationen, die wiederum als Attribute Relationen enthalten dürfen und so weiter. Wir verweisen im Detail auf Abschn. 9.2.

Mit den Relationen können wir jetzt auch relationale Datenbanken definieren:

► **Definition: Relationale Datenbank** Eine relationale Datenbank ist eine Datenbank, die der Benutzer ausschließlich als eine Ansammlung von zeitlich variierenden, normalisierten Relationen passender Grade erkennt.

Eine relationale Datenbank ist demnach eine Ansammlung von Relationen, die zueinander in Beziehung stehen, und die von einem Verwaltungssystem verwaltet werden. Die Definition lässt offen, ob die Datenbank physisch in Tabellenform gespeichert wird oder nicht. Wichtig ist allein der logische Aufbau, den der Benutzer sieht. Eine Datenbank, auf die ausschließlich mit SQL-Befehlen zugegriffen und die ausschließlich mit SQL-Befehlen verwaltet wird, ist nach obiger Definition eine relationale Datenbank. Dies liegt daran, dass der Sprachumfang von SQL auf Relationen zugeschnitten ist. Es sei hinzugefügt, dass es auch andere, stärker einschränkende Definitionen von relationalen Datenbanken gibt, die zusätzlich fordern, dass auch die physische Speicherung in Tabellenform geschehen muss. Wir verzichten darauf, da wir logische und physische Strukturen strikt trennen wollen.

In der Praxis müssen wir den Begriff Relation noch näher spezifizieren. Wir unterscheiden die „eigentlichen" Relationen, Basisrelationen genannt, und drei davon abgeleitete Relationen. Im Einzelnen sind dies:

- Basisrelationen
- Sichten (Views)
- Abfrageergebnisse
- Temporäre Relationen

Basisrelationen sind alle real existierenden und dauerhaft gespeicherten Relationen. Sie sind so wichtig, dass sie vom Datenbank-Designer einen Namen erhalten und als fester Bestandteil der Datenbank definiert und abgespeichert werden.

Sichten heißen auch virtuelle Relationen oder *Views*, übernommen aus dem Englischen. Sie existieren nicht real, erscheinen dem Benutzer aber wie „normale" Relationen. Sichten werden aus Basisrelationen abgeleitet (siehe Abschn. 5.3).

Abfrageergebnisse werden in Tabellenform ausgegeben und besitzen ebenfalls die Struktur einer Relation. Sie existieren jedoch nur temporär im Arbeitsspeicher während der Ausgabe auf dem Bildschirm oder dem Drucker.

Temporäre Relationen existieren ähnlich den Abfrageergebnissen nur vorübergehend. In der Regel werden sie bei bestimmten Ereignissen automatisch wieder gelöscht, meist am Ende einer Datenbanksitzung.

Die für uns mit Abstand wichtigsten Relationen sind die Basisrelationen. Alle anderen Relationen werden aus diesen Basisrelationen erzeugt, sei es dauerhaft als Sichten, oder nur zur Ausgabe oder temporär. Sichten sind besonders wichtig beim Zugriffsschutz. Mittels Sichten kann ein Benutzer beispielsweise nur auf Teile einer Basisrelation zugreifen, so dass ihm Daten, die nicht für ihn bestimmt sind, verborgen bleiben. Temporäre Relationen dienen vor allem zum Abspeichern von Zwischenergebnissen, wenn etwa komplexe Datenbankzugriffe in mehrere einfachere zerlegt werden sollen.

Basisrelationen, Sichten und temporäre Relationen werden mit DDL-Befehlen erzeugt, Abfrageergebnisse sind das Ergebnis von Zugriffs-, also DML-Befehlen. In SQL beginnen diese Befehle wie folgt:

```
CREATE TABLE ... ;             (erzeugt eine Basisrelation)
CREATE VIEW ... ;              (erzeugt eine Sicht)
SELECT ... ;                   (erzeugt eine Abfrage)
CREATE TEMPORARY TABLE ... ;   (erzeugt eine temporäre Relation)
```

Der Create-Table-Befehl wird im Abschn. 5.1 ausführlich behandelt, der Create-View-Befehl im Abschn. 5.4. Den Select-Befehl werden wir im Abschn. 4.1 kennen lernen. Der Create-Temporary-Table-Befehl basiert auf dem Create-Table-Befehl und wird im Abschn. 5.3 vorgestellt.

2.3 Primärschlüssel

Im letzten Abschnitt haben wir Relationen definiert. Jetzt ist es an der Zeit, diese Relationen mit Daten zu füllen. Wir speichern dazu einen Datensatz nach dem anderen, also Zeile für Zeile ab. Diese Datensätze können Personen beschreiben, etwa einen Lieferanten oder einen Mitarbeiter. Sie können aber auch Produkte oder Aufträge beinhalten, je nach Relation. Aber eines haben diese Datensätze immer gemeinsam: sie sind eindeutig identifizierbar. Und schon kommen wir zum enorm wichtigen Primärschlüssel einer Relation: Wir bezeichnen nämlich ein Attribut einer Relation als Primärschlüssel, wenn es jedes Tupel dieser Relation eindeutig identifiziert. Der Primärschlüssel muss kein einzelnes Attribut sein, sondern kann sich auch aus mehreren Einzelattributen zusammensetzen.

Beispielsweise ist der Primärschlüssel in der Lieferantenrelation in Abb. 2.1 die Spalte *LNr*. Allein durch diese Nummer ist jedes Tupel in der Relation eindeutig festgelegt. Wird etwa der Lieferant mit der Lieferantennummer *3* gesucht, so können wir sicher sein, höchstens einen Lieferanten mit dieser Nummer zu finden.

Es lässt sich leicht beweisen, dass jede Relation immer einen Primärschlüssel besitzt: Nach der Definition einer Relation gibt es keine doppelten Tupel, die Tupel lassen sich daher eindeutig identifizieren. Die für diese Identifikation notwendigen Attribute bilden den Primärschlüssel. Dieser umfasst ein oder auch mehrere Attribute. Im ungünstigsten Fall kann sich der Primärschlüssel über alle Attribute erstrecken. Folglich existiert in jeder (korrekten) Relation ein Primärschlüssel.

Es ist allerdings nicht immer einfach, diesen Primärschlüssel zu identifizieren. Betrachten wir dazu als Beispiel die Tabelle der chemischen Elemente (Tab. 2.4). Beim näheren Hinsehen werden wir gleich drei mögliche Primärschlüssel entdecken. Sowohl die Protonenanzahl als auch der Name und ebenso das Symbol des chemischen Elements identifizieren jedes Tupel eindeutig. Alle drei Attribute kommen daher als Primärschlüssel in Betracht. Das Atomgewicht hingegen wäre ein unzuverlässiger Kandidat. Bei entsprechend vielen Nachkommastellen sind die Atomgewichte der bisher bekannten Elemente alle eindeutig. Ob dies in Zukunft für neu entdeckte Elemente auch zutreffen wird, kann nicht garantiert werden. Wir nehmen also jetzt und in Zukunft besser Abstand von Mengen- und Größenangaben im Zusammenhang mit Primärschlüsseln!

Es ist durchaus üblich, dass Relationen mehrere mögliche Primärschlüssel besitzen, wie etwa in unserer Tabelle der chemischen Elemente. Wir führen deshalb folgende Begriffe ein:

Tab. 2.4 Tabelle der chemischen Elemente

Protonen	Atomgewicht	Name	Symbol
1	1,0079	Wasserstoff	H
2	4,0026	Helium	He
3	6,941	Lithium	Li
...	...	...	...

▶ **Definition: Superschlüssel** Ein eventuell aus mehreren einzelnen Attributen zusammen gesetztes Attribut heißt Superschlüssel, falls es eindeutig jedes Tupel identifiziert.

▶ **Definition: Schlüsselkandidat** Ein eventuell aus mehreren einzelnen Attributen zusammengesetztes Attribut heißt Schlüsselkandidat, falls es

- ein Superschlüssel ist und
- minimal ist, d. h. beim Weglassen eines einzelnen Attributs eines zusammengesetzten Attributs die Eindeutigkeit verloren geht.

▶ **Definition: Primärschlüssel, alternativer Schlüssel** Besitzt eine Relation mehrere Schlüsselkandidaten, so wird davon einer als Primärschlüssel ausgewählt; alle anderen heißen alternative Schlüssel.

Die Minimalität wird gefordert, um Schlüssel zu vermeiden, die unnötigerweise aus zu vielen Attributen zusammengesetzt sind. Dies würde Abfragen komplizieren, ohne dass dadurch an anderer Stelle ein Vorteil erkennbar wäre. Ein Primärschlüssel ist gerade so groß, dass er die Eindeutigkeit der Tupel garantiert. Das Hinzufügen weiterer Attribute zum Primärschlüssel würde also die Minimalität verletzen und ist daher nicht erlaubt.

Die Überprüfung der Minimalität ist nur bei zusammengesetzten Attributen erforderlich. Ein einzelnes Attribut ist grundsätzlich minimal. Es gilt daher trivialerweise immer: Ein Superschlüssel, der aus nur einem Attribut besteht, ist ein Schlüsselkandidat.

Die Tabelle der chemischen Elemente (Tab. 2.4) enthält zahlreiche Superschlüssel, insbesondere sind alle Kombinationen aus 2, 3 und 4 Attributen Superschlüssel. Es existieren aber nur die drei bereits erwähnten Schlüsselkandidaten: *Protonen, Name* und *Symbol*. Wir empfehlen nachdrücklich, die Anzahl der Protonen als Primärschlüssel und den Namen und das Symbol als alternative Schlüssel zu wählen. Zwar ist der Primärschlüssel grundsätzlich aus den möglichen Kandidaten frei wählbar, doch ein schlecht ausgesuchter Primärschlüssel kann sich später auf die Handhabung der Datenbank negativ auswirken. Wir sollten immer den Schlüsselkandidaten als Primärschlüssel wählen, der auch in der täglichen Praxis als Identifikator dient.

In der Chemie wird beispielsweise ein Element durch seine Protonenzahl identifiziert, Name und Symbol kamen immer erst Wochen oder Monate nach der Entdeckung hinzu. Wird diese Tabelle etwa von einer Forschergruppe verwendet, und entdeckt diese Gruppe ein neues Element, so kann dieses sofort zusammen mit dem Primärschlüssel eingetragen werden. Schließlich gilt ein neues Element als solches identifiziert, wenn es eine bisher noch nicht aufgetretene Protonenzahl aufweist. Über Namen und Symbol wird sich die Forschergruppe vermutlich erst später den Kopf zerbrechen. Wir merken uns, dass wir den eindeutigen Identifikator der realen Welt als Primärschlüssel in die Welt der Datenbanken übernehmen. Wir liegen damit immer richtig.

In zahlreichen Relationen besteht der Primärschlüssel aus mehr als einem Attribut. Betrachten wir nur die Relation *VerkaeuferProdukt* aus Tab. 2.1. Ein einzelnes Attribut legt

dort die Tupel nicht eindeutig fest. Es sei dem Leser als Übung empfohlen, den Primärschlüssel dieser Relation zu bestimmen (siehe hierzu auch die Übungsaufgaben am Ende
des Kapitels in Abschn. 2.7). Ein weiteres Beispiel für zusammengesetzte Primärschlüssel
liefert die Relation *Lagerbestand* aus Tab. 2.5.

In der Relation *Lagerbestand* sind alle einzelnen Produkte zusammen mit ihrem Bestand und dem Verkaufspreis aufgeführt. Jedes Produkt wird dabei durch seinen Namen
und durch eine fortlaufende Typnummer identifiziert. Hier besteht der Primärschlüssel aus
den beiden Attributen *Produktname* und *Produkttyp*:

```
Primärschlüssel = ( Produktname, Produkttyp )
```

Wir beachten, dass der Typ *T06* sowohl bei Staubsaugern als auch bei Küchenherden
auftritt. Durch den Produkttyp allein sind hier also die Tupel nicht eindeutig identifiziert.
In obiger Relation wäre es natürlich möglich, ein Attribut *Produktnummer* hinzuzufü-
gen, das alle Produkte eindeutig durchnummeriert. Als Primärschlüssel könnte dann diese
Produktnummer gewählt werden. Der Vorteil wäre ein nicht zusammengesetzter Primärschlüssel, der Nachteil eine erhöhte Redundanz wegen eines nicht zwingend erforderlichen zusätzlichen Attributs. Letztlich ist dies eine Designfrage. Im vorliegenden Fall
würde das zusätzliche Attribut *Produktnummer* aber kaum erkennbare Vorteile bringen.

Vollziehen wir die Ermittlung des Primärschlüssels der Relation *Lagerbestand* in
Tab. 2.5 im Detail nach. Jedes einzelne Attribut für sich enthält nicht eindeutige Werte. Der
Primärschlüssel muss also aus mindestens zwei Attributen bestehen. Die beiden Attribute
Produktname und *Produkttyp* zusammen gewährleisten die erforderliche Eindeutigkeit.
Bestands- oder Preisangaben führen in der Regel zu keiner eindeutigen Identifikation, da
deren Inhalte zeitlichen Änderungen unterliegen. Insbesondere sind hier gleiche Werte bei
mehreren Tupel jederzeit zulässig. *Produktname* und *Produkttyp* bilden zusammen den
einzigen Schlüsselkandidaten. Denn das Entfernen eines der beiden Attribute verletzt die
Eindeutigkeit, ein Hinzufügen eines weiteren Attributs erzeugt zwar weitere Superschlüssel, allerdings ist dann die Minimalität verletzt. Somit ist der Primärschlüssel festgelegt,
denn alternative Schlüssel existieren nicht.

Schlüsselkandidaten zeichnen sich dadurch aus, dass Abfragen mit diesen Schlüsseln
automatisch eindeutige Ergebnisse liefern. Andere Abfragen garantieren diese Eindeutigkeit nicht. Betrachten wir als Beispiel zu Tab. 2.5 die Abfrage:

Tab. 2.5 Relation *Lagerbestand* mit zusammengesetztem Schlüssel

Produktname	Produkttyp	Bestand	Preis
Staubsauger	T06	25	498
Staubsauger	T17	17	219
...	...	...	...
Küchenherd	T04	10	1598
Küchenherd	T06	7	1998

$\leftarrow$ *Primärschlüssel* $\rightarrow$

```
SELECT   Produktname, Preis
  FROM   Lagerbestand
 WHERE   Produktname = 'Staubsauger' AND Produkttyp = 'T06' ;
```

Wir haben hier gezielt nach dem Primärschlüssel ausgewählt. Als Ergebnis erhalten wir
maximal eine Zeile: Existiert das Produkt mit diesem Produkttyp, so wird dieses zusammen mit dem Preis ausgegeben. Existiert es nicht, so bleibt die Ausgabe leer. Wir wollen
dieses Beispiel ein wenig abändern:

```
SELECT   Produktname, Preis
  FROM   Lagerbestand
 WHERE   Produktname = 'Küchenherd';
```

Jetzt werden alle Küchenherde zusammen mit den Preisen aufgelistet. Da dem Daten-
bankprogramm nicht bekannt ist, wie viele Küchenherde derzeit in der Relation vorhanden
sind, müssen die Abfrageergebnisse entweder in einem hinreichend großen Feld zwischengespeichert oder in einer Schleife zeilenweise gelesen und bearbeitet werden. Wir
sehen, dass sich die Programmiertechnik erheblich unterscheidet, je nachdem ob wir Werte von Schlüsselkandidaten abfragen oder nicht. Wir verweisen diesbezüglich auf die
Datenbankprogrammierung in Kap. 6.

Wir empfehlen dringend, Schlüsselkandidaten und insbesondere Primärschlüssel aus
möglichst wenigen Attributen zusammenzusetzen. Besonders erfreulich ist es, wenn Primärschlüssel aus nur einem einzigen Attribut bestehen. Doch zwingend notwendig ist dies
nicht! Relationen mit zusammengesetzten Primärschlüsseln können durchaus hochwertig
sein, wie wir in diesem und den folgenden Kapiteln noch sehen werden.

2.4   Relationale Integritätsregeln

Bereits die Definition von Relationen zwingt uns, bestimmte Bedingungen beim Erzeugen
von Relationen einzuhalten, insbesondere die Eindeutigkeit der Tupel und die Atomarität
der Attribute. Um aber eine gute Handhabbarkeit und insbesondere Konsistenz und Integrität einer Datenbank dauerhaft sicherzustellen, müssen wir uns an weitere zusätzliche
Regeln halten. In diesem Abschnitt lernen wir zwei enorm wichtige Regeln kennen. Diese
sind für die Integrität einer Datenbank von entscheidender Bedeutung. Wir haben bereits
in Abschn. 1.2 darauf hingewiesen, dass sich die Integrität mit der korrekten Speicherung
von Daten beschäftigt. Wir unterscheiden im Wesentlichen vier Arten der Integrität:

- Physische Integrität
- Ablaufintegrität
- Zugriffsberechtigung
- Semantische Integrität

Die **physische Integrität** beschäftigt sich mit dem physischen Ablegen von Daten auf einem Speichermedium, etwa einer Festplatte, einer Solid State Disk (SSD) oder einer DVD. Die physische Integrität beinhaltet auch die Vollständigkeit der Zugriffspfade und der physischen Speicherstrukturen. Diese Integrität kann der Datenbankprogrammierer <u>nicht</u> beeinflussen. Dafür sind die Datenbank, das darunterliegende Betriebssystem und die Hardware verantwortlich. Der Datenbank-Betreiber kann allerdings mit dem Einkauf und der Auswahl einer Datenbank, eines Betriebssystems und des zugrundeliegenden Rechner-Servers zur Qualität der physischen Integrität entscheidend beitragen.

Unter **Ablaufintegrität** verstehen wir die Korrektheit der ablaufenden Programme. Beispielsweise sollen alle Schleifen korrekt enden, und im Mehrbenutzerbetrieb überschreiben die Anwender Daten nicht gegenseitig. Für die Ablaufintegrität zeichnen der Anwendungsprogrammierer und der Datenbankdesigner verantwortlich. Die Datenbank kann den Programmierer allerdings durch geeignete Werkzeuge erheblich unterstützen.

Unter **Zugriffsberichtigung** verstehen wir die korrekte Vergabe und Administration der Zugriffsrechte. Dies ist im Wesentlichen die Aufgabe des Datenbank-Administrators.

Semantische Integrität ist die Übereinstimmung der gespeicherten Informationen mit der Wirklichkeit. Semantische Integrität ist immer ein Problem, da viele Eingaben händisch erfolgen. Der Rechner kann von sich aus aber nur schwer entscheiden, ob menschliche Eingaben den Daten der realen Welt entsprechen oder ob Tipp- und Eingabefehler vorliegen.

Die semantische Integrität ist eine Herausforderung, sowohl für den Anwendungsprogrammierer als auch für den Datenbank-Administrator und den Datenbankhersteller. Der Datenbankhersteller bietet komfortable Bildschirmmasken und Trigger (Prozeduren, die bei bestimmten auftretenden Ereignissen ablaufen) standardmäßig an. Der Datenbank-Administrator passt die erlaubten Eingaben exakt auf die Anforderungen an, und der Anwendungsprogrammierer wird die angebotenen Werkzeuge und Schnittstellen intensiv nutzen. Als Beispiel betrachten wir ein Lager, in das gerade 12 Kühlschränke neu aufgenommen werden. Bei der Aufnahme dieser Daten in den Rechner könnte aus Versehen statt 12 die Zahl 112 eingetragen werden. Wird dieser Fehler übersehen, ist die Integrität der Datenbank verletzt. Sollte es aber aus Lagerkapazitätsgründen gar nicht möglich sein, mehr als 100 Kühlschränke im Lager zu stapeln, so sollte ein gutes Eingabeprogramm alle Eingaben größer als 100 von vornherein mit einer Fehlermeldung abweisen.

Die Überprüfung der Eingabe auf Korrektheit bedeutet also aus Sicht einer relationalen Datenbank:

- Die Gebiete D_i sind so weit wie möglich einzuschränken. Nur real existierende Werte werden vorgegeben.
- Es gilt für alle Attributswerte v_{ji}: $v_{ji} \in D_i$ für alle gültigen i und j. Nur diese real existierenden Werte dürfen auch verwendet werden.
- Die Attributswerte v_{ji} werden automatisch vergeben, soweit dies möglich ist, etwa bei der Vergabe der nächsten Auftragsnummer.

In unserem obigen Beispiel sollte das Gebiet $D_{Kühlschrankanzahl}$ nicht alle möglichen Ganzzahlen umfassen, sondern nur die Werte zwischen 0 und 100! Wenn es die Datenbank erlaubt, sollte als Datentyp nicht der viel zu umfassende Typ *int* gewählt werden, sondern die Aufzählung *0..100*, siehe auch Abschn. 5.6. Dieser Aufwand der Definition eigener maßgeschneiderter Gebiete ist notwendig, um den Anwender effektiv zu unterstützen und um Fehler zu vermeiden!

Die im Folgenden vorgestellten zwei Integritätsregeln tragen wesentlich zur Ablaufintegrität bei. Eine Verletzung auch nur einer dieser beiden Regeln kann früher oder später zu einer fehlerhaften Datenhaltung führen. Die beiden Regeln werden daher in relationalen Datenbanken zwingend vorgeschrieben. Beginnen wir mit der ersten Integritätsregel.

2.4.1 Entitäts-Integritätsregel

Die erste Integritätsregel oder Entitäts-Integritätsregel befasst sich mit dem Aufbau des Primärschlüssels. Wie wir bereits wissen, identifiziert der Primärschlüssel jedes Tupel eindeutig. Dies heißt umgekehrt, dass jedes Tupel einen Primärschlüssel besitzen muss – dies impliziert, dass die Primärschlüsselattribute vernünftige Werte enthalten. Über den Begriff *vernünftig* lässt sich streiten, aber ein Attribut einfach leer zu lassen, ist sicherlich nicht vernünftig:

▶ **Regel: Erste Integritätsregel (Entitäts-Integritätsregel)** <u>Keine</u> Komponente
   des Primärschlüssels einer Basisrelation darf <u>nichts</u> enthalten.

Die erste Integritätsregel bezieht sich ausschließlich auf Basisrelationen. Diese Relationen sind die einzigen real existierenden und dauerhaft gespeicherten Elemente einer Datenbank. Dass diese Regel etwa bei Abfrageergebnissen verletzt sein darf, erweitert nur die Abfragemöglichkeiten, ohne dadurch die Datenbanken in irgendeiner Weise negativ zu beeinflussen. Es ist völlig legitim, in der *VerkaeuferProdukt*-Relation den Befehl

```
SELECT ' ' As Verknr, Produktname
 FROM VerkaeuferProdukt ;
```

einzugeben. Die Verkäufernummer und der Produktname sind der Primärschlüssel dieser Relation. Wenn wir, wie in diesem Beispiel, in der Spalte *Verknr* aber nur Leerzeichen ausgeben (zur genauen Syntax siehe Abschn. 4.1.3), so verlieren wir die Eindeutigkeit der ausgegebenen Tupel. Wir verletzen also nicht nur die erste Integritätsregel, es liegt nicht einmal eine korrekte Relation vor! Bei Abfragen soll uns dies aber nicht weiter stören.

Der Name *Entitäts-Integritätsregel* bezieht sich darauf, dass eine Entität (ein Tupel, ein Ding, ein Objekt) existiert oder auch nicht. Diese Existenz ist direkt mit dem Primärschlüssel gekoppelt. Es macht keinen Sinn, ein Tupel einzutragen, und den Primärschlüssel erst später anzugeben. Primärschlüssel und Entität bilden mit dieser Regel eine untrennbare Einheit. Es existiert ein Objekt (eine Entität), dann ist es identifizierbar (durch den Primärschlüssel), oder es existiert nicht!

Weiter sollte nicht übersehen werden, dass die Entitäts-Integritätsregel nur für den Primärschlüssel und nicht für Alternativschlüssel gilt. Einträge in Alternativschlüsseln dürfen folglich leer bleiben. Der Anwender hat sich ja für einen anderen Schlüsselkandidaten als eindeutigen Identifikator entschieden.

Wichtig ist, dass bei zusammengesetzten Primärschlüsseln kein einziges Teilattribut leer bleiben darf. In unserer Relation *Lagerbestand* aus Tab. 2.5 müssen zu jedem Tupel sowohl der Produktname als auch der Produkttyp angegeben werden. Denn erst die Angabe beider Werte sichert die eindeutige Identifizierung. Alle heutigen Datenbanksysteme weisen Neueinträge oder Änderungen ab, wenn auch nur Teile eines Primärschlüssels leer bleiben. Bei Neueinträgen empfiehlt es sich sowieso, Primärschlüsselwerte von der Datenbank automatisch generieren zu lassen.

Wahrscheinlich haben Sie sich beim Lesen dieses Abschnitts schon gefragt, was eine Datenbank unter dem Begriff *leer* verstehen könnte. Ein Mensch könnte mit einer Zeichenkette der Länge 0 als leerer Eintrag gut leben, oder mit einer Zeichenkette, die nur Leerzeichen enthält, so wie im letzten Beispiel. Aus technischen Gründen tauchen aber solche Zeichenketten gelegentlich auf, ohne dass diese dann als leerer Eintrag interpretiert werden sollen. Um solche Probleme von vornherein zu vermeiden, werden eigene „leere" Werte eingeführt. In SQL gibt es dafür den Wert *NULL*. Dieser Wert *Null* unterscheidet sich grundsätzlich von allen anderen möglichen Einträgen. Ein Eintrag ist in der Sprache SQL genau dann leer, wenn er den Wert *Null* enthält. Wir werden in den Kap. 4 und 5 diesen wichtigen Wert *Null* noch eingehend betrachten. Unseren letzten Select-Befehl sollten wir aber noch anpassen:

```
SELECT NULL As Verknr, Produktname
 FROM VerkaeuferProdukt ;
```

Anwender sind Menschen, und Menschen machen bekanntlich Fehler. Ein Fehler könnte sein, dass in einem Primärschlüssel doch einmal der Wert *Null* eingetragen wird. In relationalen Datenbanken darf dies aber nie passieren. Unsere Datenbanken müssen daher so implementiert sein, dass der Versuch des Eintrags von Nullwerten im Primärschlüssel grundsätzlich mit einer Fehlermeldung abgewiesen wird. Erfreulicherweise ist in allen modernen Datenbanken dieser Sicherheitsmechanismus eingebaut. Die erste Integritätsregel ist in diesen Datenbanken daher immer erfüllt. Voraussetzung ist natürlich, dass wir der Datenbank auch alle Primärschlüssel mitgeteilt haben.

2.4.2 Referenz-Integritätsregel

Die erste Integritätsregel befasst sich mit dem Primärschlüssel jeder einzelnen Relation, die zweite Regel beschäftigt sich mit dem korrekten Miteinander der Relationen in einer

Datenbank. Die Definition von Datenbanken lehrt uns, dass Datenbanken zusammengehörige Daten verwalten. Alle Daten stehen in Relationen. Diese Relationen müssen daher
miteinander in Beziehung stehen. In relationalen Datenbanken kommt dazu ein weiterer
Schlüssel ins Spiel, der Fremdschlüssel. Fremdschlüssel sind der Kit, der die bisher einzelnen Relationen zu einem gemeinsamen Datenbestand zusammenfügt.

▶ **Definition: Fremdschlüssel** Ein (möglicherweise zusammengesetztes) Attribut einer
Basisrelation heißt Fremdschlüssel, falls

- das ganze Attribut entweder nichts (*Null*) oder einen definierten Inhalt enthält,
- eine Basisrelation mit einem Primärschlüssel existiert, so dass jeder definierte Wert des
  Fremdschlüssels einem Wert jenes Primärschlüssels entspricht.

Der erste Teil der Definition bezieht sich vor allem auf zusammengesetzte Attribute.
Ein zusammengesetztes Attribut ist ein Attribut, das aus mehr als einem einzelnen At-
tribut aufgebaut ist. Beispielsweise bilden in der Relation *Lagerbestand* aus Tab. 2.5 der
Produktname und der Produkttyp als zusammengesetztes Attribut den Primärschlüssel.
Dieser erste Teil der Definition sagt aus, dass entweder alle Einzelattribute des Fremd-
schlüssels einen sinnvollen Inhalt besitzen, oder alle Einzelattribute leer bleiben, also den
Wert *Null* besitzen. Dass nur einzelne Teilattribute einen Null-Wert besitzen, ist für Fremdschlüssel demnach unzulässig.

Der zweite Teil der Definition ist enorm wichtig. Er besagt mit anderen Worten, dass
ein nichtleerer Fremdschlüssel nur Werte enthält, die im Primärschlüssel derjenigen Relation vorkommen, auf den sich dieser Fremdschlüssel bezieht. Dies impliziert sofort, dass
ein Fremdschlüssel aus genauso vielen Attributen mit jeweils den gleichen Gebietsdefini-
tionen wie der dazugehörige Primärschlüssel bestehen muss.

Ein Fremdschlüssel bezieht sich also immer auf einen Primärschlüssel einer Basisrelation der Datenbank und ist folglich identisch aufgebaut. Besteht der Primärschlüssel nur
aus einer Ganzzahl, so muss auch der sich darauf beziehende Fremdschlüssel als Ganzzahl definiert sein. Ist ein Primärschlüssel aus drei Einzelattributen zusammengesetzt, so
muss dies auch der darauf verweisende Fremdschlüssel sein! Ein Fremdschlüssel enthält
entweder in all seinen Teilattributen einen Null-Wert, oder er verweist auf eine bereits
existierende Entität und enthält damit eine exakte Kopie des Primärschlüsselwertes dieser
Entität.

Dass ein zusammengesetzter Fremdschlüssel nicht in einzelnen Attributen Null-Werte
besitzen darf, wird jetzt klar: Ein nicht komplett leerer Fremdschlüssel muss auf einen
existierenden Primärschlüsselwert verweisen, und in Primärschlüsseln gibt es keine Nullwerte!

Wir wollen Fremdschlüssel an einem Beispiel aufzeigen. Wir betrachten dazu die drei
Relationen *Personal*, *Kunde* und *Auftrag* aus Tab. 2.6, 2.7 und 2.8, die den entsprechenden
Relationen der Beispieldatenbank *Bike* entsprechen. Einzelne hier nicht wichtige Attribute

Tab. 2.6 Relation *Personal* (Auszug aus Tab. 10.3)

Persnr	Name	Ort	Vorgesetzt	Gehalt
1	Maria Forster	Regensburg	NULL	4800.00
2	Anna Kraus	Regensburg	1	2300.00
3	Ursula Rank	Frankfurt	6	2700.00
4	Heinz Rolle	Nürnberg	1	3300.00
5	Johanna Köster	Nürnberg	1	2100.00
6	Marianne Lambert	Landshut	NULL	4100.00
7	Thomas Noster	Regensburg	6	2500.00
8	Renate Wolters	Augsburg	1	3300.00
9	Ernst Pach	Stuttgart	6	800.00

Tab. 2.7 Relation *Kunde* (Auszug aus Tab. 10.2)

Nr	Name	Strasse	PLZ	Ort
1	Fahrrad Shop	Obere Regenstr. 4	93059	Regensburg
2	Zweirad-Center Staller	Kirschweg 20	44276	Dortmund
3	Maier Ingrid	Universitätsstr. 33	93055	Regensburg
4	Rafa - Seger KG	Liebigstr. 10	10247	Berlin
5	Biker Ecke	Lessingstr. 37	22087	Hamburg
6	Fahrräder Hammerl	Schindlerplatz 7	81739	München

Tab. 2.8 Relation *Auftrag* (entspricht Tab. 10.5)

Auftrnr	Datum	Kundnr	Persnr
1	04.01.2013	1	2
2	06.01.2013	3	5
3	07.01.2013	4	2
4	18.01.2013	6	5
5	03.02.2013	1	2

wurden weggelassen. Diese Datenbank *Bike* wird in Kap. 10 ausführlich vorgestellt und begleitet uns im gesamten Buch.

In den Relationen *Personal*, *Kunde* und *Auftrag* bilden jeweils die Attribute *Persnr*, *Nr* und *AuftrNr* den Primärschlüssel. Diese drei Relationen sind über Fremdschlüssel in der Relation *Auftrag* miteinander verbunden. In dieser Relation *Auftrag* werden die eingegangenen Aufträge notiert. Zusammen mit dem Auftragsdatum werden dort die Personalnummer des Verkäufers und die Kundennummer des Kunden vermerkt. Möchten wir etwa zum Auftrag mit der Nummer 2 den Namen des Verkäufers wissen, so finden wir in dieser Relation im Attribut *Persnr* den Eintrag 5 und in der Relation *Personal* unter der Personalnummer 5 den Namen *Johanna Köster*. Analoges gilt für den Namen des Kunden, in unserem Falle wäre dies bei Auftrag 2 der Kunde *Maier Ingrid*.

Das Attribut *Persnr* in der Relation *Auftrag* ist ein Fremdschlüssel und bezieht sich auf den Primärschlüssel in der Relation *Personal*. Gemäß der Definition von Fremdschlüsseln ist es nicht erlaubt, im Attribut *Persnr* der Relation *Auftrag* einen Wert einzutragen, der im dazugehörigen Primärschlüssel der Relation *Personal* nicht existiert. Analog gilt die gleiche Aussage für den Fremdschlüssel *Kundnr* in der Relation *Auftrag*, der sich auf den Primärschlüssel *Nr* in der Relation *Kunde* bezieht. In unserem Beispiel muss demnach im Attribut *Persnr* der Relation *Auftrag* ein Wert zwischen 1 und 9 stehen, oder *Null*. Im Attribut *Kundnr* muss ein Wert ungleich *Null* entsprechend zwischen 1 und 6 liegen.

Ein besonders interessantes Beispiel für Fremdschlüssel finden wir noch in der Relation *Personal*. Die Relation *Personal* enthält alle Mitarbeiter der Firma, auch die vorgesetzten Mitarbeiter. Das Attribut *Vorgesetzt* gibt zu jedem Mitarbeiter seinen Vorgesetzten an und ist damit ein Fremdschlüssel, der auf den Primärschlüssel der gleichen Relation verweist. Der Eintrag *Null* bei Frau Köster und Frau Lambert deutet darauf hin, dass beide Personen keinem Vorgesetzten zugeordnet sind. Wie wir den anderen Einträgen im Attribut *Vorgesetzt* entnehmen können, sind diese beiden Personen selbst Vorgesetzte der anderen Mitarbeiter.

Da es für die Konsistenz und Korrektheit einer Datenbank außerordentlich wichtig ist, dass alle Fremdschlüsselinhalte nur erlaubte Werte enthalten, stellen wir eine zweite Integritätsregel auf:

▶   **Regel: Zweite Integritätsregel (Referenz-Integritätsregel)** Eine relationale Datenbank enthält <u>keinen</u> Fremdschlüsselwert (ungleich *Null*), der im dazugehörigen Primärschlüssel <u>nicht</u> existiert.

Diese Regel ist eigentlich absolut überflüssig, denn sie ist bereits in der Definition der Fremdschlüssel enthalten. Und trotzdem wurde diese Regel aufgestellt. Denn diese Regel ist so wichtig, dass sie gleich in die Definition der Fremdschlüssel integriert wurde! Auch diese zweite Integritätsregel ist sehr streng auszulegen, sie darf wie die erste grundsätzlich nicht verletzt werden.

Natürlich werden wir einen neuen Auftrag nicht mit der Kundennummer 13 versehen, zumindest nicht mit Absicht. Aber es wird irgendwann vielleicht doch passieren, dass ungültige Verweise gesetzt werden. Betrachten wir nur einmal folgendes Beispiel:

Nehmen wir an, Frau Köster mit der Personalnummer 5 verlässt die Firma, und aus datenschutzrechtlichen Gründen soll der Eintrag in der Relation *Personal* gelöscht werden. Ein Löschen dieses Tupel würde jedoch die Referenz-Integritätsregel verletzen; denn in der Relation *Auftrag* wird auf die Personalnummer 5 verwiesen, eine Nummer, die nach dem Löschen von Frau Köster gar nicht mehr existieren würde. Ein Löschen dieses Tupel in der Tabelle *Personal* erfordert deshalb zunächst zwingend Anpassungen in der Relation *Auftrag*. Bei genauer Betrachtung gibt es nur zwei sinnvolle Möglichkeiten: Entweder wir ersetzen in der Relation *Auftrag* den entsprechenden Verweis durch *Null*, oder wir löschen jedes Tupel der Relation *Auftrag*, das die Personalnummer 5 enthält.

Dieses Beispiel zeigt eindrucksvoll, wie leicht die zweite Integritätsregel verletzt werden kann: Wir löschen in einer großen Datenbank ganz unbedarft eine Zeile einer Relation, und schon kann nichtsahnend ein Fremdschlüssel auf einen nicht mehr existierenden Wert verweisen. Daraus folgt, dass wir sowohl beim Löschen eines Tupel als auch beim Ändern des Primärschlüssels eines Tupel immer zunächst nachsehen müssen, ob nicht

Fremdschlüssel auf dieses Tupel verweisen. Wenn ja, dann existieren genau drei Reaktionsmöglichkeiten:

- Wir führen das Löschen (bzw. Ändern) nicht aus
- Wir löschen zunächst alle Tupel (bzw. ändern alle Einträge), die auf unser Tupel verweisen
- Wir setzen zunächst alle entsprechenden Fremdschlüsselwerte auf den Wert *Null*

Im ersten Fall tun wir nichts, die Integritätsregel bleibt somit trivialerweise erfüllt. In den anderen beiden Fällen werden alle Fremdschlüsselverweise gelöscht, bzw. so abgeändert oder auf den Wert *Null* gesetzt, dass nach dem Löschen bzw. Ändern eines Tupel die zweite Integritätsregel gültig bleibt. In der Praxis verliert der Anwender schon bei hundert Einträgen den Überblick, bei tausenden, ja Millionen von Einträgen ist er hoffnungslos überfordert. Wie schon bei der ersten Regel benötigen wir wieder die Hilfe der Datenbank.

1992 wurden mit der Norm SQL2 neue Sprachkonstrukte eingeführt, um die Probleme des Löschens oder Änderns von Primärschlüsselwerten in den Griff zu bekommen. Diese SQL-Norm gibt an, dass jeder Fremdschlüssel genau eine der drei folgenden Eigenschaften besitzen muss:

```
ON DELETE NO ACTION
ON DELETE CASCADE
ON DELETE SET NULL
```

Eine dieser drei Eigenschaften ist beim Erzeugen eines Fremdschlüssels (siehe Abschn. 5.1) immer anzugeben oder wird standardmäßig gesetzt. Verweist beim Löschen eines Tupel ein Fremdschlüssel auf dieses Tupel, so wird bei gesetzter erster Eigenschaft die Datenbank das Löschen dieses Tupel nicht ausführen (*No Action*). Gilt die zweite Eigenschaft, so wird die Zeile mit dem Fremdschlüssel gleich automatisch mit gelöscht. Und mit der dritten Eigenschaft wird der entsprechende Fremdschlüsseleintrag auf den Wert *Null* gesetzt.

Ganz analog gibt es drei Eigenschaften, wenn ein Primärschlüsselwert geändert werden soll:

```
ON UPDATE NO ACTION
ON UPDATE CASCADE
ON UPDATE SET NULL
```

Sollten mehrere Fremdschlüssel auf ein zu änderndes oder löschendes Tupel verweisen, so wird das Ändern oder Löschen schon dann zurückgewiesen, wenn nur einer dieser Fremdschlüssel die Manipulation mit *No Action* verbietet. In allen anderen Fällen werden die entsprechenden Zeilen gelöscht, bzw. Fremdschlüsselwerte angepasst oder auf den Wert *Null* gesetzt.

Sollen mit einem einzigen SQL-Befehl gleich mehrere Zeilen gelöscht werden, so wird Zeile für Zeile einzeln geprüft. Gibt es für mindestens eine Zeile eine Zurückweisung (*No Action*), so wird der SQL-Befehl nicht ausgeführt. Schließlich arbeitet eine Datenbank immer im Transaktionsmodus: entweder der gesamte Befehl wird ausgeführt oder gar nichts!

Ein besonders interessanter Fall ist das kaskadierende Löschen bei der Eigenschaft *On Delete Cascade*. Das Kaskadieren tritt auf, wenn auf die Relation mit unserem Fremdschlüssel wiederum Fremdschlüssel verweisen. Auch auf diese Fremdschlüssel können weitere Fremdschlüssel zeigen, auf diese wieder und so weiter. In diesem Fall kann das Löschen eines einzigen Tupel zum kaskadierenden Löschen zahlreicher Tupel führen. Ein solches fortgesetztes Löschen ist wegen der Referenz-Integritätsregel natürlich nur dann erlaubt, wenn <u>keiner</u> der geschachtelten Fremdschlüssel das Löschen verbietet. Dieses Kaskadieren wird beendet, wenn kein weiterer Verweis existiert, oder der Verweis wegen *On Delete Set Null* auf den Wert *Null* gesetzt wird. Existiert in dieser kaskadierenden Kette auch nur ein einziges Glied, das das Löschen verbietet, so wird die gesamte Löschaktion zurückgesetzt.

Dies wollen wir an einem Beispiel nachvollziehen und betrachten dazu wieder die Relationen Tab. 2.6 und 2.8. Nehmen wir in diesen Relationen an, dass für alle Fremdschlüssel die Eigenschaft *On Delete Cascade* gelte. Das Entfernen von Frau Forster mit der Personalnummer 1 hätte dann auch das Löschen aller Mitarbeiter zur Folge, die im Feld *Vorgesetzt* den Wert 1 besitzen, unter anderem Frau Köster (*Persnr* 5) und Frau Kraus (*Persnr* 2). Dies wiederum würde kaskadierend das Löschen aller Tupel der Relation *Auftrag* bewirken. Mit dem Löschen der Zeile mit der Personalnummer 1 würden in der Relation *Personal* nur die vier Mitarbeiter stehen bleiben, die im Attribut *Vorgesetzt* einen Wert ungleich 1 besitzen. Weiterhin würden in der Relation *Auftrag* alle Zeilen gelöscht! Dies kann in Abb. 2.2 nachvollzogen werden.

Hätten wir hingegen in der Relation *Auftrag* die Eigenschaft *On Delete No Action* im Fremdschlüssel *Persnr* gesetzt, so würde das Löschen von Frau Köster und Frau Kraus

Personal:

Persnr	Name	Ort	Vorgesetzt	Gehalt
3	Ursula Rank	Frankfurt	6	2700.00
6	Marianne Lambert	Landshut	NULL	4100.00
7	Thomas Noster	Regensburg	6	2500.00
9	Ernst Pach	Stuttgart	6	800.00

Auftrag:

Auftrnr	Datum	Kundnr	Persnr

Abb. 2.2 Wirkung von On Delete Cascade

und damit letztlich auch das Löschen von Frau Forster abgewiesen werden. Wir merken uns, dass ein kaskadierendes Löschen immer komplett auszuführen ist! Stößt dieses Löschen jedoch in mindestens einem kaskadierenden Pfad auf Widerstand, so wird dieser Löschvorgang komplett zurückgenommen.

Ist ein Fremdschlüssel gleichzeitig Primärschlüssel oder Teil eines Primärschlüssels, so darf die Eigenschaft *On Delete Set Null* nicht gesetzt werden. Schließlich darf ein Primärschlüssel grundsätzlich keine Nullwerte annehmen. In einigen anderen Fällen sind ebenfalls Nullwerte nicht erwünscht. Nullwerte in Attributen können wir in SQL durch die zusätzliche Angabe der Eigenschaft

```
NOT NULL
```

unterbinden (siehe Abschn. 5.1). In diesen Fällen ist natürlich die Fremdschlüsseleigenschaft *On Delete Set Null* ebenfalls nicht erlaubt.

Zur Vertiefung der beiden Integritätsregeln sei als Übung auf die Beispieldatenbank *Bike* in Kap. 10 verwiesen. Alle Relationen dieser Datenbank sind über Fremdschlüssel miteinander verknüpft. Es wird empfohlen, alle Fremdschlüssel und Primärschlüssel der Datenbank *Bike* selbst zu bestimmen.

Die letzten beiden Abschnitte haben uns die enorme Wichtigkeit der Primär- und Fremdschlüssel in einer relationalen Datenbank vor Augen geführt. Jeder Datenbankprogrammierer sollte alle Primär- und Fremdschlüssel zusammen mit ihren Eigenschaften kennen! Jeder Datenbankdesigner muss diese Schlüssel beim Entwurf einer Datenbank geeignet setzen. Die Qualität einer Datenbank hängt maßgeblich von der optimalen Definition dieser Schlüssel ab. Es ist daher nicht verwunderlich, dass wir uns beim Datenbankdesign in Kap. 3 weiter intensiv mit Primär- und Fremdschlüsseln beschäftigen werden.

2.5 Relationale Algebra

In den bisherigen Abschnitten dieses Kapitels haben wir uns auf den statischen Aufbau einer relationalen Datenbank konzentriert. Doch früher oder später werden die Relationen mit Daten gefüllt, und diese Daten unterliegen ständigen Manipulationen.

Bei allen Zugriffen auf eine Relation, ob lesend oder schreibend, wird in der Datenbank zunächst die gewünschte Stelle gesucht. Wurde die angefragte Position gefunden, so wird der darin befindliche Inhalt lesend abgegriffen. Gegebenenfalls folgt anschließend noch ein Schreibzugriff. Dieses Suchen und Lesen sollte mit einem möglichst geringen sprachlichen Aufwand erfolgen. Die dazu benötigte Zugriffssprache sollte syntaktisch festgelegt und gut verständlich sein. SQL (Structured Query Language) ist heute die wichtigste und bekannteste Sprache. Der Informatiker E. F. Codd baute 1970 und 1972 seine ursprüngliche Sprachdefinition aus acht Operatoren auf und erstellte auf diesen Operatoren eine vollständige Syntax, eine relationale Algebra, siehe Codd (1970, 1972). Er zeigte auch die Vollständigkeit dieser Algebra. Damit bewies er, dass alle gewünschten Zugriffe auf Relationen mit Hilfe dieser Algebra auf Basis der acht Operatoren erfolgreich durchgeführt werden können.

Wir verwenden die relationale Algebra im Weiteren nur punktuell. Schließlich können wir uns auf die moderne und mächtige Zugriffssprache SQL verlassen. Doch zum besseren Verständnis von Datenbankzugriffen werden wir ab und an auf die relationalen Operatoren zurückgreifen. Gerade bei den Performance-Untersuchungen in Kap. 7 hilft uns die relationale Algebra enorm weiter um Select-Befehle zu optimieren. Im Folgenden definieren wir die relationalen Operatoren und anschließend die darauf aufbauende Algebra. Für detaillierte Informationen sei insbesondere auf Date (2003), Elmasri und Navathe (2002) und Kemper und Eickler (2015) verwiesen.

2.5.1 Relationale Operatoren

E. F. Codd entwickelte in den 70er Jahren eine neue Algebra für relationale Datenbanken. Er griff dabei auf die Mengenlehre zurück und betrachtete zunächst Relationen als Mengen mit den Tupeln als die Elemente dieser Mengen. Diese „Relationen"-Mengen erweiterte er durch zusätzliche relationale Eigenschaften. Es ist daher keine Überraschung, wenn in der relationalen Algebra die drei Mengenoperatoren *Vereinigung* ∪, *Schnitt* ∩ und *Differenz* \ auftauchen. Hinzu kommen fünf weitere relationen-spezifische Operatoren. Aus rein technischen Gründen wird als neunter Operator der Umbenennungsoperator hinzugefügt.

Wir benötigen im Folgenden mathematische Kenntnisse zur Algebra und zu Mengen. Wir wollen deshalb einige dieser mathematischen Begriffe kurz wiederholen:

Eine **Menge** ist ein Behälter, in der unterscheidbare Objekte zusammengefasst werden. Bildlich können wir uns als Behälter einen Sack oder einen Koffer vorstellen, in dem wir alle unsere Objekte ablegen. Eine Menge ist ein sehr einfacher Behälter. Es wird nicht gefragt, ob die Dinge oben oder unten, links oder rechts liegen. Bei einer Menge interessieren wir uns nur dafür, ob ein Element in der Menge ist oder nicht. In diesem Abschnitt interessieren wir uns für die Menge R aller Relationen. Unsere Menge R enthält also in seinem Sack alle Relationen, die der Definition aus Abschn. 2.2 entsprechen.

Ein **Operator** ist eine Vorschrift, durch die Elemente einer vorgegebenen Menge in andere Elemente überführt werden. Unsere insgesamt neun Operatoren basieren auf der Menge R der Relationen. Diese Operatoren werden auf ein oder zwei Elemente angewendet, in unserem Falle also auf Relationen. Sie bearbeiten diese ein oder zwei Relationen und erzeugen ein neues Element, in unserem Fall wieder eine Relation. Wir unterscheiden zwischen unären und binären Operatoren.

Ein Operator *op* ist ein **binärer Operator**, wenn dieser Operator zwei Elemente der Menge bearbeitet. In unserem Fall nimmt der relationale Operator *op* also zwei Relationen, führt seine Vorschrift aus und liefert eine neue Relation als Ergebnis zurück. Wir schreiben dies wie folgt:

$$op : R \times R \to R$$

Hier ist $R \times R$ das Kreuzprodukt der Mengen und symbolisiert, dass wir zwei Relationen bearbeiten. Betrachten wir zum Verständnis ein Beispiel: Wir wählen die Relation R_1 mit allen Kunden aus Berlin und die Relation R_2 mit den Hamburger Kunden. Die Vereinigung $\cup$ ist ein binärer Operator und wir erhalten mit $R_3 = \cup(R_1, R_2)$ eine neue Relation R_3, die alle Kunden aus Berlin und Hamburg enthält. Wir schreiben statt $\cup(R_1, R_2)$ meist $R_1 \cup R_2$, da dies leichter lesbar und anschaulicher ist.

Ein Operator op ist ein **unärer Operator**, wenn die dazugehörige Vorschrift <u>ein</u> Element der Menge bearbeitet. In unserem Fall nimmt der relationale Operator op also nur eine Relation und liefert eine Relation als Ergebnis zurück. Wir schreiben dies jetzt wie folgt:

$$op : R \to R$$

Ein wichtiger unärer relationaler Operator ist die Restriktion σ. Wählen wir wieder als Beispiel die Relation R_1 mit den Berliner Kunden. Als Restriktion wählen wir alle Kunden, die mit dem Buchstaben A beginnen. Dann erhalten wir eine kleinere Ergebnisrelation $R_4 = \sigma_{Name='A...'}(R_1)$ mit entsprechend weniger Berliner Kunden.

Eine **Algebra** ist eine formale Sprache, in der Operatoren mit dazugehörigen Regeln definiert werden. Eine **relationale Algebra** ist eine Abfragesprache auf Relation, in der relationale Operatoren mit entsprechenden Regeln definiert sind. Diese **relationalen Operatoren** führen eine oder mehrere Relationen in eine Ergebnisrelation über. Das Ergebnis einer relationalen Operation ist immer eine Relation, somit können wir darauf wieder einen relationalen Operator anwenden. Relationale Operatoren lassen sich daher fast beliebig kombinieren. Ziel von E. F. Codd war es, relationale Operatoren so zu definieren, dass Anfragen an eine Datenbank mit Hilfe einer endlichen Kombination dieser Operatoren das gewünschte Ergebnis zurückliefern.

Tab. 2.9 Operatoren der relationalen Algebra

	Operator	Beispiel
Vereinigung	$\cup$	$R_1 \cup R_2$
Schnitt	$\cap$	$R_1 \cap R_2$
Differenz	$\setminus$	$R_1 \setminus R_2$
Kreuzprodukt	$\times$	$R_1 \times R_2$
Restriktion	σ	$\sigma_{Bedingung}(R)$
Projektion	π	$\pi_{Auswahl}(R)$
Verbund	$\bowtie$	$R_1 \bowtie R_2$
Division	$\div$	$R_1 \div R_2$
Umbenennung	ρ	$\rho_{R\_neu}(R)$

Nach diesen mathematischen Vorbemerkungen stellen wir jetzt in den folgenden Abschnitten alle neun Operatoren vor, die in Tab. 2.9 zusammengefasst sind. Die drei ersten Operatoren kennen wir bereits aus der Mengenlehre. Die nächsten fünf Operatoren sind Relationen spezifisch, der neunte Operator dient der Umbenennung von Relationen und Attributen.

2.5.2 Vereinigung, Schnitt und Differenz

Wir beginnen mit den drei Operatoren Vereinigung, Schnitt und Differenz, die wir bereits aus der Mengenlehre kennen. Es handelt sich hier jeweils um binäre Operatoren.

Vereinigung Aus den beiden Relationen R_1 und R_2 wird eine neue Relation R_3 mit $R_3 = R_1 \cup R_2$ erzeugt, die alle Tupel enthält, die in mindestens einer der beiden Relationen vorkommen. Natürlich werden Tupel, die in beiden Relationen vorkommen, nur einmal aufgenommen.

Schnitt Aus den beiden Relationen R_1 und R_2 wird eine neue Relation $R_3 = R_1 \cap R_2$ erzeugt, die nur die Tupel enthält, die in beiden Relationen vorkommen.

Differenz Aus den beiden Relationen R_1 und R_2 wird eine neue Relation R_3 mit $R_3 = R_1 \setminus R_2$ erzeugt, die all die Tupel enthält, die in der Relation R_1, nicht aber in Relation R_2 vorkommen.

Die Anwendung dieser drei Mengenoperatoren auf Tabellen mag noch etwas ungewohnt sein, schließlich sind Tabellen keine Mengen. Doch diese drei Operatoren verhalten sich auch bei Tabellen genauso wie bei Mengen. Dies soll Abb. 2.3 illustrieren. Die Inhalte der Relationen werden vereinigt, es wird der Schnitt gebildet, und es werden die Inhalte voneinander abgezogen.

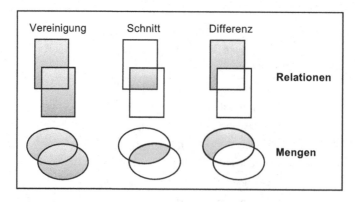

Abb. 2.3 Die drei Mengenoperatoren

Abb. 2.4 Die unären Operatoren Restriktion und Projektion

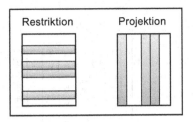

2.5.3 Projektion und Restriktion

Die Operatoren speziell für Relationen (Tabellen) sind für uns neu und gewöhnungsbe-
dürftig. Wir beginnen mit den beiden unären Operatoren.

Restriktion Aus der Relation R_1 wird eine neue Relation $R_2 = \sigma_{Bedingung}(R_1)$ erzeugt,
die nur diejenigen Tupel aus der Relation R_1 enthält, die der angegebenen Bedingung
genügen. In der Literatur wird die Restriktion auch als Selektion bezeichnet. Daher kommt
auch der griechische Buchstabe *Sigma* (σ) für die Restriktion.

Projektion Aus der Relation R_1 wird eine neue Relation $R_2 = \pi_{Auswahl}(R_1)$ erzeugt, die
alle Tupel von R_1 enthält, eingeschränkt auf die angegebene Auswahl von Attributen.
    Diese beiden Operatoren sind leicht nachvollziehbar. Die Restriktion schränkt eine Re-
lation auf weniger Zeilen ein, die Projektion auf weniger Spalten, siehe auch Abb. 2.4. Um
welche Zeilen bzw. welche Spalten es sich handelt, wird unter *Bedingung* bzw. *Auswahl*
angegeben.

2.5.4 Kreuzprodukt, Verbund und Division

Neben der Umbenennung fehlen noch drei binäre Operatoren. Diese drei Operatoren
Kreuzprodukt, Verbund und Division sind für den Anfänger nicht einfach zu verstehen.
Wer kann sich schon auf Anhieb ein Produkt zweier Tabellen oder gar die Division einer
Tabelle durch eine andere vorstellen? Wir beginnen mit dem Produkt.

Kreuzprodukt Aus den beiden Relationen R_1 und R_2 wird eine neue Relation $R_3 = R_1 \times R_2$ erzeugt, die aus allen Kombinationen der Tupel der beiden Relationen bestehen.
Das Kreuzprodukt wird in der Literatur auch häufig als Kartesisches Produkt bezeichnet.
    Das Kreuzprodukt verknüpft das erste Tupel aus R_1 mit dem ersten Tupel aus R_2, dann
mit dem zweiten bis hin zum letzten Tupel aus R_2. Dieses Verfahren wiederholt sich für
jedes weitere Tupel aus R_1. Ist etwa die Anzahl der Zeilen (Kardinalität) von R_1 gleich
n_1 und die von R_2 gleich n_2, so besitzt die Relation $R_3 = R_1 \times R_2$ die Kardinalität
$n_1 \cdot n_2$. Ein kleines anschauliches Beispiel finden wir in Abb. 2.5. Die Werte a, b, c und d
repräsentieren vollständige Tupel der Relation R_1, und x und y entsprechen den Tupel der

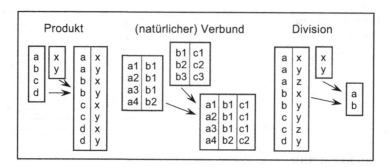

Abb. 2.5 Die Operatoren Produkt, Verbund und Division

Relation R_2. Die Ergebnisrelation R_3 enthält alle Kombinationen zwischen a, b, c und d auf der einen und x und y auf der anderen Seite. Insgesamt ergeben sich also acht Zeilen.

Verbund Aus den beiden Relationen R_1 und R_2 wird eine neue Relation $R_3 = R_1 \bowtie R_2$ erzeugt, die aus allen Kombinationen der Tupel der beiden Relationen besteht, wobei allerdings nur diejenigen Tupel aufgelistet werden, die in jeweils einem Attribut der beiden Relationen gleiche Werte besitzen. Dieses vergleichende Attribut wird nur einmal ausgegeben. Der Verbund wird auch als **Join** bezeichnet.

Der Verbund setzt voraus, dass es in den beiden Relationen R_1 und R_2 jeweils ein verbindendes Attribut gibt. Gibt es ein solches Attribut nicht, so entartet der Verbund zum Kreuzprodukt. In Abb. 2.5 ist dieses verbindende Attribut dasjenige, das die b-Werte enthält. Wir verknüpfen jetzt alle Tupel der beiden Relationen miteinander, die im verbindenden Attribut gleiche Werte besitzen. Das verbindende Attribut, hier die Spalte mit den Werten b_i, geben wir dabei nur einmal aus.

Beim Verbund werden die Spalten (Attribute) mit gleichen Spaltennamen (Attributnamen) miteinander verknüpft. Diese Art der Verbindung heißt auch **natürlicher Verbund** oder **natural Join**. Dabei werden alle Tupel der beiden Relationen zusammengeführt, die in diesen Attributen die gleichen Attributseinträge besitzen. Wir sprechen daher auch von einem **Equi-Join**. Darüber hinaus wird der Begriff *Verbund* auch verwendet, wenn zwei Relationen über andere Regeln verknüpft werden, etwa mittels Kleiner- oder Größer-Beziehungen. Zur Unterscheidung bezeichnen wir diesen allgemeinen Verbund als **Theta-Join**.

Der Verbund spielt in Datenbankanwendungen eine extrem wichtige Rolle. Wir werden dem Verbund daher im Weiteren oft begegnen, insbesondere bei der Behandlung des Join-Operators von SQL in Abschn. 4.1.7. Dort werden wir auch den **Outer Join** kennen lernen, auf den wir hier nicht eingehen.

Division Die Division setzt voraus, dass die Relation R_1 mindestens alle Attribute *Att* der Relation R_2 enthält. Aus den beiden Relationen R_1 und R_2 wird dann eine neue Relation $R_3 = R_1 \div R_2$ erzeugt, die alle Attribute von R_1 außer den Attributen *Att* enthält, und die aus allen Tupel aus R_1 besteht, deren Werte in den Attributen *Att* mit allen Werten aus R_2 übereinstimmen.

Wir betrachten das Beispiel aus Abb. 2.5. Die zweite Relation im Divisionsbeispiel enthält die Einträge *x* und *y*. Die erste Relation enthält das gleiche Attribut als zweite Spalte. Wir suchen jetzt alle Attributswerte aus der ersten Spalte, die mit beiden Werten *x* und *y* in Verbindung stehen. Dies gilt nur für die Werte *a* und *b*. Dementsprechend enthält die Ergebnisrelation auch nur diese Spalte mit diesen beiden Werten.

Zuletzt beachten wir den **Umbenennungsoperator** ρ. Dieser Operator hat keine große Bedeutung beim Zugriff auf Datenbanken, ist aber für die exakte Darstellung innerhalb der relationalen Algebra notwendig. Dies wollen wir an einem Beispiel zeigen. Ein natürlicher Verbund zwischen den Relationen *Personal* und *Kunde* aus Tab. 2.6 und 2.7 ist nicht möglich, da sich alle Attributnamen voneinander unterscheiden. Wir müssen das Attribut *Nr* der Kundenrelation erst in den Namen *Kundnr* umbenennen. Folgende Operation ist daher sinnvoll:

$$Ergebnisrelation = \rho_{Nr \to Kundnr}(Kunde) \bowtie Auftrag \ .$$

Hier wird in der Relation *Kunde* das Attribut *Nr* umbenannt. In beiden Relationen *Kunde* und *Auftrag* gibt es nun das gemeinsame Attribut *Kundnr*, über das der Verbund ausgeführt wird. Es sei als Übungsaufgabe empfohlen, die Ergebnisrelation anzugeben. Beim Verbund können wir die Umbenennung vermeiden, indem wir statt des natürlichen Verbunds den Equi-Join oder den Theta-Join verwenden. Wir geben dazu im Verbundsymbol die Verbund-Operation als Index mit an. Obiger Verbund lässt sich daher auch schreiben als:

$$Ergebnisrelation = Kunde \bowtie_{Kunde.Nr=Auftrag.Kundnr} Auftrag \ .$$

Erfahrungsgemäß bereiten der Verbund und die Division anfangs erhebliche Schwierigkeiten. Dies ist verständlich, denn bisher haben wir noch nie mit Operatoren auf Relationen gearbeitet, sondern nur mit den Operatoren Multiplikation und Division auf Zahlen. Zur Vertiefung wollen wir deshalb zu diesen beiden Operatoren noch ein Beispiel bringen.

Beginnen wir mit dem Verbund und betrachten die Relationen *Personal* und *Auftrag* aus Tab. 2.6 und 2.8. Beide Relationen enthalten das Attribut *Persnr*, das als Verbindung für diesen Join verwendet wird. Unter dieser Voraussetzung liefert die Verbund-Operation $R_3 = Auftrag \bowtie Personal$ die in Tab. 2.10 angegebene Relation, wobei aus Platzgründen das Attribut *Vorgesetzt* weggelassen wurde.

Das verbindende Attribut *Persnr* ist hervorgehoben. Alle Attribute der beiden Relationen *Personal* und *Auftrag* erscheinen auch in der Ergebnisrelation, das in beiden Relationen vorkommende Attribut *Persnr* allerdings nur einmal. Es werden alle Attribute der Relation *Auftrag* mit allen Attributen der Relation *Personal* verknüpft, die die gleiche Personalnummer besitzen. Da zu jedem Fremdschlüsselwert (Attribut *Persnr* der Relation *Auftrag*) ein Primärschlüsselwert (Attribut *Persnr* der Relation *Personal*) existiert, besitzt

Tab. 2.10 Natürlicher Verbund der Relationen *Auftrag* und *Personal*

AuftrNr	Datum	Kundnr	Persnr	Name	Gehalt	Ort
1	04.01.13	1	2	Anna Kraus	3400.00	Regensburg
2	06.01.13	3	5	Joh. Köster	3200.00	Nürnberg
3	07.01.13	4	2	Anna Kraus	3400.00	Regensburg
4	18.01.13	6	5	Joh. Köster	3200.00	Nürnberg
5	06.02.13	1	2	Anna Kraus	3400.00	Regensburg

in unserem Beispiel das Ergebnis dieses Verbunds die gleiche Kardinalität wie die Relation *Auftrag* selbst.

Der Verbund hängt eng mit Fremdschlüsseln zusammen und taucht in der Praxis sehr häufig auf. Wegen dieser zentralen Bedeutung wurde in SQL der Operator *Join* eingeführt. Diesen werden wir in Kap. 4 ausführlich kennen lernen. Zur Division gibt es in SQL jedoch keinen eigenen Operator. Zum Verständnis ist er aber doch wichtig. Wir wollen daher auch für die Division ein interessantes Beispiel betrachten. In der Tabelle *Lieferung* (Tab. 2.11) finden wir zu jedem Artikel (*ANr*) alle Lieferanten (*Liefnr*), die diesen Artikel zu gegebenen Konditionen (*Lieferzeit*, *Nettopreis*) liefern. Konzentrieren wir uns auf die ersten beiden Attribute *ANr* und *Liefnr*. Nehmen wir an, dass der Lieferant mit der Lieferantennummer 3 ausfällt. Wir möchten jetzt wissen, ob ein einzelner Lieferant unseren Lieferanten 3 komplett ersetzen kann. Wir wollen also wissen, ob es noch weitere Lieferanten gibt, die alle Artikel im Angebot haben, die auch Lieferant 3 liefert. Bei der Beantwortung dieser Frage hilft uns tatsächlich die Division weiter!

Wir bereiten zunächst die Relation *Lieferung* geeignet auf und entfernen die nicht benötigten Attribute. Dies ist eine Projektion. Anschließend konzentrieren wir uns auf die Daten des Lieferanten 3 und führen eine entsprechende Restriktion durch. Insgesamt er-

Tab. 2.11 Relation *Lieferung* (Auszug)

ANr	Liefnr	Lieferzeit	Nettopreis	Bestellt
500001	5	1	6.50	0
500002	2	4	71.30	10
500002	1	5	73.10	0
500003	3	6	5.60	0
500003	4	5	6.00	0
500003	2	4	5.70	0
500004	3	2	5.20	0
500004	4	3	5.40	0
500005	4	5	6.70	0
500006	1	1	31.00	0
500007	1	2	16.50	0

Abb. 2.6 Beispiel einer
Division

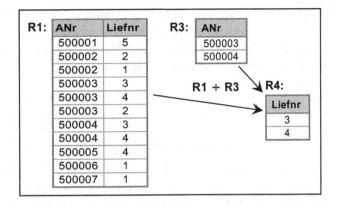

geben sich folgende vier Operationen:

$$R_1 = \pi_{ANr,Liefnr}(Lieferung)$$
$$R_2 = \sigma_{Liefnr=3}(R_1)$$
$$R_3 = \pi_{ANr}(R_2)$$
$$R_4 = R_1 \div R_3 \, .$$

Die Relation R_1 entspricht der Relation *Lieferung* mit nur den beiden Spalten *ANr*
und *Liefnr*. Die Relation R_2 wird aus der Relation R_1 abgeleitet und enthält nur noch die
beiden Zeilen mit der Lieferantennummer 3. Die Relation R_3 wiederum besitzt nur noch
die Spalte *ANr* zu den Teilen, die Lieferant 3 liefert. Dies sind in unserem Beispiel die
Teile 500003 und 500004. Dividieren wir jetzt R_1 durch R_3, so erhalten wir mit Relation
R_4 alle Lieferanten, die diese beiden Teile liefern, siehe auch Abb. 2.6. Dies wären in
unserem Beispiel die Lieferanten 3 und 4. Nur Lieferant 4 liefert daher mindestens die
gleichen Teile wie Lieferant 3!

Übrigens ist es wegen des fehlenden Divisionsoperators in SQL nicht einfach, dieses
Beispiel mit einem passenden SQL-Befehl auszuführen. Wir kommen in Abschn. 4.4 aber
darauf zurück.

2.5.5 Eigenschaften der relationalen Operatoren

Wir haben im letzten Abschnitt neun Operatoren kennen gelernt, die auf Relationen angewendet werden. Wir wollen hier einige Eigenschaften dieser Operatoren aufzählen.
Zunächst ist wichtig, dass das Ergebnis bei allen neun Operatoren wieder Relationen
sind. Wir können demnach auf diese Ergebnisse wiederholt unsere Operatoren anwenden, was zu komplexen Ausdrücken führt, aufbauend auf unseren neun Operatoren. Wie
wir arithmetische Ausdrücke aus Termen und diese wieder aus Faktoren erstellen, so können wir auch hier eine Syntax definieren. Diese Syntax beinhaltet Klammerregeln und die

Bindungsstärke von Operatoren. Weiter wurden die Operatoren auf Kommutativität und Assoziativität untersucht. Wir werden dies hier nicht vollständig nachvollziehen, aber auf einige Besonderheiten wollen wir trotzdem aufmerksam machen.

Beginnen wir mit dem Kommutativgesetz. Dieses gilt für die meisten binären relationalen Operatoren:

$$A \cup B = B \cup A$$

$$A \cap B = B \cap A$$

$$A \times B = B \times A$$

$$A \bowtie B = B \bowtie A$$

Es sei erwähnt, dass wir hier sehr vorsichtig argumentieren müssen. Bei Vertauschung der Relationen ändert sich im Ergebnis die Reihenfolge der Tupel bzw. Spalten. Da dies aber rein logisch in Relationen keine Rolle spielt, ist das Kommutativgesetz für diese Operatoren gültig. Das Kommutativgesetz gilt nicht für die Differenz und die Division.

Bei komplexen Ausdrücken spielen Klammern eine wichtige Rolle. Ähnlich wie in der Arithmetik können wir auch in der relationalen Algebra häufig Klammern vertauschen. Bei folgenden Operatoren gilt das Assoziativgesetz:

$$A \cup (B \cup C) = (A \cup B) \cup C = A \cup B \cup C$$

$$A \cap (B \cap C) = (A \cap B) \cap C = A \cap B \cap C$$

$$A \times (B \times C) = (A \times B) \times C = A \times B \times C$$

$$A \bowtie (B \bowtie C) = (A \bowtie B) \bowtie C = A \bowtie B \bowtie C \quad \textbf{Vorsicht!}$$

Wieder gilt das Assoziativgesetz nicht für die Differenz und die Division. Aber auch beim natürlichen Verbund mit mehr als zwei Relationen ist große Vorsicht geboten, denn der natürliche Verbund verbindet immer mittels der Attribute gleichen Namens. Im Ausdruck $A \bowtie B \bowtie C$ werden also die Relationen A und B über die Spalten gleichen Namens verknüpft, ebenso die Relationen B und C. Sollten jetzt zufälligerweise die Relationen A und C zusätzlich gemeinsame Attributnamen besitzen, so werden diese ebenfalls beim Verbund mit verwendet. Dies ist hier aber nicht beabsichtigt. Aus diesem Grund sollte der natürliche Verbund in der Praxis nur mit Bedacht verwendet werden. Besser ist es, beim Verbund die zu verwendenden Verknüpfungsattribute immer explizit anzugeben (Equi-Join!). Wir werden darauf beim Join-Operator in SQL in Kap. 4 ausführlich eingehen.

Viele weitere Regeln gelten für relationale Operatoren. Wir wollen uns hier auf einige wenige beschränken. Details können in Kemper und Eickler (2015), Schubert (2007) oder

Elmasri und Navathe (2002) nachgelesen werden:

(1) $\sigma_{Bedingung\ A}(\sigma_{Bedingung\ B}(R)) = \sigma_{Bedingung\ B}(\sigma_{Bedingung\ A}(R))$

$= \sigma_{Bedingung\ A\ AND\ Bedingung\ B}(R)$

$= \sigma_{Bedingung\ A}(R) \cap \sigma_{Bedingung\ B}(R)$

(2) $\sigma_{Bedingung\ A\ OR\ Bedingung\ B}(R) = \sigma_{Bedingung\ A}(R) \cup \sigma_{Bedingung\ B}(R)$

(3) $\sigma_{Bedingung}(R_1 \cup R_2) = \sigma_{Bedingung}(R_1) \cup \sigma_{Bedingung}(R_2)$

(4) $\sigma_{Bedingung}(R_1 \bowtie R_2) = \sigma_{Bedingung}(R_1) \bowtie \sigma_{Bedingung}(R_2)$

(5) $\sigma_{Bedingung\_an\_R_2}(R_1 \bowtie R_2) = R_1 \bowtie \sigma_{Bedingung\_an\_R_2}(R_2)$

(6) $\pi_{Auswahl}(\sigma_{Bedingung}(R)) = \sigma_{Bedingung}(\pi_{Auswahl}(R))$

(7) $R_1 = (R_1 \times R_2) \div R_2$

Die Regel 1 zeigt, dass wir geschachtelte Restriktionen auch direkt mit einer Und-Verknüpfung versehen können. Eine Oder-Verknüpfung hingegen lässt sich nur mittels einer Vereinigung trennen, siehe Regel 2. Sehr wichtig sind die Regeln 3 und 4, die nebenbei gemerkt auch für den Schnitt und das Kreuzprodukt gelten. Sie besagen, dass eine Restriktion vorgezogen werden darf. Dies beeinflusst in der Praxis die Performance enorm. Wir kommen in Kap. 7 darauf zurück.

Regel 5 ist ein Sonderfall von Regel 4 und gilt auch für die Vereinigung, den Schnitt und das Kreuzprodukt. Diese Regel gibt an, dass die Relation R_1 nicht von der Restriktion betroffen ist, wenn sich die Bedingung nur auf Relation R_2 bezieht. Regel 6 ist nur sinnvoll, wenn sich die Bedingung auf Attribute bezieht, die in der Projektion ausgewählt werden. In diesem Fall darf Projektion und Restriktion vertauscht werden. Es hängt vom Aufbau der Relation ab, welche Reihenfolge schneller zum Erfolg führen wird. Wieder verweisen wir auf Kap. 7.

Die Regel 7 wurde hinzugefügt, um zu zeigen, dass die Division tatsächlich seinen Namen verdient. Multiplizieren wir eine Relation R_1 mit einer Relation R_2 und dividieren dann wieder durch R_2, so erhalten wir die ursprüngliche Relation.

E.F. Codd wies in seinen Veröffentlichungen (Codd 1970, 1972) zusätzlich nach, dass nicht alle neun Operatoren notwendig sind. Genau genommen reichen bereits die folgenden sechs Operatoren aus: Vereinigung, Differenz, Kartesisches Produkt, Restriktion, Projektion und Umbenennung. Die verbleibenden drei lassen sich aus diesen sechs Operatoren herleiten. Seien dazu die Relation R_1 mit den beiden (zusammengesetzten) Attributen $R_1.X$ und $R_1.Y$ und die Relation R_2 mit den beiden (zusammengesetzten) Attributen $R_2.Y$ und $R_2.Z$ gegeben, so gilt:

$$R_1 \cap R_2 = R_1 \setminus (R_1 \setminus R_2)$$
$$R_1 \bowtie R_2 = \pi_{R_1.X,R_1.Y,R_2.Z}(\sigma_{R_1.Y=R_2.Y}(R_1 \times R_2))$$
$$R_1 \div R_2 = \pi_{R_1.X}(R_1) \setminus \pi_{R_1.X}((\pi_{R_1.X}(R_1) \times R_2) \setminus R_1)$$

Bei der Division setzten wir voraus, dass die Relation R_2 nur Attribute enthält, die auch in der Relation R_1 existieren. Aus diesem Grund wird in der dritten Gleichung zusätzlich gefordert, dass $R_2.Z$ leer ist. Es sei als Übung empfohlen, diese drei Gleichungen selbst nachzuvollziehen. Ohne Beweis sei noch aufgeführt, dass die verbleibenden sechs Operatoren minimal sind. Dies heißt, das Weglassen eines weiteren Operators würde die Vollständigkeit der relationalen Algebra verletzen. In der Praxis hat sich die Sprache SQL durchgesetzt. Doch SQL und die relationale Algebra haben sehr viel gemeinsam, wir werden dies in Kap. 4 mehrfach feststellen.

Zuletzt sei erwähnt, dass die relationale Algebra nicht der einzige Zugang zum Relationenmodell ist. Bereits parallel zur relationalen Algebra wurde das Relationenkalkül entwickelt. In der relationalen Algebra werden die Zugriffe konstruiert, es wird also ein konstruktives Verfahren angewendet. Im Relationenkalkül wird beschrieben, wie mit der Datenbank und ihren Relationen gearbeitet werden kann. Hierzu wird eine Zugriffssprache (bekannt ist etwa die Zugriffssprache QUEL) definiert. Rasch stellte sich heraus, dass beide Zugänge zum Relationenmodell gleich mächtig sind, siehe Codd (1972). Auch hier sei dem interessierten Leser das Buch von Date (2003) zur Vertiefung empfohlen.

2.6 Zusammenfassung

In diesem Kapitel haben wir neue Begriffe im Zusammenhang mit relationalen Datenbanken kennen gelernt bzw. definiert. Die wichtigsten sind: *Relation, relationale Datenbank, Schlüsselkandidat, Primärschlüssel* und *Fremdschlüssel*.

In Relationen existiert weder eine Anordnung noch gibt es doppelte Tupel. Primärschlüssel wiederum identifizieren jedes Tupel einer Relation eindeutig und Fremdschlüssel beziehen sich immer auf den Primärschlüssel einer Relation. Sie bilden den „Kit" zwischen den Relationen.

Die Wichtigkeit sowohl von Primär- als auch von Fremdschlüsseln wird noch durch die beiden Integritätsregeln verdeutlicht. Die erste bezieht sich auf den Primärschlüssel und verlangt, dass dieser immer einen definierten Wert enthalten muss. Die zweite Regel fordert, dass jeder Fremdschlüssel, falls er einen definierten Wert enthält, auf ein existierendes Tupel verweisen muss. Dies bedeutet, dass jeder Fremdschlüssel nur Werte annehmen darf, die bereits im Primärschlüssel der Relation stehen, auf die sich der Fremdschlüssel bezieht. Es bedeutet ferner, dass entsprechende Primärschlüsselwerte nur geändert werden dürfen, wenn der dazugehörige Fremdschlüsselwert gleichzeitig mit angepasst wird. Die Verletzung einer der beiden Regeln würde auf Dauer immer zu inkonsistenten Datenbanken führen und ist daher grundsätzlich verboten.

Zuletzt haben wir ausführlich die neun Operatoren der relationalen Algebra vorgestellt. Diese Algebra ist sehr hilfreich, um die in SQL verwendeten Operatoren besser zu verstehen. Besonders wichtig ist die relationale Algebra in Zusammenhang mit Performance-Untersuchungen.

2.7 Übungsaufgaben

1. Erklären Sie folgende Begriffe: Tupel, Attribut, Relation, Gebiet, Grad, Kardinalität.

2. Was spricht dagegen, in der Relation der chemischen Elemente aus Tab. 2.4 den Schlüsselkandidaten *Symbol* als Primärschlüssel zu wählen?

3. Geben Sie den Primärschlüssel der Relation *VerkaeuferProdukt* aus Tab. 2.1 an.

4. Welche Attribute eines neuen einzutragenden Tupel müssen immer mindestens angegeben werden? Denken Sie dabei an die erste Integritätsregel.

5. Geben Sie die Primärschlüssel aller Relationen der Beispieldatenbank *Bike* aus Kap. 10 an. Finden Sie auch alle alternativen Schlüssel.

6. Geben Sie alle Fremdschlüssel der Beispieldatenbank *Bike* aus Kap. 10 an.

7. Nehmen wir an, in der Beispieldatenbank *Bike* aus dem Anhang gelte für alle Fremdschlüssel die Eigenschaft *on delete cascade*. Geben Sie alle Tupel an, die kaskadierend gelöscht werden, wenn

   a) der Eintrag von Fr. Köster in der Relation *Personal*

   b) der Eintrag 500001 in der Relation *Artikel* gelöscht wird.

8. Bilden Sie einen Verbund der Relation *Personal* aus Tab. 2.6 auf sich, also *Personal* ⋈ *Personal*. Hierbei ist das Attribut *Vorgesetzt* der einen Relation mit dem Attribut *Persnr* der anderen Relation zu verknüpfen. Geben Sie nur die Attribute *Persnr*, *Name* und *Vorgesetzt* in beiden Relationen aus, also:

$$\pi_{Persnr,Name,Vorgesetzt}(Personal) \bowtie_{Personal.Vorgesetzt=Chef.Persnr}$$

$$\rho_{Personal \to Chef}(\pi_{Persnr,Name,Vorgesetzt}(Personal))$$

9. Es seien zwei Relationen A und B mit der Kardinalität M respektive N gegeben. Geben Sie jeweils die minimale und die maximale Kardinalität der folgenden Ergebnisrelationen an (in Abhängigkeit von M und N):

$$A \cup B, \ A \bowtie B, \ A \setminus B, \ A \times B, \ A \cap B$$

10. Geben Sie die Relation R aus mit $R = Kunde \bowtie_{Nr=Kundnr} Auftrag$.

11. Die Operatoren Schnitt, Verbund und Division können aus den verbleibenden relationalen Operatoren hergeleitet werden. Vollziehen Sie die entsprechenden Formeln aus Abschn. 2.5.5 nach.

Literatur

Codd, E. F. (1970). A Relational Model of Data for large Shared Data Banks. *CACM*, *13*(6), 377–387.

Codd, E. F. (1972). Relational Completeness of Data Base Sublanguages. In R. Rustin (Hrsg.), *Data Base Systems* (S. 65–98). Prentice Hall.

Connolly, T., & Begg, C. (2015). *Database Systems* (6. Aufl.). Pearson.

Date, C. J. (2003). *An Introduction to Database Systems* (8. Aufl., Bd. 1). Addison-Wesley.

Eirund, H., & Kohl, U. (2000). *Datenbanken – leicht gemacht*. Teubner.

Elmasri, R., & Navathe, S. (2002). *Grundlagen von Datenbanksystemen* (3. Aufl.). Addison-Wesley.

Elmasri, R., & Navathe, S. (2009). *Grundlagen von Datenbanksystemen* (3. Aufl.). Addison-Wesley. Bachelorausgabe

Jarosch, H. (2016). *Grundkurs Datenbankentwurf*. Springer Vieweg.

Kemper, A., & Eickler, A. (2015). *Datenbanksysteme – Eine Einführung*. Oldenbourg.

Kifer, M., Bernstein, A., & Lewis, P. (2005). *Database Systems*. Addison-Wesley.

Maier, D. (1983). *The Theory of Relational Databases*. Computer Science Press.

Meier, A. (2003). *Relationale Datenbanken: Eine Einführung für die Praxis*. Springer Taschenbuch.

Schubert, M. (2007). *Datenbanken*. Teubner.

Unterstein, G., & Matthiessen, M. (2012). *Relationale Datenbanken und SQL in Theorie und Praxis*. Springer.

Vossen, G. (1991). *Data Models, Database Languages und Database Management Systems*. Addison-Wesley.

Datenbankdesign 3

Übersicht

In Kap. 2 lernten wir Relationen und wichtige Begriffe und Regeln rund um Relationen kennen. Primärschlüssel identifizieren die Einträge innerhalb von Relationen, und Fremdschlüssel stellen die Verbindung zwischen Relationen her. In diesem Kapitel steigen wir in das Erstellen einzelner Relationen bis hin zu kompletten Datenbanken ein. Das Relationenmodell lässt dem Datenbankdesigner trotz der beiden Integritätsregeln aus Kap. 2 viele Freiheiten.

Dieses Kapitel soll helfen, diese Freiheiten im Design so zu nutzen, dass die entstehende Datenbank hohen Ansprüchen genügt: Einfache Handhabung, hohe Performance, leichte Erweiterbarkeit, gute Übersichtlichkeit und geringe Redundanz sollten selbstverständlich sein. Wir geben dazu viele Anregungen und wichtige Hilfestellungen. Wir sollten das Datenbankdesign sehr ernst nehmen. Ansonsten könnten komplexe Abfragen und lange Antwortzeiten die Freude an der neuen Datenbank schnell verderben. Auftretende hohe Redundanzen könnten leicht zu Inkonsistenzen führen und schließlich die Datenbank völlig unbrauchbar werden lassen.

Natürlich muss sich der Datenbankdesigner nicht an die folgenden Empfehlungen halten. Doch das Beispiel der bereits in Kap. 2 verwendeten Relation *VerkaeuferProdukt* in Tab. 3.1 zeigt eindrucksvoll die Schwächen eines schlechten Designs einer Relation auf, obwohl das Beispiel im Sinne der Definition einer Relation korrekt war. Noch schlimmer wirkt sich ein schlechtes Design einer ganzen Datenbank aus. Wir sollten den folgenden Satz nie vergessen: „Einmal schlechtes Design – immer schlechte Anwendung!"

Wir werden in diesem Kapitel Normalformen von Relationen und die dazu benötigten Definitionen einführen. Während die Normalformenlehre immer nur einzelne Relationen getrennt untersucht, unterstützt das anschließend vorgestellte Entity-Relationship-Modell

© Springer Fachmedien Wiesbaden GmbH 2017
E. Schicker, *Datenbanken und SQL*, Informatik & Praxis, DOI 10.1007/978-3-658-16129-3_3

Tab. 3.1 VerkaeuferProdukt (übernommen aus Tab. 2.1)

VerkNr	VerkName	PLZ	VerkAdresse	Produktname	Umsatz
V1	Meier	80331	München	Waschmaschine	11000
V1	Meier	80331	München	Herd	5000
V1	Meier	80331	München	Kühlschrank	1000
V2	Schneider	70173	Stuttgart	Herd	4000
V2	Schneider	70173	Stuttgart	Kühlschrank	3000
V3	Müller	50667	Köln	Staubsauger	1000

das Gesamtdesign einer Datenbank mit all den Beziehungen zwischen den einzelnen Relationen. Das Entity-Relationship-Modell ist enorm hilfreich und wird vielseitig eingesetzt, übrigens nicht nur in relationalen Datenbanken.

Zusammen mit Kap. 2 bildet dieses Kapitel den Schwerpunkt zu relationalen Datenbanken. Jeder Datenbankprogrammierer sollte mit den Integritätsregeln aus Kap. 2 und den hier behandelten Normalformen und dem Entity-Relationship-Modell vertraut sein. Einem optimalen Design und einer optimalen Zugriffsprogrammierung steht dann nichts mehr im Wege.

3.1　Normalformen

Die Normalformenlehre klassifiziert Relationen. Sie teilt Relationen abhängig von Redundanzen und Zugriffsproblemen in sogenannte Normalformen ein. Bereits bei seiner Vorstellung der relationalen Datenbanken im Jahre 1970 verwendete E. F. Codd drei Normalformen, siehe Codd (1970 und 1972). In den Folgejahren kam eine zweite Version zur dritten Normalform hinzu, ebenso eine vierte und fünfte Normalform. Über eine sechste Normalform wird seit Jahren diskutiert. Alle Normalformen bauen direkt aufeinander auf, wobei die erste Normalform am wenigsten, die fünfte am stärksten einschränkt. Es gilt allgemein:

▶ Befindet sich eine Relation in der n. Normalform, so befindet sie sich auch in der m. Normalform mit $m \leq n$.

Wir werden hier und in den folgenden Abschnitten sechs Normalformen kennen lernen, beginnend bei der ersten über zwei dritte bis hin zur fünften Normalform. Eine hohe praktische Bedeutung besitzen die zweite und dritte Normalform. Die vierte und fünfte Normalform werden im Detail vorgestellt, spielen aber in der Praxis kaum eine Rolle. Die entsprechenden Abschn. 3.1.6 und 3.1.7 richten sich daher vor allem an die interessierten Leser.

3.1.1 Erste Normalform

Wir beginnen mit der ersten Normalform. Sie lautet:

▶ **Definition: Erste Normalform** Eine Relation ist in der ersten Normalform, wenn alle zugrundeliegenden Gebiete nur atomare Werte enthalten.

Diese Definition besagt, dass alle Attribute nur einfache Attributwerte enthalten dürfen. Dies haben wir aber bereits bei der Definition einer (normalisierten) Relation gefordert. Damit sind alle Relationen automatisch in der ersten Normalform! Die Definition der ersten Normalform ist historisch bedingt, da E. F. Codd in der Originaldefinition einer Relation nicht forderte, dass eine Relation nur atomare Attribute enthalten darf.

Die Relation *VerkaeuferProdukt* aus Tab. 3.1 ist eine normalisierte Relation und damit in der ersten Normalform. Diese Relation besitzt allerdings zwei gravierende, bereits in Kap. 2 angesprochene Schwächen. Zum einen enthält sie Redundanzen, da zu jedem verkauften Produkt immer alle Verkäuferdaten aufgelistet sind. Zum anderen ist das Entfernen des Produkts *Staubsauger* aus dem Sortiment nicht möglich, da wir sonst auch alle Informationen zum Verkäufer *Müller* verlieren würden. Ein Ersetzen des Inhalts *Staubsauger* durch den *Null*-Wert ist ebenfalls nicht erlaubt, da das Attribut *Produktname* Teil des Primärschlüssels ist, und dies somit die erste Integritätsregel verletzen würde! Auch das Einfügen eines neuen Verkäufers ist nicht möglich, wenn er noch nichts verkauft hat.

Es sei darauf hingewiesen, dass in objektrelationalen Datenbanken auf die Atomarität und damit auf die erste Normalform bewusst verzichtet wird. Diese Relationen werden als NF^2-Normalformen bezeichnet. NF^2 steht für NFNF und ist eine Abkürzung für Non-First-Normal-Form, also für Relationen, die sich nicht in erster Normalform befinden. Zu Details zu NF^2-Normalformen und zu objektrelationalen Datenbanken sei auf Abschn. 9.2.2 verwiesen.

Die erste Normalform ist nur ein Einstieg. Wir müssen weitere Normalformen einführen, um die Qualität der Relationen zu verbessern.

3.1.2 Funktionale Abhängigkeit

Die Qualität einer Relation hängt vor allem von den internen Zusammenhängen zwischen den einzelnen Attributen ab. Wir müssen deshalb zunächst diese Zusammenhänge verstehen, bevor wir weitere Normalformen einführen können. Folgende Definition beschreibt die Abhängigkeiten der einzelnen Attribute untereinander und ist daher besonders wichtig:

▶ **Definition: Funktionale Abhängigkeit** Ein Attribut Y einer Relation R heißt funktional abhängig vom Attribut X derselben Relation, wenn zu jedem X-Wert höchstens ein Y-Wert möglich ist.

Die Definition beschränkt sich nicht auf einzelne Attribute, X und Y können auch zusammengesetzte Attribute sein. Ist Y von X funktional abhängig, so folgt aus einem X-Wert höchstens ein Y-Wert, und wir schreiben:

$$X \rightarrow Y$$

Die Definition bedeutet: Y ist funktional abhängig von X, wenn während der gesamten Existenz der Relation zu jedem X-Wert höchstens ein Y-Wert existieren kann. Wir dürfen dabei das Wort „höchstens" nicht durch „genau" ersetzen, da *Null*-Werte auftreten können. Wir wollen diese Definition am Beispiel der Relation *VerkaeuferProdukt* aus Tab. 3.1 nachvollziehen. Dort hängen die Verkäuferdaten von der Verkäufernummer eindeutig ab. Es liegt eine funktionale Abhängigkeit vor. Wir können schreiben:

$$VerkNr \rightarrow VerkName$$
$$VerkNr \rightarrow PLZ$$
$$VerkNr \rightarrow VerkAdresse$$

oder zusammengefasst:

$$VerkNr \rightarrow (VerkName, PLZ, VerkAdresse) \ .$$

Es ist nicht trivial, alle funktionalen Abhängigkeiten in der Relation *VerkaeuferProdukt* zu finden. Sehr hilfreich bei dieser Suche ist aber jetzt der im Kap. 2 definierte Begriff *Superschlüssel*. Jeder Superschlüssel beschreibt ein Tupel eindeutig. Zu jedem dieser Superschlüsselwerte existiert daher höchstens ein Wert in jedem anderen Attribut. Folglich gehen von jedem Superschlüssel Pfeile zu allen anderen Attributen!

Der wichtigste Superschlüssel ist der Primärschlüssel, und in der Relation *Verkaeufer-Produkt* ist dies das zusammengesetzte Attribut *(VerkNr, Produktname)*. Somit gilt:

$$(VerkNr, Produktname) \rightarrow Umsatz$$
$$(VerkNr, Produktname) \rightarrow VerkName$$
$$(VerkNr, Produktname) \rightarrow PLZ$$
$$(VerkNr, Produktname) \rightarrow VerkAdresse$$

Auf der rechten Seite wurden alle Attribute der Relation aufgelistet, die nicht zum Primärschlüssel gehören. Damit haben wir sehr wichtige funktionale Abhängigkeiten kennen gelernt. Möglicherweise existieren aber noch weitere. Setzen wir also die Suche fort. Dabei sollten wir immer beachten, dass es nicht auf den derzeitigen Füllstand der Relation ankommt, sondern darauf, welche Einträge zulässig sind. Folgende Abhängigkeit besteht beispielsweise nicht:

$$VerkName \rightarrow VerkAdresse \qquad \text{(falsch!)}$$

Schließlich könnten im Laufe der Zeit noch weitere Verkäufer mit dem Namen *Meyer* oder *Müller* eingestellt werden. Aus dem Verkäufernamen kann daher nicht zwingend auf die Adresse geschlossen werden.

Hochinteressant ist der Vergleich von Postleitzahlen und Wohnorten. Im Allgemeinen existieren hier keine Abhängigkeiten, da es Kleingemeinden mit gemeinsamer gleicher Postleitzahl gibt. Umgekehrt besitzen alle Großstädte mehr als nur eine Postleitzahl. Werden in einer Datenbank aber nur größere Ortschaften verwendet, aus welchen Gründen auch immer, so wäre folgende Abhängigkeit denkbar:

$$PLZ \rightarrow VerkAdresse \qquad \text{(falls die Adresse nur große Ortschaften enthält!)}$$

Identifizieren wir mit dem Attribut *VerkAdresse* nicht nur den Wohnort, sondern auch die Straße und die Hausnummer, so ist die folgende Abhängigkeit naheliegend:

$$(Ort, Straße, Hausnr) \rightarrow PLZ \qquad ?$$

Doch auch diese Abhängigkeit gilt nicht allgemein. Es gibt in Deutschland viele Ortschaften gleichen Namens, denken wir nur an den Ort *Neustadt*. Und in diesen Orten wird es sicherlich gleiche Straßennamen wie Hauptstraße oder Bahnhofstraße mit gleicher Hausnummer geben. Folglich folgt die Postleitzahl nicht eindeutig aus der vollständigen Adresse. Dies war übrigens auch der Hauptgrund, warum die Post vor ca. 50 Jahren die Postleitzahlen einführte!

Außer den schon aufgeführten funktionalen Abhängigkeiten finden wir also keine weiteren. Es fällt aber auf, dass wir die Attribute *VerkName*, *PLZ* und *VerkAdresse* zweimal auf der rechten Seite aufgelistet hatten:

$$VerkNr \rightarrow (VerkName, PLZ, VerkAdresse)$$

$$(VerkNr, Produktname) \rightarrow (VerkName, PLZ, VerkAdresse)$$

Diese drei Attribute hängen bereits von der Verkäufernummer funktional ab. Nehmen wir zur Verkäufernummer noch weitere Attribute hinzu, so folgt aus diesem zusammengesetzten Attribut natürlich weiterhin eindeutig der Verkäufername. Wir erhalten also durch Hinzunahme weiterer Attribute auf der linken Seite des Pfeils eine Fülle von zusätzlichen Abhängigkeiten, die uns aber nicht wirklich weiterbringen. Wir verschärfen daher unsere Definition der funktionalen Abhängigkeit:

▶ **Definition: Volle funktionale Abhängigkeit** Ein Attribut Y einer Relation R heißt <u>voll funktional abhängig</u> vom Attribut X derselben Relation, wenn es funktional abhängig von X ist, nicht aber funktional abhängig von beliebigen Teilattributen von X.

Ist Y voll funktional abhängig von X, so schreiben wir abkürzend

$$X \Rightarrow Y$$

Wenn zur funktionalen Abhängigkeit keine Verwechslung auftreten kann, verwenden wir weiterhin die einfachere Darstellung $X \to Y$.

Ähnlich wie beim Übergang vom Superschlüssel zum Schlüsselkandidaten verlangen wir jetzt die Minimalität des Ausgangsattributs X. Ist X ein nicht zusammengesetztes Attribut, so folgt wegen der Minimalität aus der funktionalen Abhängigkeit $X \to Y$ sofort die volle funktionale Abhängigkeit $X \Rightarrow Y$.

Kommen wir zu unserer Relation *VerkaeuferProdukt* zurück. Gehen wir davon aus, dass zwischen den Attributen *PLZ* und *VerkAdresse* keine funktionale Abhängigkeit besteht, so gibt es genau folgende vollen funktionalen Abhängigkeiten in dieser Relation:

$$(VerkNr, Produktname) \to Umsatz$$

$$VerkNr \to VerkName$$

$$VerkNr \to PLZ$$

$$VerkNr \to VerkAdresse$$

Aus dem Primärschlüssel folgt eindeutig der Umsatz, bereits aus Teilen des Primärschlüssels (*VerkNr*) folgen die anderen Attribute.

Ganz allgemein gilt, dass von allen Superschlüsseln und damit auch vom Primärschlüssel Pfeile ($\to$) zu allen anderen Attributen führen. Dies liegt an der Eindeutigkeit der Superschlüssel und ist eine grundlegende Eigenschaft von Relationen. Geht vom Primärschlüssel aber kein Doppelpfeil ($\Rightarrow$) zu allen anderen Attributen, so existiert eine volle funktionale Abhängigkeit bereits von einem Teil des Primärschlüssels. Teile des Primärschlüssels sind nicht eindeutig und kommen daher in einer Relation mehrfach vor. Folglich wird auch die funktionale Abhängigkeit mehrfach aufgeführt, Redundanzen entstehen. Und gerade diese Redundanzen wollen wir nun beseitigen!

3.1.3 Zweite Normalform

Im letzten Abschnitt haben wir gesehen, dass funktionale Abhängigkeiten vom Primärschlüssel immer existieren. Es treten jedoch Redundanzen auf, wenn nicht alle Attribute voll funktional vom Primärschlüssel abhängen. Dementsprechend wollen wir nur noch volle funktionale Abhängigkeiten vom Primärschlüssel erlauben:

▶ **Definition: Zweite Normalform** Eine Relation ist in der zweiten Normalform, wenn sie in der ersten Normalform ist, und jedes Nichtschlüsselattribut voll funktional vom Primärschlüssel abhängt.

Ein Nichtschlüsselattribut ist jedes (auch zusammengesetzte) Attribut, das kein Schlüsselkandidat ist. Die Definition schließt also nicht aus, dass neben dem Primärschlüssel noch alternative Schlüssel vorkommen dürfen. Die zweite Normalform bezieht sich nur auf den Zusammenhang zwischen allen Nichtschlüsselattributen und dem Primärschlüssel. Wir können daher sehr einfach Relationen unterscheiden, ob sie nur in erster oder zweiter Normalform sind:

▶ Für alle Relationen in mindestens erster Normalform gilt:

$$Primärschlüssel \rightarrow Nichtschlüsselattribut$$

Für alle Relationen in mindestens zweiter Normalform gilt zusätzlich:

$$Primärschlüssel \Rightarrow Nichtschlüsselattribut$$

Diese kleine Bedingung der zweiten Normalform besitzt eine große Wirkung, viele Redundanzen werden eliminiert. Dies sehen wir auch eindrucksvoll an unserer Relation *VerkaeuferProdukt*. Die Verkäuferdaten (*VerkName*, *PLZ*, *VerkAdresse*) sind nicht voll funktional abhängig vom Primärschlüssel. Die Relation ist daher nicht in der zweiten Normalform. Diese fehlende volle funktionale Abhängigkeit ist auch die Ursache für die Redundanz, das mehrfache Auflisten der Verkäuferdaten.

Ob eine Relation in zweiter Normalform ist oder nicht, hängt also nur von der Qualität des Primärschlüssels ab. Besteht der Primärschlüssel nur aus einem einzigen Attribut, so sind wegen der Minimalität alle funktionalen Abhängigkeiten vom Primärschlüssel automatisch auch voll funktional. Wir schließen daraus sofort:

▶ Eine normalisierte Relation mit einem nicht zusammengesetzten Primärschlüssel ist mindestens in der <u>zweiten</u> Normalform.

Es gilt auch die Umkehrung: Eine Relation, die sich nicht in der zweiten Normalform befindet, besitzt einen zusammengesetzten Primärschlüssel. Da in der Praxis viele Relationen eine laufende Nummer als Primärschlüssel besitzen, sind all diese Relationen auch in zweiter Normalform. Wir haben bereits die Tabelle der chemischen Elemente (Tab. 2.4) kennen gelernt. Diese Relation besitzt den Primärschlüssel *Protonen*, ein einzelnes Attribut, und ist daher in der zweiten Normalform.

Jede Relation in erster Normalform lässt sich ganz einfach in die bessere zweite Normalform überführen. Wir müssen nur dafür sorgen, einen einfachen Primärschlüssel zu verwenden. Dies wollen wir an unserer Relation *VerkaeuferProdukt* eindrucksvoll aufzeigen:

Wir fügen zu unserer Relation *VerkaeuferProdukt* ein neues Attribut *Nr* hinzu und nummerieren die Einträge durch. Diese neue Relation besitzt nun zwei Schlüsselkandidaten, nämlich *Nr* und *(VerkNr, Produktname)*. Legen wir den bisherigen Schlüssel als Primärschlüssel fest, so gewinnen wir nichts. Wählen wir jedoch das Attribut *Nr*, so ist die Relation sofort in der gewünschten zweiten Normalform! Von dem nicht zusammengesetzten Attribut *Nr* hängen nämlich alle anderen Nichtschlüsselattribute voll funktional ab. Als Ergebnis erhalten wir die Relation *VerkaeuferProdukt2NF* in Tab. 3.2.

Tab. 3.2 VerkaeuferProdukt2NF

Nr	VerkNr	VerkName	PLZ	VerkAdresse	Produktname	Umsatz
1	V1	Meier	80331	München	Waschmaschine	11000
2	V1	Meier	80331	München	Herd	5000
3	V1	Meier	80331	München	Kühlschrank	1000
4	V2	Schneider	70173	Stuttgart	Herd	4000
5	V2	Schneider	70173	Stuttgart	Kühlschrank	3000
6	V3	Müller	50667	Köln	Staubsauger	1000

Wir erkennen sofort, dass wir mit dieser neuen Relation in zweiter Normalform das Problem der Redundanz der ursprünglichen Relation nicht lösen können. Im Gegenteil, wir haben mit dem neuen Primärschlüssel noch Redundanzen hinzugefügt! Da nun das Attribut *Produktname* nicht mehr Teil des Primärschlüssels ist, kann jetzt andererseits das Produkt *Staubsauger* jederzeit entfernt werden, indem die entsprechenden Einträge einfach mit *Null* überschrieben werden. Auch ein neuer Verkäufer kann jederzeit hinzugefügt werden, auch wenn er noch nichts verkaufte. Wir sehen, dass die immer mögliche Überführung einer Relation in die zweite Normalform mittels des Hinzufügens eines einzelnen Primärschlüsselattributs zumindest teilweise befriedigt. Eine optimale Transformation unserer Relation *VerkaeuferProdukt* liegt aber mit Sicherheit nicht vor!

Abb. 3.1 zeigt die vollen funktionalen Abhängigkeiten in der Relation *VerkaeuferProdukt2NF*. Die beiden Schlüsselkandidaten sind dabei hervorgehoben. Wieder fällt besonders das Attribut *VerkNr* als Teil des alternativen Schlüssels auf, von dem die Verkäuferdaten abhängen. Weitere funktionale Abhängigkeiten existieren nicht, da zwischen Postleitzahlen und Adressen keine direkten Zusammenhänge existieren, ebenso nicht zwischen Verkäufername und Adresse, wie wir bereits im letzten Abschnitt festgestellt hatten.

Wir können die Relation *VerkaeuferProdukt2NF* noch durch ein Attribut *Bundesland* erweitern. Dadurch entstehen zusätzliche funktionale Abhängigkeiten des Bundeslandes von den Schlüsselkandidaten und von der Postleitzahl. Die Relation selbst wäre immer noch in der zweiten Normalform. Wir erkennen, dass die zweite Normalform zwar das Arbeiten mit Relationen erleichtert, nicht jedoch notwendigerweise Redundanzen entfernt.

Die funktionale Abhängigkeit beschreibt Abhängigkeiten. Besitzt nun ein Attribut, von dem ein Pfeil ausgeht, mehrere gleiche Einträge, so wird auch diese Abhängigkeit ent-

Abb. 3.1 Volle funktionale Abhängigkeiten

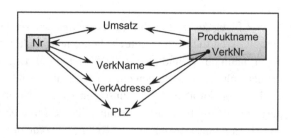

sprechend mehrfach angegeben. Wir können diese Redundanzen verhindern, indem wir konsequenterweise die Eindeutigkeit von Attributswerten fordern, von denen Pfeile ausgehen. Und damit wären wir schon bei der nächsten Normalform.

3.1.4 Dritte Normalform nach Boyce und Codd

Die Definition der zweiten Normalform besagt, dass vom Primärschlüssel nur Doppelpfeile ausgehen. Alle anderen Doppelpfeile spielen in der zweiten Normalform keine Rolle. Existiert jedoch eine volle funktionale Abhängigkeit von einem Attribut, das nicht Schlüsselkandidat ist, so entstehen automatisch Redundanzen. Schließlich enthalten Nicht-Schlüsselkandidaten nicht notwendigerweise eindeutige Werte, und die Abhängigkeiten werden entsprechend mehrfach aufgezählt. Die Verkäufernummer in der Relation *VerkaeuferProdukt2NF* ist ein eindrucksvolles Beispiel. Die logische Folgerung ist nun, all diese weiteren Abhängigkeiten (Pfeile) zu verbieten. Und genau dies ist die Kernaussage der dritten Normalform nach Boyce und Codd. Diese 1974 in Codd (1974) vorgestellte Normalform ist einfacher zu handhaben als die ursprüngliche Definition von E. F. Codd. Die Originaldefinition folgt im nächsten Abschnitt.

▶ **Definition: Determinante** Eine Determinante ist ein (eventuell zusammengesetztes) Attribut, von dem ein anderes voll funktional abhängt.

Diese Definition besagt nur, dass jedes Attribut, von dem ein Doppelpfeil ausgeht, als Determinante bezeichnet wird. In der zweiten Normalform ist also mindestens der Primärschlüssel eine Determinante. Die dritte Normalform geht einen Schritt weiter:

▶ **Definition: Dritte Normalform nach Boyce-Codd** Eine normalisierte Relation ist in der dritten Normalform, wenn jede Determinante dieser Relation ein Schlüsselkandidat ist.

Diese Definition sagt aus, dass es außer Schlüsselkandidaten keine Determinanten gibt. Oder gleichbedeutend, dass alle Doppelpfeile bei den Schlüsselkandidaten starten!

Diese Definition greift nicht auf die Definition der zweiten Normalform zurück. Trotzdem gilt, dass sich jede Relation in der dritten Normalform auch in der zweiten Normalform befindet. Dies ist leicht einsichtig. Während die zweite Normalform nur verlangte, dass vom Primärschlüssel Doppelpfeile zu jedem Attribut existieren müssen, fordert die dritte Normalform, dass dies zusammen mit den alternativen Schlüsseln auch die einzigen Doppelpfeile sind.

Es ist klar, dass sich unsere Relation *VerkaeuferProdukt* nicht in der dritten Normalform befindet, sie ist ja nicht einmal in der zweiten. Aber auch unsere Relation *Verkaeufer-Produkt2NF* erfüllt die Bedingungen der dritten Normalform nicht. Aus Abb. 3.1 können wir direkt die Determinanten ablesen. Diese sind:

```
Nr                         Schlüsselkandidat!
VerkNr
(VerkNr, Produktname)      Schlüsselkandidat!
```

Wir sehen sofort, dass die Verkäufernummer zwar eine Determinante ist, jedoch kein Schlüsselkandidat. Die Relation ist nicht in der dritten Normalform! Es lässt sich beweisen, dass jede Relation von der zweiten in die dritte Normalform überführt werden kann. Dazu wird die Abhängigkeit, die nicht von einem Schlüsselkandidat ausgeht, in eine eigene Relation ausgelagert. Wir wollen dies an unserem Beispiel demonstrieren und unsere Relation *VerkaeuferProdukt* in die dritte Normalform überführen. Dazu zerlegen wir diese in mindestens zwei, besser noch in drei neue Relationen. Eine solch optimale Zerlegung wird in Tab. 3.3, 3.4 und 3.5 vorgestellt. Beachten Sie bitte, dass jede dieser drei neuen Relationen in sich redundanzfrei ist.

Die ursprüngliche Relation *VerkaeuferProdukt* ist zur Relation *Verknuepfung* geschrumpft. Alle Verkäuferattribute wurden bis auf die Determinante *VerkNr* entfernt und in einer eigenen Relation *Verkaeufer* aufgenommen. Die Determinante *VerkNr* ist hier der neue Primärschlüssel. Wir übertragen alle Verkäuferdaten nur einmal in diese Relation. Dieses Verfahren kann für beliebige Relationen angewendet werden.

In unserer Zerlegung gingen wir noch einen Schritt weiter. Häufig benötigen wir zu Produkten noch Eigenschaften, etwa den Preis oder die Farbe. Diese können wir in der Relation *Verknüpfung* nicht mit aufnehmen, ohne sofort wieder die dritte Normalform zu

Tab. 3.3 Relation Verkaeufer

VerkNr	VerkName	PLZ	VerkAdresse
V1	Meier	80331	München
V2	Schneider	70173	Stuttgart
V3	Müller	50667	Köln

Tab. 3.4 Relation Produkt

ProdNr	Produktname
P1	Waschmaschine
P2	Herd
P3	Kühlschrank
P4	Staubsauger

Tab. 3.5 Relation Verknuepfung

VerkNr	ProdNr	Umsatz
V1	P1	11000
V1	P2	5000
V1	P3	1000
V2	P2	4000
V2	P3	3000
V3	P4	1000

verletzen. Wir lagern daher auch die Produktdaten in eine eigene Relation *Produkt* aus und führen eine Produktnummer ein, die wir in der Relation *Verknuepfung* belassen.

Apropos dritte Normalform! Alle drei neuen Relationen sind in der dritten Normalform. Der Beweis sei als Übung empfohlen. Dazu müssen wir nur alle Schlüsselkandidaten und Determinanten bestimmen. Wir sehen dann, dass tatsächlich alle Determinanten Schlüsselkandidaten sind.

Diese drei neuen Relationen sind in sich redundanzfrei. Sind die Verkäufer fleißig, so wird sich nur die kleine Relation *Verknuepfung* vergrößern. Wir können jederzeit Produkte und Verkäufer hinzufügen. Auch die Verkäuferdaten lassen sich problemlos ändern. Wir reduzieren also mit der dritten Normalform die Redundanz und verbessern gleichzeitig die Handhabung. Es sollte das erklärte Ziel jedes Datenbankdesigners sein, seine Relationen so zu entwerfen, dass sie in dritter Normalform sind. Die folgende Aussage bekräftigt dies noch.

▶ Die dritte Normalform beseitigt alle Redundanzen außerhalb der Schlüsselkandidaten.

Als Übung sei empfohlen, die Normalformen aller Relationen der Beispieldatenbank *Bike* im Anhang zu bestimmen. Wir weisen darauf hin, dass die Datenbank *Bike* mit Absicht so entworfen wurde, dass nicht alle Relationen in der dritten Normalform sind. Überführen Sie gegebenenfalls Relationen in die dritte Normalform.

3.1.5 Dritte Normalform nach Codd

Die dritte Normalform von Boyce und Codd ist aus praktischer Sicht optimal: Sie ist einfach zu handhaben und beseitigt Redundanzen. Die Normalformenlehre wäre also eigentlich abgeschlossen. Für den interessierten Leser wollen wir auf die weiteren Normalformen aber ebenfalls eingehen.

Die ursprünglich von E. F. Codd bereits 1970 definierte dritte Normalform ist etwas schwerfällig. Diese dritte Original-Normalform nach Codd geht vom Begriff der transitiven Abhängigkeit aus. Betrachten wir dazu die Relation *Verkaeufer* aus Tab. 3.3 und erweitern diese um das Attribut *Bundesland*. Wir erhalten die Relation *VerkaeuferLand* aus Tab. 3.6.

Die vollen funktionalen Abhängigkeiten dieser Relation sind in Abb. 3.2 eingetragen. Hinzu gekommen ist gegenüber der Relation *Verkaeufer* die Abhängigkeit des Bundes-

Tab. 3.6 Relation VerkaeuferLand

VerkNr	VerkName	PLZ	VerkAdresse	Bundesland
V1	Meier	80331	München	Bayern
V2	Schneider	70173	Stuttgart	Baden-Württemberg
V3	Müller	50667	Köln	Nordrhein-Westfalen

Abb. 3.2 Funktionale Abhängigkeiten in der Relation VerkaeuferLand

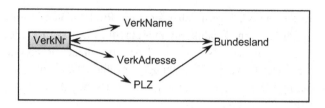

landes von der Postleitzahl! Aus der Abbildung erkennen wir direkt, dass es vom Primärschlüssel *VerkNr* hin zum Bundesland zwei Wege gibt, einen direkten und einen über die Postleitzahl.

Wir sprechen allgemein von einer transitiven Abhängigkeit oder Transitivität, wenn ein Attribut von einem anderen Attribut über den Umweg eines dritten Nichtschlüssel-Attributs abhängig ist. Ein Nichtschlüssel-Attribut ist ein Attribut, das nicht Schlüsselkandidat ist. Das Bundesland ist demnach zum einen direkt, zum anderen aber auch transitiv über die Postleitzahl abhängig vom Primärschlüssel.

▶ **Definition: Transitive Abhängigkeit** Ein Attribut Y einer Relation R heißt transitiv abhängig vom Attribut X derselben Relation, wenn ein Nichtschlüssel-Attribut Z existiert, so dass gilt:

Das Attribut Z hängt voll funktional vom Attribut X und das Attribut Y voll funktional vom Attribut Z ab, kurz: $X \Rightarrow Z \Rightarrow Y$.

Die Originaldefinition der dritten Normalform verbietet diese Transitivitäten. Sie lautet:

▶ **Definition: Dritte Normalform nach Codd** Eine Relation ist in der dritten Normalform (nach Codd), wenn sie sich in der zweiten Normalform befindet und jedes Nichtschlüsselattribut nicht transitiv vom Primärschlüssel abhängt.

Jede Relation in der dritten Normalform nach Boyce und Codd erfüllt auch diese Bedingung der dritten Normalform. Dies ist ganz einfach zu beweisen: Jede vorkommende Transitivität bedeutet, dass es Determinanten gibt, die nicht Schlüsselkandidaten sind. In der dritten Normalform nach Boyce und Codd sind aber alle Determinanten verboten, die von Nichtschlüsselattributen ausgehen. Transitivitäten können also in einer Relation nicht vorkommen, die in der dritten Normalform nach Boyce und Codd sind. Also sind diese Relationen auch in der dritten Normalform nach Codd.

Das Umgekehrte gilt allerdings nicht. Es gibt tatsächlich Relationen, die in der dritten Normalform nach Codd, nicht aber nach Boyce und Codd sind. Dem interessierten Leser sei empfohlen, eine solche Relation anzugeben. Dies ist allerdings nicht einfach. Folgende Aussage zeigt nämlich die Ähnlichkeit beider Normalformen auf:

▶   Besitzt eine Relation nur nicht zusammengesetzte Schlüsselkandidaten, so sind die beiden Definitionen der dritten Normalform gleichwertig.

Noch präziser gilt, dass sich die beiden dritten Normalformen höchstens dann unterscheiden, wenn die Relation mindestens zwei Schlüsselkandidaten besitzt, die aus zusammengesetzten Attributen bestehen und sich in mindestens einem Attribut überlappen. Wir müssen also entsprechende Relationen betrachten, um Unterschiede in den Normalformen zu finden.

Unsere Empfehlung ist eindeutig: Wir verwenden die dritte Normalform nach Boyce und Codd. Diese ist einfach zu handhaben, und wir können auf die Betrachtung der Transitivität vollständig verzichten. Wenn wir im Folgenden von der dritten Normalform sprechen, ist immer die Normalform nach Boyce und Codd gemeint.

3.1.6 Vierte Normalform

In einem Merksatz erwähnten wir, dass die dritte Normalform die Redundanzen außerhalb von Schlüsselkandidaten beseitigt. Wir müssen daher nur Relationen mit möglichst einfachen Schlüsselkandidaten konstruieren. Schon sind unsere Relationen optimal. Umgekehrt bereiten Relationen mit komplexen Schlüsseln oft erhebliche Probleme. Erst die Definition der vierten und fünften Normalform verbessern auch diese Relationen. In der Praxis spielen diese Normalformen aber fast keine Rolle.

Grundsätzliches Ziel beim Datenbankdesign sollte es sein, die Primärschlüssel und weitere alternative Schlüssel nicht oder nur soweit wie nötig aus mehreren Attributen zusammenzusetzen. Auch das im Abschn. 3.2 vorgestellte Entity-Relationship-Modell lässt komplexe zusammengesetzte Primärschlüssel kaum entstehen. Wir erinnern an den Merksatz, dass bereits die dritte Normalform alle Redundanzen außerhalb der Schlüsselkandidaten beseitigt.

Im Datenbankdesign ist es hilfreich, die höheren Normalformen zumindest zu kennen. Wir illustrieren dies an einem Negativbeispiel und betrachten wieder unsere Relation *VerkaeuferProdukt* aus Tab. 3.1. Wir nehmen jetzt an, dass ein Verkäufer durch die drei Attribute *VerkName*, *PLZ* und *VerkAdresse* eindeutig festgelegt sei. Dies können wir akzeptieren, wenn wir die Adresse um die Straße und die Hausnummer ergänzen und bei Namensgleichheiten den Vornamen und gegebenenfalls den Zusatz *senior* und *junior* oder den zweiten Vornamen hinzufügen. Entfernen wir nun aus dieser Relation das Attribut *VerkNr*, so befindet sich diese neue Relation in dritter Normalform! Der Primärschlüssel dieser Relation *VerkaeuferProdukt3NF* aus Tab. 3.7 besteht aus den ersten vier Attributen *VerkName*, *PLZ*, *VerkAdresse* und *Produktname*. Aus Übersichtsgründen wurden Straße und Hausnummer in Tab. 3.7 nicht mit aufgeführt.

Diese Relation *VerkaeuferProdukt3NF* kann nicht befriedigen. Die Redundanzen sind erheblich, jedes Ändern der Adresse eines Verkäufers führt zu mehrfachen Änderungen in der Relation. Auch die Handhabung ist wegen der ersten Integritätsregel problematisch: Ist etwa zu einem neuen Verkäufer seine Postleitzahl noch nicht bekannt, so kann dieser nicht, auch nicht teilweise, eingetragen werden! Diese Relation ist jedoch tatsächlich in

Tab. 3.7 VerkaeuferProdukt3NF

VerkName	PLZ	VerkAdresse	Produktname	Umsatz
Meier	80331	München	Waschmaschine	11000
Meier	80331	München	Herd	5000
Meier	80331	München	Kühlschrank	1000
Schneider	70173	Stuttgart	Herd	4000
Schneider	70173	Stuttgart	Kühlschrank	3000
Müller	50667	Köln	Staubsauger	1000

dritter Normalform, da es nur eine volle funktionale Abhängigkeit vom Primärschlüssel zum Umsatz gibt!

Dieses Beispiel schreckt ab. Aber der Datenbankdesigner darf nun einmal seine Relationen und dazugehörigen Primärschlüssel frei wählen. Das Design einer Datenbank ist aber nicht nur Kunst sondern vor allem Wissenschaft. Der Designer sollte daher unbedingt die vorgestellten Normalformen und Merksätze befolgen. Eine Relation *VerkaeuferProdukt3NF* wird ihm dann nicht im Traum einfallen.

Die Redundanzen innerhalb der Schlüsselkandidaten beseitigen erst die höheren Normalformen. Wir beginnen mit der vierten Normalform. Es ist kaum zu glauben, aber die Relation aus Tab. 3.7 erfüllt sogar die Bedingungen der vierten Normalform! Es muss also noch „schlechtere" Relationen geben, Relationen, die in dritter Normalform, aber nicht in vierter Normalform sind. Um dies zu zeigen fügen wir zur Relation *Verknuepfung* aus Tab. 3.5 das Attribut *KFZNr* hinzu und entfernen das Attribut *Umsatz*. Im neuen Attribut *KFZNr* werden alle Firmenfahrzeuge angegeben, die die Verkäufer benutzen. Sind dies für Verkäufer *Meier* die Fahrzeuge mit den Kennzeichen *M-E 515* und *M-X 333*, für den Verkäufer *Schneider* die Fahrzeuge *S-H 654* und *K-J 123* und für den Verkäufer *Müller* das Fahrzeug *K-J 123*, so könnten wir die Relation *Verknuepfung* überführen in die Relation *VerkaeuferProduktKFZ* in Tab. 3.8.

Tab. 3.8 VerkaeuferProduktKFZ

VerkNr	Produktname	KFZNr
1	Waschmaschine	M-E 515
1	Waschmaschine	M-X 333
1	Herd	M-E 515
1	Herd	M-X 333
1	Kühlschrank	M-E 515
1	Kühlschrank	M-X 333
2	Herd	S-H 654
2	Herd	K-J 123
2	Kühlschrank	S-H 654
2	Kühlschrank	K-J 123
3	Staubsauger	K-J 123

Die Relation *VerkaeuferProduktKFZ* ist in dritter Normalform, denn es existieren keine funktionalen Abhängigkeiten. Gleichzeitig bilden alle drei Attribute zusammen den Primärschlüssel. Diese Relation enthält viele Redundanzen, da sie zwei Abhängigkeiten enthält, die Abhängigkeit des Verkäufers vom verkauften Produkt und die vom Firmenwagen. Produkt und Firmenwagen sind aber gegenseitig unabhängig. Wir sprechen hier von einer mehrwertigen Abhängigkeit.

▶ **Definition: Mehrwertige Abhängigkeit** Ein Attribut Y einer Relation ist von einem Attribut X dieser Relation <u>mehrwertig abhängig</u> ($X \twoheadrightarrow Y$), wenn ein weiteres Attribut Z dieser Relation existiert mit den beiden Eigenschaften:

- Ein Y-Attributwert hängt vom dazugehörigen (X, Z)-Paar bereits allein eindeutig vom X-Wert ab und ist unabhängig vom Z-Attribut.
- Das Attribut X ist minimal.

In der Relation aus Tab. 3.8 gilt: $X = VerkNr$, $Y = Produktname$ und $Z = KFZNr$. Nehmen wir das Produkt *Kühlschrank*. Verkäufer 1 und 2 haben Kühlschränke verkauft, aber diese Abhängigkeit gilt unabhängig vom Fahrzeug! Dies gilt in der Relation für jedes Produkt. Damit ist der Produktname mehrwertig abhängig von der Verkäufernummer. Aus Symmetriegründen ist auch das KFZ-Kennzeichen mehrwertig von der Verkäufernummer abhängig. Wir haben:

$$VerkNr \twoheadrightarrow Produktname$$

$$VerkNr \twoheadrightarrow KZFNr$$

Die Ursache einer mehrwertigen Abhängigkeit liegt im gleichzeitigen Speichern zweier unabhängiger funktionaler Abhängigkeiten in einer Relation. Dies wird direkt ersichtlich, wenn wir die Atomarität aufgeben. Wir erhalten dann die sehr übersichtliche Tab. 3.9.

Diese Tabelle ist nicht in erster Normalform. Wir werden daher einen anderen Weg einschlagen. Zunächst definieren wir aber die vierte Normalform:

▶ **Definition: Vierte Normalform** Eine normalisierte Relation ist in der <u>vierten Normalform</u>, wenn aus jeder mehrwertigen Abhängigkeit $X \twoheadrightarrow Y$ folgt, dass X ein Schlüsselkandidat ist.

Die Definition schließt die dritte Normalform nach Boyce und Codd ein. Dies wird offensichtlich, wenn wir uns überlegen, dass jede funktionale Abhängigkeit auch eine mehrwertige ist. Setzen wir nämlich in der Definition der mehrwertigen Abhängigkeit das

Tab. 3.9 Nicht atomare Relation VerkaeuferProduktKFZ

VerkNr	Produktname	KFZNr
1	Waschmaschine, Herd, Kühlschrank	M-E 515, M-X 333
2	Herd, Kühlschrank	S-H 654, K-J 123
3	Staubsauger	K-J 123

Attribut Z als das leere Attribut an, so folgt die eindeutige Abhängigkeit des Attributs Y von X, also die funktionale Abhängigkeit. Die vierte Normalform besagt also, dass nur von Schlüsselkandidaten Pfeile ausgehen dürfen, seien es voll funktionale oder mehrwertige.

Die Relation *VerkaeuferProduktKFZ* aus Tab. 3.8 ist nicht in der vierten Normalform, da sie zwei mehrwertige Abhängigkeiten enthält. Die Tab. 3.9 gibt uns wertvolle Hinweise, wie wir diese Relation in die vierte Normalform überführen können: Wir betrachten die beiden funktionalen Abhängigkeiten getrennt und zerlegen diese in die beiden Relationen *VerkaeuferProduktname* und *VerkaeuferKFZ* in Tab. 3.10 und 3.11.

Beide neuen Relationen sind in vierter Normalform und lassen sich durch den Verbund *VerkaeuferProduktname* ⋈ *VerkaueferKFZ* sofort wieder in die ursprüngliche Relation *VerkaeuferProduktKFZ* überführen.

Dieses Beispiel zeigt, dass es eigentlich ganz einfach ist, gute Relationen zu erzeugen. Die Schwierigkeiten liegen jedoch im Detail. Wir möchten nicht weiter in die Problematik der vierten Normalform eindringen, aber mit einem kleinen Zusatzbeispiel Interesse wecken. Nehmen wir an, die Firmenleitung möchte im Detail wissen, welcher Verkäufer wie viele Kilometer mit welchem Fahrzeug jährlich unterwegs ist. Möchte die Leitung dies auch produktspezifisch wissen, so benötigen wir tatsächlich eine Relation der Form aus Tab. 3.12.

Es sei als Übung empfohlen, über den inhaltlichen Aufbau und insbesondere über den Primärschlüssel, die funktionalen und mehrwertigen Abhängigkeiten und die Normalform

Tab. 3.10 VerkaeuferProduktname

VerkNr	Produktname
1	Waschmaschine
1	Herd
1	Kühlschrank
2	Herd
2	Kühlschrank
3	Staubsauger

Tab. 3.11 VerkaeuferKFZ

VerkNr	KFZNr
1	M-E 515
1	M-X 333
2	S-H 654
2	K-J 123
3	K-J 123

Tab. 3.12 Erweiterung von VerkaeuferProduktKFZ

VerkNr	Produktname	KFZNr	Jahr	KM
...	...	...	...	...

dieser neuen Relation nachzudenken. Zur Vertiefung sei insbesondere Elmasri und Navathe (2002) empfohlen, aber auch Date (2003) und Meier (2010).

3.1.7 Fünfte Normalform

Bis zur vierten Normalform werden logische Abhängigkeiten berücksichtigt. Es gibt aber oft auch interne Abhängigkeiten, die beispielsweise sogar nur in einer Firma gelten, etwa spezielle Regeln zu Arbeitszeiten. Diese internen Abhängigkeiten spielen eine Rolle in der fünften Normalform. Es ist dabei teilweise extrem schwer zu erkennen, ob eine Relation in fünfter Normalform ist oder nicht. Es kann sogar sein, dass die gleiche Relation in der einen Datenbank in der fünften Normalform ist, in der anderen bei einer anderen Firma aber nicht! Die fünfte Normalform spielt fast keine Rolle. Dieser Abschnitt kann daher auch übersprungen werden.

Wir setzen unser Beispiel aus dem letzten Abschnitt fort und betrachten die Relation *VerkaeuferProduktKFZ* aus Tab. 3.8. Nehmen wir jetzt an, dass in den Fahrzeugen mit den Kennzeichen M-X 333 und K-J 123 wegen fehlender Spezialverankerungen keine Kühlschränke und Waschmaschinen transportieren werden dürfen. Setzen wir dies in unserer Relation um, so erhalten wir die neue Relation *VerkaeuferProduktKFZ4NF* in Tab. 3.13.

Diese Relation ist tatsächlich in vierter Normalform, da es auch Abhängigkeiten zwischen den Attributen *Produktname* und *KFZNr* gibt. Somit existieren keine mehrwertigen Abhängigkeiten mehr. Eine Zerlegung in die beiden Relationen *VerkaeuferProduktname* in Tab. 3.10 und *VerkaeuferKFZ* in Tab. 3.11 ist nicht möglich, da dadurch Informationen verloren gehen würden. Der Verbund dieser beiden Relationen liefert ja die Relation *VerkaeuferProduktKFZ* und nicht *VerkaeuferProduktKFZ4NF*.

Die Relation *VerkaeuferProduktKFZ4NF* befriedigt aber nicht. Sie enthält weiter Redundanzen und auch Lösch- und Einfügeanomalien. Wollen wir beispielsweise die Zeile *(1, Herd, M-E 515)* in Tab. 3.13 löschen, so müssen wir auch die Zeile *(1, Herd, M-X 333)* mit entfernen! Schließlich können Herde mit beiden Fahrzeugen geliefert werden. Umgekehrt dürften wir die Zeile *(1, Herd, M-X 333)* für sich allein löschen, falls Verkäufer 1 das Fahrzeug *M-X 333* ab sofort nicht mehr benutzt.

Tab. 3.13 VerkaeuferProduktKFZ4NF

VerkNr	Produktname	KFZNr
1	Waschmaschine	M-E 515
1	Herd	M-E 515
1	Herd	M-X 333
1	Kühlschrank	M-E 515
2	Herd	S-H 654
2	Herd	K-J 123
2	Kühlschrank	S-H 654
3	Staubsauger	K-J 123

Bisher konnten wir alle nicht optimalen Relationen in zwei Einzelrelationen zerlegen. Durch einen Verbund dieser Zerlegungen erhielten wir wieder die Originalrelation. Wir nennen dies eine Verbundabhängigkeit. Besonders eindrucksvoll sehen wir dies an der Relation *VerkaeuferProduktKFZ* aus Tab. 3.8, die in die beiden Relationen *Verkaeufer-Produktname* und *VerkaeuferKFZ* in Tab. 3.10 und Tab. 3.11 zerlegt wurde. Ein Verbund der letzten beiden Relationen führt zurück zur Originalrelation. Die hier vorliegende Verbundabhängigkeit heißt nicht trivial, da die beiden Zerlegungen unterschiedliche Primärschlüssel besitzen.

Wir können trivial jede Relation mit mehreren Nichtschlüsselattributen zerlegen: Wir nehmen den Primärschlüssel und nacheinander je einen Nichtschlüssel. Schon haben wir viele Zerlegungen, die dann mittels eines Verbunds wieder zur ursprünglichen Relation führen. Betrachten wir dazu die Relation *Verkaeufer* aus Tab. 3.3. Wir können diese Relation in die Teilrelationen *(VerkNr, VerkName)*, *(VerkNr, VerkAdresse)* und *(VerkNr, PLZ)* zerlegen. Diese triviale Zerlegung macht aber wenig Sinn. Wir kommen daher zu folgender Definition:

▶ **Definition: Verbundabhängigkeit** Eine Relation R besitzt eine Verbundabhängigkeit, wenn sie nicht trivial in Teilrelationen zerlegt werden kann, so dass der Verbund dieser Teilrelationen wieder die Relation R ergibt.

Nicht trivial heißt, dass die Teilrelationen jeweils unterschiedliche Primärschlüssel besitzen.

Nehmen wir die relationale Algebra zu Hilfe, so heißt dies, dass es nicht triviale Projektionen der Relation R gibt, so dass der Verbund dieser Projektionen wieder die Relation R liefert. Für die Relation *VerkaeuferProduktKFZ* gilt beispielsweise:

$$VerkaeuferProduktKFZ$$
$$= \pi_{VerkNr,Produktname}(VerkaeuferProduktKFZ)$$
$$\bowtie \pi_{VerkNr,KFZNr}(VerkaeuferProduktKFZ)$$

Diese Verbundabhängigkeiten bereiten Probleme. Gleichzeitig zeigen sie aber auch auf, dass es sinnvolle und nicht triviale Zerlegungen gibt. Relationen, die entsprechend zerlegt werden können, sind daher nicht in höchster Normalform und sollten auch zerschlagen werden:

▶ **Definition: Fünfte Normalform** Eine Relation ist in der fünften Normalform, wenn sie in der vierten Normalform ist und keine Verbundabhängigkeiten besitzt.

Unsere Relation *VerkaeuferProduktKFZ4NF* ist nicht optimal. Sie kann aber nicht in zwei Relationen zerlegt werden, so dass der Verbund wieder die Originalrelation liefert. Gleichzeitig vermuten wir aber, dass sich diese Relation nicht in der fünften Normalform befindet. Jetzt hilft uns folgende Information weiter:

▶ Ist eine Relation in der vierten Normalform, nicht aber in der fünften, so werden
mindestens <u>drei</u> Teilrelationen zum Zerlegen benötigt.

In unserem Beispiel der Relation *VerkaeuferProduktKFZ4NF* ist die dritte Zerlegung
die Relation *ProduktKFZ* aus Tab. 3.14, die angibt, welche Produkte mit welchen Fahrzeugen transportiert werden. Es gilt nun tatsächlich:

$$VerkaeuferProduktKFZ4NF$$

$$= \pi_{VerkNr,Produktname}(VerkaeuferProduktKFZ4NF)$$

$$\bowtie \pi_{VerkNr,KFZNr}(VerkaeuferProduktKFZ4NF)$$

$$\bowtie \pi_{Produktname,KFZNr}(VerkaeuferProduktKFZ4NF)$$

Der erste Verbund liefert die Relation *VerkaeuferProduktKFZ*. Der zweite Verbund
entfernt dann die drei Tupel zu den Fahrzeugen, die nicht erlaubt sind. Die Relation
VerkaeuferProduktKFZ4NF besitzt also eine Verbundabhängigkeit, ist damit nicht in der
fünften Normalform und sollte in die drei angegebenen Relationen zerlegt werden. Die
dritte Zerlegung *ProduktKFZ* ist aber noch nicht optimal. Sie sollte alle Transportmöglichkeiten enthalten. Diese Ergänzung sei als Übung empfohlen.

Die fünfte Normalform ist kaum praxistauglich. Es erweist sich in komplexen Relationen als enorm schwierig zu erkennen, ob nicht triviale Verbundabhängigkeiten vorliegen
oder nicht. Grundsätzlich sollten wir versuchen, Schlüsselkandidaten und insbesondere
Primärschlüssel einfach zu gestalten. Wir kommen dann nicht in die hier vorgestellten
Problemfälle. Es gilt:

▶ Relationen, die nicht in der vierten oder fünften Normalform sind, sind entweder
auch nicht in der dritten Normalform oder besitzen Schlüsselkandidaten, die aus
mindestens drei Einzelattributen bestehen.
Besitzt eine Relation nur nicht zusammengesetzte Schlüsselkandidaten, so fallen die beiden Definitionen der dritten und die der vierten und fünften Normalform zusammen!

Tab. 3.14 ProduktKFZ

Produktname	KFZNr
Waschmaschine	M-E 515
Herd	M-E 515
Herd	M-X 333
Herd	S-H 654
Herd	K-J 123
Kühlschrank	M-E 515
Kühlschrank	S-H 654
Staubsauger	K-J 123

Zum Abschluss sei noch auf eine Besonderheit hingewiesen. Das Zerlegen der Relation *VerkaeuferProduktKFZ* (Tab. 3.8) in die Relationen *VerkaeuferProduktname* (Tab. 3.10) und *VerkaeuferKFZ* (Tab. 3.11) erfolgte mittels einer Projektion. Der Verbund dieser beiden neuen Relationen führt zurück zur ursprünglichen Relation *VerkaeuferProduktKFZ*. Diese mehrwertige Abhängigkeit ist also auch eine Verbundabhängigkeit! Dies gilt ganz allgemein, und wir vermerken ohne Beweis:

▶   Eine volle funktionale Abhängigkeit ist auch eine mehrwertige Abhängigkeit. Und eine mehrwertige Abhängigkeit ist immer auch eine Verbundabhängigkeit. Oder umgekehrt: In der Verbundabhängigkeit ist die mehrwertige Abhängigkeit enthalten. Und in der mehrwertigen Abhängigkeit ist die volle funktionale Abhängigkeit enthalten.

Die Definition der fünften Normalform ist in allen Details komplex. Für interessierte Leser sei daher Elmasri und Navathe (2002) empfohlen, ebenso Date (2003).

3.1.8   Zusammenfassung

Die Normalformenlehre spielt eine enorm wichtige Rolle beim Entwurf von Datenbanken. Als Faustregel gilt, dass jede Relation mindestens in die zweite Normalform überführt werden sollte. Wirklich wünschenswert ist aber die dritte Normalform. Hier ist wegen der einfachen Handhabung die Normalform nach Boyce und Codd zu empfehlen. Die noch höheren Normalformen spielen in der Praxis höchstens in Einzelfällen eine Rolle. Ein gutes Design wird es zu diesen Spezialfällen gar nicht kommen lassen.

Wir wollen nicht verschweigen, dass wir die dritte und höhere Normalform nur erreichen, wenn wir Relationen der zweiten Normalform zerschlagen. Dies erhöht in der Praxis die Anzahl der Verbundabfragen und führt zu längeren Laufzeiten. Es kann daher vorkommen, dass aus Performancegründen bewusst auf die dritte Normalform verzichtet wird. Ein Datenbankdesigner muss daher die Für und Wider genau abwägen. Wir werden in Kap. 7 näher darauf eingehen.

Für den Datenbankdesigner ist wichtig, dass er alle Schlüsselkandidaten und alle funktionalen Abhängigkeiten kennt. Damit weiß er um die Güte seiner Relationen und kann gegebenenfalls für Abhilfe schaffen. Oberstes Gebot ist es, einfache und leicht verständliche Relationen zu entwerfen. Damit werden pathologische Fälle verhindert, wie etwa große zusammengesetzte oder sich überlappende Schlüssel.

3.2   Entity-Relationship-Modell

Zum Design einer kompletten Datenbank gehört das Erstellen vieler Relationen. Über einzelne Relationen haben wir bereits umfassend im letzten Abschnitt gesprochen. Gute

Handhabung und minimale Redundanz waren die Ziele bei den Normalformen. Dies bleibt aber auch unser Ziel beim Aufbau großer Datenbanken mit hunderten von Relationen. Wir wollen, dass eine von uns erzeugte Datenbank gut anwendbar und bis auf die Beziehungen zwischen Primär- und Fremdschlüssel redundanzfrei ist.

Der Entwurf einer komplett neuen Datenbank ist nicht trivial, vor allem bei vielen Relationen. Wir werden daher für diesen Entwurf das Entity-Relationship-Modell, kurz ERM genannt, verwenden. Dieses Modell wurde von P. P. Chen vorgestellt (1976) und hat sich in der Praxis nicht nur bei Datenbanken vielfach bewährt. Die Normalisierung der Relationen beseitigt Redundanzen innerhalb einer Relation. Das Entity-Relationship-Modell verhindert Redundanzen bis auf Fremdschlüssel auch über die Grenzen einzelner Relationen hinweg.

3.2.1 Entitäten

Der Name *Entity-Relationship* weist auf Entitäten und Beziehungen hin. Es handelt sich um Begriffe, die wir zum Erstellen von relationalen Datenbanken benötigen. Darüber hinaus verwenden wir weitere Bezeichnungen und Definitionen, um Daten und Gegebenheiten der realen Welt mit Hilfe des Entity-Relationship-Modells in eine Datenbank zu konvertieren. Die wichtigen Begriffe stellen wir gleich in Tab. 3.15 vor.

Wir wollen diese Begriffe aus Tab. 3.15 vertiefen. In Tab. 3.16 geben wir daher zu jedem Begriff Beispiele an.

Wir bezeichnen alle eindeutig identifizierbaren Objekte als Entitäten, egal ob diese real als Personen vor uns stehen oder nur als Rechnungen auf einem Blatt Papier oder sogar nur elektronisch existieren. Objekte besitzen in der Regel Eigenschaften: Eine Person hat einen Namen, ein Produkt einen Preis und vielleicht ein Verfallsdatum, und eine Rechnung hat ein Datum und eine Rechnungsanschrift. Objekte stehen nicht für sich allein: Eine Person verkauft als Verkäufer Produkte. Nach dem Verkauf wird eine Rechnung erstellt. Damit stehen diese Entitäten zueinander in einer Beziehung.

Tab. 3.15 Begriffe zum Datenbankdesign

Entität	Ein eindeutig unterscheidbares Objekt, ein unterscheidbares Element
Eigenschaft	Ein Teil einer Entität, der die Entität beschreibt
Beziehung	Eine Entität, die zwei oder mehr Entitäten miteinander verknüpft
Subtyp	Eine Entität, die ein Teil einer anderen, umfassenderen Entität ist
Supertyp	Eine Entität, die Subtypen besitzt
Schwache Entität	Entität, die von einer anderen Entität vollständig abhängig ist

Tab. 3.16 Beispiele zu den Begriffen zum Datenbankentwurf

Begriff	Beispiele
Entität	Person, Werkzeug, Produkt, Rechnung
Eigenschaft	Name, Vorname, PLZ, Ort einer Person; Größe, Gewicht eines Werkzeugs; Preis eines Produkts
Beziehung	Die Entitäten *Verkäufer* und *Produkt* stehen miteinander in einer Beziehung: Verkäufer verkaufen Produkte.
Subtyp	Die Entität *Verkäufer* ist ein Subtyp zu *Mitarbeiter*
Supertyp	Die Entität *Mitarbeiter* ist ein Supertyp von *Verkäufer*
Schwache Entität	Die Entität *Arbeitszeit* ist schwach gegenüber der Entität *Mitarbeiter*

In einer großen Firma gibt es viele Sekretärinnen, Kaufleute, Informatiker oder Verkäufer. All diese Teilgruppen des gesamten Mitarbeiterstabs sind Subtypen. Umfasst die Entität *Mitarbeiter* alle Beschäftigten, so ist dies ein Supertyp dieser Teilgruppen. Wird die tägliche Arbeitsdauer der Mitarbeiter in der Entität *Arbeitszeit* erfasst, so sind diese Einträge ohne dazu passende Mitarbeiter sinnlos, diese Entität heißt daher schwach gegenüber der Entität *Mitarbeiter*.

Abb. 3.3 zeigt uns den Zusammenhang zwischen Entitäten und Eigenschaften. Die Entität *Person* besitzt bestimmte Eigenschaften wie *Name*, *Gehalt*, *Adresse* oder *Personalnummer*. Diese Eigenschaften können weiter unterteilt sein, wie hier die Adresse und der Name. Zur Unterscheidung markieren wir Entitäten als Rechtecke und Eigenschaften als Ellipsen

Dies ist ein relativ einfaches Beispiel, so dass es uns nicht schwer fallen wird, diese Eigenschaften *Gehalt*, *Adresse*, *Name* und *Persnr* dem Objekt *Person* zuzuordnen. In großen Datenbanken kann schnell die Übersicht verloren gehen, so dass wir systematisch vorgehen sollten. Natürlich hilft auch die Erfahrung, um die Entitäten und die Zuordnung der Eigenschaften zu diesen Entitäten schnell zu erkennen. Grundvoraussetzung ist jedoch,

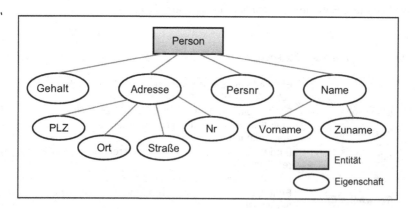

Abb. 3.3 Beispiel zu Entitäten und Eigenschaften

Abb. 3.4 Abkürzende
Schreibweise zu Entitäten und
Eigenschaften

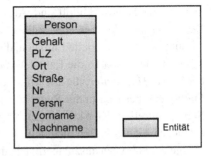

dass der Datenbankdesigner das nachzubildende Umfeld genauestens kennen muss, bevor er die dazugehörige Datenbank entwirft.

Abb. 3.3 zeigt weiter, dass uns mit dieser Darstellung in großen Datenbanken mit vielen Entitäten schnell der Platz ausgeht. Angelehnt an die Darstellung von Objekten in UML (Unified Modeling Language) werden daher häufig gleich die Eigenschaften mit in die Entität aufgenommen, siehe Abb. 3.4

Wir wollen jetzt an Hand eines Beispiels Beziehungen kennen lernen: Es existiere neben der obigen Entität *Person* eine Entität *Abteilung*, in der alle Daten zu den einzelnen Abteilungen abgespeichert sind. Es gibt dann eine Beziehung zwischen den Personen der Entität *Person* und der Entität *Abteilung*, wenn Personen jeweils einer Abteilung zugeordnet sind. Diese Beziehungen zeichnen wir in unserem Entity-Relationship-Diagramm als Raute. Abb. 3.5 zeigt ein entsprechendes Diagramm, wobei aus Übersichtsgründen die einzelnen Eigenschaften der Entitäten *Abteilung* und *Person* nicht mit aufgeführt wurden. Die Zeichen 1 und *m* in der Abbildung klassifizieren die Beziehung. In diesem Fall gehören in der Regel mehrere (*m*) Personen einer einzigen (1) Abteilung an.

Wir nennen dieses Diagramm ein Entity-Relationship-Diagramm und bezeichnen den gesamten Modellierungsprozess als Entity-Relationship-Modell oder kurz ERM. Dieses Modell beinhaltet die Entitäten und deren Beziehungen zueinander. Wir erkennen an diesem Diagramm, dass die beiden Entitäten *Abteilung* und *Person* mittels einer sogenannten

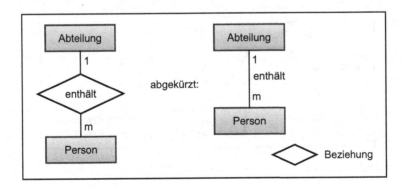

Abb. 3.5 Beispiel einer Beziehungsrelation

m zu 1 Beziehung verknüpft sind. Als Abkürzung wird die Raute häufig weggelassen, der Beziehungstext (hier: *enthält*) sollte aber weiterhin angegeben werden.

Subtypen sind spezielle Entitäten, die sich auf Supertypen beziehen. Als erstes Beispiel haben wir in Tab. 3.16 die Entität *Verkäufer* aufgeführt. Diese Entität ist eine Teilmenge der Entität *Mitarbeiter*, die alle Mitarbeiter einer Firma enthält. Diese Teilentitäten heißen Subtyp und besitzen in der Regel spezielle zusätzliche Eigenschaften, die nur auf diesen Subtyp zutreffen. Hier könnten es beispielsweise die Verkaufszahlen sein. Da diese zusätzlichen Eigenschaften nicht auf die weiteren Mitarbeiter zutreffen, ist es sinnvoll, dies in eigenen Subtypen auszulagern. Die umfassende Entität, hier *Mitarbeiter*, heißt entsprechend Supertyp. Wir werden diese Entitäten ausführlich in Abschn. 3.2.5 behandeln.

Der letzte neue Begriff bezieht sich auf starke und schwache Entitäten. Wir bezeichnen eine Entität als schwach, wenn diese Entität von einer anderen Entität abhängt, und zwar in dem Sinne, dass sie ohne diese andere Entität nicht existieren könnte. Alle anderen Entitäten heißen starke Entitäten. Es ist in der Praxis nicht immer einfach zu erkennen, ob eine Entität schwach ist oder nicht. Wir werden daher in Abschn. 3.2.5 noch ausführlich darauf eingehen.

Ein anschauliches Beispiel zu schwachen und starken Entitäten liefert eine Produktionsdatenbank, die unter anderem die Entitäten *Produkt*, *Einzelteil* und *Fehlerliste* enthält. Hier handelt es sich um die hergestellten Produkte, um die Einzelteile, aus denen Produkte gefertigt werden, und eine Liste der bei der Produktion der einzelnen Produkte aufgetretenen Fehler. Die beiden Entitäten *Einzelteil* und *Fehlerliste* stehen somit in einer Beziehung zur Entität *Produkt*. Sind alle denkbaren Fehler produktspezifisch, so hängt die Entität *Fehlerliste* voll von der Entität *Produkt* ab. Wir bezeichnen sie als schwach und zeichnen die Entität mit einer Doppellinie, siehe Abb. 3.6. Wird etwa ein Produkt aus der Produktion genommen, so sind die Fehlerdaten zu diesem Produkt wertlos. Einzelteile hingegen können für mehrere Produkte verwendet werden. Außerdem können Einzelteile beispielsweise noch auf Lager vorrätig sein, auch wenn sie nicht mehr gebraucht werden. Die Entität *Einzelteil* ist daher unabhängig vom der Entität *Produkt* und folglich nicht schwach sondern stark.

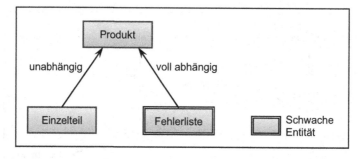

Abb. 3.6 Starke und schwache Entitäten

Dieser erste Überblick zeigt, wie wir beim Erstellen einer Datenbank mittels Entity-Relationship vorgehen: In einem ersten Schritt ermitteln wir alle Entitäten und die dazugehörigen Eigenschaften, die in der zu erstellenden Datenbank abgespeichert werden sollen. Dies kann recht aufwendig sein, da es in einem größeren System nicht einfach ist alle benötigten Eigenschaften zu ermitteln und zu isolieren. Meist ist dieser Erstellprozess ein iterativer Vorgang, der hoffentlich schnell konvergiert. Zum Schluss liegen dann alle Entitäten und deren Eigenschaften vollständig vor.

In relationalen Datenbanken wählen wir genau diese Entitäten als unsere Relationen der neu zu schaffenden Datenbank. Bei einer sauberen Identifikation der Entitäten sind die dann geschaffenen Relationen meist bereits mindestens in der dritten Normalform. Wenn nicht, so sollten wir diese Relationen noch entsprechend transformieren. Zum Erzeugen dieser Relationen verwenden wir in SQL den *Create-Table*-Befehl, siehe dazu auch Abschn. 5.1. Dieser könnte für die Entität *Person* wie folgt aussehen:

```
CREATE TABLE Person
( Persnr   INTEGER,
  Vorname  CHARACTER(20),
  Nachname CHARACTER(20),
  ...
  PRIMARY KEY (Persnr)
);
```

Damit wäre der erste Schritt in der Entity-Relationship Modellierung abgeschlossen, die Entitäten sind bestimmt. Im zweiten Schritt werden wir die Beziehungen (*Relationships*) zwischen den einzelnen Relationen ermitteln.

3.2.2 Beziehungen

In Kap. 2 haben wir gelernt, dass die Beziehungen zwischen den einzelnen Relationen durch Fremdschlüssel hergestellt werden und diese Fremdschlüssel auch als der Kitt einer Datenbank bezeichnet werden. Ziel dieses Abschnitts ist es nun, genau diese Fremdschlüssel zu identifizieren und zu erzeugen.

In einem ersten Schritt zeichnen wir alle Entitäten in unser Entity-Relationship-Diagramm ein. Im zweiten Schritt überlegen wir, in welcher Beziehung diese Entitäten untereinander stehen. Als hilfreiches Muster dient Abb. 3.5, in der die Beziehung zwischen den Abteilungen und ihren Mitarbeitern aufgezeigt wird. Im Endausbau sollten in dem Diagramm alle Entitäten jeweils mittels mindestens einer Beziehung miteinander verknüpft sein. Schließlich wollen wir eine Datenbank entwerfen, und in der Definition von Datenbanken in Kap. 1 hatten wir definiert, dass alle Daten in einer logischen Beziehung zueinander stehen. In Summe haben wir nun ein Entity-Relationship-Modell. Wir hätten damit erfolgreich die zugrunde liegenden realen Gegebenheiten modelliert.

Dieses Modell kann in einem dritten Schritt relativ einfach in eine relationale Datenbank umgesetzt werden. Bevor wir dies aber im nächsten Abschnitt tun, sollten wir uns noch eingehend mit den unterschiedlichen Arten von Beziehungen auseinander setzen.

Beziehungen zwischen den einzelnen Entitäten können vielfältig sein. Sie lassen sich aber generell in drei Kategorien einteilen:

- 1 zu 1 Beziehungen
- m zu 1 (viele zu 1) Beziehungen
- m zu n (viele zu viele) Beziehungen

Eine 1 zu 1 Beziehung zwischen zwei Entitäten A und B ist gegeben, wenn jeder Eintrag in A mit jeweils einem Eintrag in B verknüpft ist und umgekehrt. Bei m zu 1 Beziehungen zwischen A und B können darüber hinaus mehrere Einträge in A mit dem gleichen Eintrag in B in Verbindung stehen. In m zu n Beziehungen gilt dies auch umgekehrt, so dass beliebig viele mehrfache Zusammenhänge zwischen Einträgen der beiden Entitäten erlaubt sind.

Wir haben im letzten Abschnitt bereits eine m zu 1 Beziehung zwischen den Entitäten *Person* und *Abteilung* kennen gelernt: Die Entität *Person* enthält alle Mitarbeiter einer Firma, die Entität *Abteilung* alle Abteilungen. Ein Eintrag der Relation *Person*, also ein Mitarbeiter, ist einer Abteilung zugeordnet. Umgekehrt arbeiten in einer Abteilung mehrere Mitarbeiter: Ein Eintrag in der Entität *Abteilung* hat also eine Beziehung zu mehreren Einträgen in der Entität *Person*.

Wie wir im nächsten Abschnitt sehen werden, ist es in der Praxis wichtig zu wissen, ob ein Mitarbeiter immer einer Abteilung zugeordnet sein muss. In einigen Firmen gibt es spezielle Stabsstellen, so dass ein Mitarbeiter zeitlich begrenzt auch keiner Abteilung angehört. Wenn beispielsweise der Prokurist einer Firma in der Entität Person aufgeführt wird, so ist er vermutlich ebenfalls keiner Abteilung zugeordnet. Wir müssten also genau genommen von einer „m zu 0 oder 1" Beziehung sprechen: Ein Mitarbeiter ist in einer oder keiner Abteilung beschäftigt. Wir sprechen hier vereinfacht von einer m zu c Beziehung, wobei c nur die Werte 0 oder 1 annehmen kann.

Weiter kann es vorübergehend vorkommen, dass eine Abteilung keine Mitarbeiter besitzt. Die Viele-Beziehung impliziert also, dass manchmal auch nur eine oder gar keine Beziehung besteht. Dies kommt in relationalen Datenbanken regelmäßig vor, schließlich muss eine neue Abteilung in einer Relation *Abteilung* erst einmal eingetragen werden, bevor Mitarbeiter dieser neuen Abteilung zugeordnet werden können. Direkt nach dem Einrichten hat diese Abteilung also keine Mitarbeiter! Null-Werte sind in einer Viele-Beziehung also immer möglich.

Zusammenfassend stellen wir also fest, dass es drei wesentliche Beziehungswerte gibt: $c \in \{0,1\}$, 1 und m! Berücksichtigen wir jetzt alle Kombinationsmöglichkeiten dieser drei Werte, so erweitern wir jetzt unsere obige grobe Einteilung auf neun Kategorien, siehe Abb. 3.7.

Abb. 3.7 Alle wichtigen Beziehungen in einem ERM

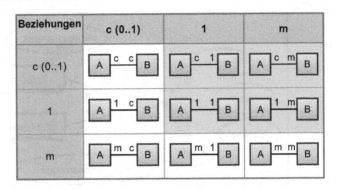

Die in der Abbildung ausgegrauten Felder rechts oberhalb der Diagonale sind lediglich Symmetrien der Einträge links unten. Die ebenfalls ausgegraute 1 zu 1 Beziehung kommt in der Praxis in relationalen Datenbanken nicht vor, wie wir noch zeigen werden. Somit müssen wir nur fünf Fälle eingehender untersuchen:

1 zu c Beziehungen: Diese Beziehungen mit $c \in \{0,1\}$ sind relativ selten. Anzutreffen sind sie meist dann, wenn Zusatzeigenschaften von Entitäten in Subtypen ausgelagert werden, sei es aus Datenschutzgründen, oder um viele Null-Einträge in einer umfassenden Supertyp-Entität zu vermeiden. Betrachten wir wieder unser Beispiel aus Tab. 3.16 mit dem Subtyp *Verkäufer* und dem Supertyp *Mitarbeiter*. Der Supertyp enthält alle Mitarbeiter einer Firma, der Subtyp Zusatzangaben zu den Verkäufern. Damit ist jeder Eintrag in der Entität *Verkäufer* auch genau einmal in der Entität *Mitarbeiter* enthalten. Umgekehrt gibt es zu jedem Mitarbeiter keinen oder einen Eintrag in der Entität *Verkäufer*. Es liegt also tatsächlich eine 1 zu c Beziehung mit $c \in \{0,1\}$ vor. Abb. 3.8 zeigt auf, wie wir dies in einem Entity-Relationship-Diagramm darstellen können. Wir lesen dies wie folgt: Zu einem Mitarbeiter gibt es c Verkäufer, also einen oder keinen. Zu einem Verkäufer gibt es genau einen Mitarbeiter. Vollständigkeitshalber weisen wir noch darauf hin, dass die Entität *Verkäufer* schwach ist, da diese ohne die Entität *Mitarbeiter* sinnlos wäre: Ist eine Person kein Mitarbeiter der Firma, so ist er auch kein Verkäufer.

An Hand dieses Beispiels können wir auch nachvollziehen, warum es in relationalen Datenbanken keine 1 zu 1 Beziehungen geben kann. Wir können schließlich nicht gleichzeitig in beiden Relationen neue Einträge einfügen. Nach dem Einfügen in der ersten Relation gibt es noch keinen Eintrag in der zweiten. Wir haben somit eine 1 zu c Beziehung.

c zu c Beziehungen: Diese Beziehungen sind sehr selten. Die meisten Eins-Beziehungen beruhen auf der Beziehung zwischen Subtyp und Supertyp, und dies sind 1 zu c Beziehungen. Die c zu c Beziehungen sind ein Spezialfall der m zu c Beziehungen und werden im m-c-Fall mit betrachtet.

m zu 1 Beziehungen: Bei diesen Beziehungen verweisen kein, ein oder mehrere Einträge in der Entität auf genau einen Eintrag in der anderen. Umgekehrt verweist jeder Eintrag der zweiten Entität auf genau einen Eintrag der ersten. Es liegt eine Viele-zu-Eins-

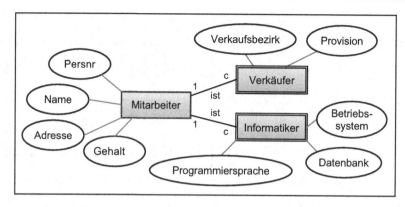

Abb. 3.8 Beispiel von zwei 1 zu c Beziehungen

Verknüpfung vor. Wir haben diese Beziehung bereits zwischen den Entitäten *Abteilung* und *Person* kennen gelernt (siehe Abb. 3.5). Dort existiert zu jeder Abteilung kein, ein oder mehrere Mitarbeiter aus der Entität *Person*. Umgekehrt ist jeder Mitarbeiter der Entität *Person* genau einer Abteilung zugeordnet. Diese *m* zu 1 Beziehungen kommen sehr häufig vor, etwa in Hierarchien.

m **zu** *c* **Beziehungen:** Diese Beziehungen sind genauso wichtig wie die *m* zu 1 Beziehungen und sollten von diesen schon beim Design sehr sorgsam unterschieden werden. Betrachten wir wieder die Beziehung zwischen den Entitäten *Abteilung* und *Person* aus Abb. 3.5. In einigen Firmen könnte es durchaus sein, dass ein Mitarbeiter vorübergehend keiner Abteilung angehört. Wird etwa eine Abteilung aufgelöst, so könnte die Zuordnung der Mitarbeiter zu einer Abteilung zunächst vakant gehalten werden. Erst sukzessiv würden die Mitarbeiter dann auf andere Abteilungen verteilt. In diesem Falle läge eine *m* zu *c* Beziehung vor, ein Mitarbeiter wäre also Mitglied von keiner oder einer Abteilung. Wir sehen, dass wir schon beim Design Besonderheiten der realen Umgebung genau beachten sollten!

m **zu** *n* **Beziehungen:** Beide Zahlen *m* und *n* stehen für viele Verknüpfungen. Dies schließt mit ein, dass vorübergehend auch nur eine oder gar keine Verknüpfung besteht. Es liegt hier eine Beziehung vor, in der mehrere Einträge der einen Entität auf denselben Eintrag in der anderen Entität verweisen können. Umgekehrt zeigen mehrere Einträge der zweiten Entität auf einen Eintrag in der ersten. Wir haben diese Beziehung schon kennen gelernt. In Tab. 3.3 und 3.4 sind die Relationen *Verkaeufer* und *Produkt* aufgeführt. Jeder Verkäufer kann mehr als ein Produkt verkaufen, gleichzeitig kann auch jedes Produkt von mehreren Verkäufern angeboten werden. Wir schließen selbstverständlich mit ein, dass ein neues Produkt noch nicht angeboten wurde, oder dass ein frisch eingestellter Verkäufer noch nichts verkauft hat. Diese Beziehung ist in Abb. 3.9 wiedergegeben.

Wir haben jetzt alle wichtigen Beziehungen kennen gelernt. Es wird Zeit, diese Beziehungen auch praktisch auf Beispiele des täglichen Lebens anzuwenden. In Tab. 3.17 haben wir eine kleine Auswahl zusammen gestellt. Wir können über jeden einzelnen Ein-

Abb. 3.9 Beziehung zwischen
Verkäufer und Produkt

trag diskutieren, da die angegebenen Beziehungen von den vorliegenden Gegebenheiten abhängen. Beispielsweise könnte zwischen den Entitäten *Bewohner* und *Haus* eine *m* zu *c* Beziehung vorliegen, wenn Bewohner einer Wohngesellschaft auch noch aufgeführt werden, wenn sie nicht mehr dort wohnen. Auch die *c* zu 1 Beziehung zwischen den Entitäten *Leiter* und *Abteilung* kann in Frage gestellt werden. Hat denn nicht jede Abteilung auch einen Abteilungsleiter? Liegt also nicht eine 1 zu 1 Beziehung vor? In der Praxis kann es aber durchaus vorkommen, dass der Posten des Abteilungsleiters vorübergehend unbesetzt ist. Und auch wenn dies nicht der Fall wäre, können wir dies in einer relationalen Datenbank nur sehr schwer realisieren: Direkt nach dem Eintrag einer neuen Abteilung gibt es ja noch keinen Abteilungsleiter! Wir hatten daher bereits weiter oben 1 zu 1 Beziehungen ausgeschlossen.

Zur Bestimmung der korrekten Beziehung ist das Wissen des exakten Umgebungskontextes zwingend notwendig. Wollen wir etwa angeben, welche einzelnen Bäume in einem Park wachsen, so liegt eine 1 zu *m* Beziehung zwischen Park und Baum vor. Konzentrieren wir uns hingegen nur auf die Artenvielfalt, und interessiert uns lediglich, wie viele Linden und Kastanien im Park wachsen, so liegt eine *m* zu *n* Beziehung zwischen Park und Baumart vor. Im ersten Fall steht dem Park eine Entität *Baum* gegenüber mit Eigenschaften wie Alter, Größe, Baumart und Lage im Park. Im zweiten Fall liegt die Entität *Baumart*

Tab. 3.17 Beispiele zu Beziehungen zwischen Entitäten

Beziehung	Bemerkung
KFZ-Halter ⟷ KFZ *c zu m*	1 Halter kann mehrere KFZ anmelden 1 KFZ ist auf maximal einen Halter zugelassen
Student ⟷ Vorlesung *m zu n*	1 Student besucht mehrere Vorlesungen 1 Vorlesung belegen mehrere Studenten
Kunde ⟷ Bestellung *1 zu m*	1 Kunde gibt mehrere Bestellungen auf 1 Bestellung gehört zu genau einem Kunden
Bewohner ⟷ Haus *m zu 1*	1 Bewohner wohnt in einem Haus In 1 Haus wohnen mehrere Bewohner
Park ⟷ Baum *1 zu m*	In 1 Park wachsen mehrere Bäume 1 bestimmter Baum steht in einem Park
Park ⟷ Baumart *m zu n*	In 1 Park wachsen mehrere Baumarten 1 Baumart gibt es in mehreren Parks
KFZ ⟷ Motor *c zu c*	1 KFZ besitzt max. einen Verbrennungsmotor 1 Motor wird in maximal einem KFZ eingebaut
KFZ-Typ ⟷ Motortyp *m zu n*	1 KFZ-Typ besitzt mehrere Motorvarianten 1 Motortyp kommt in mehreren KFZ-Typen vor
Leiter ⟷ Abteilung *c zu 1*	1 Abteilungsleiter leitet genau eine Abteilung 1 Abteilung besitzt maximal einen Leiter

vor mit Eigenschaften wie Artenname, botanischer Name, Gattung, Ordnung und weitere allgemeine Daten zu der Baumart.

3.2.3 Beziehungsrelationen

In den letzten Abschnitten haben wir Entitäten, Beziehungen und die Erstellung eines Entity-Relationship-Diagramms ausführlich kennen gelernt. Unser Ziel bleibt es, eine relationale Datenbank zu erstellen. Im ersten Schritt haben wir die Entitäten ermittelt und eins zu eins in Relationen überführt. Im zweiten Schritt haben wir im Detail die Beziehungen zwischen diesen Entitäten betrachtet. Wir werden nun in diesem Abschnitt diese Beziehungen auf eine relationale Datenbank abbilden. Wir wissen bereits, dass eine relationale Datenbank nur Relationen enthält. Wir wissen ebenfalls, dass Fremdschlüssel der Kit zwischen den einzelnen Relationen sind. Wir vermuten daher korrekt, dass die Beziehungen direkt mit Fremdschlüsseln in Zusammenhang stehen.

Gehen wir nun davon aus, dass ein komplettes Entity-Relationship-Modell vorliegt und wir alle Entitäten in Relationen überführt haben. Wir betrachten dann jede Beziehung zwischen zwei Relationen einzeln und führen jeweils geeignete Fremdschlüssel ein. Zum Schluss liegt dann die vollständige relationale Datenbank vor, die dann nur noch mit Daten gefüllt werden muss. Betrachten wir also die fünf relevanten Beziehungen aus dem letzten Abschnitt nacheinander:

m zu *n* Beziehungen: In relationalen Datenbanken müssen wir eine *m* zu *n* Beziehung in eine eigene Datenbank-Relation überführen. Aus einer Beziehung im Entity-Relationship-Modell entsteht eine Beziehungsrelation. Diese Beziehungsrelation enthält zwei Fremdschlüssel, die auf die Primärschlüssel der beiden involvierten Entitäten verweisen. Betrachten wir unser Beispiel der beiden Entitäten *Verkäufer* und *Produkt*. Wir erzeugen jetzt eine neue Relation *Verknuepfung* als Verbindungsglied zwischen diesen beiden Relationen. Diese Beziehungsrelation *Verknuepfung* enthält die beiden Fremdschlüssel *VerkNr* und *ProdNr*, die auf die Primärschlüssel der beiden Relationen *Verkaeufer* und *Produkt* zeigen. Wir kennen genau diese Relation bereits aus Tab. 3.5. In der dortigen Relation ist zusätzlich der Umsatz aufgeführt. Die Überführung einer *m* zu *n* Beziehung in die entsprechende Beziehungsrelation ist in Abb. 3.10 visualisiert.

Ganz analog müssen wir bei den Beziehungen zwischen Student und Vorlesung oder den Beziehungen zwischen Park und Baumart vorgehen und jeweils eine eigene Relation erzeugen. Gelegentlich finden wir auch Beziehungen zwischen mehr als zwei Entitäten. Diese enthalten dann entsprechend viele Fremdschlüssel. Das Vorgehen bei Mehrfachbeziehungen ist analog zu den Zweierbeziehungen, wir können uns also im Folgenden auf Zweierbeziehungen beschränken.

Charakteristisch für Beziehungsrelationen ist, dass die beiden verknüpfenden Fremdschlüssel zusammen immer eindeutig sind und somit einen Schlüsselkandidaten bilden. In der Relation *Verknuepfung* sind die beiden Attribute *VerkNr* und *ProdNr* die einzigen

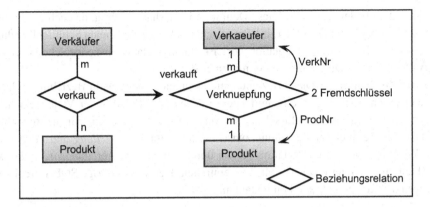

Abb. 3.10 Beziehungsrelation zwischen Verkaeufer und Produkt

Schlüsselkandidaten und damit auch Primärschlüssel. Die Relation *Verknuepfung* kann in der Datenbanksprache SQL (siehe Abschnitt 5.1) wie folgt erzeugt werden:

```
CREATE TABLE Verknuepfung
( VerkNr    CHARACTER(4)   REFERENCES Verkaeufer,
  ProdNr    CHARACTER(4)   REFERENCES Produkt,
  Umsatz    INTEGER,
  PRIMARY KEY (VerkNr, ProdNr)
);
```

Ohne den Create-Table-Befehl zu kennen, können wir ihn nachvollziehen: Das Attribut *VerkNr* verweist auf die Relation *Verkaeufer* (genauer auf den Primärschlüssel dieser Relation) und *ProdNr* auf die Relation *Produkt*. Ebenso ist der zusammengesetzte Primärschlüssel angegeben.

Wir weisen explizit darauf hin, dass wir im Falle des Verkäufers und des Produkts mit Hilfe des Entity-Relationship-Modells zu dem exakt gleichen Ergebnis kommen wie zuvor in der Normalformenlehre beim Übergang zur 3. Normalform. Setzen wir das Diagramm in Abb. 3.10 um, so erhalten wir die drei Relationen *Verkaeufer*, *Produkt* und *Verknüpfung* aus Tab. 3.3, 3.4 und 3.5. Normalformenlehre und Entity-Relationship arbeiten Hand in Hand. Klar identifizierte Entitäten ergeben in der Regel automatisch Relationen in hoher Normalform. Das Gleiche gilt für Beziehungen und Beziehungsrelationen. Letztere wollen wir exakt definieren:

▶ **Definition: Beziehungsrelation** Seien k Relationen mit $k > 1$ gegeben. Eine Relation R heißt Beziehungsrelation, wenn sie diese k Relationen wie folgt miteinander verbindet:

- R enthält k Fremdschlüssel mit $k > 1$, die je auf genau eine der k gegebenen Relationen verweisen.
- Die k Fremdschlüssel bilden zusammen einen Schlüsselkandidaten.

In fast allen Fällen gilt $k = 2$. Diese Definition ist deshalb wichtig, da auch das Umgekehrte gilt: Gibt es eine Relation mit k Fremdschlüsseln, die zusammen Schlüsselkandidat sind, so liegt eine Beziehungsrelation vor! Beziehungsrelationen kennzeichnen wir im Entity-Relationship-Diagramm immer mit einer Raute.

m **zu 1 Beziehungen:** Diese Beziehungen lassen sich ebenfalls in Beziehungsrelationen überführen, doch es gibt eine einfachere Lösung: Wir fügen in der Viele-Beziehung (Angabe: *m*) einen Fremdschlüssel als Verweis auf die 1 Beziehung hinzu. Betrachten wir dazu das Beispiel der Beziehung zwischen den Entitäten *Abteilung* und *Person* aus Abb. 3.5. Wir erweitern die Relation *Person* durch ein Attribut *Abteilungsnr*, in das wir die Abteilungsnummer eines Mitarbeiters eintragen. Der dazugehörige SQL-Befehl zum Erzeugen der Relation *Person* könnte lauten:

```
CREATE TABLE Person
( PersNr        INTEGER,
  Name          CHARACTER (25),
  ...
  Abteilungsnr  INTEGER  NOT NULL   REFERENCES Abteilung,
  PRIMARY KEY (Persnr)
);
```

Hervorzuheben ist hier die Bedingung *NOT NULL*. Damit sind im Attribut *Abteilungsnr* keine Null-Werte erlaubt. Dies ist wegen der *m* zu 1 Beziehung zwingend notwendig! Hier muss immer genau eine Abteilung angegeben werden.

Erst jetzt verstehen wir Abb. 3.10 vollständig. Genau genommen haben wir dort die *m* zu *n* Beziehung durch Hinzufügen einer Beziehungsrelation in zwei *m* zu 1 Beziehungen umgewandelt. Die Not-Null-Bedingung war dort nicht erforderlich, da beide Fremdschlüssel Teil des Primärschlüssels sind.

m **zu *c* Beziehungen:** Wie bei *m* zu 1 Beziehungen wird in der *m* Beziehung ein Fremdschlüssel hinzugefügt. Der einzige Unterschied ist, dass jetzt auch Null-Einträge erlaubt sind. Wir fügen also keine Not-Null-Bedingung hinzu. Gibt es in einer Firma Mitarbeiter, die vorübergehend oder dauerhaft keiner Abteilung angehören, so können wir jetzt bei diesem Mitarbeiter den Wert *Null* einfügen. Übrigens kann eine *m* zu *n* Beziehung auch in zwei *m* zu *c* Beziehungen umgewandelt werden. Voraussetzung ist nun natürlich, dass die Fremdschlüssel in der Beziehungsrelation nur alternative Schlüssel sind!

1 zu *c* Beziehungen: Diese Beziehungen werden wie die *m* zu *c* Beziehungen behandelt: Es wird ein Fremdschlüssel hinzugefügt, und zwar in relationalen Datenbanken zwingend in der *c* Beziehung! Gleichzeitig ist dieser Fremdschlüssel ein Schlüsselkandidat, da in einer *c* Beziehung jeder Wert nur maximal einmal vorkommen darf. Dieser Fremdschlüssel muss immer auf einen Wert verweisen (wegen 1 zu *c*!), somit muss auch die Not-Null-Bedingung gelten. Wir wollen dies am Beispiel der recht häufigen Subtypen aufzeigen und betrachten wieder die Mitarbeiter und deren Teilmenge, die Verkäufer, aus Abb. 3.8. Es bietet sich bei Subtypen immer an, den Primärschlüssel des Subtyps gleichzeitig auch als Fremdschlüssel zu verwenden. Damit sind die Eindeutigkeit und die Not-Null-Bedingung automatisch erfüllt, und wir sparen einen eigenen Fremdschlüssel.

```
CREATE TABLE Verkaeufer
( PersNr   INTEGER   REFERENCES Mitarbeiter,
  PRIMARY KEY (PersNr),
  ...
) ;
```

Wir weisen noch darauf hin, dass wir den Fremdschlüssel nicht in der Relation *Mitarbeiter* definieren können. Würden wir nämlich dort einen Fremdschlüssel auf die Relation *Verkäufer* einfügen, so läge eine *c* zu *c* und keine 1 zu *c* Beziehung vor! Schließlich wird erst der Mitarbeiter mit den Basisdaten wie Personalnummer und Name eingetragen, bevor die Verkäuferdaten angelegt werden. Und in der Zwischenzeit müsste der Fremdschlüssel den Wert *Null* enthalten!

c **zu** *c* **Beziehungen:** Diese äußerst seltenen Beziehungen werden wie die 1 zu *c* Beziehungen behandelt. Es ist jetzt dem Datenbankdesigner allerdings frei gestellt, in welcher Relation er den Fremdschlüssel setzt. Dieser Fremdschlüssel ist im Unterschied zur *m* zu *c* Beziehung immer ein Schlüsselkandidat, jedoch kein Primärschlüssel, da wir wegen der *c* Bedingung explizit Null-Werte zulassen. In unserem Beispiel in Tab. 3.17 können wir also zwischen Motor und KFZ frei entscheiden. Da der Motor ins Fahrzeug eingebaut wird, empfehlen wir, den Fremdschlüssel in die Relation *KFZ* einzufügen. Der entsprechende SQL Befehl zum Erzeugen der Relation *KFZ* könnte lauten:

```
CREATE TABLE KFZ
( KFZNr    INTEGER,
  MotorNr  INTEGER   REFERENCES Motor,
  PRIMARY KEY (KFZNr),
  UNIQUE (MotorNr),
  ...
) ;
```

Die Unique-Bedingung garantiert, dass jeder Motor nur einmal vorkommt. Gleichzeitig muss ein Fahrzeug nicht ununterbrochen einen Motor haben, Null-Werte sind also zugelassen.

Fassen wir die fünf Beziehungstypen und ihre Überführung in Relationen und Fremdschlüssel nochmals kurz zusammen (Tab. 3.18).

Wir haben jetzt zu allen fünf möglichen Beziehungen in unserem Entity-Relationship-Modell gezeigt, wie wir daraus entsprechende Relationen mit den dazugehörigen Fremdschlüsseln erzeugen können. Diese Fremdschlüssel besitzen noch wichtige Eigenschaften, die wir uns im nächsten Abschnitt näher ansehen wollen.

Tab. 3.18 Von Beziehungen hin zu Relationen und Fremdschlüssel

Beziehung	Überführung in Relationen und Fremdschlüssel
m zu n	Erfordert Beziehungsrelation mit zwei m zu 1 oder m zu c Beziehungen
m zu c	Hinzufügen eines Fremdschlüssels zur m Relation
m zu 1	Wie m zu c! Zusätzlich: Fremdschlüssel ist NOT NULL
c zu c	Wie m zu c! Zusätzlich: Fremdschlüssel ist UNIQUE
c zu 1	Wie c zu c! Zusätzlich: Fremdschlüssel ist NOT NULL Meist ist Fremdschlüssel der Primärschlüssel

3.2.4 Fremdschlüsseleigenschaften

Im letzten Abschnitt haben wir gezeigt, wie Beziehungen im ERM in Fremdschlüssel einer relationalen Datenbank überführt werden. Fremdschlüssel müssen die zweite Integritätsregel erfüllen und folglich immer auf gültige Tupel zeigen. Wir werden dabei von der Datenbank unterstützt, damit wir bei Lösch- oder Änderungsvorgängen nicht ungewollt ungültige Fremdschlüsselwerte vorfinden. Zur zweiten Integritätsregel und ihren Folgerungen verweisen wir auf Abschn. 2.4.2. Mit dem Erzeugen der Fremdschlüssel sollten wir daher zu jedem Fremdschlüssel folgende drei Fragen beantworten:

- Darf ein Fremdschlüsselwert leer bleiben, also Null-Werte enthalten?
- Darf ein Tupel gelöscht werden, auf den sich ein Fremdschlüssel bezieht, und wie sollte die Datenbank reagieren?
- Darf ein Tupel geändert werden, auf den sich ein Fremdschlüssel bezieht, und wie sollte die Datenbank reagieren?

Die Antwort auf die erste Frage beeinflusst die beiden anderen und sollte deshalb unbedingt immer zuerst überlegt werden. Dass Nullwerte in Fremdschlüsseln in einigen Fällen durchaus Sinn machen und in anderen nicht, wollen wir an zwei Beispielen aus Tab. 3.17 demonstrieren. Diese Beispiele sind in Abb. 3.11 direkt gegenübergestellt. In einer Datenbank in der KFZ-Meldestelle sind alle Kraftfahrzeuge in der Relation *KFZ* aufgelistet, ebenso alle Halter von Fahrzeugen. Ein Halter kann mehrere Fahrzeuge anmelden, ein Fahrzeug kann aber nur einen Halter besitzen. Ein abgemeldetes Fahrzeug ist nicht zugelassen und hat keinen Halter. Es liegt daher eine *m* zu *c* Beziehung vor. Aus dem letzten Abschnitt wissen wir, dass wir den Fremdschlüssel in der *m* Beziehung hinzufügen, also in der Relation *KFZ*, nennen wir ihn *Halternr*. Wir müssen im Attribut *Halternr* zwingend Nullwerte erlauben, da ja nicht jedes Fahrzeug einen Halter besitzen muss.

Ganz anders verhält es sich im Falle der *m* zu 1 Beziehung zwischen den Relationen *Kunde* und *Bestellung*. Eine Bestellung ohne Kunde ergibt keinen Sinn. Jede Bestellung muss daher im Fremdschlüssel *Kundnr* einen gültigen Kundeneintrag besitzen! Nullwerte sind hier sinnlos und daher von vorne herein auszuschließen. Der Fremdschlüssel *Kundnr* erhält im Create-Table-Befehl die Bedingung *Not Null*.

Abb. 3.11 Vergleich zwischen
m zu 1 und m zu c Beziehungen

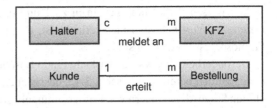

Diese Fremdschlüsseleigenschaften gelten ganz allgemein. Sie gelten analog auch für *c* zu 1 und *c* zu *c* Bedingungen. Wir merken uns daher:

▶ In einer *m zu 1* und in einer *c zu 1* Beziehung darf der Fremdschlüssel keine Nullwerte annehmen. Ist der Fremdschlüssel nicht Primärschlüssel, so ist in SQL die
Bedingung *Not Null* zu setzen.
In einer *m zu c* und in einer *c zu c* Beziehung sind Nullwerte in Fremdschlüsseln
zuzulassen. Insbesondere kann der Fremdschlüssel nicht Primärschlüssel sein.

Wir sollten daher bei der Erstellung eines ERM ganz genau darauf achten, ob in einer Beziehung ein *c* oder eine 1 steht. Dies entscheidet darüber, ob Nullwerte in Fremdschlüsseln erlaubt sind oder eben nicht. Die *m* zu n Beziehungen sind im obigen Merksatz nicht aufgeführt, da diese mittels *m* zu 1 oder *m* zu *c* Beziehungen aufgelöst werden. Meist liegen *m* zu 1 Beziehungen vor, da die Fremdschlüssel in der Regel Teil des Primärschlüssels sind.

Kommen wir zu den eingangs gestellten Fragen zurück. Über die erste mit den Nullwerten haben wir hinreichend diskutiert. Die beiden anderen Fragen beziehen sich auf die Referenz-Integritätsregel, siehe Abschn. 2.4.2. Wir erinnern uns, dass ein Tupel, auf das sich ein Fremdschlüssel bezieht, nicht einfach gelöscht werden darf. Ebenso darf der Primärschlüssel eines solchen Tupel nicht ohne weiteres geändert werden, um die Integritätsregel nicht zu verletzen!

Besonders wichtig ist die obige zweite Frage, da das Löschen von Einträgen relativ häufig vorkommt. Bereits beim Erstellen eines Fremdschlüssels und damit beim Erzeugen einer Relation müssen wir darauf achten, dass die zweite Integritätsregel immer eingehalten wird. Beim Vorstellen dieser Regel in Abschnitt 2.4.2 wurde diese Thematik ausführlich behandelt. Wir wollen dies hier daher nur kurz zusammenfassen. Wir hatten beim Löschen eines Eintrags, auf den Fremdschlüssel verweisen, drei Möglichkeiten:

- **ON DELETE NO ACTION**: Das Löschen des Eintrags wird zurückgewiesen, wenn mindestens ein Fremdschlüsselwert auf diesen Eintrag verweist.
- **ON DELETE CASCADE**: Mit dem Löschen des Eintrags werden auch alle Tupel gelöscht, die sich auf diesen zu löschenden Eintrag beziehen.
- **ON DELETE SET NULL**: Mit dem Löschen des Eintrags werden alle Fremdschlüsselwerte auf *Null* gesetzt, die sich auf diesen zu löschenden Eintrag beziehen.

Wir weisen darauf hin, dass in *m* zu 1 und *c* zu 1 Beziehungen die Eigenschaft *On Delete Set Null* natürlich nicht erlaubt ist, da ja in diesen Beziehungen Nullwerte im Fremdschlüssel verboten sind.

Besonderheiten, etwa das kaskadierende Löschen in der Eigenschaft *On Delete Cascade*, wurden bereits im Abschn. 2.4.2 besprochen. Wir kommen daher gleich zur dritten obigen Frage, dem Ändern von Primärschlüsselwerten, auf die Fremdschlüssel verweisen. Dieses Ändern ist äußerst selten, da in der Praxis einmal vergebene Primärschlüssel so oft wie nie manipuliert werden. Wir fassen uns daher kurz und geben die drei Möglichkeiten direkt an:

- **ON UPDATE NO ACTION**: Das Ändern des Primärschlüsseleintrags wird zurückgewiesen, wenn mindestens ein Fremdschlüsselwert auf diesen Eintrag verweist.
- **ON UPDATE CASCADE**: Mit dem Ändern des Primärschlüsseleintrags werden auch alle Fremdschlüsseleinträge mit geändert, die auf diesen Eintrag verweisen.
- **ON UPDATE SET NULL**: Mit dem Ändern des Primärschlüsseleintrags werden alle Fremdschlüsselwerte auf *Null* gesetzt, die sich auf diesen Eintrag beziehen.

Wirklich sinnvoll ist eigentlich nur die Eigenschaft *On Update Cascade*: Alle Änderungen werden automatisch bei den Fremdschlüsselwerten mit vollzogen. Leider unterstützt Oracle diese wünschenswerte Eigenschaft nicht. Wir kommen darauf in Kap. 5 zurück. Ein kaskadierendes Ändern kann nur in den seltenen Fällen auftreten, wenn der Fremdschlüssel Teil eines Primärschlüssels ist, auf den wieder andere Fremdschlüssel verweisen.

Der Datenbankdesigner muss sich dieser Eigenschaften der Fremdschlüssel unbedingt bewusst sein und sich bei jeder der obigen Fragen für genau eine Lösung entscheiden. Er stellt damit die Weiche für die erlaubten Zugriffe auf die Datenbank. Wir wollen dieses vollständige Umsetzen einer *m* zu n Beziehung in zwei *m* zu 1 Beziehungen mit allen Eigenschaften am Beispiel des Erzeugens der Beziehungsrelation *Verknuepfung* aufzeigen. Zu Einzelheiten zum Create-Table-Befehl sei auf Abschn. 5.1 verwiesen:

```
CREATE TABLE Verknuepfung
( VerkNr   CHARACTER(4)   REFERENCES   Verkaeufer
         ON DELETE NO ACTION ON UPDATE CASCADE,
  ProdNr   CHARACTER(4)   REFERENCES   Produkt
         ON DELETE NO ACTION ON UPDATE CASCADE,
  Umsatz   INTEGER,
  PRIMARY KEY (VerkNr, ProdNr)
) ;
```

Hier handelt es sich also lediglich um eine Vervollständigung des bereits im letzten Abschnitt angegebenen Create-Table-Befehls. Analog ergänzen wir beispielhaft auch die Relation *KFZ*:

```
CREATE TABLE KFZ
( KFZNr    INTEGER,
  MotorNr  INTEGER REFERENCES Motor
           ON DELETE SET NULL ON UPDATE CASCADE,
  PRIMARY KEY (KFZNr),
  UNIQUE (MotorNr),
  ...
) ;
```

Wir erkennen hier die Mächtigkeit von SQL-Datenbanken. Ist ein Motor nicht mehr reparabel, so wird er aus dem Fahrzeug ausgebaut und entsorgt. Mit dem Löschen der entsprechenden Zeile in der Relation *Motor* wird dann in der Relation *KFZ* automatisch die Motornummer auf den Wert *Null* gesetzt.

Wir weisen darauf hin, dass die Eigenschaften *On Delete* und *On Update* nicht zwingend angegeben werden müssen. Nach der SQL-Norm wird dann automatisch die Klausel *No Action* gesetzt. Datenbanken wie Oracle, SQL Server und MySQL halten sich an die Norm. Weitere Details finden sich bei der Vorstellung des Create-Table-Befehls in Abschn. 5.1.

3.2.5 Schwache Entitäten und Subtypen

Im letzten Abschnitt befassten wir uns intensiv mit Fremdschlüsseln. Nicht immer ist es einfach, die dort gestellten Fragen schnell und zufriedenstellend zu beantworten. Haben wir im ERM aber schwache Entitäten oder Subtypen identifiziert, so lassen sich die Eigenschaften von Fremdschlüsseln schnell und sicher einstellen.

Wir beginnen wieder mit einem Beispiel und betrachten eine Firma, die zu jedem Mitarbeiter die Arbeitszeiten elektronisch erfasst. In der Datenbank existiere eine Relation *Arbeitszeit*, in der diese Zeiten zu jedem Mitarbeiter abgespeichert sind. Die Daten eines Mitarbeiters in der Relation *Arbeitszeit* sind wertlos, falls dieser aus der Firma ausscheidet. Die einzelnen Einträge in der Relation *Arbeitszeit* hängen voll von den entsprechenden Einträgen in der Relation *Person* ab. Es handelt sich bei der Relation *Arbeitszeit* folglich um eine schwache Entität. Das Entity-Relationship-Diagramm hierzu finden wir in Abb. 3.12. Wie in ER-Diagrammen üblich, haben wir die schwache Entität mit einem Doppelrechteck gekennzeichnet.

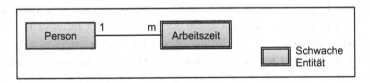

Abb. 3.12 Schwache Entität Arbeitszeit

Die Eigenschaften dieses Fremdschlüssels in der Relation *Arbeitszeit* sind:

```
NOT NULL
ON UPDATE CASCADE
ON DELETE CASCADE
```

Dies ist leicht nachvollziehbar: Natürlich muss sich jeder Arbeitszeiteintrag auf einen Mitarbeiter beziehen, so dass ein Nullwert im Fremdschlüssel nicht vorkommen darf. Erhält ein Mitarbeiter eine andere Personalnummer, so sollte diese Änderung auch sofort in der Entität *Arbeitszeit* nachvollzogen werden. Wird ein Mitarbeiter in der Relation *Person* gelöscht, so sind auch alle Daten in der Entität *Arbeitszeit* wertlos und somit ebenfalls zu entfernen.

In schwachen Entitäten besitzt der Fremdschlüssel immer die drei obigen Eigenschaften. Es gilt auch die Umkehrung, so dass wir eine schwache Entität auch über die drei obigen Fremdschlüsseleigenschaften definieren können.

▶ **Definition: Schwache Entität** Eine Entität heißt schwach, wenn für die dazugehörige Relation R gilt:

- R enthält genau einen Fremdschlüssel mit den drei Eigenschaften *Not Null*, *On Delete Cascade* und *On Update Cascade*.
- Auf R verweist kein Fremdschlüssel.

Eine schwache Entität hängt von genau einer anderen Entität ab. Daher enthält sie genau einen Fremdschlüssel. Weiter ist klar, dass eine Entität nicht schwach sein kann, wenn eine andere Entität darauf verweist. In diesem Fall müssten ja Einträge in dieser Entität existieren, bevor andere darauf verweisen können. Diese Einträge wären dann aber nicht abhängig!

Es gilt also nicht zwingend, dass eine Relation schwach ist, nur weil sie einen Fremdschlüssel mit den Eigenschaften *Not Null*, *On Delete Cascade* und *On Update Cascade* enthält. Andererseits können wir mit obiger Definition leicht schwache Entitäten identifizieren. Ebenso können wir bei bekannten schwachen Entitäten sofort die Fremdschlüsseleigenschaften angeben.

Zuletzt betrachten wir noch die Subtypen und sehen uns dazu nochmals das Beispiel aus Abb. 3.8 an. Hier stehen die Basisdaten des Personals in der Entität *Mitarbeiter* als Supertyp. Wir haben zusätzlich die beiden Subtypen *Verkäufer* und *Informatiker* mit ihren speziellen Eigenschaften definiert. Diese Aufteilung in mehrere Entitäten ergibt Sinn, da sonst alle speziellen Eigenschaften der Verkäufer, der Informatiker, der Kaufleute, der Sekretärinnen usw. in der Entität *Person* hinzugefügt werden müssten. Diese Eigenschaften treffen aber nur für eine bestimmte Personengruppe zu, zu alle anderen Mitarbeiter müssten Nullwerte eingefügt werden. Und genau diese Redundanz vermeiden wir mit Subtypen! Wir haben den Create-Table-Befehl zur Relation *Verkaeufer* bereits im

Abschn. 3.2.3 kennen gelernt. Wir ergänzen ihn jetzt um die noch fehlenden Fremdschlüsseleigenschaften:

```
CREATE TABLE Verkaeufer
( PersNr  INTEGER REFERENCES Mitarbeiter
        ON DELETE CASCADE ON UPDATE CASCADE,
  PRIMARY KEY (PersNr),
  ...
) ;
```

Die Eigenschaft *Not Null* entfällt im Fremdschlüssel, da der Fremdschlüssel gleichzeitig Primärschlüssel ist. Dies ist typisch für Subtypen, und wir merken uns dies wie folgt:

▶   Ist eine Entität ein <u>Subtyp</u>, so ist diese in der Regel schwach und es gilt für die dazugehörige Relation *R*:

- *R* enthält einen Fremdschlüssel auf den Supertyp mit den Eigenschaften *Not Null*, *On Delete Cascade* und *On Update Cascade*.
- Dieser Fremdschlüssel ist ein Schlüsselkandidat und in der Regel sogar der Primärschlüssel.

3.2.6   Zusammenfassung

In den letzten Abschnitten haben wir mit Hilfe des Entity-Relationship-Modells gelernt, kleine Datenbanken zu entwerfen. Diese Modellierung hat sich in der Praxis tausendfach bewährt und ergänzt hervorragend die Normalformenlehre. Wir können dieses Vorgehen nur wärmstens empfehlen. Das Design einer Datenbank folgt immer dem gleichen Schema:

- Bestimmen aller Entitäten mit ihren Eigenschaften.
- Ermittlung der Beziehungen zwischen den einzelnen Entitäten.
- Überführung der Entitäten in Relationen und der Eigenschaften in die Attribute dieser Relationen. Gegebenenfalls erfolgt noch eine Überführung in die dritte (oder höhere) Normalform.
- Überführung der *m* zu *n* Beziehungen in Beziehungsrelationen und der anderen Beziehungen in Fremdschlüssel.
- Ermittlung der Eigenschaften der Fremdschlüssel. Hier helfen auch Stichworte wie *schwache Entität* und *Subtyp* weiter.

Dieses relativ einfache Kochrezept zum Erstellen einer relationalen Datenbank ist immer anwendbar, sei es bei kleinen oder größeren Datenbanken. Es sei allerdings nicht verschwiegen, dass bei großen Datenbanken mit vielen hundert Entitäten schnell die Übersicht verloren geht. Hier hilft eine Zusammenfassung in Untergruppen, sogenannte Schemata (siehe Abschn. 5.5), wie Rechnungswesen, Personalwesen, Vertrieb und Produktion noch ein bisschen weiter. In der Praxis werden bei sehr großen Datenbanken jedoch sogenannte Case-Tools eingesetzt oder gleich komplexe ERP-Systeme wie SAP ERP.

Wir sollten nicht vergessen, wie enorm wichtig ein gutes Design einer Datenbank ist! Ein Design wird nur einmal durchgeführt. Die Folgen eines schlechten Entwurfs bekommen wir aber während der gesamten Lebensdauer dieser Datenbank täglich zu spüren. Komplexe Zugriffe und schlechte Performance sind noch die harmlosen Auswirkungen. Bei Datenverlusten und Inkonsistenzen wird es ernst.

3.3 Übungsaufgaben

Aufgaben

1. Zeigen Sie, dass sich jede Relation mit nicht zusammengesetztem Primärschlüssel in der zweiten Normalform befindet.
2. Geben Sie alle vollen funktionalen Abhängigkeiten
   a)   in der Relation *VerkaeuferProdukt* (siehe Tab. 3.1)
   b)   in allen Relationen der *Bike*-Datenbank aus dem Anhang an.
3. Geben Sie zu allen Relationen aus Aufgabe 2 die Determinanten an.
4. Geben Sie zu den Relationen *Verkaeufer*, *Produkt* und *Verknuepfung* aus Tab. 3.3, 3.4 und 3.5 alle Determinanten an.
5. Bestimmen Sie die höchste Normalform (nur bis zur 3.NF!) aller Relationen der *Bike*-Datenbank aus dem Anhang.
6. Geben Sie eine Relation an, die in der dritten Normalform nach Codd, jedoch nicht in der dritten Normalform nach Boyce und Codd ist. (Hinweis: Diese Relation muss zwei zusammengesetzte Schlüsselkandidaten besitzen, die sich in mindestens einem Attribut überlappen.)
7. Diskutieren Sie die Relation *VerkaeuferProduktKFZ* aus Tab. 3.12. Bestimmen Sie den Primärschlüssel und die funktionalen und mehrwertigen Abhängigkeiten. Schließen Sie daraus auf die Normalform.
8. Die Relation *ProduktKFZ* aus Tab. 3.14 ist aus einer Projektion entstanden. Sie enthält aber in der Praxis nicht alle Kombinationsmöglichkeiten. Welche Tupel sollten daher noch hinzugefügt werden? Welches Ergebnis ergibt dann der Verbund aus dieser Relation mit den Relationen *VerkaeuferProduktname* und *VerkaeuferKFZ*? Kommen eventuell gegenüber der Relation *VerkaeuferProduktKFZ4NF* noch weitere Tupel hinzu? Wirkt sich dies gegebenenfalls auf die Normalform aus?
9. Geben Sie zu allen Fremdschlüsseln der Relationen *Personal*, *Kunde* und *Auftrag* der Datenbank *Bike* (siehe auch Tab. 2.6, 2.7 und 2.8) die drei Fremdschlüsseleigenschaften an.

10. Geben Sie zur Beispieldatenbank *Bike* an, welche Entitäten schwach sind, bei welchen Relationen es sich um Beziehungsrelationen handelt und ob Sub- und Supertypen vorliegen.

11. Das Auftragswesen der Datenbank *Bike* ist nur rudimentär implementiert. Erweitern Sie daher die Datenbank durch ein einfaches Rechnungswesen. Die neue Relation *Rechnung* sollte mindestens ein Rechnungsdatum, den Rechnungsbetrag, Informationen über einen Rabatt, erfolgte Mahnung und erfolgte Bezahlung enthalten. Ergänzen Sie das Entity-Relationship-Modell aus Abb. 10.1 im Anhang. Geben Sie alle neuen Fremd- und Primärschlüssel und die Eigenschaften der Fremdschlüssel an. Ist die Relation *Rechnung* schwach?

Literatur

Chen, P. (1976). The Entity-Relationship Model – Toward a Unified View of Data. *ACM TODS*, *1*, 9.

Chen, P., & Knöll, H. (1991). *Der Entity-Relationship-Ansatz zum logischen Systementwurf* BI.

Codd, E. F. (1970). A Relational Model of Data for large Shared Data Banks. *CACM*, *13*(6), 377–387.

Codd, E. F. (1972). Relational Completeness of Data Base Sublanguages. In R. Rustin (Hrsg.), *Data Base Systems* (S. 65–98). Prentice Hall.

Codd, E. F. (1974). *Recent Investigations into Relational Data Base Systems* Proc. IFIP Congress.

Connolly, T., & Begg, C. (2010). *Database Systems* (5. Aufl.). Addison-Wesley.

Date, C. J. (2003). *An Introduction to Database Systems* (8. Aufl., Bd. 1). Addison-Wesley.

Eirund, H., & Kohl, U. (2010). *Datenbanken – leicht gemacht*. Springer Vieweg.

Elmasri, R., & Navathe, S. (2002). *Grundlagen von Datenbanksystemen* (3. Aufl.). Addison-Wesley.

Elmasri, R., & Navathe, S. (2009). *Grundlagen von Datenbanksystemen* (3. Aufl.). Addison-Wesley. Bachelorausgabe

Jarosch, H. (2016). *Grundkurs Datenbankentwurf*. Springer Vieweg.

Kemper, A., & Eickler, A. (2015). *Datenbanksysteme – Eine Einführung*. Oldenbourg.

Kifer, M., Bernstein, A., & Lewis, P. (2005). *Database Systems*. Addison-Wesley.

Kudlich, H. (1988). *Datenbank-Design*. Springer.

Maier, D. (1983). *The Theory of Relational Databases*. Computer Science Press.

Meier, A. (2003). *Relationale Datenbanken: Eine Einführung für die Praxis*. Springer Taschenbuch.

Meier, A. (2010). *Relationale und postrelationale Datenbanken*. Springer.

Schubert, M. (2007). *Datenbanken*. Teubner.

Unterstein, G., & Matthiessen, M. (2012). *Relationale Datenbanken und SQL in Theorie und Praxis*. Springer.

Vossen, G. (1991). *Data Models, Database Languages und Database Management Systems*. Addison-Wesley.

Zehnder, C. A. (2005). *Informationssysteme und Datenbanken*. vdf Hochschulverlag.

Die Zugriffssprache SQL

4

Übersicht

In den beiden letzten Kapiteln wurden relationale Datenbanken ausführlich vorgestellt. Wir haben kennen gelernt, dass diese Datenbanken ausschließlich aus Tabellen aufgebaut sind, die mit Daten gefüllt sind. Wir haben aber auch gesehen, dass Zusammenhänge zwischen diesen Tabellen mittels Fremdschlüssel hergestellt werden, woraus sich schließlich vielfältige Möglichkeiten der Abfrage und Manipulation ergeben. Ziel dieses Kapitels ist es nun, mit Hilfe der Zugriffssprache SQL auf diese Daten in ihrer gesamten Vielfalt lesend und schreibend zuzugreifen. Die in Kap. 2 vermittelten wichtigen theoretischen Grundlagen zu relationalen Datenbanken werden in die Praxis umgesetzt.

Zunächst beschäftigen wir uns ausschließlich mit Abfragen. Wir arbeiten uns systematisch durch den Select-Befehl, um schließlich mittels Unterabfragen und Verbundoperationen (Joins) auch komplexe Zugriffe auf die Inhalte einer Datenbank meistern können. Im zweiten Abschnitt behandeln wir Mutationsbefehle, die Schreibzugriffe auf die Daten. Diese Befehle sind relativ einfach, da sie syntaktisch weitgehend auf den Lesezugriffen aufbauen.

Als Zugriffssprache wird SQL (Structured Query Language) verwendet. SQL war zunächst eine Sprache für den Endbenutzer. Inzwischen dominieren grafische Oberflächen als Schnittstelle zum Anwender. Als Sprache für den Datenbankprogrammierer hat SQL dafür eine umso größere Bedeutung erlangt. SQL hat sich, insbesondere seit der ersten Normierung (SQL1 1987), zur wichtigsten Standardsprache für Datenbanken entwickelt. Diese erste Norm (im Weiteren als SQL1 Norm bezeichnet) wurde 1992 erheblich erweitert (SQL2 1992). Die SQL2 Norm ist heute durchgängig implementiert, voll alltagstauglich und außer für Spezialanwendungen völlig ausreichend. Sie ist daher die Basis dieses Kapitels.

© Springer Fachmedien Wiesbaden GmbH 2017

E. Schicker, *Datenbanken und SQL*, Informatik & Praxis, DOI 10.1007/978-3-658-16129-3_4

Im Jahr 1999 kam die Objektorientierung hinzu (SQL3 1999). Weitere Ergänzungen und Erweiterungen insbesondere in Richtung XML erfolgten in den Jahren 2003 (SQL 2003), 2006 (SQL 2006), 2008 (SQL 2008) und 2011 (SQL 2011). Die SQL2 Norm ist mit über 600 Seiten schon sehr umfangreich und in drei Levels aufgeteilt. Wir konzentrieren uns hier auf die wichtigen und zentralen Teile dieser Norm im sogenannten Intermediate Level.

Zu den objektorientierten Erweiterungen in SQL3 verweisen wir auf Kap. 9. Aus Platzgründen gehen wir auf die Unterstützung von XML nicht ein und empfehlen insbesondere Conolly und Begg (2015) und Faeskorn-Woyke (2007). Zu SQL3 sei auf Gulutzan und Pelzer (1999) hingewiesen. Eine umfassende Beschreibung von SQL2 finden wir in Date und Darwen (1998), Van der Lans (2007), Melten und Simon (2001) und Unterstein und Matthiessen (2012), weiter sei die Literaturliste am Ende dieses Kapitels empfohlen.

Die SQL-Implementierungen der Datenbankhersteller besitzen geringe Abweichungen von der Norm. Es kann daher sein, dass die hier vorgestellte normierte Sprache SQL nur nach kleineren Anpassungen auf den Datenbanken der einzelnen Hersteller ablauffähig ist. Bei Abweichungen in Oracle, SQL Server und MySQL werden entsprechende Hinweise gegeben. Es empfiehlt sich aber immer, auch auf die Handbücher oder die Onlinehilfen der einzelnen Softwarehersteller zurückzugreifen.

In der Praxis spielen Transaktionen eine sehr wichtige Rolle. Wir widmen diesen Transaktionen daher einen eigenen Abschnitt. Wieder gehen wir auf die Besonderheiten bei Transaktionen in Oracle, SQL Server und MySQL gezielt ein.

Die relationale Algebra ist eine Zugriffssprache auf relationale Datenbanken, ebenso SQL! Es bietet sich daher an, diese beiden Zugriffsmethoden zu vergleichen. Dieses Kapitel baut nicht auf Wissen zur relationalen Algebra auf und kann daher auch ohne entsprechende Kenntnisse gelesen werden. Der Vergleich mit der relationalen Algebra dient aber der Vertiefung und dem Verständnis zur Zugriffssprache SQL. Es kann sich daher durchaus lohnen, zwischendurch einige Absätze zur relationalen Algebra aus Abschn. 2.5 nachzuschlagen. In einem eigenen Abschnitt dieses Kapitels werden wir zusätzlich aufzeigen, dass alle acht Zugriffsoperatoren der relationalen Algebra in SQL nachgebildet werden können, dass also SQL im Sinne der relationalen Algebra eine vollständige relationale Zugriffssprache ist.

Wir empfehlen nachdrücklich, die hier vorgestellten SQL-Befehle intensiv zu üben, gemäß dem Sprichwort: „Nur Übung macht den Meister". Skripte zur Installation der hier verwendeten Beispieldatenbank *Bike* können für Oracle, SQL-Server und MySQL vom Internet heruntergeladen werden, siehe hierzu die Informationen im Anhang.

4.1 Der Abfragebefehl Select

In SQL steht zur Suche und Abfrage von Daten einer Datenbank genau ein Befehl zur Verfügung: der Select-Befehl. Wenn wir an Kreuzprodukt, Vereinigung oder Verbund (Join) denken, siehe auch Abschn. 2.5 zur relationalen Algebra, dann erahnen wir die Mächtigkeit dieses Select-Befehls. Es ist das Ziel dieses Kapitels, die wesentlichen und wichtigen Teile dieses Befehls ganz ausführlich vorzustellen.

Wir wollen die Zugriffsbefehle durch praktische Anwendungen lernen und die Theorie als zusätzliches Mittel einsetzen, um die praktischen Erfahrungen zu festigen und zusätzlich verständlich zu machen. Wir setzen daher eine im Anhang ausführlich beschriebene Beispieldatenbank *Bike* ein. Auszüge dieser Datenbank haben wir bereits in Kapitel 2 mit den Relationen *Personal, Kunde* und *Auftrag* aus Tab. 2.6, 2.7 und 2.8 kennengelernt. In diesem Kapitel werden wir zusätzlich die Relation *Auftragsposten* verwenden. Diese Relationen finden wir im Anhang in Tab. 10.2–10.6. Wir beginnen mit Abfragen auf die Relation *Personal* und stellen einen Auszug dieser Relation in Tab. 4.1 nochmals vor.

Diese Relation *Personal* besitzt in der Originalversion (Tab. 10.3 und 10.4) elf Attribute. In der reduzierten Version (Tab. 4.1) verbleiben fünf mit den Namen *Persnr, Name, Ort, Vorgesetzt* und *Gehalt*. Wollen wir die gesamte Relation mit Hilfe des Select-Befehls ausgeben, so schreiben wir:

```
SELECT * FROM Personal ;
```

Jeder Select-Befehl beginnt mit dem Bezeichner *Select*, enthält immer den Bezeichner *From* und endet mit einem Semikolon. Direkt nach dem Bezeichner *From* schreiben wir den Namen der Relation, die wir ausgeben wollen. Zwischen den Bezeichnern *Select* und *From* geben wir die Attribute (Spaltennamen) an, die wir anzeigen möchten. Das Sternsymbol („*") ist eine Abkürzung und steht für „alle Attribute". Wir geben folglich die gesamte Personaltabelle aus. Soll nur der Name und Wohnort aller Mitarbeiter ausgegeben werden, so lautet der Befehl

```
SELECT Name, Ort FROM Personal ;
```

Die hier groß geschriebenen Wörter sind reservierte Bezeichner der Sprache SQL und dürfen daher nicht als Spalten- oder Tabellennamen verwendet werden. Analog zu anderen höheren Programmiersprachen ist die Schreibweise wahlfrei: Es sind also beliebig viele Leerzeichen oder Zeilenwechsel zwischen einzelnen Wörtern erlaubt. Auch unterscheidet

Tab. 4.1 Relation Personal (Auszug aus Tab. 10.3 und 10.4)

Persnr	Name	Ort	Vorgesetzt	Gehalt
1	Maria Forster	Regensburg	NULL	4800.00
2	Anna Kraus	Regensburg	1	2300.00
3	Ursula Rank	Frankfurt	6	2700.00
4	Heinz Rolle	Nürnberg	1	3300.00
5	Johanna Köster	Nürnberg	1	2100.00
6	Marianne Lambert	Landshut	NULL	4100.00
7	Thomas Noster	Regensburg	6	2500.00
8	Renate Wolters	Augsburg	1	3300.00
9	Ernst Pach	Stuttgart	6	800.00

SQL grundsätzlich nicht zwischen Groß- und Kleinschreibung. Folgende Schreibweise ist daher äquivalent zum letzten Befehl, aber natürlich nicht empfehlenswert:

```
Select   name,              ORT
fRom     personal  ;
```

   In der Praxis werden Abfrageergebnisse meist nicht direkt ausgegeben, sondern zur weiteren Verarbeitung in Variablen gespeichert. Diese Möglichkeit werden wir in Kap. 6 beim Programmieren von Datenbankzugriffen aufzeigen. Doch zunächst wollen wir den Select-Befehl ausführlich kennen lernen und geben diese Befehle direkt ein. Die Datenbankhersteller bieten dazu entsprechende benutzerfreundliche Schnittstellen an. Für Oracle empfehlen wir SQL Developer, für den SQL Server ist das Management Studio die erste Wahl und für MySQL steht der MySQL Workbench zur Verfügung. Im Folgenden werden wir den Select-Befehl im Detail Schritt für Schritt vorstellen.

4.1.1   Der Aufbau des Select-Befehls

Unbewusst wurde sicherlich schon eine wichtige Eigenschaft der Zugriffssprache SQL bemerkt: SQL fragt nicht, wie wir Daten finden, sondern ausschließlich, welche Daten wir suchen. Für SQL spielt es keine Rolle, ob die Daten sequentiell abgespeichert oder über eine komplexe Indexverwaltung geordnet sind. Der Anwender wird diese Unterschiede höchstens an der Laufzeit merken, nicht aber an den SQL-Zugriffsbefehlen! Dies vereinfacht die Zugriffssprache erheblich und dürfte auch der Hauptgrund sein, warum sich relationale Datenbanken und insbesondere SQL so schnell verbreiteten.
   Für uns hat dies den Vorteil, dass wir uns nicht mit überflüssigem Ballast beschäftigen müssen und uns gleich auf den *Select*-Befehl stürzen können. Die Syntax für den sogenannten Hauptteil des *Select*-Befehls lautet:

```
Select-Hauptteil:
 SELECT   [ ALL | DISTINCT ] Spaltenauswahlliste
 FROM     Tabellenliste
 [ WHERE  Bedingung ]
 [ GROUP  BY Spaltenliste
   [ HAVING Bedingung ] ]
```

   Hier und im Weiteren verwenden wir folgende Notation:

• Die in Großbuchstaben geschriebenen Wörter sind reservierte Bezeichner in SQL und sind bis auf Groß- und Kleinschreibung exakt so im Befehl anzugeben.
• Ausdrücke in eckigen Klammern sind wahlfrei. Die eckigen Klammern selbst werden nicht geschrieben!

- Ausdrücke in geschweiften Klammern geben eine Auswahlliste an. Die einzelnen Listenelemente sind durch senkrechte Striche („|") voneinander getrennt. Genau eine dieser Angaben ist auszuwählen. Die geschweiften Klammern und die senkrechten Striche werden nicht geschrieben.
- Eine Auswahlliste kann statt mit geschweiften auch mit eckigen Klammern erfolgen. Dann ist maximal eine Angabe auszuwählen.
- Alle Bezeichner erfüllen die SQL-Namenskonvention: Bezeichner beginnen mit einem Buchstaben (ohne deutsche Sonderzeichen ä, ö, ü oder ß), gefolgt von weiteren Buchstaben, Unterstrichzeichen („_") oder Ziffern.
- Drei Punkte „..." weisen darauf hin, dass die vorherige Angabe beliebig oft wiederholt werden darf.
- Alle anderen Bezeichner werden entweder später noch näher erläutert, oder es handelt sich um wahlfreie Namen.

Der gesamte Select-Befehl kann aus mehreren dieser Hauptteile bestehen. Die Syntax lautet:

```
Select-Befehl:
  Select-Hauptteil
    [ { UNION [ ALL ] | EXCEPT | INTERSECT }
      Select-Hauptteil                       ]  [ ... ]
  [ ORDER BY Ordnungsliste ]
```

Diese Syntax ist wie folgt zu lesen: Ein Select-Befehl besteht aus einem Select-Hauptteil, wahlfrei gefolgt von beliebig vielen weiteren Select-Hauptteilen, die über *Union*, *Except* oder *Intersect* miteinander verknüpft sind. Nach dieser Verknüpfung darf das Endresultat noch mittels der *Order-By*-Klausel sortiert werden.

Wir weisen darauf hin, dass die interne Abarbeitungsreihenfolge eines Select-Befehls nicht mit der Reihenfolge in der Syntax übereinstimmt. Jede Abarbeitung beginnt mit der From-Klausel. Schließlich wollen wir zuerst wissen, welche Relation verwendet wird. Anschließend erfolgt mit der Where-Klausel eine Restriktion und erst dann mittels der Select-Klausel eine Projektion zusammen mit einer eventuellen Gruppierung (Group-By-Klausel). Wir empfehlen, einen Select-Befehl auch immer genau in dieser Reihenfolge zu lesen.

Bevor wir in den nächsten Unterabschnitten die einzelnen Teile des Select-Befehls im Detail kennen lernen, wollen wir den Select-Befehl noch mit der relationalen Algebra in Tab. 4.2 vergleichen. Wir erkennen fast alle relationalen Operatoren auf Anhieb in SQL wieder. Nur der Divisionsoperator ist in SQL nicht implementiert. Aus der relationalen Algebra wissen wir aber, dass die Division durch andere Operatoren nachgebildet werden kann. Kreuzprodukt und Verbund sind im Bezeichner *Tabellenliste* enthalten. Auch die Umbenennung ist in den Bezeichnern *Spaltenauswahlliste* und *Tabellenliste* integriert, wie wir in den nächsten Abschnitten sehen werden.

Tab. 4.2 SQL und die relationale Algebra

	Algebra	SQL
Vereinigung	$R_1 \cup R_2$	UNION
Schnitt	$R_1 \cap R_2$	INTERSECT
Differenz	$R_1 \setminus R_2$	EXCEPT
Kreuzprodukt	$R_1 \times R_2$	Tabellenliste
Restriktion	$\sigma_{Bedingung}(R)$	WHERE
Projektion	$\pi_{Auswahl}(R)$	SELECT
Verbund	$R_1 \bowtie R_2$	Tabellenliste
Division	$R_1 \div R_2$	---
Umbenennung	$\rho_{R\_neu}\ R$	Spaltenauswahlliste, Tabellenliste

Basis ist die SQL-Norm, genauer: die SQL2-Norm. Auf die nur wenigen Abweichungen in Oracle, SQL Server und MySQL weisen wir jeweils gezielt hin.

4.1.2 Die From-Klausel

Jeder *Select*-Befehl enthält eine *Select*- und eine *From*-Klausel. Die *From*-Klausel verknüpft die in der Tabellenliste angegebenen Relationen mittels des Kreuzprodukts oder des Verbunds, und die *Select*-Klausel führt eine Projektion auf die Spalten aus der Auswahlliste durch. Beginnen wir mit der *From*-Klausel. Die Tabellenliste ist eine durch Kommata getrennte Aufzählung von Tabellenreferenzen:

```
Tabellenliste:
    Tabellenreferenz  [ , ... ]
```

Im einfachsten Fall besteht die Tabellenliste nur aus einer Tabellenreferenz und diese wiederum nur aus einem Tabellennamen. Dann bezieht sich der Select-Befehl also nur auf eine einzige Relation. In einer durch Kommata getrennten Liste werden hingegen die einzelnen Tabellenreferenzen über das Kreuzprodukt, auch kartesisches Produkt genannt, miteinander verknüpft. Wir kommen gleich darauf zurück. Zunächst wollen wir aber die Tabellenreferenz definieren:

```
Tabellenreferenz:
    Tabellenname  [ [ AS ]  Aliasname ]
    |  ( Select-Hauptteil )  [ [ AS ]  Aliasname ]
    |  ( Tabellenreferenz )  [ [ AS ]  Aliasname ]
    |  Joinausdruck  [ [ AS ]  Aliasname ]
```

Diese Definition enthält eine Auswahlliste mit vier Elementen, getrennt durch drei senkrechte Striche. Eine Tabellenreferenz ist also im einfachsten Fall ein Tabellenname, wahlfrei gefolgt von einem Aliasnamen. Aliasnamen sind oft sehr hilfreich. Es handelt sich hierbei um die aus der relationalen Algebra bekannte Umbenennung ρ eines Tabellennamens. Der Trennbezeichner *As* ist ein reines Füllwort und darf weggelassen werden.

▶   **Tipp** In Oracle ist der wahlfreie Bezeichner *As* in der From-Klausel grundsätzlich nicht erlaubt.

Die zweite obige Angabe lautete:

```
( Select-Hauptteil )   [ [ AS ]   Aliasname ]
```

Statt eines Tabellennamens darf auch ein in runden Klammern gesetzter *Select*-Befehl verwendet werden. Schließlich erzeugt ein *Select*-Befehl ja als Ausgabe eine Relation. Und alle Relationen sind als Tabellenreferenz im Select-Befehl zugelassen! Wieder ist ein Aliasname erlaubt. In einigen Fällen werden wir später diese doch recht komplexe Variante der Tabellenreferenz verwenden.

▶   **Tipp** In MySQL und SQL Server muss nach einem Select-Hauptteil in der From-Klausel zwingend ein Aliasname angegeben werden.

Die dritte Angabe zeigt nur auf, dass auch jederzeit runde Klammern gesetzt werden dürfen. Die vierte Angabe bezieht sich auf Joinausdrücke, also auf einen Verbund (Join) von Relationen. Wir werden darauf ganz ausführlich in Abschn. 4.1.7 eingehen. Zu diesen vier Varianten zeigen wir je ein Beispiel. Zusätzlich fügen wir eine Tabellenliste hinzu:

```
SELECT * FROM Personal AS P ;
SELECT * FROM (SELECT * FROM Personal) AS P2 ;
SELECT * FROM (Personal) ;
SELECT * FROM Personal NATURAL INNER JOIN Auftrag ;
SELECT * FROM Personal, Auftrag ;
```

Im ersten Befehl geben wir alle Tupel der Relation *Personal* aus. Die Relation erhält dabei den Aliasnamen *P*. Im zweiten Beispiel wird intern die Relation *Personal* zwischengespeichert, in den Namen *P2* umbenannt und anschließend ausgegeben. Der äußere Select-Befehl ist hier überflüssig, und es erfolgt letztlich genau die gleiche Ausgabe wie im ersten Beispiel. Wir wollen nur aufzeigen, dass in SQL Abfrageergebnisse tatsächlich wie Basisrelationen verwendet werden dürfen. Im dritten Befehl wurde die Relation *Personal* geklammert, was hier natürlich nicht erforderlich wäre und in SQL Server auch nicht erlaubt ist. Das vierte Beispiel ist ein Joinausdruck zwischen den beiden Relationen *Personal* und *Auftrag*. Wir gehen darauf ausführlich in Abschn. 4.1.7 ein.

Zuletzt ist ein Kreuzprodukt zwischen den Relationen *Personal* und *Auftrag* angegeben. Das Kreuzprodukt als einer der Operatoren der relationalen Algebra wurde in Abschn. 2.5 behandelt. Dabei wird jedes Tupel (Zeile) der Relation *Personal* mit jedem Tupel der

Tab. 4.3 Kreuzprodukt zwischen den Relationen Personal und Auftrag

Persnr	Name	Ort	AuftrNr	Datum	Kundnr	Persnr
1	Maria Forster	Regensburg	1	04.01.13	1	2
1	Maria Forster	Regensburg	2	06.01.13	3	5
1	Maria Forster	Regensburg	3	07.01.13	4	2
1	Maria Forster	Regensburg	4	18.01.13	6	5
1	Maria Forster	Regensburg	5	06.02.13	1	2
2	Anna Kraus	Regensburg	1	04.01.13	1	2
2	Anna Kraus	Regensburg	2	06.01.13	3	5
2	Anna Kraus	Regensburg	3	07.01.13	4	2
2	Anna Kraus	Regensburg	4	18.01.13	6	5
2	Anna Kraus	Regensburg	5	06.02.13	1	2
3	Ursula Rank	Frankfurt	1	04.01.13	1	2

Relation *Auftrag* verknüpft. Folglich enthält das Kreuzprodukt alle Kombinationen der Attribute beider Relationen. Die Relation *Personal* besitzt 9 Zeilen, die Relation *Auftrag* 5. Durch die Verknüpfung jeder Zeile mit jeder anderen entstehen 45 neue Zeilen. Die ersten elf dieser 45 Zeilen sind in Tab. 4.3 angegeben, wobei einige Attribute der Relation *Personal* aus Platzgründen weggelassen wurden. Wir empfehlen dringend, diesen Befehl selbst auszuführen und das Ergebnis zu analysieren. In der Tabelle sehen wir, dass Mitarbeiter 1 mit allen Zeilen der Relation *Auftrag* verknüpft wird. Dann folgt Mitarbeiter 2 und so fort.

Zum Vergleich drücken wir noch den ersten und letzten dieser fünf Select-Befehle mit Hilfe der relationalen Algebra aus, mittels einer Umbenennung und eines Kreuzprodukts:

$$\rho_{Personal \to P}\,(Personal)$$

$$Personal \times Auftrag$$

Es sei darauf hingewiesen, dass die Syntax der hier vorgestellten From-Klausel nicht vollständig ist. Zu allen Feinheiten und Details sei auf Date und Darwen (1998) verwiesen. Wirklich wertvoll werden obige Befehle erst in weiterer Kombination mit Projektion und Restriktion. Beginnen wir mit der Projektion.

4.1.3 Die Select-Klausel

Die *Select*-Klausel wurde in Abschn. 4.1.1 vorgestellt und lautet:

```
SELECT [ ALL | DISTINCT ] Spaltenauswahlliste
```

Die Spaltenauswahlliste ist eine Liste von Spaltenausdrücken, die durch Kommata voneinander getrennt sind:

```
Spaltenauswahlliste:
  Spaltenausdruck  [ [ AS ] Aliasname ]  [ , ... ]
```

Explizit sind hier nicht nur Spaltennamen erlaubt, sondern beliebige Ausdrücke. Wir können somit Attribute (Spalten) im Rahmen syntaktisch korrekter Ausdrücke beliebig miteinander in Verbindung bringen. Betrachten wir dazu wieder die Relation *Personal* aus Tab. 4.1. Wenn wir uns für die Namen aller Mitarbeiter und deren Jahresgehalt interessieren, so erhalten wir diese Angaben durch den Befehl

```
SELECT  Name, 12 * Gehalt AS Jahresgehalt
 FROM Personal ;
```

Ausgegeben wird nun eine Tabelle mit zwei Spalten, deren Spaltenbezeichnungen *Name* und *Jahresgehalt* lauten. Hier haben wir den Aliasnamen geschickt eingesetzt. Der Bezeichner *As* ist wieder ein reines Füllwort, darf weggelassen werden und ist in der Select-Klausel auch in Oracle erlaubt. Vergleichen wir diesen Befehl mit dem äquivalenten Befehl der relationalen Algebra, so schätzen wir die leichtere Lesbarkeit von SQL:

$$\rho_{12*Gehalt \to Jahresgehalt}(\pi_{Name, 12*Gehalt}(Personal))$$

Im Spaltenausdruck sind als Variablen alle vorkommenden Spaltennamen erlaubt. Auch dürfen alle in SQL implementierten Funktionen verwendet werden. Neben numerischen Ausdrücken sind auch Zeichenketten- und Datumsausdrücke möglich. Der Vielfalt sind kaum Grenzen gesetzt. Wir werden im weiteren Verlauf viele Möglichkeiten aufzeigen. Ähnlich wie in der From-Klausel dürfen sogar Select-Befehle, die eindeutige Ergebnisse liefern, verwendet werden.

Sollen alle Attribute der in der *From*-Klausel angegebenen Relationen ausgegeben werden, so müssen diese nicht einzeln aufgelistet werden. Als Abkürzung dient hierfür das Sternsymbol („*"). Sowohl dieses Sternsymbol als auch jede Spaltenangabe kann noch qualifiziert werden, d. h. es kann noch angegeben werden, auf welche Tabelle sich eine Spalte bezieht. Bei gleichen Spaltennamen in mehreren Tabellen ist diese Qualifizierung sogar zwingend notwendig. Hierzu wird vor die Spaltenbezeichnung der Tabellenname geschrieben, gefolgt von einem Punkt. Betrachten wir ein Beispiel. Alle drei folgenden *Select*-Befehle sind auf Basis der Relationen aus Tab. 4.1 und 10.5 gleichwertig, wobei die Relation *Auftrag* die Attribute *Auftrnr*, *Datum*, *Persnr* und *Kundnr* enthält.

```
SELECT * FROM  Personal, Auftrag ;
SELECT Personal.*, Auftrag.*  FROM  Personal, Auftrag ;
SELECT Personal.Persnr, Name, Ort, Vorgesetzt, Gehalt, AuftrNr,
                  Datum, Kundnr, Auftrag.Persnr
  FROM  Personal, Auftrag ;
```

Den ersten Befehl kennen wir bereits aus dem letzten Abschnitt. Hier wird das Kreuz-produkt zwischen den beiden Relationen gebildet. Wir sehen, dass sich das Sternsymbol auf das gesamte Ergebnis der From-Klausel bezieht. Wir können das Sternsymbol aber auch qualifizieren, indem wir den Relationennamen durch einen Punkt getrennt voranstel-len. Damit wird in unserem Beispiel sichergestellt, dass zunächst alle Personaldaten und dann erst die Auftragsdaten ausgegeben werden, auch dann wenn in der From-Klausel die beiden Relationen miteinander vertauscht werden sollten.

► **Tipp** Wir empfehlen, das Sternzeichen („*") in der Select-Klausel nur in der di-rekten Eingabe und <u>nicht</u> in Programmen für den Zugriff auf Datenbanken zu verwenden.

In Programmen geben wir die Attributnamen einzeln an, etwa wie im obigen dritten Select-Befehl. Damit wird von vornherein vermieden, dass es beim späteren Einfügen neuer Attribute in Relationen zu Zuordnungsproblemen kommt. In den beiden Relationen *Personal* und *Auftrag* existiert der gleiche Attributsname *Persnr*. Zwecks Unterscheid-barkeit müssen wir dieses Attribut daher in SQL zwingend qualifizieren, alle anderen Attribute dürfen, müssen aber nicht qualifiziert werden! Wieder erfolgt die Qualifikation durch Voranstellen des Relationennamens und getrennt durch einen Punkt.

In SQL dürfen die arithmetischen Operatoren Addition, Subtraktion, Multiplikation und Division verwendet werden, etwa wie im obigen Beispiel im Ausdruck *12 * Gehalt*. Ebenso sind einige skalare Funktionen definiert, die innerhalb von numerischen Aus-drücken und Zeichenketten- und Datumsausdrücken erlaubt sind. Häufige Verwendung finden die Zeichenketten-Funktionen *Upper*, *Lower*, *Trim*, *RTrim* und *Substring*, siehe auch Tab. 4.4. Die ersten beiden Funktionen wandeln Kleinbuchstaben einer Zeichen-kette in Großbuchstaben um und umgekehrt, die dritte Funktion entfernt führende und schließende Leerzeichen einer Zeichenkette, die vierte nur die schließenden Leerzeichen (*RTrim = Right Trim*). Die Funktion *Substring* wählt eine Teilzeichenkette aus. Die Syntax lautet:

```
Substring( Zeichenkette, Pos, Anzahl )
Substring( Zeichenkette FROM Pos FOR Anzahl )
```

Tab. 4.4 Auswahl skalarer Funktionen in SQL

UPPER	Wandelt Kleinbuchstaben in Großbuchstaben um. An-dere Zeichen bleiben unverändert.
LOWER	Wandelt Großbuchstaben in Kleinbuchstaben um. An-dere Zeichen bleiben unverändert.
TRIM	Führende und schließende Leerzeichen werden entfernt.
RTRIM	Schließende Leerzeichen werden entfernt.
SUBSTRING	Aus einer Zeichenkette wird eine Teilzeichenkette extra-hiert.

In der Norm ist die zweite Variante beschrieben, in SQL Server die erste, und in MySQL sind beide Versionen implementiert. Oracle verwendet stattdessen die Funktion *Substr* in der ersten Variante. Es wird aus einer Zeichenkette ab der Position *Pos* eine Teilzeichenkette der Länge *Anzahl* ausgeschnitten und als Funktionswert zurückgeliefert. Es existieren weitere skalare Funktionen, die jedoch ebenfalls von Datenbank zu Datenbank unterschiedlich implementiert sind. Hier sei auf die Handbücher dieser Hersteller verwiesen. Die Funktion *Trim* steht im SQL-Server nicht zur Verfügung. Reicht dort die Funktion *RTrim* nicht aus, so kann zusätzlich auf die dort implementierte Funktion *LTrim* (Left Trim) zugegriffen werden. Die Funktion *RTrim* wird aus Performancegründen sehr empfohlen, diese wird aber in der SQL2-Norm nicht erwähnt.

Zu den skalaren Funktionen kommen noch fünf Aggregatfunktionen hinzu, die in Tab. 4.5 aufgeführt sind. Diese Funktionen ermitteln aus einem Spaltenausdruck statistische Werte, die aus allen Tupeln (Zeilen) der Relation errechnet werden.

Als Parameter kann entweder eine Spalte oder ein beliebiger Spaltenausdruck angegeben werden. Sollte sich das Gehalt eines Mitarbeiters aus seinem Monatsgehalt und aus einer jährlichen Einmalzahlung zusammensetzen, abhängig von seiner Beurteilung, so liefert der erste der beiden folgenden Select-Befehle eine Auflistung aller Mitarbeiter mit Angabe aller Jahresgehälter. Der zweite Befehl summiert die Gehälter und gibt die Jahrespersonalkosten der Firma aus:

```
SELECT Persnr, Name, 12*Gehalt+1000*(6-Beurteilung)
 AS Jahresgehalt
 FROM  Personal ;
SELECT SUM( 12*Gehalt+1000*(6-Beurteilung))
 AS PersonalkostenJahr
 FROM  Personal ;
```

Mit Hilfe der Aggregatfunktionen ist es möglich, Statistiken aus den vorhandenen Relationen zu berechnen. Wichtig ist, dass sich diese Aggregatfunktionen auf alle Zeilen einer Relation beziehen, und dass als Ergebnis genau ein Wert erzeugt wird. Diese Funktionen dürfen daher nur alleine oder zusammen mit weiteren Aggregatfunktionen in der Auswahlliste verwendet werden! Dies sollte sofort klar sein, wenn wir bedenken, dass das Ergebnis eines *Select*-Befehls wieder eine meist mehrzeilige Relation ist. Eine Aggregatfunktion in der Auswahlliste liefert aber immer nur ein einziges Tupel zurück. Eine

Tab. 4.5 Aggregatfunktionen in SQL

AVG	Average	Mittelwert, ermittelt über alle Zeilen
COUNT	Count	Anzahl aller Zeilen
MAX	Maximum	Maximalwert aller Zeilen
MIN	Minimum	Minimalwert aller Zeilen
SUM	Sum	Summenwert, summiert über alle Zeilen

Spaltenangabe und eine Aggregatfunktion gleichzeitig in der Spaltenliste eines *Select*-Befehls vertragen sich daher nicht.

▶   **Tipp** In MySQL darf bei den fünf Aggregatfunktionen zwischen dem Funktions-namen und der öffnenden Klammer kein Leerzeichen stehen!

Die *Count*-Funktion erlaubt im Parameter als Abkürzung das Sternsymbol („*"). Wir zählen hier die Anzahl der Tupel, und dies ist in der Regel unabhängig vom Attribut. Zum Beispiel liefert der erste der beiden folgenden Befehle die Anzahl der in der Tabelle gespeicherten Mitarbeiter:

```
SELECT COUNT(*) AS Mitarbeiteranzahl FROM Personal ;
SELECT COUNT(*) AS Anzahl FROM Personal, Auftrag ;
```

Der zweite Befehl gibt die Zahl 45 zurück und zeigt, dass SQL erst die FROM-Klausel und damit das Kreuzprodukt ausführt, bevor die Select-Klausel berechnet wird!

Zuletzt wollen wir nicht vergessen, dass in der *Select*-Klausel die beiden Bezeichner *Distinct* und *All* erlaubt sind. Wird *Distinct* angegeben, so werden gleiche Ergebniszeilen nur einmal ausgegeben. Alle ausgegebenen Zeilen sind also eindeutig. Mit der Angabe *All* werden alle erzeugten Ergebnisse einzeln ausgegeben. Diese Angabe ist standard-mäßig eingestellt und kann daher immer weggelassen werden. Eine Liste der Wohnorte aller Mitarbeiter liefern beide folgenden Befehle. Allerdings wird im zweiten Befehl jeder Wohnort, auch der Ort *Regensburg*, nur einmal vorkommen:

```
SELECT Ort FROM Personal ;
SELECT DISTINCT Ort FROM Personal ;
```

Die Angaben *Distinct* und *All* sind auch in allen Aggregatfunktionen erlaubt. Wiederum ist *All* standardmäßig vorgegeben. Wird *Distinct* verwendet, so werden gleiche Ausdrücke nur einmal gezählt. Wenn wir beim letzten Beispiel bleiben, so liefert

```
SELECT COUNT ( DISTINCT Ort ) FROM Personal ;
```

die Anzahl aller unterschiedlichen Wohnorte der Mitarbeiter. Wir sehen, dass der Be-zeichner *Distinct* in der Aggregatfunktion vor dem Attributnamen geschrieben wird. Zum Verständnis ist es wichtig zu wissen, dass die drei folgenden Befehle jeweils unterschied-liche Ergebnisse liefern:

```
SELECT COUNT (*) FROM Personal ;
SELECT COUNT ( Vorgesetzt ) FROM Personal ;
SELECT COUNT ( DISTINCT Vorgesetzt ) FROM Personal ;
```

Der erste Befehl zählt alle Tupel der Relation *Personal*, der zweite überliest dagegen die beiden Tupel, die im Attribut *Vorgesetzt* einen *Null*-Eintrag besitzen und der dritte zählt nur die unterschiedlichen Einträge (ohne *Null*) im Attribut *Vorgesetzt*. Der erste *Select*-Befehl liefert daher den Wert 9, der zweite den Wert 7 und der dritte den Wert 2 zurück, da es nur zwei unterschiedliche Vorgesetzte mit den Personalnummern 1 und 6 gibt.

Alle Aggregatfunktionen behandeln *Null*-Werte immer gleich: Sie werden grundsätzlich nicht mitgezählt. Einzige Ausnahme von dieser Regel ist der Ausdruck *Count(*)*, hier werden immer alle Tupel betrachtet. Sollten alle Werte einer Spalte den Wert *Null* besitzen, so ist die Aggregierung unbestimmt. Die Aggregatfunktionen liefern daher als Funktionsergebnis *Null* zurück. Wieder gibt es eine Ausnahme: Die Funktion *Count* gibt in diesem Fall die Zahl 0 aus.

Wir hätten damit die wichtigsten Fälle der *Select*- und *From*-Klauseln behandelt. Weitere Anwendungen, insbesondere der Aggregatfunktionen, ergeben sich durch die Group-By-Klausel des *Select*-Befehls und werden dort ausführlich untersucht (siehe Abschn. 4.1.5).

4.1.4   Die Where-Klausel

Während die bisher behandelten *Select*- und *From*-Klauseln in jedem *Select*-Befehl vorkommen, sind die *Where*- ebenso wie die weiteren Klauseln wahlfrei. Wegen seiner wichtigen Bedeutung zur Einschränkung einer Relation auf bestimmte Tupel (Restriktion) finden wir die *Where*-Klausel in der Praxis trotzdem in nahezu allen *Select*-Befehlen.

Die *Where*-Klausel enthält nur eine Bedingung: Alle diejenigen Tupel (Zeilen) werden selektiert, die diese Bedingung erfüllen. Alle anderen Tupel erscheinen in der Ergebnisrelation nicht. Zu beachten ist, dass logisch gesehen erst die *From*-, dann die *Where*- und zuletzt die *Select*-Klausel ausgewertet wird! Die Aggregatfunktionen beziehen sich demnach nur auf die Tupel, die in der *Where*-Klausel ausgewählt wurden. Beispielsweise liefert der folgende Befehl als Ergebnis das kleinste Gehalt größer als 3000 Euro, in unserer Beispielrelation also 3300 Euro.

```
SELECT    MIN ( Gehalt )
 FROM     Personal
 WHERE    Gehalt > 3000 ;
```

Die Bedingung in der *Where*-Klausel ist ein boolescher Ausdruck, der je nach Tupel *wahr* oder *falsch* sein wird. Beliebige boolesche Ausdrücke sind zugelassen, insbesondere Verknüpfungen mit den booleschen Operatoren *Not*, *And* und *Or*. Wie in allen Programmiersprachen besitzen diese Operatoren unterschiedliche Bindungsstärke, *Not* bindet am stärksten, *Or* am geringsten. Alle wichtigen Operatoren in SQL sind in Tab. 4.6 aufgeführt, zu Details sei auf Date und Darwen (1998), Van der Lans (2007), Melten und Simon (2001) und die weitere Literatur am Ende des Kapitels verwiesen.

Tab. 4.6 Operatoren in der Where-Klausel

Boolesche Operatoren	NOT , AND , OR
Vergleichsoperatoren	< , <= , > , >= , = , <>
Intervalloperator	[NOT] BETWEEN ... AND
Enthaltenoperator	[NOT] IN
Ähnlichkeitsoperator	[NOT] LIKE
Auswahloperatoren	ALL , ANY , SOME
Existenzoperator	EXISTS
Nulloperator	IS [NOT] NULL

Boolesche Operatoren und Vergleichsoperatoren Die booleschen Operatoren und die Vergleichsoperatoren sollten aus der Programmierung hinreichend bekannt sein. Aufmerksamkeit bedarf lediglich der Ungleichoperator („<>"). In praktisch allen Datenbanksystemen ist aber auch der Operator „!=" definiert, so auch in Oracle, SQL Server und MySQL.

Intervalloperator: [NOT] BETWEEN ... AND Auch der Intervalloperator ist leicht nachvollziehbar. Hier wird angegeben, ob ein Ausdruck zwischen zwei Angaben liegt bzw. nicht liegt. Folgende beiden Bedingungen sind äquivalent:

```
A BETWEEN B AND C
A >= B AND A <= C
```

Wir sehen, dass der *Between*-Operator die Randwerte mit einschließt. In der letzten Bedingung sind keine Klammern erforderlich, da von allen in Tab. 4.6 genannten Operatoren die booleschen Operatoren am geringsten binden. Selbstverständlich sind aber runde Klammern zugelassen, was oft die Übersichtlichkeit erhöht und damit Fehler zu vermeiden hilft. Auch folgende Bedingungen sind gleichwertig:

```
A NOT BETWEEN B AND C
NOT A BETWEEN B AND C
```

Im ersten Fall liegt eine Variante des Intervalloperators vor. Im zweiten Fall ist *Not* der boolesche Operator, der den folgenden Ausdruck verneint. Wollen wir nun beispielsweise alle Mitarbeiter aufzählen, deren Gehalt zwischen 2000 und 3000 Euro liegt, so schreiben wir

```
SELECT  *
 FROM    Personal
 WHERE   Gehalt BETWEEN 2000 AND 3000 ;
```

Enthaltenoperator: [NOT] IN Während der Intervalloperator innerhalb eines Intervalls alle Werte auswählt, entnimmt der Enthaltenoperator die gültigen Werte einer Menge.

Eine Menge ist in SQL eine durch Kommata getrennte Aufzählung, die innerhalb runder Klammern steht. Sollen beispielsweise nur diejenigen Mitarbeiter ausgegeben werden, die genau 2300, 2700 oder 3300 Euro verdienen, so sollte der folgende Befehl verwendet werden:

```
SELECT *
FROM Personal
WHERE Gehalt IN ( 2300, 2700, 3300 ) ;
```

Das Komplement dieser Ausgabe erhalten wir, wenn wir entweder zwischen dem Bezeichner *Where* und dem Namen *Gehalt* oder zwischen *Gehalt* und dem Bezeichner *In* den Bezeichner *Not* einfügen. Im ersten Fall liegt der boolesche Operator *Not*, im zweiten Fall die Erweiterung des Enthaltenoperators vor.

Ähnlichkeitsoperator: [NOT] LIKE In der Praxis ist es häufig erforderlich, Zeichenketten zu analysieren. Hier leistet der Ähnlichkeitsoperator *Like* wertvolle Hilfe. Wir können damit Zeichenketten vergleichen, wobei eine Wildcard-Syntax zur Verfügung steht. Wollen wir etwa alle Mitarbeiter ausgeben, die in ihrem Vornamen den Namen *Heinz* enthalten, so können wir schreiben

```
SELECT   *
FROM     Personal
WHERE    Name LIKE '%Heinz%' ;
```

Das Prozentzeichen („%") steht für beliebig viele Zeichen. Es wird daher jedes Tupel ausgegeben, dessen Name mit beliebig vielen Zeichen beginnt, dann den Namen *Heinz* enthält und von beliebig vielen weiteren Zeichen gefolgt wird. Der Begriff *beliebig viele Zeichen* schließt die leere Zeichenkette mit ein. Das Wildcardsymbol „%" darf in der Zeichenkette, die dem *Like*-Operator folgt, mehrfach vorkommen. Der Zeichenkettenausdruck vor dem *Like*-Operator hingegen darf keine Wildcardzeichen enthalten. Neben dem Prozentzeichen besitzt auch das Unterstreichzeichen („_") beim *Like*-Operator eine spezielle Bedeutung. Es steht für <u>genau ein</u> beliebiges Zeichen.

▶ Konstante Zeichenketten werden in SQL in Hochkommata („'") gesetzt, <u>nicht</u> wie in C oder Java in Anführungszeichen („"").
Das Wildcardsymbol für beliebige viele Zeichen ist in SQL das Prozentzeichen („%") und nicht wie in Windows oder Unix das Sternsymbol („*").
Das Wildcardsymbol für genau ein Zeichen ist in SQL das Unterstrichzeichen („_"), und nicht wie in Windows oder Unix das Fragezeichen („?").

In einem weiteren Beispiel werden mit dem folgenden Befehl alle Personen ausgegeben, die in ihrem Namen die Buchstaben *a* und *e* enthalten, wenn diese beiden Buchstaben durch genau ein Zeichen getrennt sind. Um unabhängig von Groß- und Kleinschreibung

zu sein, setzen wir außerdem die in Tab. 4.4 beschriebene Funktion *Upper* gewinnbringend ein. Skalare Funktionen sind nämlich nicht nur in der Select- sondern auch in der
Where-Klausel erlaubt.

```
SELECT  *
 FROM    Personal
 WHERE   Upper(Name)  LIKE  '%A_E%'   ;
```

In der Relation *Personal* ist diese Bedingung nur für die Mitarbeiterin *Renate Wolters*
erfüllt. Diese Person wird daher ausgegeben.

> ▶ Die Klein- und Großschreibung spielt in SQL keine Rolle. Dies gilt aber nicht in-
> nerhalb von konstanten Zeichenketten in einem SQL-Befehl!

Nulloperator: IS [NOT] NULL In der Praxis spielen *Null*-Werte eine sehr große Rolle.
Der Nulloperator dient dazu, Tupel auszuwählen, die *Null*-Werte enthalten. Mit folgendem
Befehl können wir etwa alle Mitarbeiter ausgeben, die keinem Vorgesetzten zugeordnet
sind:

```
SELECT  *
 FROM    Personal
 WHERE   Vorgesetzt IS NULL ;
```

Das Komplement, nämlich alle Mitarbeiter, die einen Vorgesetzten haben, erhalten wir
durch eine der beiden folgenden Bedingungen:

```
NOT Vorgesetzt IS NULL
Vorgesetzt IS NOT NULL
```

Vor einem häufigen Anfängerfehler sei gewarnt. Die folgende Bedingung sollte auf den
ersten Blick alle Tupel auswählen:

```
WHERE  Vorgesetzt = NULL OR Vorgesetzt <> NULL
```

Entweder enthält das Attribut *Vorgesetzt* den Wert *Null* oder eben nicht. Aber tatsächlich bleibt die Ausgabe leer! Dies liegt an der Eigenschaft *Null*. Der Wert *Null* steht in SQL
für einen unbekannten Wert. Ein Vergleich mit unbekannten Werten bleibt unbekannt und
liefert daher in SQL immer den Wert *False* zurück!

> ▶ Nullwerte dürfen in SQL nicht mit Vergleichsoperatoren untersucht werden.
> Stattdessen sind die Operatoren *Is Null* und *Is Not Null* zu verwenden.

Unterabfragen Die immense Bedeutung der *Where*-Klausel ergibt sich erst dadurch, dass hier auch <u>Unterabfragen</u> erlaubt sind. Während wir bisher im Enthaltenoperator *In* Mengen direkt angegeben haben, können Mengen mit Hilfe von *Select*-Befehlen auch erzeugt werden. Möchten wir etwa alle Mitarbeiter ausgeben, die in den gleichen Orten wie die Mitarbeiterinnen mit der Personalnummer 2 und 5 wohnen, so können wir dies in zwei Schritten tun. Wir ermitteln in Schritt 1 zunächst die Wohnorte:

```
SELECT  Ort
 FROM    Personal
 WHERE   Persnr IN ( 2, 5 ) ;
```

Wir erhalten die Orte Nürnberg und Regensburg und setzen diese in Schritt 2 ein:

```
SELECT  *
 FROM    Personal
 WHERE   Ort IN ( 'Nürnberg', 'Regensburg' );
```

Dies kann mühsam werden, wenn wir in der Praxis im ersten Schritt sehr viele Antworten erhalten. Dies kann auch verwirrend sein, wenn wir an dem Zwischenergebnis, hier den Wohnorten, gar nicht weiter interessiert sind. Wir dürfen in SQL den ersten Befehl als sogenannten Unterselect-Befehl in den zweiten Befehl integrieren und erhalten das gewünschte Ergebnis in einem einzigen Schritt:

```
SELECT  *
 FROM    Personal
 WHERE   Ort IN ( SELECT Ort FROM Personal
                  WHERE Persnr IN ( 2, 5 )  ) ;
```

Wir haben nach dem ersten Enthaltenoperator statt einer konstanten Menge eine durch einen Unterselect-Befehl generierte Menge angegeben. Da es sich um eine Menge handelt, sind die runden Klammern zwingend vorgeschrieben.

Auswahloperator: ALL, ANY, SOME Die Auswahloperatoren *All*, *Some* und *Any* dürfen nur zusammen mit Unterabfragen verwendet werden. Obigen Befehl hätten wir auch wie folgt schreiben können:

```
SELECT  *
 FROM    Personal
 WHERE   Ort = ANY ( SELECT Ort FROM Personal
                     WHERE Persnr IN ( 2, 5 )  ) ;
```

Einem Auswahloperator geht <u>immer</u> ein Vergleichsoperator voraus, und es folgt die Angabe einer Menge in Form eines Unterselect-Befehls. Obiger *Any*-Operator vergleicht jeden durch den Unterselect-Befehl erzeugten Wert mittels des Gleichheitsoperators und gibt genau dann den Wert *true* zurück, wenn mindestens ein Wert gleich dem links vom Operator stehenden Ausdrucks ist. Wird ein anderer Vergleichsoperator, etwa „>" oder „<=", verwendet, so wird analog vorgegangen.

Der Operator *Some* ist nur eine andere Bezeichnung für *Any*, und der *All*-Operator liefert genau dann den Wert *true* zurück, wenn <u>alle</u> vom Unterselect-Befehl erzeugten Werte die Vergleichsbedingung erfüllen. Wir beachten, dass die Verneinung von

```
Ort = ANY ( SELECT ... )
```

durch folgende beiden Bedingungen

```
NOT Ort = ANY ( SELECT ... )
Ort <> ALL ( SELECT ... )
```

wiedergegeben werden können, <u>nicht</u> jedoch durch

```
Ort <> ANY ( SELECT ... )
```

Die letzte Bedingung ist immer wahr, wenn der Unterselect-Befehl mindestens zwei unterschiedliche Werte enthält. Schließlich kann ein Ort nicht gleichzeitig den Namen von zwei unterschiedlichen Orten besitzen.

Vertiefen wir diese Auswahloperatoren und betrachten ein weiteres Beispiel: Gesucht ist der Mitarbeiter, der am meisten verdient. Wir erhalten ihn mit dem folgenden *Select*-Befehl:

```
SELECT  *
 FROM    Personal
 WHERE   Gehalt >= ALL ( SELECT Gehalt FROM Personal ) ;
```

Die Unterabfrage nach dem *All*-Operator generiert alle Gehälter der Relation *Personal*. Ausgewählt werden nun all diejenigen Tupel, dessen Gehalt größer als oder mindestens gleich wie alle diese Gehälter ist. Dies entspricht genau der Definition eines Maximums. Ausgegeben werden demnach alle Mitarbeiter, deren Gehalt maximal ist. Dies trifft in unserem Fall nur für Mitarbeiter 1 zu. Folgender naheliegender Befehl ist in SQL grundsätzlich nicht möglich:

```
SELECT  *
 FROM    Personal
 WHERE   Gehalt = MAX( Gehalt ) ;           -- Fehler!
```

Die Aggregatfunktionen beziehen sich auf alle Tupel einer Relation. Die Where-Klausel wird hingegen Tupel für Tupel auf den Wahrheitsgehalt der darin enthaltenen

Bedingung überprüft. Aggregatfunktionen können daher nicht direkt in einer Where-Klausel verwendet werden!

▶ Die Aggregatfunktionen *Count*, *Sum*, *Min*, *Max* und *Avg* dürfen in der Where-Klausel nicht direkt verwendet werden.

Wieder hilft uns jetzt die Unterabfrage weiter. Nichts spricht dagegen, dass eine Menge nur ein Element enthält. Der folgende Befehl liefert daher ebenfalls unsere meistverdienende Mitarbeiterin:

```
SELECT  *
FROM    Personal
WHERE   Gehalt IN ( SELECT MAX(Gehalt) FROM Personal ) ;
```

Einelementige Mengen können in SQL direkt mit anderen Werten verglichen werden. In unserem Fall dürfen wir also obigen In-Operator auch durch das Gleichheitszeichen ersetzen.

Die Variable *Gehalt* im obigen Befehl bezieht sich beim ersten Vorkommen auf die Hauptabfrage und beim zweiten Auftreten auf die Unterabfrage, in der das maximale Gehalt berechnet wird. Die Gültigkeit von variablen Bezeichnern (Spalten- und Tabellennamen) erstreckt sich immer auf die Umgebung des Vorkommens und alle darin enthaltenen Unterabfragen. Ein lokaler Bezeichner einer Unterabfrage ist in einer übergeordneten Abfrage grundsätzlich nicht sichtbar. Sollten ein lokaler Bezeichner und ein übergeordneter Bezeichner den gleichen Namen besitzen, so überdeckt der lokale immer den globalen. Hier verhält sich SQL analog zu allen anderen höheren Programmiersprachen. Gegebenenfalls muss der übergeordnete Bezeichner qualifiziert werden, wir kommen gleich darauf zurück.

Natürlich darf eine Unterabfrage weitere Unterabfragen enthalten, die Möglichkeiten der *Where*-Klausel sind enorm. Die bisher vorgestellten und die noch folgenden Beispiele sollen einen Eindruck der Vielfalt dieser Klausel vermitteln. Einen Anspruch auf Vollständigkeit haben sie nicht.

Betrachten wir jetzt ein etwas komplexeres Beispiel: Wir geben alle Mitarbeiter aus, die weniger als Frau Rank (*Persnr* 3) verdienen. Diese Ausgabe erhalten wir mit Hilfe einer Unterabfrage, aber auch mit Hilfe eines Kreuzprodukts:

```
SELECT  *
FROM    Personal
WHERE   Gehalt < ( SELECT Gehalt FROM Personal
                WHERE Persnr = 3 ) ;

SELECT  P1.*
FROM    Personal AS P1, Personal AS P2
WHERE   P1.Gehalt < P2.Gehalt  AND  P2.Persnr = 3 ;
```

Beide *Select*-Befehle liefern das gleiche Ergebnis. Im zweiten Befehl haben wir ein Kreuzprodukt einer Relation auf sich selbst verwendet. Da in diesem Fall alle Attribute zweimal mit gleichem Namen existieren, müssen wir die Relationen qualifizieren. Dies funktioniert hier wegen der gleichen Relationennamen nur mit Hilfe von Aliasnamen. *P2* ist hier eine Hilfsrelation, die nur Mitarbeiterin 3 enthält. Das Gehalt dieser Mitarbeiterin (*P2.Gehalt*) steht uns dank des Kreuzprodukts in jeder Zeile zur Verfügung.

Aber auch der erste der beiden Befehle bedarf einer Erklärung! Die Unterabfrage bezieht sich in ihrer Where-Bedingung auf den Primärschlüssel und liefert daher garantiert nur maximal ein Ergebnis. Es liegt also eine einelementige Menge vor. Nur deshalb darf hier der Vergleichsoperator „<" verwendet werden!

Diese beiden Befehle wollen wir jetzt noch mit der relationalen Algebra vergleichen. Im ersten Fall liegt eine Restriktion vor, im zweiten Fall ein Kreuzprodukt mit Restriktion, Projektion und Umbenennung:

$$\sigma_{Gehalt<GehaltvonPersnr3}(Personal)$$

$$\pi_{P_1}(\sigma_{P_1.Gehalt<P_2.Gehalt \wedge P_2.Persnr=3}(\rho_{Pers.\rightarrow P_1}(Pers.) \times \rho_{Pers.\rightarrow P_2}(Pers.)))$$

Der zweite Befehl zeigt eindrucksvoll die Abarbeitungsreihenfolge auf: Zunächst erfolgen zwei Umbenennungen und dann die Ausführung des Kreuzprodukts. Dies ist in SQL die From-Klausel. Danach erfolgt die Restriktion, also die Where-Klausel und erst dann die Projektion und damit die Select-Klausel! Wir haben aus Platzgründen die Relation *Personal* durch den Namen *Pers* abgekürzt. Es wird dringend empfohlen, beide Befehle im Detail nachzuvollziehen und auch auszuprobieren.

Existenzoperator: EXISTS In unserer Aufzählung der Operatoren der Where-Klausel in Tab. 4.6 fehlt noch der Existenzoperator. Mit dem Operator *Exists* wird überprüft, ob eine Unterabfrage mindestens ein Tupel zurückliefert. Wir können den letzten *Select*-Befehl auch mit Hilfe des *Exists*-Operators formulieren:

```
SELECT   *
 FROM    Personal AS P1
 WHERE   EXISTS ( SELECT * FROM Personal
                  WHERE Persnr = 3  AND  P1.Gehalt < Gehalt ) ;
```

Zum Verständnis der Funktionsweise dieses Select-Befehls sei darauf hingewiesen, dass in der Where-Bedingung Tupel für Tupel einzeln überprüft wird. Der Unterselect-Befehl wird daher für jedes Tupel ausgeführt. Bisher war der Unterselect-Befehl unabhängig vom betrachteten Tupel. Die Datenbank wird daher vermutlich diesen Unterselect-Befehl berechnen und dann das Ergebnis in den Gesamtbefehl einsetzen. In unserem letzten Beispiel ist dies nicht mehr möglich: Der Unterselect-Befehl liefert für jedes Tupel ein anderes Ergebnis!

Die Unterabfrage ist eine Restriktion auf die Relation *Personal*. Sie gibt nur die Mitarbeiterin 3 aus (*Persnr = 3*) und auch nur dann, wenn diese mehr als *P1.Gehalt* verdient.

Die beiden nicht qualifizierten Namen *Persnr* und *Gehalt* in der Unterabfrage beziehen sich auf die Relation *Personal* in der Unterabfrage! Der Name *P1.Gehalt* hingegen identifiziert das Gehalt aus der übergeordneten Relation *P1*. Diese Relation *P1* ist ein Alias für die Relation *Personal* und wird Tupel für Tupel abgearbeitet. *P1.Gehalt* enthält also nacheinander die Werte 4800, 2300, 2700, 3300, usw., siehe Tab. 4.1. Wir sehen folglich, dass die Unterabfrage für jedes Tupel der Hauptabfrage ein anderes Ergebnis liefert. Genau genommen liefert diese Unterabfrage Mitarbeiterin 3 zurück, falls der Mitarbeiter der aktuellen Zeile weniger als Mitarbeiterin 3 verdient. Im anderen Fall ist die Unterabfrage leer.

Der Exists-Operator liefert den Wert *True* zurück, wenn die Unterabfrage mindestens ein Ergebnis liefert, sonst den Wert *False*. Folglich werden nur die Tupel der Mitarbeiter ausgegeben, die weniger als Mitarbeiterin 3 verdienen. Genau das gleiche Ergebnis hatten wir bereits bei den beiden vorhergehenden Befehlen.

Wir weisen noch darauf hin, dass die *Select*-Klausel einer Unterabfrage bisher nur genau einen Spaltenausdruck enthielt. Dies war auch immer zwingend vorgeschrieben. Es sollen ja nur jeweils die Tupel eines Attributwerts weiterverarbeitet werden. Die einzige Ausnahme von dieser Regel finden wir beim *Exists*-Operator, da hier die Existenz von Tupeln und nicht nur die von Attributen interessiert.

Der Operator *Exists* hat keine Entsprechung in der relationalen Algebra. Er kann immer durch andere Bedingungen ersetzt werden. Der Operator wird aber immer wieder gerne eingesetzt, insbesondere in der Form *Not Exists*.

4.1.5 Die Group-By- und Having-Klausel

Die Group-By-Klausel ermöglicht das Zusammenfassen von Tupeln nach bestimmten Eigenschaften. Diese Klausel wirkt ähnlich wie der Bezeichner *Distinct* in der Select-Klausel. Wir können daher auch mit *Group By* die Wohnorte aller Mitarbeiter aus Tab. 4.1 auflisten, wobei jeder Wohnort nur einmal erscheint:

```
SELECT   Ort
 FROM    Personal
 GROUP BY Ort ;
```

Die Klausel *Group By* gruppiert nach den angegebenen Attributen. Im Unterschied zur Select-Klausel darf in dieser Klausel nur eine Aufzählung von Attributen (Spaltennamen) stehen, komplexe Spaltenausdrücke sind nicht erlaubt. Zu beachten ist ferner, dass in der Select-Klausel nur Attributnamen vorkommen dürfen, nach denen gruppiert wird. Diese Einschränkung ist zwingend: Stünde nämlich in der Select-Klausel des obigen Beispiels noch das Attribut *Name*, so wäre das Gruppieren nicht möglich, weil sowohl Frau Forster als auch Frau Kraus und Herr Noster in Regensburg wohnen, andererseits aber Regensburg wegen der Gruppierung nur einmal in der Ergebnisrelation vorkommen soll.

Für die obige Gruppierung reicht die Distinct-Angabe in der Select-Klausel voll aus. Die Mächtigkeit der Group-By-Klausel erschließt sich erst im Zusammenwirken mit den Aggregatfunktionen. Wenn wir uns beispielsweise nicht nur für die unterschiedlichen Wohnorte der Mitarbeiter interessieren, sondern auch dafür, wie viele Mitarbeiter in den jeweiligen Orten wohnen, so liefert der folgende Befehl das Gewünschte:

```
SELECT   Ort, COUNT (*) AS Anzahl
 FROM    Personal
 GROUP   BY Ort ;
```

Das dazugehörige Ergebnis ist in Tab. 4.7 wiedergegeben. Im Zusammenhang mit der Group-By-Klausel bekommen die Aggregatfunktionen eine erweiterte Bedeutung: Sie beziehen sich nicht mehr auf die gesamte Relation, sondern nur auf die zu gruppierenden Teile. Daher können die Aggregatfunktionen jetzt auch zusammen mit anderen Spaltenausdrücken in der Select-Klausel verwendet werden, was ohne Group-By-Klausel grundsätzlich verboten war. Als Parameter der Aggregatfunktionen sind natürlich auch Attribute erlaubt, die nicht in der Group-By-Klausel aufgezählt sind. Sie beeinflussen ja nicht die Gruppierung, sondern nur die Aggregierungen.

Interessieren uns jetzt nur die Orte, in denen mindestens zwei Mitarbeiter wohnen, so können wir diese Restriktion nicht mittels der Where-Klausel ausführen, denn die Where-wird vor der Group-By-Klausel abgearbeitet. Wir benötigen eine weitere Restriktion nach der Gruppierung. Diese zusätzliche Gruppierung geschieht mit Hilfe der Having-Klausel. Diese Having-Klausel ist nur in Zusammenhang mit der Group-By-Klausel erlaubt und dient ausschließlich der Restriktion nach einer Gruppierung. Wir wollen diese Anwendung an einem Beispiel zeigen:

```
SELECT   Ort, COUNT (*) As Anzahl, SUM (12*Gehalt)
         AS Jahresgehalt, 12 * MAX (Gehalt) AS MaxJahresgehalt
 FROM    Personal
 GROUP BY Ort
 HAVING COUNT (*) > 1 ;
```

Tab. 4.7 Ausgaberelation nach der Gruppierung

Ort	Anzahl
Regensburg	3
Frankfurt	1
Nürnberg	2
Landshut	1
Augsburg	1
Stuttgart	1

Nun werden nur die Orte ausgegeben, in denen mindestens zwei Mitarbeiter wohnen. Zusätzlich erhalten wir das aufsummierte Jahresgehalt und das höchste Jahresgehalt aller Mitarbeiter, die hier leben. Wir werden also ausschließlich Statistikangaben zu den Mitarbeitern aus Regensburg und Nürnberg vorfinden. In der Having-Klausel sind, im Gegensatz zur Where-Klausel, Aggregatfunktionen erlaubt, da sich diese immer auf die vorher durchgeführte Gruppierung beziehen. Die Arbeitsweise der Having-Klausel wird besonders durch folgenden Befehl ersichtlich, der das gleiche Ergebnis wie der vorhergehende liefert:

```
SELECT  *
  FROM    ( SELECT  Ort, COUNT (*) As Anzahl,
                    SUM (12*Gehalt) As Jahresgehalt,
                    12 * MAX (Gehalt) As MaxJahresgehalt
            FROM  Personal
            GROUP BY Ort  ) AS Zwischentabelle
  WHERE   Anzahl > 1 ;
```

Hier haben wir in der From-Klausel mittels eines Select-Befehls eine temporäre Tabelle namens *Zwischentabelle* erzeugt. Diese enthält alle Orte, gruppiert nach Ortschaften. Aus dieser temporären Tabelle werden jetzt alle Ortschaften ausgegeben, die im Attribut *Anzahl* einen Wert größer 1 besitzen. Dies entspricht genau der vorherigen Angabe in der Having-Klausel.

Betrachten wir ein weiteres Beispiel mit einem Select-Befehl innerhalb der From-Klausel. Ein Auftrag enthält mehrere Auftragspositionen, die in der Relation *Auftragsposten* aufgelistet sind. Wollen wir das Auftragsvolumen jedes Auftrags ermitteln, so müssen wir die Summe der Auftragspositionen jedes einzelnen Auftrags berechnen. Dies lässt sich ganz einfach mit der Group-By-Klausel ermitteln. Interessieren wir uns zusätzlich für das mittlere Auftragsvolumen aller Aufträge, so bilden wir aus diesem ersten Select-Befehl noch den Mittelwert. Insgesamt führt dies zu folgendem Befehl:

```
SELECT  'Mittleres Auftragsvolumen: ', AVG( Auftragsvolumen )
  FROM ( SELECT  SUM( Gesamtpreis ) As Auftragsvolumen
         FROM    Auftragsposten
         GROUP BY Auftrnr  )  AS Auftragspreis;
```

In der temporären Relation *Auftragspreis* wird das Auftragsvolumen jedes einzelnen Auftrags und daraus im umfassenden Select-Befehl der Mittelwert berechnet.

Die Group-By-Klausel hat keine Entsprechung in der relationalen Algebra. Die relationale Algebra hat zum Ziel, Daten aus einer Datenbank zu extrahieren. Wie wir sehen, geht SQL noch einen Schritt weiter: Die ermittelten Daten werden gleich noch bearbeitet. Für Statistiken wird die Group-By-Klausel sehr häufig eingesetzt. Im Data Warehouse ist sie beispielsweise nicht wegzudenken.

4.1.6   Union, Except und Intersect

In Abschn. 4.1.1 haben wir gesehen, dass ein Select-Befehl aus beliebig vielen Hauptteilen des Select-Befehls bestehen darf, die durch die Vereinigung (*Union*), die Differenz
(*Except*) oder den Schnitt (*Intersect*) miteinander verbunden sind. Diese drei Operatoren
stammen aus der relationalen Algebra (siehe Abschn. 2.5). Den Hauptteil des Select-
Befehls haben wir bis auf den Verbund, der im nächsten Abschnitt folgt, bereits vollständig
behandelt. Mit Hilfe dieser drei „Mengenoperatoren" wollen wir den Select-Befehl nun im
Wesentlichen abschließen. Bei der Verwendung dieser Operatoren müssen wir beachten,
dass die beiden involvierten Hauptteile zueinander verträglich sind:

- Der Grad der beiden Hauptteile muss gleich sein.
- Die Attribute der einzelnen Hauptteile müssen typ-kompatibel sein. Insbesondere dürfen numerische Werte nicht mit Zeichenketten oder einem Datum kombiniert werden.
- Bei der Verknüpfung von mehr als zwei Hauptteilen bindet der Operator *Intersect* stärker als die Operatoren *Union* oder *Except*. Die Operatoren *Union* und *Except* besitzen
  die gleiche Bindungsstärke. Runde Klammern sind jederzeit erlaubt, um etwa die Bin-
  dungsreihenfolge zu beeinflussen.

In der Praxis spielen der Schnitt und die Differenz kaum eine Rolle. In MySQL ist auch
nur die Vereinigung implementiert. Zu beachten ist, dass in Oracle der Bezeichner *Except*
durch den gleichwertigen Bezeichner *Minus* ersetzt werden muss. Die Vereinigung finden
wir relativ häufig, insbesondere im Zusammenhang mit dem äußeren Verbund, siehe dazu
auch den nächsten Abschnitt. Hier wollen wir noch eine Besonderheit der Vereinigung
betrachten und sehen uns den folgenden Befehl an:

```
SELECT   Ort
 FROM    Personal
UNION
SELECT   Ort
 FROM    Kunde;
```

Beide Relationen *Personal* und *Kunde* besitzen ein Attribut mit Namen *Ort*. Dieses Attribut ist jeweils als Zeichenkette definiert. Die Vereinigung ist also erlaubt. Die Relation
Personal besitzt neun Tupel, die Relation *Kunde* sechs. Wir erwarten daher eine Ausgabe
von 15 Zeilen. Es sind jedoch deutlich weniger, da der Operator *Union* automatisch alle
mehrfachen Einträge entfernt! SQL geht hier also voll konform mit der Relationentheorie,
die ja keine doppelten Tupel vorsieht. Der obige Select-Befehl ist demnach identisch zum
relationalen Ausdruck:

$$\pi_{Ort}(Personal) \cup \pi_{Ort}(Kunde)$$

In Einzelfällen kann es beispielsweise zwecks Aggregierung durchaus sinnvoll sein, die
mehrfach vorkommenden Tupel nicht zu entfernen. Dies ermöglicht SQL, indem direkt

hinter dem Bezeichner *Union* das Wort *All* angefügt wird. Jetzt unterbleibt das Entfernen von doppelten Tupeln. Wir weisen darauf hin, dass die Verwendung des Operators *Union All* statt *Union* wesentlich performanter ist, da die teuere Überprüfung auf Gleichheit von Tupeln im ersten Fall entfällt, siehe hierzu auch Absatz 7.5.

4.1.7   Der Verbund (Join)

Bereits im Abschn. 4.1.2 wurde der Joinausdruck als eine Möglichkeit der Tabellenreferenz in der *From*-Klausel vorgestellt. Der Joinausdruck beinhaltet den Operator *Join* und dieser wiederum ist das Äquivalent in SQL zum Verbundoperator in der relationalen Algebra. Der Operator *Join* ist zusammen mit der Restriktion und Projektion der mit Abstand wichtigste Operator in SQL. Dieser Operator ist in der Praxis zusammen mit der Unterabfrage das Verbindungsglied zwischen den Relationen.

Der Operator *Join* ist sehr mächtig und entsprechend umfangreich und wurde in SQL2 (1992) eingeführt. Um diesen Operator in seiner Vielfalt zu verstehen, benötigen wir zum einen die *Where*-Klausel und zum anderen die Vereinigung (*Union*). Dies ist der Grund, warum wir diesen wichtigen Operator erst so spät behandeln. Eine leicht vereinfachte Syntax lautet:

```
Joinausdruck:
   Tabellenreferenz { [ NATURAL ]  [ INNER ]
        | [ NATURAL ]  { LEFT | RIGHT | FULL } [ OUTER ] }
   JOIN  Tabellenreferenz
        [ ON Bedingung  | USING ( Spaltenliste ) ]
```

Konzentrieren wir uns auf den Kern dieses Befehls, auf *Tabellenreferenz Join Tabellenreferenz*. Zwei Relationen werden mittels eines Verbunds verknüpft. Eine Tabellenreferenz kann aber auch ein Select-Befehl sein oder eben wieder ein Joinausdruck, siehe die Definition der Tabellenreferenz in Abschnitt 4.1.2. Es sind folglich beliebig viele Verknüpfungen mittels des Operators *Join* erlaubt.

Die obige Definition des Operators *Join* ist eine Vereinfachung gegenüber der recht komplexen Originaldefinition. In der Praxis reicht diese Definition vollständig aus, und wir behalten die Übersicht. In unserer Definition muss aber zusätzlich eine Bedingung erfüllt sein:

▶   Genau einer der drei Bezeichner *Natural*, *On* und *Using* muss im Joinausdruck verwendet werden!

Dieser Joinausdruck wird in dieser Form nur von Oracle vollständig unterstützt. In MySQL ist der Bezeichner *Full* nicht erlaubt, ebenso darf das Füllwort *Inner* nicht verwendet werden, wenn der Bezeichner *Natural* benutzt wird. Beides ist keine wesentliche

Einschränkung. Im SQL Server hingegen sind die Bezeichner *Natural* und *Using* grundsätzlich verboten. Hier müssen wir immer den Bezeichner *On* verwenden. Auch dies ist keine inhaltliche Einschränkung, aber viele der hier vorgestellten Befehle müssen dann entsprechend umgeschrieben werden.

Wir vergleichen den Operator *Join* mit dem Verbundoperator in der relationalen Algebra. Die beiden SQL-Ausdrücke

```
R1 NATURAL INNER JOIN R2
R1 INNER JOIN R2 ON Bedingung
```

entsprechen in der relationalen Algebra:

$$R_1 \bowtie R_2 \quad \text{bzw.} \quad R_1 \bowtie_{Bedingung} R_2$$

Im ersten Fall sprechen wir von einem natürlichen Verbund oder einem *Natural Join*. Die Funktionsweise dieses Verbunds haben wir bereits in Abschnitt 2.5.4 kennen gelernt. Wir wollen dies hier kurz wiederholen:

Der (natürliche) Verbund $R_1 \bowtie R_2$ setzt voraus, dass in den beiden Relationen R_1 und R_2 mindestens ein Attribut gleichen Namens existiert. Diese gleichen Attribute dienen nun als Verbindungsglied. Es werden alle Tupel beider Relationen miteinander kombiniert, in denen die Einträge der verbindenden Attribute der beiden Relationen gleich sind. Die verbindenden Attribute in beiden Relationen besitzen natürlich nach der Ausführung des Verbunds die gleichen Einträge und werden daher nur einmal ausgegeben. Ein Beispiel eines einfachen Verbunds ist in Abb. 2.5 angegeben. Besitzen die beiden Relation R_1 und R_2 hingegen keine Attribute gleichen Namens, so entartet der natürliche Verbund zum Kreuzprodukt.

Betrachten wir die beiden Relationen *Personal* (Tab. 4.1) und *Auftrag* (Tab. 10.5). Beide Relationen besitzen das Attribut *Persnr*. Wir können also einen natürlichen Verbund anwenden:

```
SELECT  *
  FROM  Auftrag NATURAL INNER JOIN Personal ;
```

Das Ergebnis dieses Befehls finden wir in Tab. 4.8. Das Attribut *Vorgesetzt* wurde aus Platzgründen allerdings weggelassen. Die ersten vier Attribute entsprechen exakt der Relation *Auftrag*. Dies ist kein Zufall. Erstens enthält das Attribut *Persnr* in der Relation *Auftrag* keine Nullwerte und zweitens verweist ein Fremdschlüssel, hier *Persnr*, nur auf existierende Einträge. Folglich existiert zu jedem Tupel der Relation *Auftrag* genau ein Verweis auf einen Mitarbeiter. Der natürliche Verbund gibt nur Zeilen aus, deren Personalnummern in beiden Relationen gleich sind. Somit werden letztendlich zu jedem Eintrag der Relation *Auftrag* alle Mitarbeiterdaten aus der Relation *Personal* zusätzlich mit ausgegeben. Dies zeigt uns schon die enorme Bedeutung des Verbunds: Praktisch jede Fremdschlüsselbeziehung lässt sich optimal mit dem Operator *Join* ausdrücken.

Tab. 4.8 Natürlicher Verbund der Relationen Auftrag und Personal

AuftrNr	Datum	Kundnr	Persnr	Name	Gehalt	Ort
1	04.01.13	1	2	Anna Kraus	3400.00	Regensburg
2	06.01.13	3	5	Joh. Köster	3200.00	Nürnberg
3	07.01.13	4	2	Anna Kraus	3400.00	Regensburg
4	18.01.13	6	5	Joh. Köster	3200.00	Nürnberg
5	06.02.13	1	2	Anna Kraus	3400.00	Regensburg

Alternativ können wir auch die beiden anderen Varianten des Join-Ausdrucks mit den Bezeichnern *On* und *Using* verwenden:

```
SELECT  *
  FROM  Auftrag INNER JOIN Personal
                   ON Auftrag.Persnr = Personal.Persnr ;
SELECT  *
  FROM  Auftrag INNER JOIN Personal USING ( Persnr ) ;
```

Diese beiden Befehle wirken wie der vorhergehende natürliche Verbund mit dem Operator *Natural Join*. Der letzte Befehl entspricht exakt dem Operator *Natural Join*. In der Spaltenliste nach dem Bezeichner *Using* geben wir hier die gemeinsamen Attributnamen explizit an. Dies ist dann besonders hilfreich, wenn es in den beiden verknüpften Relationen weitere Spalten gleichen Namens gibt, die aber nicht zum Verbund dazugehören.

Der Verbund zusammen mit dem Bezeichner *On* ist universell einsetzbar. Hier geben wir die zusammengehörigen Attribute und den Verknüpfungsoperator direkt an. Wir sind nicht mehr darauf angewiesen, dass Attribute gleiche Namen besitzen müssen. Wir können uns gegebenenfalls eine vorherige Umbenennung sparen. Auch ist hier nicht zwingend das Gleichheitszeichen zu setzen, andere Vergleiche sind ebenfalls erlaubt, ja sogar andere Operatoren, die wir aus der Where-Klausel kennen, siehe Tab. 4.6. Als einziger kleiner Nachteil dieser Variante sei erwähnt, dass jetzt beide verbindenden Attribute ausgegeben werden. Wir müssen also noch eine Projektion durchführen, um die überflüssige zweite Personalnummernspalte zu entfernen:

```
SELECT  Auftrnr, Datum, Kundnr, Personal.*
  FROM  Auftrag INNER JOIN Personal
                   ON Auftrag.Persnr = Personal.Persnr ;
```

In der relationalen Algebra haben wir in Abschn. 2.5.5 gezeigt, dass der Verbund mit Hilfe des Kreuzprodukts, der Restriktion und der Projektion ausgeführt werden kann. Es gilt:

$$R_1 \bowtie R_2 = \pi_{R_1.X, R_1.Y, R_2.Z} \left(\sigma_{R_1.Y = R_2.Y} \left(R_1 \times R_2 \right) \right),$$

wobei R_1 aus den Attributen X und Y und R_2 aus Y und Z bestehen. Der entsprechende äquivalente Select-Befehl lautet:

```
SELECT  Auftrnr, Datum, Kundnr, Personal.*
 FROM    Personal, Auftrag
 WHERE   Personal.Persnr = Auftrag.Persnr ;
```

Wir erhalten mit dem Kreuzprodukt der beiden Relationen $9 \times 5 = 45$ Tupel, siehe
auch Tab. 4.3. Mit der Where-Klausel wählen wir daraus die Zeilen aus, deren Personalnummern in den Personalspalten übereinstimmen. Es bleiben somit nur noch fünf Zeilen
übrig. In der Select-Klausel entfernen wir schließlich noch eine der beiden doppelten
Personal-Attribute. Dieser Befehl ist völlig gleichwertig zu den obigen drei Varianten des
Joinausdrucks mit *Natural*, *On* und *Using*. Insbesondere fällt sofort die Ähnlichkeit zur
Variante mit dem Bezeichner *On* auf.

Neben dem natürlichen Join existieren weitere Joins, sogenannte *Theta-Joins*. Wir sprechen immer dann von Theta-Joins, wenn statt des Gleichheitszeichens in der obigen *On*-
oder *Where*-Bedingung ein beliebiger Vergleichsoperator verwendet wird. Diese Theta-
Joins sind relativ selten, können aber gelegentlich recht hilfreich sein.

4.1.8 Der äußere Verbund (Outer Join)

Neben dem Verbund spielt auch der äußere Verbund oder Outer Join eine wichtige Rolle.
Wir beginnen dazu gleich mit einem Beispiel und betrachten dazu wieder unsere Relationen *Personal* und *Auftrag* aus Tab. 4.1 und 10.5. Interessiert sich der Verkaufsleiter dafür,
wie viele Verkäufe jeder einzelne Mitarbeiter bisher abwickelte, so wird sein Wunsch
durch den folgenden *Select*-Befehl nur unvollständig erfüllt:

```
SELECT  Persnr, Name, COUNT (*) As AnzahlAuftrag
 FROM    Personal NATURAL INNER JOIN Auftrag
 GROUP BY Persnr, Name ;
```

Das Ergebnis ist in Tab. 4.9 angegeben und sieht korrekt aus: Nur die Mitarbeiter 2
und 5 kamen ja in unserer kleinen Auftragsliste vor. Der Verkaufsleiter wünscht aber eine
Liste aller Mitarbeiter! Es fehlen folglich alle anderen sieben Mitarbeiter. Dieser Wunsch,
zusätzlich zum Verbund auch alle nicht verknüpften Tupel einer der beiden oder sogar
beider Relationen mit auszugeben, ist relativ häufig und wird durch den äußeren Verbund
erfüllt.

Dieser äußere Verbund ist in die SQL-Norm integriert. Im Gegensatz dazu sprechen
wir beim bisher verwendeten Verbund auch vom inneren Join. Wir haben dies bisher auch

Tab. 4.9 Beispiel eines inneren Join

Persnr	Name	AnzahlAuftrag
2	Anna Kraus	3
5	Johanna Köster	2

durch den Bezeichner *Inner* ausgedrückt. Nur die gemeinsamen „inneren" Tupel wurden verwendet. Der Bezeichner *Inner* ist wahlfrei und muss nicht explizit angegeben werden. Darüber hinaus gibt es den Bezeichner *Outer*, genauer die Bezeichner *Left Outer*, *Right Outer* und *Full Outer*. Es gilt:

- **R1 Left Outer Join R2** ($R_1 \bowtie R_2$): Dieser äußere Verbund ist die Vereinigung des inneren Verbunds (*R1 Inner Join R2*) mit allen weiteren Tupeln von R_1. Die Attribute von R_2 zu diesen weiteren Tupeln werden mit Nullwerten gefüllt.
- **R1 Right Outer Join R2** ($R_1 \bowtie R_2$): Dieser äußere Verbund ist die Vereinigung des inneren Verbunds (*R1 Inner Join R2)* mit allen weiteren Tupeln von R_2. Die Attribute von R_1 zu diesen weiteren Tupeln werden mit Nullwerten gefüllt.
- **R1 Full Outer Join R2** ($R_1 \bowtie R_2$): Dieser äußere Verbund ist die Vereinigung des linken äußeren Verbunds (*R1 Left Outer Join R2*) mit dem rechten *(R1 Right Outer Join R2)*.

Analog zum inneren Verbund müssen wir auch beim äußeren Verbund genau einen der drei Bezeichner *Natural*, *On* und *Using* angeben. Trivialerweise gilt:

$$R1 \text{ Left Outer Join } R2 = R2 \text{ Right Outer Join } R1 \ (R_1 \bowtie R_2 = R_2 \bowtie R_1)$$

Kommen wir zu unserem Beispiel mit der Anzahl der Verkäufe zu jedem Mitarbeiter zurück. Der folgende Befehl liefert nun das gewünschte Resultat:

```
SELECT   Persnr, Name, COUNT (AuftrNr) AS AnzahlAuftrag
FROM     Personal NATURAL LEFT OUTER JOIN Auftrag
GROUP BY Persnr, Name ;
```

Das Ergebnis zu diesem Select-Befehl finden wir in Tab. 4.10. Zusätzlich zu den beiden Mitarbeitern 2 und 5 sind jetzt auch alle weiteren aufgezählt. Diese restlichen Mitarbeiter haben natürlich noch keine Aufträge betreut, die Einträge in der dritten Spalte sind daher auf 0 gesetzt. Wieder muss in SQL Server der Bezeichner *Natural* durch die entsprechende On-Angabe ersetzt werden.

Der obige Befehl besitzt eine kleine Falle: Verwenden wir in der Select-Klausel *Count(*)* statt *Count(Auftrnr)*, so wird in der Spalte *AnzahlAuftrag* statt des korrekten Wertes 0 die Zahl 1 angezeigt. Schließlich kommt ja jedes Attribut mindestens einmal vor, und der Funktionsaufruf *Count(*)* zählt die Anzahl des Vorkommens von Attributen! Wir nutzen jetzt aus, dass fehlende Attributwerte im äußeren Verbund mit Nullwerten aufgefüllt werden. Sieben Mitarbeiter haben nichts verkauft. Im Attribut *Auftrnr* steht nach dem Outer Join in diesen Tupeln der Wert *Null*. Die Count-Funktion zählt Nullwerte nicht mit. Somit liefert der Aufruf von *Count(Auftrnr)* den richtigen Wert 0!

Das Wort *Outer* ist ein Füllwort und darf weggelassen werden. Der Operator *Outer Join* ist also allein durch die Bezeichner *Left*, *Right* und *Full* bereits eindeutig gekennzeichnet. Wird keiner dieser Bezeichner angegeben, so liegt der Operator *Inner Join* vor. Der Operator *Outer Join* ist sehr leistungsfähig. Da er aber meist viele Nullwerte erzeugt,

Tab. 4.10 Beispiel eines äußeren Joins

Persnr	Name	AnzahlAuftrag
2	Anna Kraus	3
5	Johanna Köster	2
1	Maria Forster	0
3	Ursula Rank	0
4	Heinz Rolle	0
6	Marianne Lambert	0
7	Thomas Noster	0
8	Renate Wolters	0
9	Ernst Pach	0

sollte ihn der Anfänger mit Bedacht einsetzen. Es wird daher dringend empfohlen, den äußeren Verbund auch mittels des inneren Verbunds und der Vereinigung nachzubilden:

```
SELECT   Persnr, Name, COUNT (*) AS AnzahlAuftrag
  FROM   Personal NATURAL INNER JOIN Auftrag
  GROUP BY Persnr, Name
UNION
SELECT   Persnr, Name, 0
  FROM   Personal
  WHERE  Persnr NOT IN ( SELECT Persnr FROM Auftrag );
```

Dieser Befehl verdeutlicht die Wirkungsweise des äußeren Verbunds: Es werden zum inneren Verbund alle Mitarbeiter hinzugefügt, die noch nichts verkauft haben, die also nicht in der Relation *Auftrag* auftauchen.

Zuletzt wollen wir noch wichtige Empfehlungen aussprechen. Eine erste Empfehlung lautet:

▶   **Tipp** Wir empfehlen, den Operator *Full Outer Join* zu vermeiden.

Der Operator *Full Outer Join* kann in praktisch allen Fällen durch die performanteren Operatoren *Left* bzw. *Right Outer Join* ersetzt werden. Nur in Fremdschlüsseln, in denen Nullwerte vorkommen, macht der Operator *Full Outer Join* in wenigen Einzelfällen Sinn. In MySQL wird dieser Operator gar nicht unterstützt. Wir verwenden diesen Operator also nur, wenn wir ihn definitiv benötigen. In SQL Server müssen wir den natürlichen Verbund durch den On-Bezeichner ersetzen. Wir schreiben in unserem letzten Beispiel daher:

```
SELECT   Personal.Persnr, Name, COUNT (AuftrNr) AS AnzahlAuftrag
  FROM   Personal LEFT OUTER JOIN Auftrag
                   ON Personal.Persnr = Auftrag.Persnr
  GROUP BY Personal.Persnr, Name ;
```

Wir warnen ausdrücklich vor der Verwendung des Bezeichners *Natural* in der Datenbankprogrammierung. Die Gefahr besteht, dass im Laufe der Zeit in einer Relation ein

Attribut hinzugefügt wird, das mit gleichem Namen bereits in einer anderen Relation existiert. Ein natürlicher Verbund zwischen diesen Relationen würde dieses Attribut nun mit
einbinden, was so nie beabsichtigt war! Oracle ab Version 10 optimiert komplexe Select-
Ausdrücke durch Entfernen nicht mehr benötigter Attribute aus Teilausdrücken. Dies führt
in Oracle in Einzelfällen zu Fehlern, da dann der natürliche Verbund zum Kreuzprodukt
entarten kann. Daraus folgt:

> ► **Tipp** Wir vermeiden in Anwendungsprogrammen den Operator *Natural Join*
> und verwenden stattdessen die Varianten mit dem Bezeichnern *On* und *Using*.

Noch eine Besonderheit weist der Operator *Natural Join* auf: Alle Attribute der Ergebnisrelation besitzen eindeutige Namen, da Attribute gleichen Namens zusammengefasst
werden. Zwei Relationen werden durch einen natürlichen Verbund quasi verschmolzen,
so dass in diesem Select-Befehl diese Relationennamen nicht mehr zur Verfügung stehen.
Eine Qualifizierung von Attributnamen, beispielsweise durch *Personal.Persnr* oder *Perso-
nal.Name*, ist daher grundsätzlich nicht mehr möglich. Bei Verwendung des Bezeichners
Using sind die Einschränkungen geringer: Nur die im Bezeichner *Using* angegebenen Attribute dürfen nicht mehr qualifiziert werden. Dies macht auch Sinn. Es gibt eben nur
noch *Persnr* und nicht *Personal.Persnr* und *Auftrag.Persnr*, um beim obigen Beispiel zu
bleiben.

4.1.9 Die Order-By-Klausel

Wir wissen, dass in relationalen Datenbanken alle Relationen ungeordnet sind. Andererseits wünscht der Anwender fast immer geordnete Daten. Die relationale Algebra liefert
für dieses Problem keine Antwort. Hier stand das Ermitteln der Daten im Vordergrund.
Die SQL-Norm hingegen setzt voll auf die Praxis, indem es als abschließende Klausel im
Select-Befehl eine *Order-By*-Klausel anbietet. Diese Klausel sortiert den kompletten *Select*-Befehl nach entsprechenden Angaben. Soll etwa zunächst nach der dritten Spalte und
bei Gleichheit noch nach der zweiten Spalte geordnet werden, so werden diese Vorgaben,
durch Komma getrennt, nacheinander geschrieben. Als Bezeichner werden entweder die
Spaltennamen oder die Spaltennummern verwendet. In der Relation *Personal* würden die
beiden folgenden *Order-By*-Klauseln die gewünschte Sortierung durchführen:

```
ORDER BY 3, 2
ORDER BY Ort, Name
```

In der *Order-By*-Klausel sind nur Namen oder Spaltennummern (beginnend bei 1!) erlaubt, jedoch keine Ausdrücke. Ein komplexer Spaltenausdruck kann daher zum Sortieren
nur verwendet werden, wenn entweder direkt die Spaltennummer oder im Spaltenausdruck der Spaltenliste noch ein Aliasname mit angegeben wird.

SQL unterstützt aufsteigendes wie auch absteigendes Sortieren, wobei in Zeichenketten standardmäßig nach dem zugrundeliegenden Zeichencode (z. B. ASCII, Unicode) sortiert wird. Die Sortierreihenfolge wird durch die Angabe der Bezeichner *Asc* (ascending, aufsteigend) und *Desc* (descending, absteigend) festgelegt. Bei fehlender Angabe wird immer eine aufsteigende Sortierung vorgenommen. Wollen wir beispielsweise alle Wohnorte der Mitarbeiter sortiert ausgeben, wobei uns vor allem interessiert, in welchen Orten die meisten Mitarbeiter wohnen, so könnten wir schreiben:

```
SELECT  Ort, COUNT (*) AS Anzahl
 FROM    Personal
 GROUP BY Ort
 ORDER BY Anzahl DESC, Ort ;
```

Zunächst wird absteigend nach der Anzahl sortiert. Bei gleicher Anzahl werden die Wohnorte alphabetisch ausgegeben. Die letzte Zeile hätten wir auch wie folgt schreiben können:

```
ORDER BY 2 DESC, 1 ;
```

Letzteres trägt aber nicht unbedingt zur Lesbarkeit des Programmcodes bei. Wir empfehlen, die Attributnamen zu verwenden und nicht die Spaltennummern.

4.1.10 Nullwerte und die Coalesce-Funktion

In der Praxis gibt es in einer Datenbank oft mehr Nullwerte als einem lieb ist. Wir haben diese Nullwerte bereits bei der Behandlung des Operators *Is Null* in Abschn. 4.1.4 und bei den Attributfunktionen in Abschn. 4.1.3 betrachtet und dort auf Probleme hingewiesen. Wir gehen hier in die Details und zeigen insbesondere einige Fallen auf. Der Anfänger fragt sich vermutlich, warum sich in SQL alle Nullwerte voneinander unterscheiden. Bei der Behandlung des Operators *Is Null* haben wir eine Falle bereits kennen gelernt: Wir dürfen den Wert *Null* nie mit Vergleichoperatoren kombinieren. Wir verwenden stattdessen immer die Operatoren *Is Null* oder *Is Not Null*, aber nie „= *Null*". Dass dieses Verbot von Nullwerten zusammen mit Vergleichsoperatoren durchaus Sinn macht, zeigen wir an einem Beispiel:

```
SELECT  Name, Gehalt, Vorgesetzt
 FROM    Personal
 WHERE   Vorgesetzt = ( SELECT  Vorgesetzt
                         FROM    Personal
                         WHERE   Persnr = 1  ) ;
```

Hier geben wir alle Mitarbeiter aus, die den gleichen Vorgesetzten wie Mitarbeiterin 1 haben. Mitarbeiterin 1 hat aber keinen Vorgesetzten, folglich gibt es keinen weiteren Mitarbeiter mit dem gleichen Vorgesetzten. Wir erwarten daher eine leere Ausgabeliste. Und genau dies leistet SQL: Der Unterselect-Befehl liefert den Wert *Null*. Mitarbeiterin 6 besitzt im Attribut *Vorgesetzt* zwar ebenfalls den Wert *Null*, aber ein Vergleich mit Nullwerten liefert schließlich immer den Wert *false* zurück. Entsprechend wird auch Mitarbeiterin 1 selbst nicht ausgegeben.

Eine weitere Falle wurde in Abschn. 4.1.3 gestellt. Dort haben wir die Jahrespersonalkosten mit dem folgenden Befehl ausgegeben:

```
SELECT SUM( 12*Gehalt+1000*(6-Beurteilung))
               AS Jahrespersonalkosten
  FROM  Personal ;
```

Dieser Befehl liefert ein falsches Ergebnis! Betrachten wir dazu die Originalrelation *Personal* in Tab. 10.4. Im Attribut *Beurteilung* gibt es einen Nullwert für Mitarbeiter 9. In diesem Fall ist der Ausdruck *1000 * (6-Beurteilung)* undefiniert und damit ebenfalls *Null*. Das Hinzufügen von zwölf Gehältern ändert daran nichts. Somit ist der Gesamtausdruck für Mitarbeiter 9 gleich Null. In Aggregatfunktionen werden Nullwerte nicht mit gezählt. Als Summe erhalten wir also die Jahrespersonalkosten ohne Mitarbeiter 9! Dies war so natürlich nicht vorgesehen.

Um den obigen Befehl zu retten, müssen wir angeben, wie mit Nullwerten umzugehen ist. Erhält jeder Mitarbeiter ohne Beurteilung eine kleine Provision von 1000 Euro, so können wir mit Hilfe der in SQL definierten Funktion **Coalesce** schreiben:

```
SELECT SUM (12 * Gehalt + COALESCE(1000*(6-Beurteilung), 1000))
                      AS Jahrespersonalkosten
  FROM   Personal ;
```

Die Funktion *Coalesce* überprüft den ersten Parameter. Ist dieser Wert ungleich *Null*, so wird er als Funktionswert zurückgegeben. Ist dieser hingegen gleich *Null*, so wird der zweite Parameter als Funktionswert weitergereicht. Ist der Ausdruck für die Provision in unserem Beispiel also gleich *Null*, so wird dieser Nullwert hier durch den Wert 1000 ersetzt.

Sehr häufig benötigen wir die Funktion *Coalesce* in Zusammenhang mit dem äußeren Verbund. Ein kleines Beispiel soll dies aufzeigen. In einer kleinen Erweiterung zum letzten Abschnitt wollen wir nicht ausgeben, wie viele Aufträge jeder Mitarbeiter betreut, sondern wie hoch die Gesamtsumme aller betreuten Aufträge ist. Jetzt müssen wir zusätzlich auf die Relation *Auftragsposten* zugreifen:

```
SELECT Persnr, Name, COALESCE( SUM (Gesamtpreis), 0) AS Summe
  FROM   Personal NATURAL LEFT OUTER JOIN
              (Auftrag NATURAL INNER JOIN Auftragsposten)
GROUP BY Persnr, Name ;
```

Wir verwenden hier die Aggregatfunktion *Sum*. Diese liefert den Wert *Null*, wenn ausschließlich über Nullwerte summiert wird. Für die sieben Mitarbeiter, die keinen Auftrag betreut haben, ist dies der Fall. Wir ersetzen mit Hilfe der Coalesce-Funktion diesen Nullwert durch die Zahl 0. Als Übung sei empfohlen, diesen Befehl ohne den äußeren Verbund zu erstellen. Wir benötigen in diesem Fall keine Coalesce-Funktion. Wir empfehlen zusätzlich, den Natural Join durch den Bezeichner *On* oder *Using* zu ersetzen.

4.1.11   Arbeitsweise des Select-Befehls

Der Select-Befehl ist extrem umfangreich und erfordert daher viel Übung, um ihn wirklich zu beherrschen. Wir wollen hier einige Hilfestellungen geben. Enorm wichtig ist die Abarbeitungsreihenfolge des Select-Befehls. Diese ist in Tab. 4.11 angegeben und ist dringend zu beachten. Im ersten Schritt wird die From-Klausel ausgewertet, eventuelle Kreuzprodukte und Verbunde werden durchgeführt. Im zweiten Schritt wird die Where-Klausel behandelt und erst dann die Select-Klausel. Wir empfehlen auch, einen Select-Befehl genau in dieser Reihenfolge zu lesen.

Im vierten und fünften Schritt erfolgt die Group-By- und die Having-Klausel. Weiter folgen die Mengenoperatoren *Union*, *Intersect* und *Except* und abschließend die Sortierung. Diese Anleitung ist auch hilfreich, wenn wir auf eine Datenbank zugreifen und den entsprechenden Select-Befehl erstellen wollen. Wir gehen dann in der gleichen Reihenfolge vor:

Wir ermitteln die involvierten Relationen und erstellen die notwendigen Verbindungen mittels des Verbunds oder Kreuzprodukts. Wenn Restriktionen vorliegen, können wir diese mit einer Where-Klausel implementieren. Weiter geben wir mittels einer Projektion nur die gewünschten Attribute aus. Eventuell folgen Gruppierungen und Vereinigungen. Ganz zum Schluss beschäftigen wir uns mit der Sortierung.

Tab. 4.11 Logische Abarbeitungsreihenfolge des Select-Befehls

1	Kreuzprodukt, Verbund: Alle in der Tabellenliste angegebenen Relationen werden miteinander verknüpft.
2	Restriktion: Aus dieser verknüpften Relation werden die Tupel ausgewählt, die die angegebene WHERE-Bedingung erfüllen.
3	Projektion: Mittels der Spaltenauswahlliste werden die angegebenen Spalten ausgewählt.
4	Gruppierung: Jeweils gleiche Tupel werden zusammengefasst. Angegebene Aggregierungen werden durchgeführt.
5	2. Restriktion: Nach der Gruppierung werden die Tupel gewählt, die die angegebene HAVING-Bedingung erfüllen.
6	Vereinigung, Schnitt, Differenz: Alle in Schritt 1 bis 5 erstellten Hauptteile des Select-Befehls werden miteinander verknüpft.
7	Sortierung: Die Ergebnisrelation wird gemäß der Order-By-Klausel sortiert.

4.2 Mutationsbefehle in SQL

So umfangreich und komplex der *Select*-Befehl ist, so einfach und übersichtlich sind
die weiteren Zugriffsbefehle. Diese neuen Befehle ändern die gespeicherten Daten. In
Tab. 4.12 sind die drei Mutationsbefehle aufgeführt.

Beginnen wir mit dem Delete-Befehl. Die Syntax lautet:

```
DELETE FROM  Tabellenname  [ [ AS ]  Aliasname ]
 [ WHERE Bedingung ]
```

Die Where-Klausel entspricht exakt der gleichnamigen Klausel im Select-Befehl, insbesondere sind Unterabfragen zugelassen. Der Tabellenname kann einen Aliasnamen erhalten. So ist sichergestellt, dass die globale Relation immer in Unterabfragen verwendet
werden kann. Der Delete-Befehl löscht alle Tupel der angegebenen Relation, die die Bedingung in der Where-Klausel erfüllen. Scheidet etwa Frau Rank aus der Firma aus, so
wird der entsprechende Eintrag in der Personaltabelle durch den folgenden Befehl entfernt:

```
DELETE FROM Personal
 WHERE Name = 'Ursula Rank' ;
```

Wir müssen mit diesem Befehl vorsichtig umgehen. Der folgende Befehl löscht beispielsweise alle Einträge in der Relation *Personal*, da keine Restriktion vorliegt:

```
DELETE FROM  Personal ;
```

Wir denken daher immer daran, dass wir nicht versehentlich am Ende der ersten Zeile
eines komplexen Delete-Befehls ein Semikolon setzen!

Geringfügig komplexer ist der Update-Befehl. Schließlich müssen wir jetzt zusätzlich
wissen, welche Attribute wir auf welche Weise ändern wollen. Die Syntax dieses Befehls
lautet:

```
UPDATE   Tabellenname  [ [ AS ]  Aliasname ]
 SET    Spalte  =  Spaltenausdruck  [ , ... ]
 [ WHERE Bedingung ]
```

Tab. 4.12 Mutationsbefehle in SQL

UPDATE	Ändert bestehende Einträge
INSERT	Fügt neue Tupel (Zeilen) ein
DELETE	Löscht bestehende Tupel (Zeilen)

Ein Update-Befehl bezieht sich immer auf eine zu ändernde Relation, die nach dem Bezeichner *Update* anzugeben ist. Die zu ändernden Attribute werden, voneinander durch Kommata getrennt, nach dem Bezeichner *Set* zusammen mit den neuen Werten angegeben. Sollen nicht alle Tupel geändert werden, so kann mittels der *Where*-Klausel eine Restriktion erfolgen. Diese *Where*-Klausel entspricht wieder eins zu eins der *Where*-Klausel des *Select*-Befehls.

Neu sind die Bezeichner *Spalte* und *Spaltenausdruck* nicht. Wir kennen sie bereits aus der Syntax des Select-Befehls. Unter Spalte verstehen wir einen Spaltenname und der Bezeichner *Spaltenausdruck* wurde in Abschn. 4.1.3 bei der Behandlung der Select-Klausel ausführlich besprochen. Sogar ein Select-Befehl, der einen eindeutigen Wert liefert, ist hier erlaubt. Sowohl Oracle, SQL Server und auch MySQL erfüllen diese Syntax vollständig.

Wir zeigen die Funktionsweise dieses Befehls an einem Beispiel auf. Um etwa allen Mitarbeitern, die weniger als 3000 Euro verdienen, eine Gehaltserhöhung von 5 % zukommen zu lassen, genügt ein einziger *Update*-Befehl:

```
UPDATE   Personal
  SET    Gehalt = 1.05 * Gehalt
  WHERE  Gehalt < 3000 ;
```

Die Mächtigkeit dieses Befehls liegt in den vielfältigen Möglichkeiten, Tupel mittels der *Where*-Klausel auswählen zu können. Übrigens darf ein Attribut auch auf den Wert *Null* gesetzt werden, etwa in der Form „*Set Gehalt = Null*".

Zuletzt betrachten wir noch den Einfügebefehl *Insert*. Damit können wir einen oder mehrere neue Tupel in eine bestehende Relation hinzufügen. Eine vereinfachte Syntax lautet:

```
INSERT INTO  Tabellenname  [ ( Spaltenliste ) ]
  { VALUES ( Auswahlliste ) [, ... ]
  | Select-Befehl }
```

Zur vollständigen SQL2-Syntax sei auf Date und Darwen (1998) verwiesen. Die hier vorgestellte Syntax ist in der Praxis voll ausreichend. Wir fügen also mit dem *Insert*-Befehl entweder neue Zeilen mit den in der Auswahlliste angegebenen Werten ein, oder wir generieren mit Hilfe eines beliebigen *Select*-Befehls (ohne *Order-By*-Klausel) die gewünschten Zeilen. Eine Auswahlliste ist eine Kommaliste von einzelnen Angaben. Sind in der Auswahlliste weniger Elemente vorhanden als in der Spaltenliste angegeben, so werden die weiteren Attribute mit Nullwerten aufgefüllt. Dieses Auffüllen findet auch für die Attribute statt, die nicht in der Spaltenliste aufgeführt sind. Wird die Spaltenliste weggelassen, so werden die Attribute in der Reihenfolge angenommen, in der sie in der Definition der Relation festgelegt wurden. Es versteht sich von selbst, dass dieser Einfügebefehl mit einer Fehlermeldung zurückgewiesen wird, wenn die Datentypen in der

Auswahlliste oder im Select-Befehl nicht mit den Datentypen in der Spaltenliste kompatibel sind. Dies gilt ebenso, wenn Spalten nicht angegeben werden, die keine Nullwerte erlauben.

Wir können beispielsweise zwei neue Mitarbeiter wie folgt in unsere Personaltabelle (siehe Tab. 4.1) aufnehmen:

```
INSERT INTO Personal ( Persnr, Name, GebDatum, Ort )
   VALUES ( 10, 'Lars Anger', DATE '1980-01-13', 'Augsburg' ) ,
          ( 11, 'Karl Meier', DATE '1983-05-15', 'Darmstadt' ) ;
```

Die Reihenfolge der Angaben in der Spaltenliste und der Auswahlliste muss aufeinander abgestimmt sein. Die weiteren existierenden Attribute *Vorgesetzt* und *Gehalt* werden durch Nullwerte vorbelegt und können durch einen *Update*-Befehl jederzeit nachträglich gesetzt werden. Dieser Befehl wird von MySQL und SQL Server in der vorliegenden Form voll unterstützt. In Oracle ist hingegen immer nur eine einzelne Auswahlliste erlaubt. Der Befehl muss in Oracle in zwei Einzelbefehle zerlegt werden:

```
INSERT INTO Personal ( Persnr, Name, GebDatum, Ort )
   VALUES ( 10, 'Lars Anger', DATE '1980-01-13', 'Augsburg' ) ;

INSERT INTO Personal ( Persnr, Name, GebDatum, Ort )
   VALUES ( 11, 'Karl Meier', DATE '1983-05-15', 'Darmstadt' ) ;
```

Hier sei kurz auf das Problem der Datumswerte eingegangen. Wir können ein Datum immer als Zeichenkette der Form *JJJJ-MM-TT* schreiben und davor den Operator *Date* setzen. In diesem Fall garantiert die Norm, dass dieses Datum korrekt in die länderspezifische Darstellung umgewandelt wird. Im SQL Server müssen wir den Operator *Date* allerdings weglassen. Wir gehen ausführlicher auf Datumsangaben in Abschn. 5.1 ein.

Sind in einer Relation Werte aufzunehmen, die bereits in einer anderen Relation existieren, so empfiehlt sich die Verwendung der *Select*-Abfrage. Soll etwa der neue Mitarbeiter Lars Anger das gleiche Gehalt und den gleichen Vorgesetzten wie Herr Noster (Persnr 7) erhalten, so können diese Daten direkt aus der Relation *Personal* übernommen werden:

```
INSERT INTO Personal(Persnr, Name, GebDatum, Vorgesetzt, Gehalt)
   SELECT  10, 'Lars Anger', DATE '1980-01-13', Vorgesetzt, Gehalt
   FROM    Personal
   WHERE   Persnr = 7 ;
```

Wir erkennen, dass wir bestehende Angaben aus anderen Relationen übernehmen und fehlende entsprechend den Möglichkeiten der Select-Klausel direkt als Konstante einsetzen können. Mit Hilfe der Select-Abfrage im Insert-Befehl können natürlich auch mehrere Tupel auf einmal eingefügt werden.

Zu weiteren Details sei auf Date und Darwen (1998), Faeskorn-Woyke (2007), Van der Lans (2007), Melten und Simon (2001), Unterstein und Matthiessen (2012) und weitere Literaturhinweise am Ende des Kapitels verwiesen.

4.3   Transaktionsbetrieb mit SQL

Die Mutationsbefehle aus dem letzten Abschnitt müssen gegenüber dem reinen Abfragebefehl *Select* sehr sorgfältig überlegt werden. Schließlich ändern wir jetzt den Inhalt einer
Datenbank! Jede dieser Änderungen kann zu Inkonsistenzen führen, ganz zu schweigen
vom kompletten Löschen ganzer Relationen. Wir möchten daher versehentliche Änderungen ungeschehen machen können und landen sofort bei den Transaktionen aus den
Abschn. 1.5 und 1.6. Transaktionen sind die Basis jedes modernen und sicheren Datenbankbetriebs. Die Zugriffssprache SQL unterstützt den Transaktionsbetrieb hervorragend.
Die ISO-Norm legt fest, dass mit dem Einloggen in eine Datenbank automatisch eine
Transaktion beginnt. Mit jedem Befehl

```
COMMIT [ WORK ] ;
```

wird eine Transaktion erfolgreich abgeschlossen. Das Datenbankverwaltungssystem wird
dafür sorgen, dass mit diesem Befehl alle während dieser Transaktion durchgeführten
Mutationen endgültig und persistent (dauerhaft) in der Datenbank gespeichert werden.
Wir können uns bildlich vorstellen, dass alle geänderten Daten mit dem Befehl *Commit*
in Stein gemeißelt werden. Ein einfaches Zurücknehmen der Änderungen ist jetzt nicht
mehr möglich.

Umgekehrt können alle noch nicht mit dem Befehl *Commit* geänderten Daten ganz
einfach annulliert werden. Mit dem Befehl

```
ROLLBACK [ WORK ] ;
```

werden alle Mutationen der aktuell laufenden Transaktion zurückgesetzt, unabhängig
davon, ob und wie viel wir schon eingefügt, gelöscht oder geändert haben. Es ist die Aufgabe des Datenbankverwaltungssystems, dies immer zu ermöglichen und zu garantieren.
Dass die Datenbank deshalb eine Fülle von Daten sicher zwischenspeichern muss, können
wir uns vorstellen. Darum kümmern müssen wir uns als Anwender aber nicht.

Mit dieser Funktionsweise garantiert SQL, dass ein Datenbankbetrieb ausschließlich
als Transaktionsbetrieb abläuft. Die erste Transaktion beginnt nach dem Einloggen in die
Datenbank, die zweite nach dem ersten Commit (bzw. Rollback) und so weiter. Dabei ist
zu beachten, dass eine Transaktion immer genau an Konsistenzpunkten endet.

Wir greifen nochmals das Beispiel aus Abschn. 1.5 auf und betrachten eine Buchung
von 1000 Euro von Konto *A* nach Konto *B*. Wir benötigen dazu vermutlich einige Lesezugriffe und genau zwei Mutationen. Diese beiden Mutationen lauten vereinfacht:

```
UPDATE Bank   SET Saldo = Saldo - 1000   WHERE Konto = 'A' ;
UPDATE Bank   SET Saldo = Saldo + 1000   WHERE Konto = 'B' ;
```

Es ist offensichtlich, dass nach dem ersten *Update*-Befehl die Datenbank inkonsistent
ist. Wir dürfen daher erst nach dem zweiten *Update*-Befehl einen Konsistenzpunkt mittels

des *Commit*-Befehls setzen. Beide Befehle zusammen werden also als eine Einheit betrachtet und laufen atomar ab. Der Buchstabe *A* für Atomarität im ACID-Konzept, siehe Abschn. 1.6, wird nun voll erfüllt.

In der Praxis wird der Transaktionsbetrieb von Oracle, Microsoft SQL Server und allen großen Datenbankherstellern wie etwa DB2 von IBM voll unterstützt. Auch MySQL führte die Transaktionssicherheit mit der Version 5.1 in der Engine *InnoDB* ein. Erfreulicherweise ist InnoDB inzwischen sowohl in Windows als auch in Unix das Standardmodell. Es wird dringend empfohlen, MySQL nur mit dieser Engine zu betreiben. Eine kleine Abweichung von der SQL-Norm liegt in SQL Server vor: Hier muss eine Transaktion explizit mit dem Befehl

```
BEGIN TRANSACTION ;
```

begonnen und dann mit dem Befehl *Commit* oder *Rollback* beendet werden. Diese Ausnahme gibt es teilweise auch bei der Internet-Programmierung. Beispielsweise bietet PHP eine datenbankunabhängige Schnittstelle an: PHP Database Objects (PDO). Da nicht alle Datenbanken den obigen Transaktionsmechanismus unterstützen, wie etwa SQL Server, müssen in dieser Schnittstelle aus Kompatibilitätsgründen Transaktionen explizit gestartet werden. Wir kommen in Kap. 6 darauf zurück.

4.4 Relationale Algebra und SQL

SQL unterstützt Kreuzprodukt, Restriktion, Projektion, Vereinigung, Differenz und Umbenennung. Diese sechs Operatoren waren die relevanten der relationalen Algebra, siehe Abschn. 2.5.5. Mit SQL kann also die relationale Algebra vollständig abgebildet werden. Als kleine Ergänzung sind in Tab. 4.13 diese fünf Operatoren den jeweiligen *Select*-Befehlen gegenübergestellt. Dabei stehen R_1 und R_2 für Relationen, die x_i für Attribute und b für eine beliebige Bedingung. Zusätzlich haben wir auch die Operatoren *Verbund* und *Schnitt* mit aufgeführt.

Wenn wir auf Datenbanken zugreifen, sollten wir uns immer die Operatoren der relationalen Algebra und ihre Wirkungsweise in Erinnerung rufen. Das Umsetzen dieser Operatoren in SQL sollte uns mit etwas Übung keine Probleme mehr bereiten.

Wir sehen mit dieser Zusammenfassung, dass in SQL die Grundoperationen der relationalen Algebra immer nachgebildet werden können. Dies bedeutet, dass SQL eine umfassende Zugriffssprache ist, mit der wir alle relevanten Daten einer relationalen Datenbank abfragen können.

Die Division fehlt in der Aufzählung in Tab. 4.13, da diese in SQL nicht implementiert ist. Gegebenenfalls müssen wir auf die nicht ganz einfache Ersatzdarstellung zurückgreifen. Diese lautet, siehe Abschn. 2.5.5:

$$R_1 \div R_2 = \pi_{R_1.X}(R_1) \setminus \pi_{R_1.X}\left(\left(\pi_{R_1.X}(R_1) \times R_2\right) \setminus R_1\right)$$

Tab. 4.13 Vergleich: Relationale Algebra – SQL

Operator	Algebra	SQL2
Vereinigung	$R_1 \cup R_2$	SELECT * FROM R1 UNION SELECT * FROM R2
Kreuzprodukt	$R_1 \times R_2$	SELECT * FROM R1, R2
Restriktion	$\sigma_b(R)$	SELECT * FROM R WHERE b
Projektion	$\pi_{x_1,...,x_n}(R)$	SELECT x1, ... , xn FROM R
Differenz	$R_1 \setminus R_2$	SELECT * FROM R1 EXCEPT SELECT * FROM R2
Verbund	$R_1 \bowtie R_2$	SELECT * FROM R1 NATURAL JOIN R2
Schnitt	$R_1 \cap R_2$	SELECT * FROM R1 INTERSECT SELECT * FROM R2

Wieder sind hier R_1 und R_2 Relationen und $R_1.X$ sind die Attribute, die in der Relation R_2 nicht vorkommen. In Abschn. 2.5.4 hatten wir eine Anfrage mittels relationaler Operatoren und insbesondere der Division gelöst. Diese Anfrage lautete: „Geben Sie alle Lieferanten an, die mindestens die gleichen Artikel wie Lieferant 3 ausliefern."

Wir wollen diese Anfrage auch mit SQL lösen und greifen dazu auf die Relation *Lieferung* aus Tab. 10.11 zu. Diese Relation enthält zu jedem Lieferanten (*Liefnr*) den Artikel (*Anr*), den dieser Lieferant ausliefert. Die weiteren Attribute dieser Relation benötigen wir hier nicht. Wir betrachten zunächst die Lösung aus Abschn. 2.5.4 mit Hilfe der relationalen Algebra:

$$R_1 = \pi_{ANr,Liefnr}(Lieferung)$$
$$R_3 = \pi_{ANr}(\sigma_{Liefnr=3}(R_1))$$
$$R_4 = R_1 \div R_3$$

Dabei ist R_1 eine Projektion der Relation *Lieferung* auf die für uns wesentlichen Attribute *Anr* und *Liefnr*. R_3 enthält alle vom Lieferanten 3 gelieferten Artikel und R_4 ist schließlich die gesuchte Lösung. Wenn wir jetzt die obige Ersatzdarstellung für die Division einsetzen, so können wir erahnen, wie komplex der erforderliche SQL-Befehl wird. Dies sei als Übung empfohlen!

Andererseits unterstützt SQL zusätzlich beispielsweise die Gruppierung und Unterabfragen. Wir stellen hier eine recht interessante Lösung unserer Anfrage mittels eben dieser Gruppierung und Unterabfragen vor:

```
SELECT Liefnr
 FROM Lieferung
 WHERE Anr IN ( SELECT Anr
                FROM Lieferung
                WHERE Liefnr = 3)
 GROUP BY Liefnr
 HAVING COUNT(*) = ( SELECT COUNT(*)
                     FROM Lieferung
                     WHERE Liefnr = 3) ;
```

In der Where-Klausel berechnen wir im Unterselect-Befehl alle Artikel, die Lieferant 3 liefert, also genau die Relation R_3. Wir schränken also die Relation *Lieferung* auf alle Tupel ein, die einen dieser Artikel aus Relation R_3 enthalten. Nur ein Lieferant, der die gleichen Artikel wie Lieferant 3 ausliefert, kommt genauso oft in dieser Restriktion vor wie Lieferant 3. Und genau diese Lieferanten werden mit Hilfe der Gruppierung und anschließender Restriktion in der Having-Klausel ausgewählt.

Dies ist typisch SQL: Es gibt fast immer mehrere Wege, die zum Ziel führen. Wir haben uns hier das aufwendige Kreuzprodukt und die Differenz gespart. Andererseits mussten zwei Unterabfragen durchgeführt werden. Und es gehört schon etwas Feingefühl und vor allem Erfahrung dazu, solche Lösungen zu finden.

4.5 Zusammenfassung

Nur vier Befehle sind zum Zugriff auf Datenbanken erforderlich: *Select*, *Update*, *Insert* und *Delete*. Jeder Anwendungsprogrammierer kann damit lesend und schreibend Datenbanken bearbeiten. Als weitere Befehle benötigt er nur noch die Befehle *Commit* und *Rollback*, um den Transaktionsbetrieb sicher zu stellen.

Während die Manipulationsbefehle *Update*, *Insert* und *Delete* sowohl in ihrem syntaktischen Aufbau als auch in ihrer Handhabung relativ leicht verständlich sind, ist der Abfragebefehl *Select* komplex und umfangreich. Zur Beherrschung dieses Befehls müssen wir mit folgenden Punkten vertraut sein:

- Wir kennen die Abarbeitungsreihenfolge des *Select*-Befehls, so wie sie in Tab. 4.11 angegeben ist.

Tab. 4.14 Abweichungen von der SQL-Norm bei DML-Befehlen

	Abweichungen von der SQL-Norm
Oracle	Bezeichner *As* ist in From-Klausel nicht erlaubt. Fehlerhafte Ausgabe bei geschachteltem Natural Join. Operator *Except* ist durch *Minus* zu ersetzen. Eigene Syntax für die Funktion *Substring*: *Substr(str,pos,anz)*. Im Insert-Befehl ist nur eine Values-Angabe erlaubt.
SQL Server	Select-Befehl in der From-Klausel erfordert einen Aliasnamen. Die Bezeichner *Natural* und *Using* werden nicht unterstützt. Eigene Syntax für Funktion *Substring*: *Substring(str,pos,anz)*. Cast-Operator *Date* ist nicht erlaubt. Transaktion muss mit *Begin Transaction* eingeleitet werden.
MySQL	Select-Befehl in der From-Klausel erfordert einen Aliasnamen. Den Aggregatfunktionsnamen darf kein Leerzeichen folgen. Beim Natural Inner Join ist der Bezeichner *Inner* nicht erlaubt. Full Outer Join wird nicht unterstützt. Operatoren *Except* und *Intersect* werden nicht unterstützt. Transaktionsbetrieb wird nur in der Engine *InnoDB* unterstützt.

- Wir setzen den Verbund (Join) gezielt ein. Er wird in der Praxis in fast jeder zweiten Abfrage benutzt.
- Wir verwenden Unterabfragen in der Where-Klausel. Wir beachten dabei die Gültigkeit der lokalen und globalen Attribute.
- Wir verwenden bei Bedarf die Gruppierung zusammen mit den Aggregatfunktionen, um sehr einfach statistische Auswertungen zu erhalten.

Durch intensives und fleißiges Üben wird der *Select*-Befehl schnell seinen Schrecken verlieren. Im Gegenteil, es wird bald sehr viel Freude bereiten, mit diesem wirklich mächtigen Werkzeug anspruchsvolle Aufgaben zu lösen.

Eine Normierung ist immer wünschenswert. Die Datenbankhersteller halten sich jedoch nicht vollständig an die SQL-Norm. Wir geben in Tab. 4.14 daher eine kleine Übersicht, wo Oracle, SQL Server und MySQL von der SQL-Norm abweichen. Im Vergleich mit der Mächtigkeit der SQL-Befehle bleiben diese Unterschiede aber tolerierbar. Alle aufgezählten Abweichungen können umgangen werden.

4.6 Übungsaufgaben

Aufgaben

Die folgenden Aufgaben beziehen sich ausnahmslos auf die Relationen der Beispieldatenbank *Bike* im Anhang.

1. Schreiben Sie einen *Select*-Befehl, der aus der Relation *Personal* die Namen aller Personen ermittelt, die mehr als 3000 Euro verdienen.
2. Geben Sie mittels eines *Select*-Befehls die Gesamtanzahl der für Aufträge reservierten Artikel aus (die benötigten Informationen stehen in der Relation *Reservierung*).
3. Geben Sie mittels eines *Select*-Befehls alle Artikel der Relation *Lager* (Tab. 10.9) aus, dessen Bestand abzüglich des Mindestbestands und der Reservierungen unter den Wert 3 gesunken ist. Als Ausgabe werden Artikelnummer und Artikelbezeichnung erwartet.
   Lager: Diese Relation enthält neben dem Artikel den Lagerort und den Bestand. Weiter wird ein Mindestbestand, die Anzahl der reservierten sowie der bereits bestellten Stücke gespeichert. Nicht jedes in der Relation *Artikel* angegebene Teil muss in dieser Relation enthalten sein. Teile, die weder auf Lager, noch reserviert oder bestellt sind, brauchen hier nicht aufgeführt werden.
4. Aus wie vielen Einzelteilen bestehen alle zusammengesetzten Artikel? Bestimmen Sie diese Stückzahlen mittels eines *Select*-Befehls. Falls ein Einzelteil wieder aus noch kleineren Einzelteilen besteht, so ist dies nicht weiter zu berücksichtigen. Ausschlaggebend zur Ermittlung der Anzahl der Einzelteile ist das Attribut *Anzahl* ohne Rücksichtnahme auf die Einheit („ST" oder „CM").

5. Geben Sie alle Artikel aus, die vom Auftrag mit der Auftragsnummer 2 reserviert sind. Geben Sie dazu zu jedem Artikel die Artikelnummer, die Artikelbezeichnung und die Anzahl der für diesen Auftrag reservierten Artikel aus. Lösen Sie die Aufgabe einmal unter Verwendung des Operators *Join* und einmal ohne diesen Operator (also mit Kreuzprodukt und Restriktion).

6. Modifizieren Sie die Aufgabe 5 dahingehend, dass alle Artikel der Relation *Artikel* ausgegeben werden (äußerer Verbund) und nicht nur die reservierten. Für die nicht für Auftrag 2 reservierten Teile ist die entsprechende Spaltenangabe zu den Reservierungen auf den Zahlenwert 0 zu setzen. Schreiben Sie den *Select*-Befehl einmal ohne und einmal mit Verwendung des Operators *Outer Join*.
    Achtung: Ein Where-Teil nach dem Outer Join zerstört diesen. Die benötigte Restriktion muss deshalb vor dem Outer Join ausgeführt werden!

7. Es sind sieben neue Sättel eingetroffen. Modifizieren Sie die Datenbank.

8. Es wird ein Damen-Mountainbike ins Sortiment aufgenommen. Weitere Angaben sind: ANr 100003, Preis 650.00, Nettopreis 560.34, Steuer 89.66, Mass 26 Zoll, Einheit ST, Typ E. Nehmen Sie dieses Fahrrad in die Relation *Artikel* auf.

9. Die Lieferantin „Firma Gerda Schmidt" wird auch Kundin mit der Kundennummer 10. Nehmen Sie die Lieferantin auch in die Kundenrelation auf. Die benötigten Daten sind direkt der Lieferantenrelation zu entnehmen.

10. Löschen Sie alle Artikel aus der Relation *Lager*, deren Bestand auf 0 gesunken ist.

11. Erhöhen Sie das Gehalt aller Mitarbeiter um 100 Euro, bei denen die Beurteilung 1 eingetragen ist. Senken Sie gleichzeitig die Beurteilung um eine Notenstufe.

12. Geben Sie zu allen Mitarbeitern (*Persnr*, *Name*) die Gesamtumsatzsumme der von ihnen betreuten Aufträge an. Es liegt ein äußerer Verbund vor. Schreiben Sie diesen Befehl ohne Verwendung des Bezeichners *Natural* und einmal mit und einmal ohne Verwendung des Outer-Join-Operators.

13. Geben Sie alle Lieferanten an, die mindestens die gleichen Artikel liefern wie Lieferant 3. Verwenden Sie dazu die Division. Bilden Sie die Division mit der Ersatzdarstellung mittels Kreuzprodukt und Differenz nach.

14. Testen Sie den Transaktionsbetrieb. Löschen Sie alle Mitarbeiter in Relation *Personal*. Überprüfen Sie, ob das Löschen erfolgte. Beachten Sie wegen der Fremdschlüssel auch die Relation *Auftrag*. Setzen Sie jetzt die Transaktion zurück. Wie wirkt sich dies aus?

Literatur

Adams, R. (2012). *SQL – Eine Einführung mit vertiefenden Exkursen*. Hanser.

Buchmann, A., & Smolarek, R. (2005). *SQL & MySQL 5 interaktiv*. Omnigena.

Churcher, C. (2016). *Beginning SQL Queries*. Apress.

Connolly, T., & Begg, C. (2015). *Database Systems* (6. Aufl.). Pearson.

Date, C. J. (2003). *An Introduction to Database Systems* (8. Aufl., Bd. 1). Addison-Wesley.

Date, C. J., & Darwen, H. (1998). *SQL – Der Standard*. Addison-Wesley.

Eirund, H., & Kohl, U. (2010). *Datenbanken – leicht gemacht*. Springer Vieweg.

Elmasri, R., & Navathe, S. (2009). *Grundlagen von Datenbanksystemen* (3. Aufl.). Addison-Wesley. Bachelorausgabe

Faeskorn-Woyke, H., Bertelsmeier, B., Riemer, P., & Bauer, E. (2007). *Datenbanksysteme – Theorie und Praxis mit SQL2003, Oracle und MySQL*. Pearson.

Gulutzan, P., & Pelzer, T. (1999). *SQL-99 Complete – Really*. R&D Books.

Kemper, A., & Eickler, A. (2015). *Datenbanksysteme – Eine Einführung*. Oldenbourg.

Kähler, W.-M. (2008). *SQL mit Oracle*. Vieweg-Teubner.

Kifer, M., Bernstein, A., & Lewis, P. (2005). *Database Systems*. Addison-Wesley.

van der Lans, R. F. (2007). *An Introduction to SQL*. Pearson.

Loney, K. (2009). *Oracle11 g – Die umfassende Referenz*. Hanser.

Marsch, J., & Fritze, J. (2002). *Erfolgreiche Datenbankanwendung mit SQL3*. Springer.

Meier, A. (2003). *Relationale Datenbanken: Eine Einführung für die Praxis*. Springer Taschenbuch.

Meier, A. (2010). *Relationale und postrelationale Datenbanken*. Springer.

Melten, J., & Simon, A. (2001). *SQL: 1999*. Morgan Kaufmann.

Schubert, M. (2007). *Datenbanken*. Teubner.

SQL1 (1987). *SQL87: Database Language SQL (SQL1)* ISO 9075.

SQL2 (1992). *SQL92: Database Language SQL (SQL2)* ISO 9075.

SQL3 (1999). *SQL99: Database Language SQL (SQL3)* ISO 9075.

SQL (2003). *SQL03: Database Language SQL* ISO 9075.

SQL (2006). *SQL06: Database Language SQL* ISO 9075.

SQL (2008). *SQL08: Database Language SQL* ISO 9075.

SQL (2011). *SQL11: Database Language SQL* ISO 9075.

Sunderraman, R. (2007). *Oracle10 Programming – A Primer*. Addison-Wesley.

Unterstein, G., & Matthiessen, M. (2012). *Relationale Datenbanken und SQL in Theorie und Praxis*. Springer.

Vossen, G. (1991). *Data Models, Database Languages und Database Management Systems*. Addison-Wesley.

Die Beschreibungssprache SQL

5

Übersicht

In Kap. 4 griffen wir auf Datenbestände existierender Datenbanken zu. Wir verwendeten dazu vier SQL-Befehle, *Select*, *Insert*, *Delete* und *Update*. Der Select-Befehl war dabei besonders umfangreich. Wir fassten diese Befehle unter dem Begriff Datenzugriffssprache (Data Manipulation Language, DML) zusammen.

Die Datenbeschreibungssprache (Data Description Language, DDL) verhält sich konträr dazu: Hier gibt es relativ viele Befehle, die dann allerdings im Aufbau einfach sind. Es existieren Befehle zum Erzeugen, Ändern und Löschen von Tabellen und Sichten, ebenso Befehle zum Setzen und wieder Entziehen von Zugriffsrechten auf diese Tabellen und Sichten. Darüber hinaus gibt es Befehle, um die Integrität einer Datenbank zu sichern, um Bedingungen zu setzen und eigene Gebiete zu definieren.

Sicherheit und Integrität sind uns sehr wichtig und werden in je einem eigenen Abschnitt behandelt. Unter Sicherheit, genauer Zugriffssicherheit, verstehen wir die Überprüfung jedes Benutzers, ob er berechtigt ist, die Dinge zu tun, die er gerade versucht. Mittels der Integrität gewährleisten wir, dass die Dinge, die gerade versucht werden, auch korrekt ablaufen. Vor jedem Zugriff wird also die Zugriffsberechtigung überprüft, und beim Zugriff wird die Korrektheit kontrolliert. Mit dem Setzen von Zugriffsrechten sorgen wir für die benötigte Sicherheit, und beim Erzeugen der Relationen berücksichtigen wir die Integrität.

Die Beschreibungssprache umfasst auch spezielle Befehle zur Verbesserung der Performance. Wir vertiefen dies in Kap. 7. Hinzu kommen zahlreiche Befehle zur Datenbankadministration. Hier verweisen wir auf die Literatur der Datenbankanbieter, da diese Befehle herstellerabhängig sind.

© Springer Fachmedien Wiesbaden GmbH 2017

E. Schicker, *Datenbanken und SQL*, Informatik & Praxis, DOI 10.1007/978-3-658-16129-3_5

Bei den DML-Befehlen gab es bei den einzelnen Datenbankanbietern nur wenige Abweichungen von der SQL-Norm. In der Beschreibungssprache DDL sind diese Abweichungen leider deutlich spürbar. Wir werden auf die wichtigsten Besonderheiten in Oracle, SQL Server und MySQL eingehen. Die SQL-Norm beschreibt alle DDL-Befehle bis ins kleinste Detail. Wir werden hier gezielt nur auf die wirklich wichtigen Themen eingehen, dann aber sehr ausführlich. Für weiterführende Themen verweisen wir auf die Literatur. Es seien insbesondere Conolly und Begg (2015), Adams (2012), Date und Darwen (1998), Elmasri und Navathe (2002), Gulutzan und Pelzer (1999), Van der Lans (2007), Marsch und Fritze (2002) und Melton und Simon (2001) empfohlen.

Dieses Kapitel enthält wieder viele Beispiele, die mit Hilfe der Datenbank *Bike* direkt geübt werden können. Hinweise zu dieser Datenbank *Bike* und zur Installation dieser Datenbank gibt es im Anhang.

5.1 Relationen erzeugen

Der wichtigste Befehl der Beschreibungssprache ist der Befehl *Create Table*. Damit werden die grundlegenden Basisrelationen erzeugt. Bereits in Abschnitt 3.2 hatten wir einige einfache Beispiele aufgezeigt. Jetzt wollen wir diesen Befehl ausführlich besprechen. Die Syntax des Create-Table-Befehls lautet:

```
CREATE TABLE Tabellenname
( { Spalte  { Datentyp  |   Gebietsname }
  [ Spaltenbedingung [ ... ] ] | Tabellenbedingung        }
  [ , ... ]
)
[ Herstellerspezifische Optionen ]
```

Die verwendete Notation wurde bereits zu Beginn des Kap. 4 vorgestellt. Wir wiederholen, dass wir reservierte Bezeichner in Großbuchstaben angeben. Alle weiteren Bezeichner sind entweder Namen oder werden im Weiteren noch näher spezifiziert. Die in eckigen Klammern stehenden Werte sind wahlfrei, und bei Angabe des senkrechten Strichs zusammen mit geschweiften Klammern ist genau eine der Möglichkeiten auszuwählen. Obiger Syntax entnehmen wir also, dass ein Create-Table-Befehl mit der Angabe des Tabellennamens beginnt, gefolgt von einer Attributliste. Jedes Attribut wird durch einen Spaltennamen identifiziert, besitzt einen anzugebenden Datentyp und kann wahlweise durch Spaltenbedingungen genauer spezifiziert werden. Wahlweise können in der Attributliste auch Tabellenbedingungen verwendet werden. Sowohl die Spalten- als auch die Tabellenbedingungen (im englischen: *column constraint* bzw. *table constraint*) legen zusätzliche Eigenschaften und damit Einschränkungen (*constraints*) fest, etwa Primär- und Fremdschlüsselangaben.

5.1.1 Datentypen

Die wichtigsten der im SQL-Standard vordefinierten Datentypen sind in Tab. 5.1 aufgelistet. Darüber hinaus lassen sich eigene Datentypen mit Hilfe von *Gebieten* und dem Befehl *Create Domain* definieren. Wir kommen in den nächsten Abschnitten darauf zurück. Mit den objektrelationalen Datenbanken und SQL3 können Attribute auch als Felder (*Array*), Reihen (*Row*) und Objekte (*Object*) definiert werden, siehe hierzu Kap. 9.

Die Größe der Datentypen *Integer* und *Smallint* ist implementierungsabhängig, wobei sichergestellt ist, dass *Integer*-Zahlen mindestens so groß wie *Smallint*-Zahlen sind. In SQL Server und MySQL werden *Integer*-Zahlen als 4-Byte-Zahlen und *Smallint*-Zahlen als 2-Byte-Zahlen abgespeichert. In Oracle sind beide 38 Zeichen lang!

Alle y-Werte bei den Dezimalzahlen aus Tab. 5.1 dürfen auch weggelassen werden. Es wird dann die Zahl 0 angenommen, die Dezimalzahlen sind dann also ganzzahlig. Das zusätzliche Weglassen der x-Werte ist ebenfalls möglich, wobei dann implementierungsbedingte Werte angenommen werden. Darüber hinaus entspricht die Angabe *Character* ohne Parameter dem Vorgabewert *Character(1)*, ebenso besitzt *Bit* ohne Parameter die Bedeutung *Bit(1)*. Aus Kompatibilitätsgründen werden seit SQL2 auch die Datentypen *Real* und *Double Precision* unterstützt. Sie entsprechen beide dem Typ *Float* mit einer implementierungsabhängigen Anzahl von Nachkommastellen. Die genannten Datentypen werden alle von Oracle unterstützt, MySQL kennt den Datentyp *Bit* nicht, SQL Server nicht den Datentyp *Double Precision*.

Der Datentyp *Date* ist für Datumsangaben enorm wichtig. Variablen vom Typ *Date* können miteinander verglichen werden. Ebenso können diese Variablen voneinander subtrahiert werden. Das Ergebnis ist dann eine Integerzahl, die die Anzahl der Tage zwischen diesen Daten enthält. Auch die Addition oder Subtraktion einer Datumsvariablen mit ei-

Tab. 5.1 Liste wichtiger Datentypen in SQL

INTEGER	Ganzzahl
INT	Kurzform von INTEGER
SMALLINT	Ganzzahl
NUMERIC(x,y)	x stellige Zahl mit y Nachkommastellen
DECIMAL(x,y)	x stellige Zahl mit y Nachkommastellen
FLOAT(x)	Gleitpunktzahl mit x Nachkommastellen
CHARACTER(n)	Zeichenkette der festen Länge n
CHAR(n)	Kurzform von CHARACTER (n)
CHARACTER VARYING(n)	Variable Zeichenkette mit bis zu n Zeichen
VARCHAR(n)	Kurzform von CHARACTER VARYING (n)
BIT(n)	Bitleiste der festen Länge n
DATE	Datum (Jahr, Monat, Tag)
TIME	Uhrzeit (Stunde, Minute, Sekunde)
DATETIME	Kombination aus DATE und TIME

ner Ganzzahl ist erlaubt. Das Datum wird entsprechend um die Anzahl Tage erhöht bzw. erniedrigt. Zusätzlich zum Datum gibt es auch den Datentyp *Time* für die Uhrzeit und *Datetime* für eine Variable, die Datum und Zeit enthält. Diese Datumsvariablen sind sehr breit einsetzbar, da auch Zeitzonen berücksichtigt werden. Eine ausführliche Beschreibung zu den Datentypen Date, Time und Datetime finden wir unter anderem in Date und Darwen (1998) und Marsch und Fritze (2002).

Häufig wird in Abfragen das aktuelle Datum benötigt. Deshalb wurde in SQL2 die Konstante *Current_Date* vom Datentyp *Date* definiert. Diese Konstante enthält das aktuelle Datum. Gestern war also *Current_Date – 1* und morgen ist *Current_Date + 1*, um zwei einfache Beispiele zu nennen. Diese Konstante wird von MySQL und Oracle unterstützt, SQL Server verwendet stattdessen die Funktion *GetDate*.

Es sei noch erwähnt, dass mit Hilfe der Funktion *Cast* ein Datentyp in einen anderen explizit umgewandelt werden kann. Dies ist insbesondere beim Umwandeln von Datums- in Zeichenkettenfelder und umgekehrt wichtig. Die folgende Funktion erzeugt ein Datumsfeld aus der angegebenen Zeichenkette:

```
CAST ( '2013-12-24' AS DATE )
```

Diese Cast-Funktion ist in Oracle, SQL-Server und MySQL implementiert. Alle Datenbankhersteller besitzen darüber hinaus eigene Implementierungen, um Zeichenketten, die ein gültiges Datum enthalten, in den Datentyp *Date* zu konvertieren: *to_date* in Oracle, *convert* in SQL Server und *str_to_date* in MySQL.

Hilfreich ist weiterhin der Date-Operator, den sowohl Oracle als auch MySQL unterstützen. Gemäß SQL-Norm wird damit eine Zeichenkette der Form *jjjj-mm-tt* automatisch in das interne Datumsformat der Datenbank umgewandelt. Beispielsweise wird Silvester 2013 bei der folgenden Eingabe unabhängig von länderspezifischen Einstellungen immer akzeptiert:

```
DATE '2013-12-31'
```

In SQL Server muss der Operator *Date* weggelassen werden, die Umwandlung funktioniert hier ohne diesen Operator. Zu Datums- und Zeitangaben gibt es viele Funktionen, einschließlich zahlreicher herstellerspezifischer Möglichkeiten der Umwandlung. Beispielsweise kann aus einem Datum der Tag, das Monat, die Kalenderwoche oder das Jahr extrahiert werden. Hier verweisen wir auf die Manuale der Datenbankhersteller.

Extrem wichtig sind Zeichenketten. Hier sollten wir den Unterschied zwischen den Zeichenkettendatentypen *Char(n)* und *Varchar(n)* kennen. Beide Datentypen unterscheiden sich nicht nur in der Art der Speicherung: Der Datentyp *Char* belegt immer genau den angegebenen Speicherplatz, auch wenn weniger Zeichen benötigt werden. Die restlichen Zeichen werden mit Leerzeichen aufgefüllt! Viele Datenbanken belegen auch beim Datentyp *Varchar* intern den maximalen Speicherplatz. Mit Sicherheit werden aber Leerzeichen am Zeichenkettenende nicht hinzugefügt. Vielmehr wird die aktuelle Länge der

Zeichenkette in einem eigenen Längenfeld gemerkt. Aus diesem Grund liefern die beiden folgenden Befehle nicht immer das gleiche Ergebnis:

```
SELECT * FROM Personal WHERE Name LIKE '%e_';
SELECT * FROM Personal WHERE Trim(Name) LIKE '%e_';
```

Der zweite Befehl gibt alle Personen aus, deren Namen im vorletzten Zeichen den Buchstaben *e* enthalten. Beim ersten Befehl ist dies nur der Fall, wenn der Datentyp *Varchar* verwendet wurde. Beim Datentyp *Char* wird eine Zeichenkette mit Leerzeichen aufgefüllt, so dass das vorletzte Zeichen wohl meist eben ein solches Leerzeichen und kein *e* sein wird. Dies gilt zumindest in Oracle. Vor der Verwendung von Variablen vom Datentyp *Char* entfernt MySQL automatisch schließende Leerzeichen. SQL Server interpretiert das Wildcart-Zeichen „_' am Ende eigenwillig und gibt im obigen ersten Beispiel auch Heinz Rolle mit aus, unabhängig von der Anzahl der folgenden Leerzeichen.

5.1.2 Spalten- und Tabellenbedingungen

Enorm wichtig für die Integrität einer Datenbank sind die *Spalten-* und *Tabellenbedingungen*. Wir beginnen mit den *Spaltenbedingungen* (im Englischen: *column constraints*), die direkt mit der Definition eines Attributs angegeben werden. Mögliche Bedingungen sind:

```
[ CONSTRAINT  Bedingungsname  ]  NOT NULL
[ CONSTRAINT  Bedingungsname  ]  { PRIMARY KEY | UNIQUE }
[ CONSTRAINT  Bedingungsname  ]
REFERENCES Tabellenname [ ( Spalte [ , ... ] ) ]
         [ ON DELETE { NO ACTION | CASCADE | SET NULL } ]
         [ ON UPDATE { NO ACTION | CASCADE | SET NULL } ]
[ CONSTRAINT  Bedingungsname  ]  CHECK ( Bedingung )
```

Jedes einzelne Attribut kann wahlweise durch eine oder mehrere dieser Bedingungen eingeschränkt werden. Wir können damit den Primärschlüssel mittels des Bezeichners *Primary Key* festlegen und alternative Schlüssel mittels *Unique*. Die Identifikation der Fremdschlüssel einschließlich der referentiellen Integritätsregeln beginnt mit dem Bezeichner *References*. Ferner können wir Variablen mittels einer Check-Bedingung einschränken, und mittels des Bezeichners *Not Null* Nullwerte in diesem Attribut verbieten. Für den Primärschlüssel gilt die Bedingung *Not Null* natürlich automatisch.

Eine *Check*-Bedingung entspricht der Bedingung in der *Where*-Klausel des *Select*-Befehls, allerdings sind Unterabfragen auf andere Relationen nicht zulässig. Mittels der *Check*-Bedingung wird festgelegt, welche Bedingungen ein Attribut erfüllen muss. Soll ein Attribut *attr* etwa immer zwischen 10 und 90 liegen, so wird dies mittels der Spalten-definition

```
attr  INTEGER  CHECK ( attr BETWEEN 10 AND 90 )
```

sichergestellt. Weitere Beispiele folgen in diesem Kapitel. Es sei aber erwähnt, dass sich die Einschränkung in der Check-Bedingung ausschließlich auf das jeweilige Attribut selbst beziehen muss, in unserem Beispiel also auf das Attribut *attr*!

Mit der wahlfreien Angabe von Bedingungsnamen zusammen mit dem reservierten Wort *Constraint* erhalten die einzelnen Bedingungen einen eindeutigen Namen zwecks späterer Identifikation. Dies ist dann wichtig, wenn eine Bedingung eventuell wieder ge-löscht werden soll. Wir kommen beim *Alter-Table*-Befehl darauf zurück.

Zusammengesetzte Schlüssel können nicht als Spaltenbedingung definiert werden, da ein Attribut durch die Angaben *Primary Key* oder *References* für sich alleine bereits als Schlüssel festgelegt wäre. Bei spaltenübergreifenden Bedingungen und Schlüsseln müs-sen wir daher auf Tabellenbedingungen (engl.: *table constraints*) zurückgreifen. Diese ähneln den Spaltenbedingungen, erfordern aber zusätzlich die Attributnamen, auf die sie sich beziehen. Die Syntax der Tabellenbedingungen ist im Folgenden aufgelistet:

```
[ CONSTRAINT  Bedingungsname  ]
   { PRIMARY KEY | UNIQUE }  ( Spalte  [ , ... ]  )
[ CONSTRAINT  Bedingungsname  ]
   FOREIGN KEY  ( Spalte  [ , ... ]  )
   REFERENCES  Tabellenname  [ ( Spalte  [ , ... ] ) ]
      [ ON DELETE { NO ACTION | CASCADE | SET NULL } ]
      [ ON UPDATE { NO ACTION | CASCADE | SET NULL } ]
[ CONSTRAINT  Bedingungsname  ]
   CHECK ( Bedingung )
```

Grundsätzlich steht es dem Datenbankdesigner bei nicht zusammengesetzten Schlüs-seln frei, ob er Tabellen- oder Spaltenbedingungen benutzen möchte. Schließlich sind beide Definitionen gleichwertig. Bei zusammengesetzten Schlüsseln hingegen sind Ta-bellenbedingungen zwingend erforderlich.

Werden die Bezeichner *On Delete* oder *On Update* nicht angegeben, so wird auto-matisch die Vorgabe *No Action* gesetzt, das Ändern bzw. Löschen also gegebenenfalls unterbunden. Wird eine Check-Bedingung als Tabellenbedingung definiert, so darf sie sich auf beliebige Attribute dieser Relation beziehen.

Analog zu Spaltenbedingungen können wir auch hier mittels des Bezeichners *Cons-traint* einen Bedingungsnamen angeben. Ein späteres Löschen mittels eines *Alter-Table*-Befehls ist dann jederzeit möglich.

Es gibt in Datenbanken Einschränkungen zu dieser SQL-Norm. Diese sind in Tab. 5.2 aufgelistet. In allen drei Datenbanken sind Unterabfragen in einer Check-Bedingung nicht erlaubt beziehungsweise werden nicht überprüft.

Tab. 5.2 Abweichungen von der SQL-Norm bei Bedingungen

	Abweichungen
Oracle	Die Bedingung *On Delete No Action* kann nicht angegeben werden. Sie gilt aber standardmäßig. Die Bedingung *On Update ...* kann nicht angegeben werden. Es gilt immer *On Delete No Action*.
SQL Server	Keine Abweichung
MySQL	Bedingungsnamen sind nur in Tabellenbedingungen erlaubt. Fremdschlüsselangaben müssen als Tabellenbedingungen geschrieben werden. Die Spalten, auf die sich der Fremdschlüssel bezieht, müssen angegeben werden.

Als abschließendes Beispiel wollen wir die bereits früher verwendete Relation *Personal* (siehe Tab. 4.1) definieren:

```
CREATE TABLE Personal
( Persnr      INT        PRIMARY KEY,
  Name        CHAR(25)   NOT NULL,
  Ort         CHAR(15),
  Vorgesetzt  INTEGER REFERENCES Personal
              ON DELETE SET NULL  ON UPDATE CASCADE,
  Gehalt      NUMERIC(8,2) CHECK(Gehalt BETWEEN 800 AND 9000),
  Beurteilung CHAR,
  CONSTRAINT  MinVerdienst
              CHECK( Gehalt >= Coalesce((6-Beurteilung)*400,
                                                     800) )
) ;
```

Wir haben den Primär- und Fremdschlüssel angegeben, ebenso wurde das Gehalt auf ein Intervall eingeschränkt und mittels einer Tabellenbedingung in Abhängigkeit von der Beurteilung nach unten beschränkt.

Wir beachten, dass ein späteres Ändern der Struktur von Relationen immer mit einem hohen Aufwand verbunden ist. Alle Zugriffe auf diese Relationen in allen Programmen müssen gegebenenfalls angepasst werden. Ein optimales Datenbankdesign ist daher die beste Vorbeugung. Hier gilt die bereits erwähnte Devise: *einmal schlechtes Design – immer schlechte Anwendung*. Nach dem wohlüberlegten Design der Datenbank ist dann das eigentliche Erzeugen der Relationen relativ einfach, die erforderlichen *Create-Table-*Befehle sind schnell geschrieben. Es sollte der Aufwand nicht gescheut werden, alle bekannten Einschränkungen mittels Spalten- und Tabellenbedingungen anzugeben. Nur so kann das Datenbankverwaltungssystem von sich aus Integritätsverletzungen erkennen. Dieser einmalige Aufwand ist die beste Rückversicherung für die Integrität der Datenbank.

An dieser Stelle sei noch erwähnt, dass Verletzungen der angegebenen Spalten- und Tabellenbedingungen im laufenden Datenbankbetrieb zur Zurückweisung des entsprechenden Zugriffsbefehls führen. Es wird eine Fehlermeldung mit entsprechendem Returncode zurückgeliefert. Es versteht sich von selbst, dass ein gutes Zugriffsprogramm auf diese Fehler geeignet reagiert. Wir verweisen hier auf Kap. 6, wo wir SQL-Befehle in Programme einbetten und Fehler abfangen werden.

5.2   Relationen ändern und löschen

Auch bei einem optimalen Design müssen wir damit rechnen, dass die Datenbankstruktur manchmal an Änderungen in der realen Umgebung angepasst werden muss. Für diese Aufgabe, meist handelt es sich um Erweiterungen, steht der SQL-Befehl *Alter Table* zur Verfügung. Die Syntax lautet:

```
ALTER TABLE   Tabellenname
   { ADD [ COLUMN ]   Spalte   { Datentyp | Gebietsname }
                               [ Spaltenbedingung [ ... ] ] ]
   | DROP [ COLUMN ]  Spalte   { RESTRICT | CASCADE }
   | ADD              Tabellenbedingung
   | DROP CONSTRAINT  Bedingungsname   { RESTRICT | CASCADE }
```

Wir können mit einem *Alter-Table*-Befehl entweder genau ein neues Attribut (Spalte) hinzufügen oder ein bestehendes Attribut entfernen oder eine weitere Tabellenbedingung einfügen oder eine existierende Tabellen- oder Spaltenbedingung löschen. Wir erkennen, wie wichtig es sein kann, eine Bedingung mit einem Bedingungsnamen zu versehen. Nur so kann diese gegebenenfalls mittels *Drop Constraint* wieder entfernt werden.

Beim Löschen von Attributen oder Tabellen- und Spaltenbedingungen muss laut SQL-Norm eine der Bedingungen *Restrict* oder *Cascade* angegeben werden. Bei *Restrict* wird das Löschen verhindert, wenn noch Sichten existieren, die dieses Attribut verwenden, oder wenn noch Integritätsbedingungen zu diesem Attribut vorliegen. Bei *Cascade* wird das entsprechende Attribut auch in diesen Sichten gelöscht, ebenso darauf verweisende Integritätsbedingungen. Ist das zu löschende Element eine Tabellenbedingung, so hat *Restrict* nur bei Fremdschlüsselbedingungen eine Bedeutung. Gibt es noch Verweise, so wird das Löschen unterbunden. Bei *Cascade* werden die Verweise ebenfalls gelöscht. Wieder gibt es bei den Datenbankanbietern erhebliche Abweichungen zur Norm, siehe Tab. 5.3.

Soll, aus welchen Gründen auch immer, eine Relation samt der darin gespeicherten Tupel entfernt werden, so ist dies mit dem *Drop-Table*-Befehl möglich. Die Syntax ist einfach und lautet:

```
DROP TABLE   Tabellenname   { RESTRICT | CASCADE }
```

Tab. 5.3 Abweichungen von der SQL-Norm im Alter-Table-Befehl

	Abweichungen
Oracle	ADD: Der Bezeichner *Column* darf nicht verwendet werden. DROP: Der Bezeichner *Column* muss verwendet werden, oder die Spalte ist zu klammern. Der Bezeichner *Restrict* ist nicht erlaubt. Standardmäßig wird das Löschen abgewiesen. Statt des Bezeichners *Cascade* ist *Cascade Constraints* zu verwenden. DROP CONSTRAINT: Der Bezeichner *Restrict* ist nicht erlaubt. Standardmäßig wird das Löschen abgewiesen.
SQL Server	ADD: Der Bezeichner *Column* darf nicht verwendet werden. DROP: Der Bezeichner *Column* darf nicht verwendet werden, ebenso nicht: *Restrict* und *Cascade*. Standardmäßig wird das Löschen gegebenenfalls abgewiesen. DROP CONSTRAINT: Die Bezeichner *Restrict* und *Cascade* dürfen nicht verwendet werden. Standardmäßig wird das Löschen gegebenenfalls abgewiesen.
MySQL	DROP CONSTRAINT: Eigene Syntax *Drop Index* und *Drop Key*.

Wird *Restrict* gesetzt, wird ein Löschen der Relation verweigert, falls noch Verweise auf diese Relation existieren. Im Falle von *Cascade* werden entsprechende Verweise (Tupel) ebenfalls gelöscht. Im praktischen Einsatz ist das Löschen ganzer Relationen oder auch nur das Löschen einzelner Attribute oder Tabellenbedingungen selten. Nur im Entstehungsprozess einer neuen Datenbank während der Implementierungs- und Testphase besitzt ein *Drop-Table*-Befehl eine Existenzberechtigung.

MySQL unterstützt zwar die Syntax, ignoriert aber die Bezeichner *Restrict* und *Cascade*. Oracle und SQL Server erlauben die Bezeichner *Restrict* und *Cascade* nicht. In Oracle kann stattdessen der Ausdruck *Cascade Constraint* verwendet werden.

5.3 Temporäre Relationen

Gelegentlich sollen Zwischenergebnisse in eigenen Relationen gespeichert werden. Diese Relationen können dann nach der durchgeführten Aktion wieder gelöscht werden. Dies kann sehr aufwendig sein, so dass im SQL-Standard temporäre Relationen eingeführt wurden. Die Idee ist:

Eine temporäre Relation wird während einer Session erzeugt und am Ende dieser Session automatisch wieder entfernt. Weiterhin besteht die Möglichkeit, dass am Ende jeder Transaktion der Inhalt dieser Relation gelöscht wird. Die Syntax dieser temporären Relationen ist nahezu identisch zum Befehl *Create Table* und lautet:

```
CREATE { LOCAL | GLOBAL } TEMPORARY TABLE Tabellenname
( { Spalte    { Datentyp   |   Gebietsname  }
  [  Spaltenbedingung [ ... ] ] | Tabellenbedingung     }
  [ ,  ...  ]
)
[ ON COMMIT  { PRESERVE | DELETE } ROWS ]
```

Durch die Angabe *Local* wird sichergestellt, dass die temporäre Relation nur für den aktuellen Benutzer sichtbar ist. Wird die Angabe *Global* verwendet, so kann diese Relation auch von anderen benutzt werden. Wichtig ist, dass jeder Benutzer grundsätzlich nur seine eigenen Daten sieht. Es entfällt also eine komplexe Synchronisation bei parallelen Zugriffen. Zuletzt kann im Befehl angegeben werden, ob der jeweilige Inhalt am Ende einer Transaktion erhalten bleibt oder gelöscht wird. Standardmäßig wird der Inhalt bei jedem Transaktionsende gelöscht.

Temporäre Relationen besitzen zwei wesentliche Vorteile: Erstens wird die Relation automatisch von der Datenbank gelöscht, und zweitens gibt es Performance-Vorteile: Temporäre Relationen müssen nicht zwischen mehreren Benutzern synchronisiert werden, und sie werden auch beim Logging (siehe Abschn. 8.1) nicht berücksichtigt, was erheblichen Aufwand einspart.

Wieder gibt es in der Praxis einige Einschränkungen. In Oracle gibt es nur die Angabe *Global*, in SQL Server sind Relationen, die mit dem Zeichen ‚#' beginnen, lokal temporär. Global temporäre Relationen beginnen mit der Zeichenfolge ‚##'. Ansonsten gilt die Syntax des Befehls *Create Table*. In MySQL dürfen die Angaben *Local* und *Global* nicht verwendet werden. Es gibt nur lokale temporäre Relationen. Die Angabe *On Commit* gibt es weder in SQL Server noch MySQL, auch wird dort nicht am Ende des Commit der Inhalt gelöscht.

5.4 Sichten (Views)

Im Abschn. 2.2 haben wir darauf hingewiesen, dass auch Sichten Relationen sind. In diesem Abschnitt wollen wir diese Sichten vorstellen. Sichten oder virtuelle Relationen (im englischen: *View*) sind von Basisrelationen abgeleitete Relationen, wobei in der Datenbank nicht deren Inhalt, sondern nur die Ableitungsregeln gespeichert werden!

Der Sinn von Sichten liegt darin, jedem Benutzer nur das zu zeigen, was für ihn wichtig und interessant ist. Genau genommen gibt es vier Gründe Sichten einzuführen:

- **Datenschutz**: Der Benutzer sieht nur die für ihn bestimmten Daten.
- **Übersicht**: Der Benutzer sieht nur die für ihn relevanten Daten. Somit behält er den Überblick im Datendschungel.
- **Lesbarkeit**: Dem Benutzer werden die Daten so aufbereitet, dass er sie einfach nachvollziehen kann.
- **Zwischenspeicherung**: Komplexe Select-Befehle werden persistent gespeichert, um sie in weiteren Select-Befehlen einzusetzen.

Wir wollen zu allen vier Anwendungsfällen Beispiele geben, zunächst beginnen wir aber mit der Syntax zum Erzeugen und Löschen von Sichten:

```
CREATE VIEW Sichtname [ ( Spalte [ , ... ] ) ] AS Select-Befehl
   [ WITH CHECK OPTION ]
DROP VIEW Sichtname { RESTRICT | CASCADE }
```

Eine Sicht ist also nichts anderes als ein Select-Befehl, der einen Namen erhält. Dieser Sichtname muss innerhalb der Datenbank eindeutig sein und sich von anderen Tabellen- oder Sichtnamen unterscheiden. Wollen wir eigene Attributnamen verwenden, so können wir diese wahlfrei explizit angeben. Die Option *With Check Option* werden wir auf den nächsten Seiten behandeln. Es sei erwähnt, dass hier im Select-Befehl die Klausel *Order By* nicht erlaubt ist. Werden in der Select-Klausel Spaltenausdrücke ohne Aliasnamen verwendet, so ist die Spaltenliste nach dem Sichtnamen zwingend anzugeben.

Analog zum *Drop-Table*-Befehl ist beim *Drop-View*-Befehl eine der beiden Angaben *Restrict* oder *Cascade* zwingend. Bei der Angabe von *Restrict* wird das Löschen der Sicht zurückgewiesen, wenn andere Sichten oder Tabellen- und Spaltenbedingungen existieren, die auf diese Sicht verweisen. Wird *Cascade* angegeben, so werden auch diese Sichten und Bedingungen mit entfernt.

Wie beim Befehl *Drop Table* gilt: MySQL unterstützt zwar die Syntax, ignoriert aber die Bezeichner *Restrict* und *Cascade*. Oracle und SQL Server erlauben die Bezeichner *Restrict* und *Cascade* nicht. In Oracle darf aber stattdessen der Ausdruck *Cascade Constraint* verwendet werden.

Beginnen wir mit einem einfachen Beispiel zum Datenschutz bzw. zur Übersichtlichkeit: Die Relation *Personal* enthält personenspezifische Daten wie Gehalt und Beurteilung, die nicht für die Augen Dritter bestimmt sind. Auch andere Angaben sind vielleicht nicht wichtig, wie Personenstand oder Aufgabe. Wir könnten daher eine Sicht *Personal1* wie folgt definieren:

```
CREATE VIEW Personal1
AS SELECT Persnr, Name, Ort AS Wohnort, Vorgesetzt AS Chef
FROM Personal ;
```

Diese Relation *Personal1* ist klein und übersichtlich und enthält keine internen sensiblen Daten. Wir geben jetzt den Benutzern außerhalb der Personalabteilung nur Zugriffsrechte auf diese Relation und nicht auf die ursprüngliche Relation *Personal*. Der Datenschutz ist damit gewährleistet. Durch Eingabe des Befehls

```
SELECT * FROM Personal1 ;
```

erhält der Anwender die Ausgabe gemäß Tab. 5.4. Er wird nicht wissen, dass es eine Relation *Personal* gibt, und er wird auch rein äußerlich nicht bemerken, dass die Relation *Personal1* keine Basisrelation, sondern eine Sicht ist.

Betrachten wir jetzt als nächstes ein Beispiel zur Lesbarkeit und Zwischenspeicherung. Die Relation *Auftrag* aus Tab. 10.5 ist für den Anwender kaum lesbar, da Personal- und

Tab. 5.4 Relation Personal1

Persnr	Name	Wohnort	Chef
1	Maria Forster	Regensburg	NULL
2	Anna Kraus	Regensburg	1
3	Ursula Rank	Frankfurt	6
4	Heinz Rolle	Nürnberg	1
5	Johanna Köster	Nürnberg	1
6	Marianne Lambert	Landshut	NULL
7	Thomas Noster	Regensburg	6
8	Renate Wolters	Augsburg	1
9	Ernst Pach	Stuttgart	6

Kundennummern in der Regel nicht auswendig bekannt sind. Zusätzlich könnte noch die Auftragssumme interessieren. Hier könnte folgende Sicht weiterhelfen:

```
CREATE VIEW VAuftrag  (AuftrNr,Datum,Kundname,Persname,Summe)
AS   SELECT   AuftrNr, Datum, K.Name, P.Name, SUM (Gesamtpreis)
     FROM     Auftrag AS A JOIN Kunde AS K   ON K.Nr = A.Kundnr
                    JOIN Personal AS P     USING (Persnr)
                    JOIN Auftragsposten    USING (Auftrnr)
         GROUP BY Auftrnr, Datum, K.Name, P.Name ;
```

Das Ergebnis dieser Sicht *VAuftrag* ist in Tab. 5.5 wiedergegeben. Jeder Auftrag erscheint zusammen mit dem Personal- und Kundennamen und der Auftragssumme statt den in der Regel nicht bekannten Nummern.

Diese Sicht kann auch als praktische Zwischenspeicherung dienen. Wenn wir nur die Aufträge anzeigen wollen, die Frau Köster tätigte, so genügt folgender Befehl:

```
SELECT   * FROM VAuftrag
 WHERE   Persname LIKE '%Köster%' ;
```

Eine Datenbank behandelt Relationen gleichwertig, zumindest aus Sicht des Anwenders. Der Anwender weiß daher nicht, dass es sich bei der Relation *VAuftrag* nur um eine Sicht handelt. Andererseits existiert diese Sicht physisch nicht. Das Datenbanksystem wird intern nur den Select-Befehl der Sicht speichern und diesen bei Bedarf verwenden,

Tab. 5.5 Sicht VAuftrag

AuftrNr	Datum	Kundname	Persname	Summe
1	04.01.2013	Fahrrad Shop	Anna Kraus	800
2	06.01.2013	Maier Ingrid	Johanna Köster	2350
3	07.01.2013	Rafa – Seger KG	Anna Kraus	800
4	18.01.2013	Fahrräder Hammerl	Johanna Köster	824
5	06.02.2013	Fahrrad Shop	Anna Kraus	70

um einen Zugriffsbefehl auf die Basisrelation *Auftrag* zu generieren. Obiger Befehl wird vermutlich wie folgt expandiert:

```
SELECT  * FROM (
   SELECT  AuftrNr, Datum, K.Name AS Kundname,
           P.Name AS Persname, SUM(Gesamtpreis) AS Summe
   FROM     Auftrag AS A JOIN Kunde AS K       ON K.Nr = A.Kundnr
                         JOIN Personal AS P    USING (Persnr)
                         JOIN Auftragsposten   USING (Auftrnr)
   GROUP BY AuftrNr, Datum, K.Name, P.Name              )
WHERE Persname LIKE '%Köster%' ;
```

Sichten haben sich in der Praxis bewährt und werden vielfach eingesetzt. Insbesondere aus Datenschutzgründen sind sie nicht mehr wegzudenken. Gleichzeitig belasten sie das System nicht durch zusätzliche Redundanz.

Ganz wichtig ist folgender Sachverhalt: Nehmen wir Änderungen in den zugrunde liegenden Basisrelationen vor, so wirken sich diese sofort auf alle Sichten aus. Schließlich greifen ja Sichten immer auf die Basisrelationen zu. Umgekehrt dürfen wir auch in Sichten ändern. Wir müssen allerdings beachten, dass sich diese Änderungen eindeutig auf die darunterliegende Basisrelation abbilden lassen. Nur wenn alle folgenden Bedingungen in der Definition der Sicht erfüllt sind, ist daher das Ändern, Löschen oder Einfügen in der Sicht erlaubt:

- Die From-Klausel enthält nur eine Relation
- Es gibt keine Group-By-Klausel
- Die Select-Klausel enthält keine Distinct-Angabe
- Die Spaltenliste besteht nur aus einzelnen Spaltennamen
- Die Operatoren *Union*, *Intersect* oder *Except* kommen nicht vor

Ist eine dieser Aufzählungen verletzt, so kann es vorkommen, dass Tupel der zugrundeliegenden Relation in der Sicht zusammengefasst werden. Damit kann ein einzelnes Attribut mehreren realen Attributen entsprechen. Ein Ändern in der Sicht ließe sich damit nicht mehr eindeutig auf die Basisrelation zurückrechnen. Jede Datenbank verbietet daher generell das Ändern, wenn auch nur eine der obigen fünf Bedingungen verletzt ist.

Die Relation *Personal1* erfüllt alle fünf Bedingungen. Zieht etwa Frau Kraus nach Hannover um, so dürfen wir schreiben:

```
UPDATE   Personal1
SET      Wohnort = 'Hannover'
WHERE    Persnr = 2 ;
```

Jetzt wird nicht die Relation *Personal1* geändert, diese existiert ja gar nicht. Vielmehr ändern wir das Attribut *Ort* von Mitarbeiter 2 in der Relation *Personal*.

Die Sicht *VAuftrag* hingegen ist nicht änderbar. Sie verletzt gleich mehrere der obigen Bedingungen: Es wird auf vier Relationen zugegriffen, eine Group-By-Klausel wird verwendet und die Spaltenliste enthält eine Funktion und nicht nur Namen. Dass diese Sicht nicht änderbar ist, ist leicht nachvollziehbar: Möchten wir beispielsweise in Auftrag 4 die Auftragssumme von 824 Euro auf 800 Euro reduzieren, so stünde die Datenbank vor einer schweren Entscheidung: Soll nur eine Auftragsposition um 24 Euro gesenkt werden, oder sollen alle Positionen anteilig reduziert werden? Wenn wir hier also Änderungen vornehmen wollen, dann müssen wir dies in den zugrunde liegenden Basisrelationen tun.

Sichten sind universell einsetzbar. In der Zugriffssprache dürfen wir generell Sichten verwenden, wo wir bisher nur Tabellen benutzt hatten. Auch bei der Definition einer Sicht dürfen wir in der From-Klausel Sichten einsetzen. Es versteht sich dabei von selbst, dass eine solche Sicht nur änderbar sein kann, wenn die zugrundeliegende Sicht dies ebenfalls ist.

Zuletzt wollen wir die Option *With Check Option* betrachten. Nehmen wir beispielsweise eine Basisrelation *Vereinsmitglieder*, die die Daten der Mitglieder eines Vereins enthält. Wird in diesem Verein eine intensive Jugendarbeit betrieben, könnte eine Sicht *Jugend* von Interesse sein. Diese würde dann einfach aus der Basisrelation abgeleitet:

```
CREATE VIEW Jugend  AS
   SELECT  *  FROM  Vereinsmitglieder  WHERE  Alter < 21 ;
```

Hier wurde vorausgesetzt, dass die Relation ein Attribut *Alter* besitzt. Dem Leiter der Jugendarbeit wird der Zugriff auf die Relation *Jugend* gestattet, jedoch nicht auf die Relation *Vereinsmitglieder*. Diese Sicht *Jugend* ist änderbar, alle DML-Befehle sind erlaubt und wirken sich direkt auf die Basisrelation *Vereinsmitglieder* aus. Der Jugendleiter führt auch regelmäßig Änderungen durch: An jedem Geburtstag eines Mitglieds erhöht er das Alter. Dieses Erhöhen funktioniert zunächst einwandfrei. Wird ein Jugendmitglied jedoch 21 Jahre alt, tritt eine Anomalie auf: Obwohl der Jugendleiter nur Änderungen vornimmt, hat er den Eintrag in der Sicht gelöscht. Das Mitglied ist selbstverständlich weiter in der Basisrelation enthalten, und sein Alter wurde auch erhöht. Doch der Jugendleiter sieht dies nicht. Auch ein versehentliches Ändern kann von ihm nicht mehr rückgängig gemacht werden.

Hier kommt die Option *With Check Option* ins Spiel. Diese Option weist Änderungen zurück, die dazu führen würden, dass Tupel nicht mehr der Sicht angehören. In unserem Beispiel versehen wir daher den Create-View-Befehl mit dieser Option:

```
CREATE VIEW Jugend  AS
   SELECT  *  FROM  Vereinsmitglieder  WHERE  Alter < 21
   WITH CHECK OPTION ;
```

Jetzt wird der Versuch, das Alter in der Sicht *Jugend* auf 21 Jahre zu setzen, mit einer Fehlermeldung zurückgewiesen. Die Anomalie ist beseitigt. Dieses Setzen auf den Wert 21 ist direkt in der Basisrelation *Vereinsmitglieder* durchzuführen.

5.5 Zusicherungen (Assertions)

Integrität ist in Datenbanken enorm wichtig. Nicht erlaubte Inhalte müssen soweit wie möglich vom Datenbankverwaltungssystem verhindert werden. Dies führt unter anderem zu Einschränkungen in den Attributen, den Spalten- und Tabellenbedingungen. Damit werden die Entitäts- und Referenzintegrität garantiert. Die semantische Integrität wird zusätzlich durch Check-Bedingungen unterstützt. Doch diese Check-Bedingungen reichen nicht immer aus. Betrachten wir dazu ein Beispiel:

Wir möchten, dass ein verkaufter Artikel nicht versehentlich teurer angeboten wird, als er in der Artikelliste ausgezeichnet ist. Dies lässt sich durch das Hinzufügen der folgenden Tabellenbedingung verhindern:

```
ALTER TABLE Auftragsposten ADD
  CONSTRAINT Auftragspreis
  CHECK ( Gesamtpreis <= ( SELECT  Anzahl*Preis
                           FROM    Artikel
                           WHERE   ANr = Artnr )  ) ;
```

Diese Bedingung hat aber eine Schwäche: Sie verhindert zwar einen unerlaubten Eintrag in der Relation *Auftragsposten*, jedoch nicht eine fehlerhafte Preisangabe in der dazu korrespondierenden Relation *Artikel*. Wir benötigen also eine datenbankumfassende Bedingung, keine Relationen spezifische!

Die SQL-Norm hat darauf schon sehr früh reagiert und bereits in SQL2 Zusicherungen (engl.: assertions) eingeführt. Diese Zusicherungen werden mit dem Befehl *Create Assertion* definiert. Obige Tabellenbedingung würde mit Hilfe dieser Zusicherung wie folgt lauten:

```
CREATE ASSERTION AssertionPreis CHECK (  NOT EXISTS
  ( SELECT * FROM Auftragsposten INNER JOIN Artikel
                      ON ANr = Artnr
    WHERE Gesamtpreis > Anzahl * Preis )   ) ;
```

Zu beachten ist die unterschiedliche Wirkung der letzten beiden Befehle. Im Falle des Befehls *Alter Table* wird die Bedingung immer beim Ändern von Daten in der Relation *Auftragsposten* geprüft. Im Falle des Befehls *Create Assertion* geschieht dies auch bei einer Preisänderung eines Artikels in der Relation *Artikel*.

Die Syntax des Create-Assertion-Befehls lautet ganz allgemein:

```
CREATE ASSERTION  Bedingungsname  CHECK (  Bedingung  )
```

Eine Zusicherung drückt aus, dass die Datenbank bestimmte Bedingungen garantiert. Die *Check*-Bedingung im *Create-Assertion*-Befehl beginnt meist mit dem Operator *Not*

Exists. Allgemeine Bedingungen können mit dem *Drop-Assertion*-Befehl wieder gelöscht werden. Die Syntax hierfür lautet:

```
DROP ASSERTION  Bedingungsname
```

Es ist sehr wichtig, dass bereits beim Entwurf einer Datenbank bekannte Einschränkungen mit in das Design einfließen. So wird sichergestellt, dass zur gesamten Lebenszeit diese Bedingungen automatisch überprüft werden.

Die heutige Praxis sieht leider anders aus, da viele Datenbankhersteller einen anderen Weg gingen: Zusicherungen sind kaum implementiert, auch nicht in Oracle, SQL-Server oder MySQL. Diese Hersteller unterstützen auch keine Unterabfragen innerhalb einer Check-Bedingung. Eine Alternative sind Prozeduren und Trigger. Beide wurden 1999 in die SQL3-Norm aufgenommen.

Trigger sind meist kleine Unterprogramme, die bei bestimmten Ereignissen, etwa beim Einfügen oder Ändern, automatisch aufgerufen werden. Wir kommen später in diesem Kapitel darauf zurück. Wir wollen aber noch eine Möglichkeit angeben, wie mit Hilfe von Sichten unser Beispiel zumindest teilweise gelöst werden könnte. Dazu definieren wir eine Sicht *VAuftragsposten* zusammen mit einer With-Check-Option:

```
CREATE VIEW VAuftragsposten AS
   SELECT * FROM Auftragsposten
   WHERE Gesamtpreis <= ( SELECT  Anzahl * Preis
                          FROM    Artikel
                          WHERE   ANr = Artnr  )
   WITH CHECK OPTION ;
```

In der Sicht *VAuftragsposten* werden jetzt alle Änderungen abgewiesen, die die *Where*-Bedingung nicht erfüllen.

5.6 Gebiete

Im Befehl *Create Table* wird jedem Attribut ein Datentyp zugeordnet. Diese Zuordnung ist meist viel zu grob. Wir setzen daher Check-Bedingungen oder Zusicherungen ein, um die Freiheiten gezielt einzuschränken. Es gibt für viele Fälle auch eine Alternative: Gebiete. Seit SQL2 können wir Gebiete definieren und den Attributen statt einem Datentyp ein Gebiet zuweisen. Die Definition des Gebiets der Hauptstädte einiger Euro-Länder lautet beispielsweise:

```
CREATE DOMAIN EURO_Hauptstadt AS CHARACTER (15)
   CHECK ( VALUE IN ('Berlin', 'Paris', 'Rom', 'Madrid',
      'Lissabon', 'Wien', 'Amsterdam', 'Dublin', 'Brüssel',
      'Luxemburg', 'Athen', 'Helsinki'  ) ) ;
```

Der Bezeichner *Value* ist neu und ermöglicht eine konstante Aufzählung.

In einem Create-Table-Befehl darf statt eines Datentyps auch ein Gebietsname verwendet werden, siehe Abschn. 5.1 in diesem Kapitel. Mit dem Gebietsnamen *EU-RO_Hauptstadt* dürfen in den Variablen dieses Datentyps nur Städte aus dieser Aufzählung verwendet werden. Die Syntax des *Create-Domain*-Befehls ist im Folgenden angegeben:

```
CREATE DOMAIN  Gebietsname  [ AS ]  Datentyp
  [ [ CONSTRAINT Bedingungsname ]  CHECK ( Bedingung ) ]
  [ ... ]
```

Ein Gebiet bezieht sich auf einen Datentyp, der durch ein oder mehrere Check-Bedingungen eingeschränkt wird. Soll eine Bedingung einen Namen erhalten, so ist der Bezeichner *Constraint* gefolgt von diesem Namen anzugeben. Die Norm erlaubt in der *Check*-Bedingung auch Unterabfragen. Eine Gebietsdefinition kann wie folgt auch wieder gelöscht werden:

```
DROP DOMAIN Gebietsname { RESTRICT | CASCADE }
```

Wir wollen nicht weiter auf die Möglichkeiten und die Besonderheiten von Gebieten eingehen, da auch hier die Praxis einen anderen Weg ging: Von den bekannten Datenbanken unterstützt nur PostgreSQL diesen Befehl, Oracle, SQL Server und MySQL hingegen nicht. Wie schon im letzten Absatz verweisen wir wieder auf Sichten und Trigger, um etwaige komplexe Einschränkungen zu ermöglichen. Einfachere Einschränkungen können durch Check-Bedingungen in jeder einzelnen Relation erfüllt werden. Globale Einstellmöglichkeiten gibt es nur über Trigger.

5.7 Trigger

Zur Unterstützung der semantischen Integrität bietet die SQL-Norm einige Möglichkeiten: Check-Bedingungen, die With-Check-Option in Sichten, Zusicherungen und Gebiete. Während Zusicherungen und Gebiete kaum implementiert sind, bieten alle Datenbankhersteller Trigger an, ein weiteres wichtiges Werkzeug zur Sicherstellung der semantischen Integrität.

Trigger sind Aktionen, die zu bestimmten Ereignissen angestoßen werden, etwa beim Einfügen oder Ändern von Daten in bestimmten Relationen. Sie können überprüfen, ob die Eingaben im erlaubten Rahmen liegen, ob bestimmte Integritätsbedingungen erfüllt sind oder ob das Löschen wegen bestimmter Vorgaben nicht erlaubt werden soll. Auch kann ein Hinweis ausgegeben werden, etwa dass Artikel nachbestellt werden sollten. Trigger sind enorm vielfältig einsetzbar und haben sich in der Praxis sehr bewährt.

Trigger wurden erst in SQL3 eingeführt und in SQL2003 geringfügig ergänzt. Die Syntax ist umfangreich, die Anwendungsmöglichkeiten sind extrem vielfältig. Wir beschränken uns hier auf wenige Beispiele und verweisen zur Vertiefung insbesondere auf Kifer et al. (2005) und Gulutzan und Pelzer (1999). Die Syntax lautet:

```
CREATE TRIGGER Triggername
    { BEFORE | AFTER }  { DELETE | INSERT | UPDATE } [ OR ... ]
  ON Tabellenname
    [ REFERENCING [ OLD AS NameAlt ] [ NEW AS NameNeu ] ]
    [ FOR EACH STATEMENT | FOR EACH ROW ]
  [ WHEN Bedingung ]
  Anweisungen
```

Legen wir die in eckigen Klammern stehenden wahlfreien Angaben zunächst beiseite, so sehen wir, dass ein Trigger vor oder nach einer Änderung in einer Relation bestimmte Anweisungen, meist SQL-Befehle, ausführt.

Beginnen wir mit einem einfachen Beispiel. Wir wollen dafür sorgen, dass bei einem neuen Auftrag immer das aktuelle Datum eingetragen wird und schreiben:

```
CREATE TRIGGER Auftragsdatum1_Trigger
    AFTER INSERT
  ON Auftrag
BEGIN ATOMIC
    UPDATE AUFTRAG
    SET Datum = CURRENT_DATE ;
END;
```

Dieser Befehl geht einen Schritt zu weit: Bei jedem Einfügen in die Relation *Auftrag* werden alle Datumsangaben aller Aufträge auf das heutige Datum gesetzt. Ausschlaggebend ist hier die Angabe *For Each Statement*. Diese ist standardmäßig vorgegeben. Sie veranlasst, dass der auszuführende Befehl, hier der Update-Befehl, genau einmal für die gesamte Relation angestoßen wird. Nach jedem Einfügen in die Relation *Auftrag* wird damit das Datum aller Aufträge auf das aktuelle Datum gesetzt. Dies ist mit Sicherheit nicht gewünscht.

Mit der häufig gesetzten Angabe *For Each Row* wird der Trigger für jede einzelne betroffene Zeile ausgelöst. Wegen der erst 1999 eingeführten Trigger in der SQL-Norm unterscheiden sich die Implementierungen untereinander erheblich. Wir wollen daher dieses Beispiel speziell für Oracle lösen. Mit dem folgenden Befehl erhalten wir das Gewünschte:

```
CREATE TRIGGER Auftragsdatum2_Trigger
    BEFORE INSERT
  ON Auftrag
```

```
REFERENCING NEW AS neu
 FOR EACH ROW
BEGIN
  :neu.Datum := CURRENT_DATE ;
END ;
```

Oracle weicht an drei Stellen von der Norm ab: Der Beginn des Anweisungsteils heißt laut Norm *Begin Atomic* statt *Begin*. Dem Aliasnamen für ein Tupel wird in Oracle der Doppelpunkt vorangestellt, und der Zuweisungsoperator ist im Standard das Gleichheitszeichen ,=' und nicht ,:='.

Wir geben hier mittels der Angabe *Referencing* allen geänderten Tupel den Namen *neu* und führen für jede zu ändernde Zeile die angegebene Zuweisung aus. Wir haben den Before-Insert-Trigger gewählt, da nach dem Ändern die Werte nur noch gelesen werden können.

Oracle, SQL Server und MySQL unterstützen Trigger vollständig, sie übertreffen die in der SQL-Norm angegebenen Möglichkeiten sogar bei weitem. Leider weicht die Syntax teilweise erheblich ab. Dies gilt insbesondere für den SQL Server, aber auch für MySQL. Wir verweisen auf die Handbücher und gehen nicht weiter darauf ein. Oracle hingegen unterstützt die Norm bis auf einige Feinheiten weitgehend.

Wir wollen noch ein Beispiel aufzeigen, über das wir bereits im Abschn. 5.5 bei den Zusicherungen gesprochen hatten: Der Auftragspreis darf nicht höher sein als der Listenpreis. Falls dies versehentlich doch passieren sollte, wollen wir den Listenpreis verwenden und eine Meldung ausgeben. Dies lässt sich in Oracle wie folgt verwirklichen:

```
CREATE TRIGGER Auftragspreis_Trigger
    BEFORE INSERT OR UPDATE
  ON Auftragsposten
    REFERENCING NEW AS neu FOR EACH ROW
DECLARE
    listenpreis  NUMERIC(8,2) ;
BEGIN
    SELECT :neu.Anzahl*Preis      -- Berechnung des Listenpreises
    INTO listenpreis
    FROM Artikel
    WHERE Anr = :neu.Artnr ;
    IF (:neu.Gesamtpreis > listenpreis)
    THEN
      :neu.Gesamtpreis := listenpreis ;
      dbms_output.put_line ('Preis in Posnr ' || :neu.posnr
      || 'geändert') ;
    END IF;
END ;
```

Oracle verwendet in Triggern und Prozeduren seine interne Sprache PL/SQL. Wir sehen, dass in diesem Beispiel der Trigger vor dem Einfügen oder Ändern ausgeführt wird. Es wird eine Variable *listenpreis* deklariert und in diese Variable mittels eines Select-Into-Befehls der Listenpreis aus der Relation *Auftrag* eingetragen. Ist dieser niedriger als der eingegebene Preis, so wird der Preis auf den Listenpreis gesenkt und eine Meldung ausgegeben.

Trigger dürfen auch wieder gelöscht werden. Die Syntax hierfür lautet:

```
DROP TRIGGER Triggername
```

In unserem Beispiel löschen wir den Trigger *Auftragspreis_Trigger* wie folgt:

```
DROP TRIGGER Auftragspreis_Trigger ;
```

Trigger sind enorm mächtig mit umfangreichen zusätzlichen Erweiterungen, insbesondere in Oracle und SQL Server. Sie werden nicht nur zur Einhaltung der semantischen Integrität eingesetzt. Zusätzliche Anwendungen ergeben sich in der Protokollierung von Ereignissen oder auch durch zusätzliche Hinweise. Sinken beispielsweise Warenbestände auf ein Minimum, so kann mittels eines geeigneten Triggers sofort eine Warnung ausgegeben werden.

5.8 Sequenzen

Allein in unserer kleinen Beispieldatenbank *Bike* gibt es zahlreiche Nummern: *Persnr*, *Auftrnr*, *Artnr*, *Liefnr*, *Kundnr* usw. Diese Zahlen können relativ frei gewählt werden und sind meist auch Primärschlüssel und damit eindeutige Identifikatoren. Werden neue Einträge hinzugefügt, so müssen wir sicherstellen, dass wir auch eine neue Nummer wählen. Um dies zu garantieren, sollten wir das Datenbanksystem zu Hilfe nehmen. In SQL2003 wurde ein dazu hervorragend geeignetes Hilfsmittel eingeführt: Sequenzen.

Sequenzen ermöglichen eine automatische Nummerierung nach gegebenen Regeln. Die SQL-Syntax zum Erzeugen und Löschen einer Sequenz lautet:

```
CREATE SEQUENCE Sequenzname [ AS Datentyp ]
   [ START WITH Konstante ]    [ INCREMENT BY Konstante ]
DROP SEQUENCE Sequenzname
```

Diese Syntax wird von SQL Server voll unterstützt. Oracle erlaubt das Festlegen eines Datentyps nicht. Sequenzen sind in Oracle immer 38stellige Ganzzahlenwerte. MySQL unterstützt keine Sequenzen und erlaubt stattdessen sogenannte Autoinkrementwerte. Hier kann im Create-Table-Befehl einem Attribut die Bedingung *auto_increment* zugeordnet werden. Dann wird automatisch bei jedem Einfügen diesem Attribut ein neuer Wert hinzugefügt.

Wollen wir beispielsweise unsere Auftragsnummern automatisch vergeben, und sollen diese Nummern mindestens vierstellig sein, so könnten wir definieren:

```
CREATE SEQUENCE Auftragssequenz
START WITH 1000;
```

Fügen wir jetzt einen neuen Auftrag mit dem heutigen Datum, Kundennummer 3 und Personalnummer 5 in unserer Relation *Auftrag* hinzu, so könnte dieser Einfügebefehl wie folgt lauten:

```
INSERT INTO Auftrag (Auftrnr, Datum, Kundnr, Persnr)
VALUES (NEXT VALUE FOR Auftragssequenz, CURRENT_DATE, 3, 5);
```

Standardmäßig wird bei jeder Verwendung des Ausdrucks *Next Value For* zur angegebenen Sequenz ein um 1 erhöhter Wert erzeugt und verwendet. Das obige Beispiel muss für Oracle leicht modifiziert werden. Hier verwenden wir stattdessen: *Auftragssequenz.Nextval.*

Wir empfehlen insbesondere bei Primärschlüsseln dringend, von Sequenzen regen Gebrauch zu machen. Wir verbessern damit die Integrität einer Datenbank deutlich. Wir kommen im Abschn. 5.11 zur Integrität darauf zurück.

5.9 Zugriffsrechte

Bei der Definition von Sichten in Abschn. 5.4 haben wir bereits über Datenschutz gesprochen. Wir hatten Sichten definiert und angesprochen, dass der Anwender nur Zugriff auf diese Sichten und nicht auf die zugrunde liegenden Basisrelationen erhält. Diese Zugriffsrechte werden in SQL mit dem *Grant*-Befehl vergeben und mit dem *Revoke*-Befehl wieder entzogen. Um Missbrauch zu verhindern, ist das Ausführen von *Grant*- und *Revoke*-Befehlen nur einem dazu autorisierten Benutzerkreis gestattet.

Grundsätzlich gilt, dass der Eigentümer einer Basisrelation, einer Sicht oder eines Gebiets alle Rechte auf *sein* Eigentum besitzt. Diese Rechte können dem Eigentümer auch nicht entzogen werden und erlöschen erst mit dem Entfernen der entsprechenden Relationen oder Gebiete aus der Datenbank.

In SQL ist der Benutzer, der einen entsprechenden Create-Befehl ausführt, automatisch Eigentümer dieses neu erzeugten Datenbankelements. Der Systemverwalter wiederum legt beim Erzeugen einer Datenbank fest, welche Benutzer überhaupt dieses Privileg zum Erzeugen von Relationen und Gebieten erhalten.

Da der Eigentümer alle Rechte besitzt, kann er nach Belieben *seine* Relationen oder Gebiete mittels eines Alter-Befehls ändern oder eines Drop-Befehls löschen. Er vergibt mit dem *Grant*-Befehl gezielt Zugriffsrechte an andere Benutzer und entzieht sie bei Bedarf mit dem *Revoke*-Befehl wieder. Wegen dieser weitreichenden Rechte wird der Eigentümer

einer Datenbank in der Praxis meist der Systemverwalter selbst oder ein entsprechend au-
torisierter Benutzerkreis sein.

Umgekehrt besitzen alle Benutzer aus Sicherheitsgründen standardmäßig keinerlei
Rechte auf das Eigentum anderer Benutzer. Eine Datenbank macht in der Praxis aber
natürlich erst dadurch Sinn, dass neben dem Eigentümer auch andere Personen auf die
Inhalte von Basisrelationen und Sichten zugreifen dürfen. Deshalb wird der Eigentümer
entsprechende Zugriffsrechte an andere vergeben. Es sei hervorgehoben, dass sich diese
Rechte allein auf den Zugriff beziehen. Ein Eigentümer kann, auch wenn er es wollte,
keine DDL-Rechte weitergeben, also Rechte, die den Aufbau seiner eigenen Relationen
beeinflussen. Rechte zum Erzeugen, Löschen und Ändern von Relationen und Gebieten
kann nur der Systemverwalter gewähren.

Zur Weitergabe von Zugriffsrechten auf die Dateninhalte steht dem Eigentümer einer
Relation der *Grant*-Befehl zur Verfügung. Die Syntax des *Grant*-Befehls lautet:

```
GRANT         { Zugriffsrecht    [ , ... ] | ALL [ PRIVILEGES ] }
ON [ TABLE ]  { Tabellenname   |  Sichtname }
TO            Benutzer  [ , ... ]
[ WITH GRANT OPTION ]

GRANT         Zugriffsrecht
ON DOMAIN     Gebietsname
TO            Benutzer  [ , ... ]
[ WITH GRANT OPTION ]
```

Im ersten Fall werden Zugriffsrechte auf Relationen (die Angabe *Table* ist wahlfrei
und nur ein Füllwort) und im zweiten Fall Rechte auf Gebiete vergeben. Da Gebiete nur
in ganz wenigen Datenbanksystemen implementiert sind, werden wir darauf nicht weiter
eingehen. Die zu vergebenden Zugriffsrechte werden in einer Kommaliste aufgezählt. Die
einzelnen Rechte sind in Tab. 5.6 zusammengefasst. Ebenfalls können, durch Komma
getrennt, mehrere Benutzer gleichzeitig angegeben werden, die diese aufgeführten Rechte
erhalten sollen. Die optionale Klausel *With Grant Option* erlaubt das Weitergeben der
erworbenen Rechte und wird weiter unten besprochen.

Tab. 5.6 Zugriffsrechte in SQL

Zugriffsrecht	erlaubt ...
Select	den lesenden Zugriff auf eine Relation
Update	das Ändern von Inhalten einer Relation
Update (x1, ...)	das Ändern der Attributwerte x1,... einer Relation
Delete	das Löschen von Tupeln einer Relation
Insert	das Einfügen neuer Tupel in eine Relation
Insert (x1, ...)	das Einfügen der Attributwerte x1,... in eine Relation
References (x1, ...)	das Referenzieren der Attribute x1,... einer Relation
Usage	das Verwenden eines Gebietes

Die ersten sechs der in Tab. 5.6 aufgeführten Zugriffsrechte sind leicht nachvollziehbar. Hiermit werden auf die angegebenen Relationen und Sichten Zugriffe zum Lesen (*Select*), Ändern (*Update*), Löschen (*Delete*) und Einfügen (*Insert*) vergeben. Diese Zugriffsrechte stimmen also genau mit den Namen der entsprechenden SQL-Zugriffsbefehle überein. Das Recht zum Ändern und zum Einfügen kann zusätzlich auf bestimmte Attribute eingeschränkt werden, die in einer durch Komma getrennten Attributliste aufgeführt sind. Wird das Einfügerecht *Insert* nicht für alle Attribute gewährt, so werden die weiteren Attribute beim Einfügen mit dem *Null*-Wert belegt. Weiter von Interesse ist das Referenzrecht. Nur wer dieses Recht besitzt, kann mittels Integritätsbedingungen die angegebenen Attribute dieser Relation referenzieren. Von untergeordneter Bedeutung ist das Usage-Recht, da Gebiete kaum implementiert sind. Dieses Recht bezieht sich auf Gebiete. Nur wer das entsprechende Usage-Recht besitzt, darf dieses Gebiet im Create-Table-Befehl benutzen.

▶ Der *Grant*-Befehl gibt an, welche <u>Benutzer</u> auf <u>welche Relation</u> (oder welches Gebiet) <u>welche Zugriffsrechte</u> erhalten.

Im Allgemeinen kann ein Benutzer Rechte, die er von einem anderen Benutzer erhält, nicht an einen Dritten weiterreichen. Nur wenn ihm auch diese Erlaubnis ausdrücklich gegeben wird, steht ihm dieses Weitergaberecht zu. Ein Benutzer drückt dieses Recht zur Erlaubnis der Weitergabe von Zugriffsrechten im *Grant*-Befehl mittels der optionalen Klausel *With Grant Option* aus.

Dank dieser Klausel *With Grant Option* können Zugriffsrechte hierarchisch vergeben werden. Beispielsweise vergibt der Eigentümer einer Relation Rechte an einen Projektverantwortlichen mit dieser Option. Dieser wird dann diese Rechte gezielt an seine Projektmitarbeiter weiterreichen.

Will ein Benutzer alle Rechte an einer Relation an andere Benutzer weitergeben, so kann er statt der komplett aufgeführten Zugriffsliste kurz

```
ALL  [  PRIVILEGES  ]
```

schreiben. Es sei angemerkt, dass natürlich nur die Rechte weitergegeben werden, die der Benutzer, der diesen Befehl eingibt, tatsächlich besitzt. Nach Ausführung dieses *Grant*-Befehls haben also die in der Benutzerliste aufgeführten Benutzer genau die gleichen Rechte wie der gewährende Benutzer. Auch die Benutzerliste kann mittels des Bezeichners *Public* abgekürzt werden. In diesem Fall erhalten <u>alle</u> Benutzer der Datenbank die aufgeführten Zugriffsrechte auf das entsprechende Objekt.

Einmal gewährte Zugriffsrechte können jederzeit mittels des SQL-Befehls *Revoke* wieder entzogen werden. Die Syntax des *Revoke*-Befehls ähnelt der des *Grant*-Befehls und lautet

```
REVOKE [GRANT OPTION FOR]
   { Zugriffsrecht  [ , ... ]  | ALL [ PRIVILEGES ] }
```

```
ON [ TABLE ]  { Tabellenname  |  Sichtname }
FROM  Benutzer  [ , ... ]
{ RESTRICT  |  CASCADE }

REVOKE [ GRANT OPTION FOR ]  Zugriffsrecht
  ON DOMAIN  Gebietsname
  FROM  Benutzer  [ , ... ]
  { RESTRICT  |  CASCADE }
```

Wird einem Benutzer ein Zugriffsrecht entzogen, das er weitergegeben hat, und ist im *Revoke*-Befehl die Option *Cascade* angegeben, so ist es auch diesen anderen Benutzern entzogen. Wird einem Benutzer ein Zugriffsrecht von mehreren Anwendern gewährt, so verliert er dieses Recht erst endgültig, wenn ihm alle Anwender dieses Zugriffsrecht entziehen. Dieses kaskadierende Entziehen der Zugriffsrechte wollen wir am Beispiel von Abb. 5.1 nachvollziehen. Wir gehen davon aus, dass dort *User A* Zugriffsrechte an einer Relation besitze, die er mit der Option *With Grant Option* an *User B* und *User C* weitergibt. Gemäß der Abbildung gibt nun *User C* das Recht weiter an *User D* und dieser an *User E*. *User E* erhält dieses Recht auch von *User C*. Die Ausgangssituation ist nun, dass alle fünf Benutzer zugreifen dürfen.

Wird jetzt das Zugriffsrecht von *User A* an *User B* kaskadierend entzogen, so hat auch *User D* keinen Zugriff mehr. *User E* hingegen darf dank *User C* weiter die Relation verwenden. Sollte *User A* an *User B* später wieder Rechte einräumen, so erhält *User D* nicht auch automatisch Zugriff! Erst muss *User B* oder ein anderer Benutzer ihm erneut explizit Rechte gewähren.

Wird im Revoke-Befehl die Option *Restrict* verwendet, so wird die Ausführung des Befehls abgewiesen, wenn die zu entziehenden Rechte auch an andere weitergegeben wurden. Ist zusätzlich die Option *Grant Option For* angegeben, so werden nicht die aufgezählten Zugriffsrechte selbst, sondern nur das Recht des Weitergebens dieser Rechte entzogen.

Auch im Revoke-Befehl dürfen alle Rechte mittels der Option *All Privileges* entzogen werden. Es versteht sich aber von selbst, dass selbstverständlich nur die Rechte weggenommen werden, die der Benutzer tatsächlich besaß. Dies gilt allgemein: Besitzt ein Benutzer beispielsweise nur ein Änderungsrecht auf ein bestimmtes Attribut und wird

Abb. 5.1 Kaskadierende
Zugriffsrechte

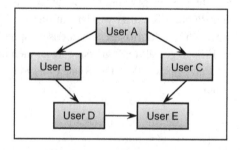

ihm das Änderungsrecht auf die gesamte Relation entzogen, so ist natürlich nur dieses eine Attribut betroffen. Wir dürfen also beim Entziehen von Rechten grundsätzlich mehr Rechte angeben als der Benutzer besitzt. Das System wird nur die Rechte entfernen, die der Benutzer auch besitzt.

Zum Schluss dieses Abschnitts wollen wir ein kleines Beispiel angegeben. Wir als Eigentümer der *Bike*-Datenbank gestatten dem Benutzer *Perschef* das Recht zum Lesen der Relation *Personal* (Tab. 2.6) und zum Ändern der Attribute *Gehalt* und *Vorgesetzt* dieser Relation. Er darf diese Rechte auch an andere Benutzer weitergeben:

```
GRANT  Select, Update (Gehalt, Vorgesetzt)
   ON  Personal  TO  Perschef
   WITH GRANT OPTION ;
```

Es gibt bei den einzelnen Datenbankherstellern wieder einige Abweichungen von der Norm. Da von Oracle, SQL Server und MySQL keine Gebiete unterstützt werden, entfällt natürlich jeweils das Usage-Recht.

Oracle unterstützt im *Revoke*-Befehl die Bezeichner *Grant Option For*, *Restrict* und *Cascade* nicht. Die Option *Cascade* ist Standard: Die betroffenen Benutzer und alle Benutzer, an die diese Rechte weitergereicht wurden, verlieren die angegebenen Zugriffsrechte. MySQL besitzt die gleichen Einschränkungen wie Oracle. Zusätzlich ist das Referenz-Recht nicht implementiert.

SQL Server unterstützt lediglich den Bezeichner *Restrict* nicht. Dieses Verhalten ist standardmäßig gesetzt und gilt, falls nicht der Bezeichner *Cascade* angegeben wird. SQL Server wird aus Sicherheitsgründen in Zukunft den Bezeichner *All Privileges* nicht mehr unterstützen, die Zugriffsrechte müssen dann einzeln angegeben werden.

Alle Datenbankhersteller haben die beiden Befehle *Grant* und *Revoke* erheblich erweitert. Hiermit können auch Rechte auf Rollen, auf DDL-Befehle und Datenbankrechte vergeben werden. Es wird empfohlen, die entsprechenden Manuale zu lesen.

5.10 Zugriffsschutz

Der Schutz der Daten darf nicht hoch genug eingestuft werden. Dieser beginnt mit dem physischen Aufstellen des Rechners und der Ermittlung des Personenkreises, der Zutritt zum Rechnerraum besitzt. Jeder direkte physische Zugriff ermöglicht Manipulationen. Daher ist hier mit besonderer Vorsicht vorzugehen. Die zweite Sicherheitsstufe ist der Anschluss ans Datennetz und die Festlegung der Betriebssystem- und Netzkennungen und die dazugehörigen Schutzwörter zum softwareseitigen Zugriff auf diesen Rechner. Dies ist Aufgabe des Netzadministrators und des Betriebssystemverwalters. Bei besonders schützenswerten Datenbeständen spielt auch die Art der Zugriffskontrolle eine wichtige Rolle. Neben Schutzwörtern wird hier meist eine zusätzliche Identifizierung, etwa mittels Chip-Karte, verlangt. Das Betriebssystem und die Datenbank müssen ferner dafür sorgen, dass keine Zugriffe auf die Daten der Datenbank von Betriebssystemseite möglich sind. Zugriffe haben ausschließlich über das Datenbankverwaltungssystem zu erfolgen. Über eine Verschlüsselung von besonders schützenswerten Datenbankbereichen ist unbedingt nachzudenken. Weitere Schutzmaßnahmen sind denkbar, wie etwa hardwareunterstützter Speicherschutz und regelmäßiges Ändern der Kennwörter.

Als dritter Schutz kommt schließlich innerhalb der Datenbank der Grant-Befehl hinzu. In Summe erhalten wir einen dreifachen Wall um die Datenbank, wie wir dies in Abb. 5.2 illustriert haben. Der Datenbankadministrator ist verantwortlich für diesen innersten Schutzwall. Er definiert geeignete Sichten und vergibt optimal passende Zugriffsberechtigungen.

Dieses Verzahnen von Sichten und Grant-Befehlen wollen wir an einem Beispiel aufzeigen. Nehmen wir wieder die sensiblen Personaldaten der Relation *Personal* aus Tab. 10.3. Sie enthalten unter anderem das Gehalt jedes Mitarbeiters, ebenso alle Daten der Vorgesetzten (als Vorgesetzte bezeichnen wir die Personen, die selbst keine Vorgesetzten haben, im entsprechenden Feld also den Eintrag *Null* enthalten). Sicherlich darf diese Relation nur für einen kleinen Mitarbeiterkreis zugänglich gemacht werden. Andererseits könnte diese Relation ohne die sensiblen Daten auch für weitere Mitarbeiter wichtig sein.

In Standard-SQL gibt es jedoch keine Möglichkeit, nur einzelne Teile (Restriktionen oder Projektionen) einer Relation für bestimmte Benutzer lesend zu sperren. Entweder ein Benutzer kann die gesamte Tabelle lesen, oder eben nicht. Dieses Zugriffsproblem lässt sich aber mit Hilfe von Sichten ganz einfach lösen. Wir definieren dazu die Sicht *VPersonal*:

```
CREATE VIEW VPersonal AS
    SELECT  Persnr, Name, Ort, Vorgesetzt, Aufgabe
    FROM    Personal
    WHERE   Vorgesetzt IS NOT NULL ;
```

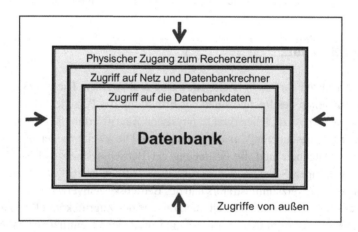

Abb. 5.2 Zugriffsmöglichkeiten auf eine Datenbank

Tab. 5.7 Beispiel zu Zugriffsrechten

Benutzer	Rechte
Alle Benutzer	Select-Recht auf *VPersonal*
Abteilungsleiter	Select- und Update-Recht auf *VPersonal* Select-Recht auf *Personal*
Personalabteilung	Select-Recht auf *Personal* Änderungsrechte auf einzelne Attribute von *Personal*
Personalchef	Alle Rechte auf *Personal*

Diese Sicht *VPersonal* enthält eine Restriktion und eine Projektion. Erlaubt der Administrator bzw. Eigentümer jetzt jedem Benutzer Leserechte auf die Sicht *VPersonal*, aber keine Zugriffsrechte auf die Relation *Personal*, so sind die empfindlichen Daten voll geschützt, ohne dass der Allgemeinheit wichtige Informationen vorenthalten werden. Wir könnten sogar ganz gezielt Rechte vergeben. Ein Vorschlag ist in Tab. 5.7 angegeben.

Wir erkennen an diesem einfachen Beispiel, dass durch das Zusammenwirken der Vergabe von Zugriffsrechten und dem Einrichten geeigneter Sichten ein optimaler Zugriffsschutz und damit Sicherheit im Datenbankbetrieb gewährleistet wird.

Häufig bedienen sich Datenbankbetreiber weiterer Schutzmechanismen. An dieser Stelle sei auf Audits hingewiesen. Ein Audit ist eine Protokollierung des gesamten Datenbankverkehrs. Hier werden neben dem durchgeführten Befehl die ausgeführten Änderungen, vor allem aber das Datum, die Uhrzeit, der Benutzer und die Netzadresse vermerkt. Allein mit diesem Protokoll werden keine unerlaubten Zugriffe verhindert. Doch jeder Benutzer, berechtigt oder nicht, ist durch das Protokoll immer identifizierbar. Dies ist eine nicht zu unterschätzende Abschreckung gegen illegale Zugriffe. Es sei allerdings nicht verschwiegen, dass solche Audits zusätzliche Rechnerleistung kosten. Auch müssen diese Audits selbst wieder sicher vor dem Zugriff Dritter sein. Sie werden daher meist nur in besonders zu sichernden Datenbanken eingesetzt, beziehungsweise in konkreten Verdachtsfällen zugeschaltet.

5.11 Integrität

Wir haben uns bereits in Abschn. 2.4 ausführlich mit dem Thema Integrität beschäftigt. Wir haben gesehen, dass es das Ziel einer Datenbankanwendung ist, alles dafür zu tun, dass die in der Datenbank gespeicherten Daten korrekt sind und mit den realen Gegebenheiten übereinstimmen. Wir wollen hier zusätzliche Möglichkeiten aufzeigen. Die beiden Integritätsregeln wurden ausführlich in Abschn. 2.4 vorgestellt. Auch auf Zugriffsrechte und Zugriffsschutz gingen wir in den letzten Abschnitten ein. Die semantische Integrität bedarf aber einiger Ergänzungen. Damit Daten korrekt gespeichert sind, sollte ein Datenbankverwaltungssystem dem Anwender unter die Arme greifen.

Jede Eingabe und jede Änderung kann zu inkorrekten Daten führen. Wie leicht können Namen falsch geschrieben oder Zahlen fehlerhaft getippt werden. Solch inkorrekte Eingaben geschehen in der Praxis immer wieder und lassen sich auch mit größter Sorgfalt nicht ganz vermeiden. Jedes Datenbanksystem und der Anwendungsprogrammierer müssen daher den Anwender bei Eingaben unterstützen. Solche Hilfestellungen sind:

- Der Benutzer greift nur über Bildschirmmasken und Eingabefelder zu.
- Die Eingabefelder sind eingabespezifisch: Bei Zahleneingaben werden beispielsweise nur Ziffern zugelassen.
- Bei Eingaben werden soweit wie möglich nur vordefinierte Auswahlwerte erlaubt.
- Nummern wie Bestell- oder Auftragsnummern werden automatisch generiert.
- Das Anwendungsprogramm und die Datenbank überprüfen zusätzlich auf Plausibilität und Korrektheit.

Wir erkennen hier drei wichtige Schnittstellen. Zum einen benötigen wir eine leistungsfähige GUI (Graphical User Interface), um die Bildschirmmasken anwenderfreundlich zu gestalten. Zum anderen brauchen wir Anwendungsprogramme und eine Datenbank, die die semantische Integrität hervorragend unterstützen.

Die GUI hat nur indirekt mit Datenbanken zu tun. Wir empfehlen leistungsfähige professionelle Werkzeuge. Hier sei beispielhaft auf Eclipse und unter Windows auf Visual Studio verwiesen.

Das Anwendungsprogramm sollte die Möglichkeiten der Datenbank ausschöpfen. Ein Beispiel sind Vorgabewerte. Wenn ein Bestandskunde einkauft, so sollte im Verkaufsformular die Liste der Kunden angezeigt werden, so dass der Verkäufer den Kunden nur noch auswählen muss, siehe beispielsweise Abb. 5.3. Dies erfordert zusätzliche lesende Zugriffe auf die Datenbank und kostet demnach Performance. Doch dies sollte uns der erhebliche Gewinn an Integrität wert sein, denn jetzt wird die Anwendung automatisch mit der korrekten Kundennummer versorgt.

Weiter sollten alle Nummern generiert werden, sei es mit Autoinkrementwerten in MySQL oder mit Sequenzen ab SQL2003, siehe Abschn. 5.8 in diesem Kapitel. Jeder generierte Wert ist ein Wert, den der Anwender nicht eingeben muss, der Anwender also keinen Eingabefehler verursachen kann!

In ganz vielen Fällen kommen wir um Benutzereingaben aber nicht herum. Hier empfehlen wir dringendst, den Benutzer einzuschränken. Nur so kann sichergestellt werden,

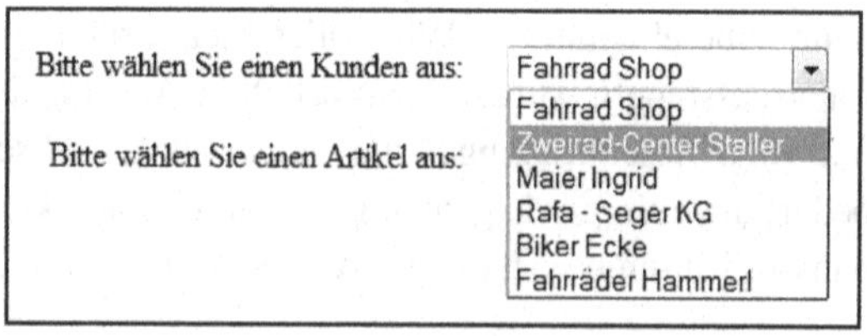

Abb. 5.3 Auswahl von Vorgabewerten

dass bei den Eingaben möglichst wenig Fehler gemacht werden. Die dazu erforderlichen Werkzeuge haben wir bereits kennengelernt und sind zusammenfassend in Tab. 5.8 aufgelistet.

Wir wollen diesen Abschnitt mit zwei Beispielen beenden. Im ersten Beispiel werden wir in der Relation *Personal* das Attribut *Arbeitszeit* einfügen. Dieses enthält die Wochenarbeitszeit. Ist in der Firma fest vorgesehen, dass Mitarbeiter immer zwischen 15 und 40 Stunden pro Woche arbeiten, so sollte dies auch in der Datenbank fixiert werden. Der Befehl zum Einfügen dieses Attributs könnte lauten:

```
ALTER TABLE  Personal  ADD  Arbeitszeit  INTEGER  NOT NULL
             CHECK ( Arbeitszeit  BETWEEN 15 AND 40 );
```

Es liegt dabei im Ermessen des Datenbankdesigners, ob er diese Bedingung bereits beim Erzeugen der Relation setzt, oder etwa erst in der Anwendung mittels eines Triggers. Zusicherungen und Gebiete sind in nur ganz wenigen Datenbanken implementiert und entfallen daher in der Praxis. Unsere Empfehlung ist es, auf Jahre festgelegte Werte gleich in der Datenbank zu fixieren. Werte, die sich gelegentlich ändern können, werden besser mit Hilfe von Triggern oder in der GUI eingeschränkt.

Im zweiten Beispiel wollen wir sicherstellen, dass Nettopreis und Steuer zusammen den Preis ergeben. Dies können wir wiederum mittels einer Check-Bedingung erreichen:

```
ALTER TABLE  Artikel  ADD CONSTRAINT Preischeck
             CHECK ( Preis = Netto + Steuer ) ;
```

Dieser Befehl ist nicht ganz ungefährlich, da diese Bedingung wegen Rundungsfehlern nicht zwingend immer exakt gilt. Hier ist es besser ein kleines Intervall anzugeben, oder gleich mittels Triggers *Nettopreis* und *Steuer* automatisch berechnen zu lassen, siehe Übungsaufgabe.

Zuletzt weisen wir noch darauf hin, dass Integrität ohne Transaktionen kaum vorstellbar ist. Transaktionen garantieren Konsistenz und damit auch Integrität. Wird durch eine der oben erwähnten Maßnahmen eine Verletzung einer Integrität festgestellt, so wird in der Regel eine Ausnahmebehandlung gestartet. Entweder wird jetzt der Anwender zur nochmaligen Eingabe aufgefordert, oder die Transaktion wird aus Konsistenzgründen zurückgesetzt.

Tab. 5.8 Werkzeuge zur Unterstützung korrekter Eingaben

Befehl	Info
Create Table	Check-Bedingung
Create View	With-Check-Option
Create Assertion	Datenbankweite Zusicherung
Create Domain	Datenbankeinheitliche Gebiete
Create Trigger	Eingabetrigger (Insert, Update, Delete)

5.12   Aufbau einer Datenbank

In der Praxis besitzen große Datenbanken oft tausende von Basisrelationen. Hinzu kommen ebenso viele Sichten, Trigger und Zugriffsrechte. Hier bietet sich eine hierarchische Gliederung der Datenbank an. SQL führte daher die Hierarchien Katalog und Schema ein. Die Idee ist, dass eine Datenbank mehrere Kataloge enthält. Jeder Katalog besitzt dann mehrere Schemata, und darin sind dann die einzelnen Objekte wie Relationen und Sichten enthalten.

In der SQL-Norm wird das Verwenden von Katalogen frei gestellt und nicht weiter spezifiziert. Anders verhält es sich mit den Schemata. Diese sind in der Norm festgelegt und weitgehend umgesetzt.

Genau genommen kennt die SQL-Norm das Wort *Datenbank* nicht. SQL besitzt daher auch keine Sprachkonstrukte wie *Create Database*. In der Praxis verwenden daher die einzelnen Datenbankhersteller ihre eigene Implementierung. Wir gehen darauf im nächsten Abschnitt näher ein. Wir dürfen folgenden Sachverhalt annehmen:

Ein Datenbankserver wird herstellerspezifisch eingerichtet. Dieser Server enthält meist genau eine Datenbank. Alle darin angelegten Daten gehören zu dieser Datenbank. Diese besitzt mindestens eine Hierarchiestufe, die Schema-Ebene. Es gibt in jeder Datenbank mindestens ein Schema. Alle in der Datenbank gespeicherten Objekte werden eindeutig einem Schema zugeordnet, ebenso in der Regel auch jeder Anwender. Häufig kann der Anwender bei entsprechender Berechtigung das Vorgabe-Schema wechseln. Wir kommen im nächsten Abschnitt darauf zurück.

Innerhalb eines Schemas sind alle Namen eindeutig, unabhängig davon, ob es sich um die Namen von Basisrelationen, Sichten oder Triggern handelt. Greift ein Benutzer schemaübergreifend zu, so muss er den gewünschten Namen qualifizieren: Dem Objekt eines anderen Schemas wird dazu der Schemaname, gefolgt von einem Punkt, vorangestellt. Gehört die Relation *Auftrag* etwa zum Schema *Rechnungswesen*, so kann auf diese Relation mittels *Rechnungswesen.Auftrag* zugegriffen werden.

Zum Erzeugen eines Schemas dient folgender SQL-Befehl:

```
CREATE SCHEMA   Schemaname   [ AUTHORIZATION Benutzername ]
   [ Schemaelement  [ ... ] ]
```

Hiermit wird ein Schema definiert, das dem Benutzer *Benutzername* zugeordnet wird. Wird kein Benutzername angegeben, so ist der Ausführende der Eigentümer des Schemas. Der Create-Schema-Befehl enthält in der Regel ein oder mehrere Schemaelemente, die durch White-Spaces voneinander getrennt sind. Ein Schemaelement ist entweder ein Befehl zum Erzeugen einer Basisrelation, einer Sicht, eines Triggers, eines Zugriffsrechts, einer Zusicherung oder eines Gebiets. Ein Schema kann auch wieder gelöscht werden. Hierzu existiert der folgende Befehl:

```
DROP SCHEMA   Schemaname   { CASCADE  |  RESTRICT }
```

Mit der Angabe *Restrict* wird das Löschen des Schemas zurückgewiesen, falls noch Schemaelemente oder Verweise auf das Schema existieren. Mit der Angabe *Cascade* wird das Schema komplett entfernt, zusammen mit all seinen Elementen, also auch allen darin enthaltenen Relationen und deren Inhalten.

Betrachten wir als Beispiel das Erzeugen der Beispieldatenbank *Bike* mit Hilfe eines Schemas. Der Befehl könnte wie folgt aussehen:

```
CREATE SCHEMA Bike
       CREATE TABLE Personal    ( ...          )
       CREATE TABLE Kunde       ( ...          )
       CREATE TABLE Auftrag     ( ...          )
       CREATE VIEW VAuftrag     ( ...          ) ...        ;
```

Dieses Beispiel beinhaltet auch eine Sicht *VAuftrag*. Ebenso dürfen natürlich auch Create-Trigger- und Grant-Befehle enthalten sein. Greift ein Anwender von außerhalb dieses Schemas *Bike* zu, so muss er den gesamten qualifizierten Namen angeben, beispielsweise *Bike.Auftrag* oder *Bike.Personal*.

Es kann auch sehr einfach ein weiteres Objekt zu einem Schema hinzufügt werden. Dazu muss nur das gewünschte Objekt entsprechend qualifiziert werden. Wollen wir etwa eine Sicht *VLager* im Schema *Bike* erzeugen, so beginnt der Befehl mit

```
CREATE VIEW Bike.VLager ...
```

Abweichungen von dieser Norm in Oracle, SQL Server und MySQL werden in den folgenden Abschnitten beschrieben. Weiterführende Information finden wir zum Beispiel in Gulutzan und Pelzer (1999).

5.12.1 Information Schema

Eine Datenbank besitzt unzählige Verwaltungs- und Metadaten: Zugriffsrechte, Integritätsbedingungen, Sicht- oder Triggerdefinitionen. Aus Performancegründen stehen die meisten dieser Daten im Arbeitsspeicher. Diese Daten müssen aber persistent, also auch nach dem Ausschalten des Servers weiter verfügbar sein. Es ist mehr als nahe liegend, dass das Datenbankverwaltungssystem diese und weitere Informationen in ihm vertrauten Strukturen ablegt, also in Relationen.

Mit SQL2 wurden diese Verwaltungsdaten normiert: Jeder Katalog enthält ein vordefiniertes Schema mit dem Namen *Information_Schema*. Da in der Praxis Kataloge nicht implementiert sind, bedeutet dies, dass jede Datenbank genau ein solches Schema besitzt. In diesem Schema werden die gesamten Verwaltungsinformationen in Relationen abgelegt. Die wichtigsten dieser Relationen sind in Tab. 5.9 aufgezählt.

Die Liste in der Tabelle ist nicht vollständig. Sie zeigt aber, dass SQL die Datenbankstrukturen komplett und übersichtlich verwaltet. Übrigens handelt es sich bei den

Tab. 5.9 Relationen des Schemas INFORMATION_SCHEMA

Relation	enthält alle
SCHEMATA	Schemata
DOMAINS	Gebiete
TABLES	Basisrelationen
VIEWS	Sichten
VIEW_TABLE_USAGE	Abhängigkeiten der Sichten von Rel.
VIEW_COLUMN_USAGE	Abhängigkeiten der Sichten von Attr.
COLUMNS	Spaltennamen aller Basisrelationen
TABLE_PRIVILEGES	Zugriffsrechte auf Relationen
COLUMN_PRIVILEGES	Rechte auf Attribute aller Relationen
DOMAIN_CONSTRAINTS	Bedingungen für alle Gebiete
TABLE_CONSTRAINTS	Tabellenbedingungen der Relationen
REFERENTIAL_CONSTRAINTS	referentiellen Bedingungen
CHECK_CONSTRAINTS	Check-Bedingungen aller Relationen
TRIGGERS	Trigger
TRIGGER_TABLE_USAGE	Abhängigkeiten der Trigger von Rel.
TRIGGER_COLUMN_USAGE	Abhängigkeiten der Trigger von Attr.
ASSERTIONS	Zusicherungen
DOMAINS	Gebiete

in Tab. 5.9 angegebenen Relationen meist um Sichten. Diese sorgen dafür, dass der Benutzer nur die Informationen in übersichtlicher Form erhält, für die er oder der allgemeine Benutzer *Public* Zugriffsrechte besitzt.

Den Zugriff auf die Daten des Information-Schemas wollen wir an einem Beispiel kurz aufzeigen: Wollen wir alle Tabellen unserer Datenbank auflisten, so schreiben wir kurz:

```
SELECT *
   FROM Information_Schema.Tables;
```

Zu den einzelnen Attributen dieser Relationen sei auf die Norm und auf Gulutzan und Pelzer (1999) verwiesen. Die obige Beschreibung entspricht SQL2. In SQL3, SQL2003 und den weiteren Normen kamen zusätzliche Einträge hinzu, beispielsweise für Objekte oder XML-Objekte. Das Information Schema wird von SQL Server und MySQL unterstützt. Oracle hat eine eigene Implementierung, auf die wir im folgenden Abschnitt eingehen.

5.12.2 Datenbanken und Oracle

Der Aufbau einer Datenbank in Oracle entspricht der Norm: Eine Datenbank besteht aus vielen Schemata. Oracle besitzt aber eine Einschränkung: Ein Schema ist immer direkt mit einem Benutzer verknüpft. Mit dem Erzeugen eines Benutzers mit dem Create-

User-Befehl (siehe Abschn. 5.13) wird automatisch auch ein Schema gleichen Namens angelegt. Jeder Benutzer besitzt somit genau ein Schema.

Im Prinzip benötigt daher Oracle keinen Create-Schema-Befehl. Dieser ist jedoch trotzdem implementiert, um auf einfache Art und Weise in einem Schema viele Objekte zu implementieren. Da in Oracle der Schemaname und der Benutzername identisch sein müssen, darf allerdings kein Schemaname angegeben werden! Der Befehl beginnt daher mit:

```
CREATE SCHEMA AUTHORIZATION Benutzername ...
```

Einen dazugehörigen Befehl zum Entfernen eines Schemas gibt es nicht. Es ist in diesem Fall der Benutzer mittels des Drop-User-Befehls zu löschen.

Oracle kennt das Schema *Information_Schema* nicht. Stattdessen speichert Oracle seine Verwaltungsdaten in über 100 speziellen Relationen. Die meisten davon sind Sichten und Synonyme. Eine Kurzbeschreibung all dieser Relationen finden wir in der Relation *Dictionary*. Wir können diese mittels eines *Select*-Befehls abfragen und werden dann feststellen, dass viele Sichten mit „USER_", andere wiederum mit „DBA_", „SYSTEM_" oder „ALL_" beginnen. Bei ersteren handelt es sich um Relationen und Sichten, die Informationen zu Datenstrukturen enthalten, die von Benutzern angelegt wurden (siehe Tab. 5.10). Die anderen drei Gruppen beinhalten Definitionen, die den Datenbankadministrator bzw. das System bzw. alle Daten betreffen. Zugriffsrechte darauf besitzt meist nur der Administrator. Weiter gibt es Systemtabellen, die ein Dollarzeichen enthalten. Wir gehen darauf nicht näher ein und verweisen auf das Oracle-Manual.

Beispielsweise finden wir Informationen zu allen definierten Benutzerrelationen in der Relation *User_Tables*. Weiter gibt es Relationen, die Informationen zu allen definierten Spalten, Indexen, Sichten, Zugriffsrechten, Check- und Integritätsbedingungen enthalten. All diese Relationen können mit einem Select-Befehl abgefragt werden. Über die einzelnen Attribute jeder dieser Relationen sei auf das Oracle-Manual verwiesen. Diese

Tab. 5.10   Ausgewählte Systemtabellen in Oracle

Relation	enthält
DICTIONARY	Zusammenfassung zu allen Systemtabellen
USER_TABLES	alle Relationen des Benutzers
USER_TAB_COLUMNS	alle Attribute aller Relationen des Benutzers
USER_VIEWS	alle Sichten des Benutzers
USER_CONSTRAINTS	alle Spalten- und Tabellenbedingungen
USER_CONS_COLUMNS	alle Attribute, die Spalten- und Tabellenbedingungen enthalten
USER_INDEXES	alle Indexe in Relationen des Benutzers
USER_IND_COLUMNS	alle Attribute, die Index besitzen
USER_TAB_PRIVS	alle Privilegien in Bezug auf Relationen
USER_COL_PRIVS	alle Privilegien in Bezug auf Attribute
USER_TRIGGERS	alle Trigger des Benutzers
USER_TRIGGER_COLS	alle Attribute, auf die sich Trigger beziehen
USER_TABLESPACES	alle Tablespaces des Benutzers

Relationen gehören alle zum Schema *SYS*. Dieses Schema ist allgemein sichtbar, so dass der Schemaname nur dann anzugeben ist, falls zufälligerweise der gleiche Relationenname bereits lokal existiert. Als weiterführende Literatur wird Kähler (2008) empfohlen.

5.12.3 Datenbanken und SQL Server

Der Aufbau einer Datenbank in SQL Server entspricht der Norm: Eine Datenbank besteht aus vielen Schemata. Seit SQL Server 2005 wurden auch Benutzer und Schema getrennt. Mit dem Erzeugen eines Benutzers mit dem Create-User-Befehl (siehe Abschn. 5.13) wird entweder dem Benutzer standardmäßig das Schema *dbo* zugeordnet, oder im Befehl wird das Standardschema explizit angegeben. Jederzeit kann mit dem Befehl *Create-Schema* ein neues Schema angelegt und dieses gleich einem Benutzer zugeordnet werden. Das Standardschema eines Benutzers kann jederzeit mit dem Alter-User-Befehl geändert werden. Ein Benutzer kann also auch mehrere Schemata besitzen. Als kleine Einschränkung gilt, dass einem Schema nur Relationen, Sichten und Grant- und Revoke-Befehle zugewiesen werden können.

Das in Tab. 5.9 vorgestellte Information-Schema wird voll unterstützt. Natürlich fehlen die in SQL Server nicht definierten Zusicherungen und Gebiete. Weiterführende Informationen finden wir beispielsweise in Dewson (2012).

5.12.4 Datenbanken und MySQL

Der Aufbau einer Datenbank in MySQL entspricht der Norm: Eine Datenbank besteht aus vielen Schemata. Diese Schemata heißen in MySQL auch Datenbanken. Beide Begriffe werden synonym verwendet. Ein Schema ist nicht fest einem Benutzer zugeordnet. Daher ist es auch nicht möglich, die Angabe *Authorization Benutzername* zu verwenden. Nach dem Einloggen in MySQL sollte der Benutzer ein Schema wählen. Dies geschieht mit dem Befehl

```
USE Schemaname ;
```

Damit wird dem Benutzer dieses Schema als Standard zugewiesen. Während einer Datenbanksitzung kann das Schema beliebig gewechselt werden. Das in Tab. 5.9 vorgestellte Information-Schema wird voll unterstützt. Natürlich fehlen die in MySQL nicht definierten Zusicherungen und Gebiete. Zu Details verweisen wir auf Adams (2012) und Buchmann und Smolarek (2005).

5.13 Einrichten und Verwalten von Datenbanken

SQL lässt dem Datenbankhersteller freie Hand im Einrichten und Verwalten einer Datenbank. Wir werden daher im Folgenden auf die einzelnen Hersteller kurz eingehen. Ist eine Datenbank erstellt, und sind Benutzer eingerichtet und zugelassen, so können diese auf die Datenbank zugreifen. Und erst jetzt setzt SQL ein: Der Benutzer verbindet sich mit der Datenbank mittels des SQL-Befehls *Connect*. Die Syntax dieses Befehls lautet:

```
CONNECT TO { DEFAULT  |  Servername } [ AS Verbindungsname ]
[ USER Benutzername ]
```

Wir verbinden uns demnach mit einem Server mittels eines frei wählbaren Verbindungsnamens und des Benutzernamens. Damit startet eine Session. Diese Session endet mit dem Disconnect-Befehl:

```
DISCONNECT { DEFAULT | CURRENT | SQL-Servername }
```

Die häufigste Angabe ist hier *Current*. Damit wird die aktuelle SQL-Server-Verbindung beendet. Sind mehrere Verbindungen gleichzeitig geöffnet, so ist die zu schließende Verbindung explizit anzugeben. Mit diesem Befehl werden beispielsweise auch alle temporären Relationen wieder gelöscht. Zum Nachlesen wird Gulutzan und Pelzer (1999) empfohlen. Die SQL-Norm überlässt das Einrichten den Herstellern. Wir gehen im Einzelnen darauf ein.

5.13.1 Oracle Datenbanken

Der Oracle-Server ermöglicht das Anlegen mehrerer Datenbanken auf dem gleichen Server. Aus Performancegründen ist davon aber eher abzuraten. In der Express Edition gibt es allerdings nur eine Datenbank mit dem Namen *XE*. In der Vollversion wird schon im Installationsprozess eine Datenbank angelegt. Hier gibt der Administrator die entsprechenden Parameter ein, unter anderem auch den Datenbanknamen. Weitere Datenbanken können jederzeit mit dem Befehl *Create Database* erzeugt werden. Die Syntax dieses Befehls ist enorm umfangreich, da hier alle spezifischen Einstellungen einer Datenbank vorgenommen werden. Dazu gehören die physische Speicherung, aber auch die Angaben zu den Logdateien und zum Archivlog (siehe Kap. 8). Änderungen zur Datenbank erfolgen mittels des Befehls *Alter Database*. Das Löschen geschieht mit dem Befehl *Drop Database*.

Zur Steigerung der Performance sollten Cluster und Tablespaces definiert werden. Tablespaces sind physische Einheiten, die auf verschiedene Festplatten verteilt werden können, um etwa mittels paralleler Zugriffe die Antwortzeiten zu reduzieren. Ein Cluster enthält wiederum Relationen, die dann alle physisch auf einer Festplatte nacheinander

Tab. 5.11 Befehle in Oracle zum Arbeiten mit Datenbanken

CREATE DATABASE Db_name	Legt eine neue Datenbank an
ALTER DATABASE Db_name	Ändert Datenbankeinstellungen
CREATE CLUSTER Clustername	Erzeugt einen neuen Cluster
CREATE USER Benutzername	Legt einen neuen Benutzer an
ALTER USER Benutzername	Ändert Benutzereinstellungen
CONNECT Benutzer/Passwort@Db	Einloggen in Datenbank
CREATE TABLESPACE Ts_name	Erzeugt einen physischen Bereich für die Relationen und Indexe

angelegt werden. Dies beschleunigt die interne Suche auf Daten, wenn sehr häufig nur innerhalb eines Clusters zugegriffen wird.

Beim Einrichten der Datenbank werden die drei Systemkennungen *Sys*, *System* und *Dba* erstellt, wobei *Dba* genau genommen keine Kennung sondern nur ein Privileg ist. Loggen wir uns in Oracle in SQL*Plus unter einer dieser Kennungen ein, so können wir weitere Benutzer anlegen. Soll etwa ein Benutzer *gast* mit dem Passwort *neu* erzeugt werden, so wären folgende beiden Befehle sinnvoll:

```
CREATE USER gast IDENTIFIED BY neu ;
GRANT Connect, Resource TO gast ;
```

Der zweite Befehl ist erforderlich, damit sich der neue Benutzer *gast* auch einloggen (Recht *Connect*) und Tabellen und Sichten anlegen kann (in der Rolle *Resource* enthalten, eine Rolle enthält mehrere Rechte). Mit diesen Rechten verbindet sich der Benutzer *gast* wie folgt mit der Datenbank *xe*:

```
CONNECT gast/neu@xe ;
```

In der Praxis verwenden wir heute grafische Oberflächen, die diese Eingaben verein-fachen. Mit der Konsolenanwendung *SQL*Plus* lässt sich eine Datenbank aber jederzeit komplett einrichten und verwalten. In Tab. 5.11 sind die einzelnen Befehle nochmals kurz zusammengefasst. Zur Vertiefung sei auf Kähler (2008) verwiesen.

5.13.2 SQL Server Datenbanken

Microsoft SQL Server ist eine moderne und sehr leistungsfähige Datenbank. Diese Da-tenbank setzt voll auf die grafische Oberfläche. Das Zentrum der Datenbankverwaltung ist daher das SQL Server Management Studio, kurz SSMS genannt. Wir können in SSMS die wichtigsten Funktionen mit Mausklicks erledigen, oder aber auch sehr umfassend von der Kommandosprache Gebrauch machen: Wir können mittels des Befehls *Create Data-base* eine neue Datenbank anlegen, diese mittels des Befehls *Alter Database* modifizieren und schließlich, falls gewünscht mittels *Drop Database* auch wieder entfernen. Innerhalb jeder Datenbank lassen sich beliebig viele Schemata anlegen.

Die Verwaltung übernimmt das System selbstständig. Es gibt keine Cluster oder Tablespaces wie in Oracle. Es können aber Datenbankbereiche mittels sogenannter Filegroups definiert werden. Wie in allen anderen Datenbanken können Benutzer angelegt und mit Benutzerrechten ausgestattet werden. SQL Server unterscheidet allerdings den Zugriff auf den Server und den Zugriff auf die Datenbanken. Für den ersten Teil benötigen wir einen Login-Namen, für den zweiten Teil einen Benutzernamen. Zur einfacheren Handhabung können der Login-Name und der Benutzername gleich lauten. Beispielsweise kann ein Benutzer *gast* mit dem Startschema *Dbo* mit folgendem Befehl angelegt werden:

```
CREATE LOGIN gast PASSWORD = '<Passwort>' ;
USE Bike;
CREATE USER gast FOR LOGIN gast WITH DEFAULT_SCHEMA = dbo ;
DO
```

Wir empfehlen aber die SSMS-Oberfläche. Hier können dem Benutzer mit wenigen Mausklicks gleich vordefinierte oder selbst definierte Rollen zugewiesen werden. Das Einloggen in die Datenbank erfolgt mit dem Starten und der Identifikation in SSMS. Mit dem Beenden von SSMS endet auch die Session. Einen Connect-Befehl gibt es in SQL Server nicht. Über das Einloggen in SQL Server innerhalb eines Programms sprechen wir im nächsten Kapitel. Wir weisen zur Vertiefung auf Dewson (2012) hin.

5.13.3   MySQL Datenbanken

MySQL ist eine leistungsfähige Datenbank. Jeder Server besitzt genau eine Datenbank, die intern mehrere Schemata besitzt, die in MySQL auch als Datenbanken bezeichnet werden. Mittels der grafischen Oberfläche *Workbench* können alle wesentlichen Aktionen ausgeführt werden. Wir wollen hier jedoch kurz die befehlsorientierte Syntax betrachten. Das Einloggen geschieht mit dem Befehl *mysql* auf Betriebssystemebene. Hier wird mit dem Parameter *–u* der Benutzer mit angegeben. Der Systemverwalter *root* loggt sich demnach mit folgendem Befehl ein:

```
mysql -u root
use bike
```

Mit dem ersten Befehl wird eine Konsolenanwendung gestartet, mit dem zweiten Befehl verwendet der Benutzer standardmäßig das Schema *bike*. Stehen mehrere MySQL Server zur Verfügung, so kann mittels des Parameters *–h* auch der Server, eventuell inklusive IP-Adresse, angegeben werden. Mit dem Befehl *mysql* starten wir demnach eine Session. Durch Eingabe des Befehls *exit* wird diese wieder beendet.

Wenn wir neben dem Systemverwalter *root* weitere Kennungen einrichten wollen, müssen wir beachten, dass sich MySQL zu jedem Benutzer noch den Hostnamen merkt. Geben wir keinen Hostnamen an, so wird eine Kennung für alle externen Hosts angelegt. Soll mit dieser Kennung auch lokal zugegriffen werden, so ist eine weitere Kennung erforderlich. Dies zeigen wir mit den folgenden Anweisungen, die eine lokale und eine entfernte Kennung *gast* mit dem Passwort *neu* anlegen. Es werden auch gleich Zugriffsrechte auf das Schema *Bike* vergeben:

```
CREATE USER gast IDENTIFIED BY 'neu' ;
CREATE USER gast@localhost IDENTIFIED BY 'neu' ;
GRANT SELECT, DELETE, UPDATE ON Bike.* TO gast ;
GRANT SELECT, DELETE, UPDATE ON Bike.* TO gast@localhost ;
```

Wir sehen hier, dass wir mit einem einzigen Befehl Zugriffe auf alle Objekte des Schemas *Bike* gewähren können. Zur weiteren Vertiefung sei etwa auf Adams (2012) verwiesen.

5.14 Zusammenfassung

Dieses Kapitel zeigt die Vielfalt der DDL-Befehle. Die wichtigsten von ihnen wurden vorgestellt. Ganz wichtig sind die Befehle *Create Table*, *Create View*, *Create Trigger* und *Grant*. Hinzu kommen beim Anlegen des Systems die Befehle *Create User* und *Create Schema*. Den letzten Befehl benötigen wir in großen Datenbanken immer, um das System zu unterteilen und nicht die Übersicht zu verlieren.

Ganz wichtig sind die Befehle zur Integrität. Auch wenn dies an der einen oder anderen Stelle etwas Performance kosten sollte, nichts wiegt eine korrekte Datenbank auf! Wir sollten also mit Triggern und Check-Bedingungen nicht geizen. Genauso wichtig ist die Zugriffssicherheit. Nur ein ausgefeiltes System zum Zugriff auf die Datenbank kann hier auf Dauer für die notwendige Sicherheit sorgen. Hier spielen Sichten eine wichtige Rolle.

Der Entwurf einer Datenbank ist sehr aufwendig, lässt sich aber hierarchisch in vier Schichten gliedern. Diese sind:

- die physische Schicht
- die logische Datenbankschicht
- die logische Benutzerschicht
- die grafische Benutzeroberfläche

Diese vier Schichten sind voneinander entkoppelt. Die physische Schicht liegt in der Verantwortung des Datenbankanbieters, kann aber meist beeinflusst werden, etwa in Oracle mit der Definition von Tablespaces. Die logische Datenbankschicht umfasst das Erstellen der Basisrelationen, etwa mit Hilfe des Entity-Relationship-Modells. Wir betonen, dass im Entwurf keine Rücksicht auf die späteren Benutzer genommen werden muss.

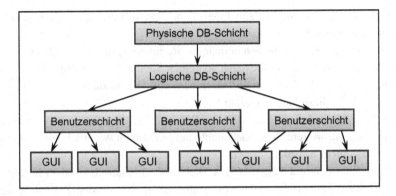

Abb. 5.4 Datenbankschichtenmodell

Diese kommen erst in der dritten Schicht ins Spiel: Hier können wir mit Hilfe von Sichten und dem Gewähren von Zugriffsrechten für jeden Benutzer oder jede Benutzergruppe eine eigene Sichtweise der Datenbank erzeugen.

Zuletzt ist der Anwendungsprogrammierer an der Reihe. Er bietet dem Endbenutzer eine komfortable grafische Oberfläche (GUI, Graphical User Interface) an und übersetzt die Zugriffe des Benutzers in Datenbankzugriffsbefehle. Abb. 5.4 soll diese hierarchischen Schichten illustrieren. Alle Schichten sind voneinander unabhängig und werden nacheinander von oben nach unten entworfen.

Zuletzt sollten wir die Wichtigkeit des Transaktionsbetriebs nicht vergessen. Nur so kann die Integrität wirklich voll unterstützt werden.

5.15   Übungsaufgaben

Aufgaben

Die folgenden Aufgaben beziehen sich auf die Relationen der Beispieldatenbank *Bike* im Anhang.

1. Schreiben Sie alle Create-Table-Befehle zum Erzeugen der Beispieldatenbank *Bike*. Geben Sie alle Entitäts- und Referenz-Integritätsregeln in Form von Tabellen- und Spaltenbedingungen an. Ergänzen Sie diese Angaben durch sinnvolle weitere Integritätsbedingungen (*Unique, Not Null, Check*).

2. Fügen Sie zur Relation *Auftragsposten* das Attribut *Einzelpreis* hinzu. Füllen Sie dieses Attribut mit Daten, ermittelt aus den Attributen *Anzahl* und *Gesamtpreis*. In welcher Normalform befindet sich die Relation *Auftragsposten* jetzt?

3. Erzeugen Sie in der Beispieldatenbank *Bike* eine Sicht *VPers*, die der Relation *Personal* ohne die Attribute *Gehalt* und *Beurteilung* entspricht. Weiter sind in dieser

Sicht nur die Personen aufzunehmen, denen ein Vorgesetzter zugeordnet ist. Liegt eine änderbare Sicht vor?

4. Die Relation *Auftragsposten* enthält aus Redundanzgründen nur den Gesamtpreis jedes einzelnen Auftragspostens. Schreiben Sie daher eine Sicht *VAuftragsposten*, die alle Daten der Relation *Auftragsposten* enthält und zusätzlich ein Attribut *Einzelpreis*. Ist diese Sicht änderbar?

5. In SQL gibt es keinen *Alter-Schema*-Befehl. Überlegen Sie, wie in ein existierendes Schema weitere Schemaelemente aufgenommen werden können. Zeigen Sie dies an einem Beispiel.

6. Beim Einfügen und Ändern von Artikeln soll automatisch aus dem Nettopreis die Mehrwertsteuer (19 %) und der Gesamtpreis ermittelt werden. Schreiben Sie einen geeigneten Trigger. Testen Sie den Trigger.

7. Alle neuen Kunden sollen automatisch mit einer Kundennummer versehen werden. Diese Nummern beginnen bei 21. Es sollen nur ungeradzahlige Kundennummern vergeben werden. Schreiben Sie eine geeignete Sequenz. Probieren Sie diese Sequenz durch Hinzufügen von neuen Kunden aus.

8. In MySQL gibt es die Spaltenbedingung *AutoIncrement*. Damit erhält dieses Attribut immer eine eindeutige automatische Nummer. Bilden Sie diese Funktion mittels Sequenzen und Trigger für das Attribut *Persnr* der Relation *Personal* nach.

9. In einem sicheren Datenbankverwaltungssystem wird vor jedem Zugriff auf eine Relation überprüft, ob der Benutzer die erforderlichen Zugriffsrechte besitzt. Ein Datenbankzugriff besteht demnach faktisch aus zwei Zugriffen (Sicherheitsüberprüfung und eigentlicher Zugriff). Stimmt diese Aussage wirklich?

10. Schreiben Sie einen Befehl, der dem Benutzer *Gast* Änderungsrechte auf die Attribute *Bestand*, *Reserviert* und *Bestellt* der Relation *Lager* und Leserechte auf die gesamte Relation einräumt.

11. Entziehen Sie dem Benutzer *Gast* die in der vorherigen Aufgabe gewährten Rechte wieder.

12. Schreiben Sie alle notwendigen Befehle, damit der Benutzer *Gast* nur Leserechte auf die Attribute *Artnr*, *Lagerort* und *Bestand* der Relation *Lager* bekommt. Weiter darf er Tupel dieser Relation nicht sehen, falls Mindestbestand plus reservierte Teile größer als der tatsächliche Bestand ist. Diese Rechte darf der Benutzer *Gast* auch weiterreichen.

13. Um die Integrität zu optimieren, sollen die Attribute *GebDatum*, *Stand*, *Gehalt* und *Beurteilung* der Relation *Personal* auf zulässige Werte überprüft werden. Es ist bekannt, dass alle Mitarbeiter zwischen 1940 und 1998 geboren sind, entweder ledig, verheiratet, geschieden oder verwitwet sind, das Gehalt zwischen 500 und 6000 Euro liegt und die Beurteilung entweder *Null* oder einen Wert zwischen 1 und 10 besitzt. Fügen Sie diese Bedingungen mittels geeigneter *Alter-Table*-Befehle hinzu, wobei sicherzustellen ist, dass diese Bedingungen, falls gewünscht, auch wieder entfernt werden können (bitte Constraintnamen vergeben!).

14. Lösen Sie die letzte Aufgabe mit Hilfe eines *Create-Assertion*-Befehls.

15. Im Attribut *Aufgabe* der Relation *Personal* gibt es nur eine beschränkte Anzahl von möglichen Aufgaben. Definieren Sie ein Gebiet *Berufsbezeichnung*, das eine Ansammlung von möglichen Berufen enthält.

Literatur

Adams, R. (2012). *SQL – Eine Einführung mit vertiefenden Exkursen*. Hanser.

Buchmann, A., & Smolarek, R. (2005). *SQL & MySQL 5 interaktiv*. Omnigena.

Connolly, T., & Begg, C. (2015). *Database Systems* (6. Aufl.). Pearson.

Date, C. J. (2003). *An Introduction to Database Systems* (8. Aufl., Bd. 1). Addison-Wesley.

Date, C. J., & Darwen, H. (1998). *SQL – Der Standard*. Addison-Wesley.

Dewson, R. (2012). *Beginning SQL Server 2012 for Developers*. Apress.

Eirund, H., & Kohl, U. (2010). *Datenbanken – leicht gemacht*. Springer Vieweg.

Elmasri, R., & Navathe, S. (2002). *Grundlagen von Datenbanksystemen* (3. Aufl.). Addison-Wesley.

Elmasri, R., & Navathe, S. (2009). *Grundlagen von Datenbanksystemen* (3. Aufl.). Addison-Wesley. Bachelorausgabe

Faeskorn-Woyke, H., Bertelsmeier, B., Riemer, P., & Bauer, E. (2007). *Datenbanksysteme – Theorie und Praxis mit SQL2003, Oracle und MySQL*. Pearson.

Gulutzan, P., & Pelzer, T. (1999). *SQL-99 Complete – Really*. R&D Books.

Jarosch, H. (2016). *Grundkurs Datenbankentwurf*. Springer Vieweg.

Kemper, A., & Eickler, A. (2015). *Datenbanksysteme – Eine Einführung*. Oldenbourg.

Kähler, W.-M. (2008). *SQL mit Oracle*. Vieweg-Teubner.

Kifer, M., Bernstein, A., & Lewis, P. (2005). *Database Systems*. Addison-Wesley.

van der Lans, R. F. (2007). *An Introduction to SQL*. Pearson.

Maier, D. (1983). *The Theory of Relational Databases*. Computer Science Press.

Marsch, J., & Fritze, J. (2002). *Erfolgreiche Datenbankanwendung mit SQL3*. Springer.

Meier, A. (2003). *Relationale Datenbanken: Eine Einführung für die Praxis*. Springer Taschenbuch.

Melten, J., & Simon, A. (2001). *SQL: 1999*. Morgan Kaufmann.

Schubert, M. (2007). *Datenbanken*. Teubner.

SQL87 (1987). *Database Language SQL (SQL1)* ISO 9075.

SQL92 (1992). *Database Language SQL (SQL2)* ISO 9075.

SQL99 (1999). *Database Language SQL (SQL3)* ISO 9075.

SQL03 (2003). Database Language SQL. ISO 9075.

SQL06 (2006). Database Language SQL. ISO 9075.

SQL08 (2008). Database Language SQL. ISO 9075.

SQL11 (2011). Database Language SQL. ISO 9075.

Unterstein, G., & Matthiessen, M. (2012). *Relationale Datenbanken und SQL in Theorie und Praxis*. Springer.

Zehnder, C. A. (2005). *Informationssysteme und Datenbanken*. vdf Hochschulverlag.

Datenbankprogrammierung mit PHP

6

Übersicht

SQL wurde als reine Zugriffs- und Verwaltungssprache für Datenbanken entworfen.
Bis einschließlich SQL2 enthielt diese Sprache daher weder Kontrollanweisungen
wie Schleifen- oder Verzweigungsanweisungen noch Datenstrukturen. Vielmehr beschränkte sich SQL auf die Beschreibung von Datenbanken und den Zugriff auf
diese. Diese Sichtweise änderte sich erst mit der Einführung der Objektorientierung
in SQL3 im Jahr 1999. Es wurden komplette Prozeduren und Funktionen benötigt,
und damit auch Kontroll- und Datenstrukturen. Wir können daher heute mit Hilfe
von SQL komplette Programme schreiben, zumindest theoretisch. In der Praxis haben alle großen Datenbankanbieter schon zeitlich vor der SQL-Normierung eigene
Programmiersprachen entwickelt. Wir werden daher mit einer Fülle von Inkompati-
bilitäten konfrontiert.

Weiter werden von einem modernen Programm komfortable Oberflächen erwartet. Es ergibt sich damit praktisch automatisch der Zwang, sich an eine Program-
mierumgebung außerhalb der Datenbanken zu binden. Nur einzelne Prozeduren und
Funktionen werden innerhalb einer Datenbank erstellt. Bei den Applikationen unterscheiden wir zwischen einer Desktop-, einer App- und einer Internetanwendung.
App-Programmierungen spielen in Datenbanken noch eine untergeordnete Rolle.
Auch haben sie den Nachteil, dass wir gleich mehrere Applikationen schreiben müssen, eine für IOS, eine für Android, eine für Windows 10 Mobile usw.

Bei Desktop-Anwendungen gibt es zwei Gruppen: Zum einen sind Java-Anwendungen
weit verbreitet, und zum anderen besitzt Microsoft in der Windows-Welt mit Visual Studio ein hervorragendes Entwicklungswerkzeug. Internetanwendungen haben wiederum
den großen Vorteil, dass sie von allen Rechnern, auch von Smartphones und Tablet-PCs,
aufgerufen werden können. Hier spielen JSP (Java Server Pages, Oracle), ASP.NET (Ac-

© Springer Fachmedien Wiesbaden GmbH 2017
E. Schicker, *Datenbanken und SQL*, Informatik & Praxis, DOI 10.1007/978-3-658-16129-3_6

tive Server Pages, Microsoft) und PHP (Open Source) eine große Rolle. Auch existiert in geringerem Umfang die Einbettung von SQL in Programmiersprachen wie C++, C oder Java. Diese Einbettung erfordert allerdings Präcompiler und wird daher nur noch selten eingesetzt.

Wir entscheiden uns hier für PHP. Die Gründe dazu sind vielfältig: PHP ist an C und Java angelehnt, ist weit verbreitet, die Schnittstellen zur Datenbank sind einfach und sehr gut nachvollziehbar. PHP ist frei verfügbar und benötigt keinen Überbau, da es direkt in HTML eingebettet ist.

In diesem Kapitel werden wir mittels PHP auf Datenbanken zugreifen. Um datenbankunabhängig zu sein, werden wir die Schnittstelle PDO (PHP Data Objects) verwenden. Wir beginnen mit einfachen Anwendungen, um schließlich bei komplexeren Transaktionen anzukommen. Zuletzt werden wir uns noch mit dem Zugriff auf binäre Daten beschäftigen.

6.1   Arbeiten mit PHP

PHP wurde 1995 von Rasmus Lerdorf vorgestellt und zusammen mit Andi Gutmans und Zeev Suraski weiterentwickelt. PHP leitet sich von Perl ab und ist heute die am weitest verbreitete serverseitige Programmiersprache der Welt. PHP war ursprünglich eine Abkürzung von „Personal Home Page Tools", später wurde daraus „PHP Hypertext Preprocessor". Mit der aktuellen Version 5 wurden auch objektorientierte Konstrukte eingeführt, die wir auch verwenden werden. PHP ist in HTML (HyperText Markup Language) eingebettet und muss von einem Webserver interpretiert werden.

Damit wäre schon erwähnt, was wir zum Arbeiten mit PHP benötigen: Wir brauchen einen Webserver, auf dem PHP installiert ist, und wir benötigen Grundkenntnisse in HTML. Alles Weitere ist heutzutage auf jedem Rechner und jedem Smartphone vorhanden: ein Browser.

Steht zum Üben kein Webserver zur Verfügung, so gibt es auch hierfür eine Lösung. Auf jedem halbwegs leistungsfähigen PC können wir einen Webserver installieren, entweder Apache oder IIS (Internet Information Server von Microsoft) unter Windows. Beide Webserver sind frei verfügbar. Apache kann vom Internet heruntergeladen werden, und IIS wird auf jeder Professional-Version von Microsoft mit ausgeliefert und kann über die Systemsteuerung aktiviert werden.

In diesem Kapitel setzen wir geringe Grundkenntnisse in HTML und PHP voraus. Wir empfehlen zu HTML vor allen die Internetseite http://wiki.selfhtml.org und Münz (2014) und zu PHP die Internetseite http://www.php.net, ebenso Doyle (2010), Jones und Holloway (2012) und Yank (2012). Diese PHP-Bücher enthalten jeweils auch Kapitel zu PDO. Weiter stellt Microsoft im Internet die PDF-Datei PDO_MSSQLServer.pdf zur Verfügung.

Die PHP-Programme in diesem Kapitel sind relativ umfangreich. Wir stellen alle diese Programme im Internet vollständig zur Verfügung. Im Anhang ist die Internetseite angegeben.

6.2   Überblick zu Webserver, HTML und PHP

Wir wollen in diesem Abschnitt einen Überblick über die Funktionsweise des Internets und eines Webservers geben. Ebenso werden wir Formulare in HTML vorstellen. Auch die Besonderheiten von PHP werden kurz angerissen.

6.2.1   Internet und Webserver

Täglich greifen wir auf das Internet zu. Wir öffnen einen Browser und geben eine Internetadresse ein. Schon spuckt der Browser Ausgaben aus. Dabei wird häufig intern auch auf Datenbanken zugriffen, denken wir nur an Google, Amazon oder Ebay, also Systeme, die große Datenbestände verwalten. Ab sofort wollen wir selbst Datenbanken öffnen und Daten abfragen. Es wird daher Zeit, das Zusammenspiel zwischen Browser, Webserver und Datenbank kennen zu lernen.

Wir beginnen beim Anwender. Eine Person sitzt vor einem Computer, der ans Internet angeschlossen ist. Diese Person startet einen Browser und gibt eine Internetadresse ein, etwa google.de. Mit dem Drücken der Returntaste geschieht in atemberaubender Geschwindigkeit Folgendes: Der lokale Rechner wendet sich an einen sogenannten DNS-Server. Diese speziellen Server wissen an Hand riesiger Tabellen, wo der nächste Webserver von Google steht. Mit diesem Wissen wird jetzt dieser Server aufgesucht. Dieser Google-Server bearbeitet unsere Anfrage und liefert schließlich den sogenannten HTML-Code an unseren Computer zurück. Dieser Code wird vom eigenen Browser interpretiert und grafisch angezeigt. Es spielt dabei keine Rolle, wo der Webserver steht, ob in Deutschland, Europa, USA oder Asien. Das Internet verhält sich wie eine riesige undurchsichtige Wolke, eine Cloud! Wichtig für uns Anwender ist letztlich nur, dass diese geheimnisvolle Cloud unsere Anfrage korrekt an den Adressaten weiterleitet, und dass dieser Adressat uns wieder findet, um uns antworten zu können.

Bleiben wir bei unserer Person. Diese sucht jetzt beispielsweise nach einem schicken Smartphone und tippt auf der Google-Seite einen entsprechenden Suchbegriff ein. Wieder geht die Anfrage direkt zum Google-Webserver. Jetzt nimmt dieser Webserver den Suchbegriff entgegen und sucht in seinen eigenen Datenbanken nach passenden Ergebnissen. Diese Datenbanken befinden sich ebenfalls im Internet, in der Cloud. Der Webserver wartet auf die Antwort dieser Datenbanken, stellt die Ergebnisse zusammen und liefert den fertigen HTML-Code zurück an den Anwender. Grafisch vereinfacht haben wir dies in Abb. 6.1 zusammengefasst. Eine Frau sitzt vor ihrem Rechner und greift auf den Google-Server zu. Dieser befindet sich in einer Wolke und nimmt selbst die Dienste einer Datenbank in Anspruch.

Dieses Beispiel zeigt uns deutlich, dass die Programme, die auf die Datenbanken zugreifen, nicht auf dem lokalen Rechner ablaufen. Vielmehr stehen diese Programme auf dem Webserver. Wir sprechen hier von serverseitiger Programmierung. Ein solches Programm ist beispielsweise eine PHP-Datei. Diese Datei enthält PHP-Code, und dieser Code

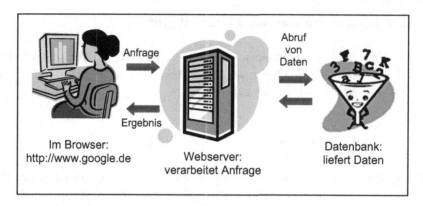

Abb. 6.1 Browser, Webserver und Datenbanken

wird ausgeführt, sobald ein Internet-Benutzer irgendwo in der Welt genau diese Datei aufruft. Dies geschieht meist implizit, indem der Benutzer einen Button auf einer grafischen Oberfläche klickt.

Die PHP-Programme müssen auf einem Webserver ausgeführt werden. Wir benötigen daher im Folgenden einen Server, auf dem wir PHP-Programme abspeichern dürfen. Oder wir installieren selbst einen Webserver. Am weitesten verbreitet ist Apache. Dieser Webserver kann auf Unix- oder Windowsrechnern jederzeit installiert werden. Unter Windows steht alternativ Microsoft Internet Information Server (IIS) zur Verfügung. Beide Programme sind frei verfügbar. Wird anschließend auch noch PHP eingerichtet, so können wir alle Programme dieses Kapitels testen. Hinweise zur Installation und zum Einrichten eines Webservers finden sich im Internet. Bitte beachten Sie auch die Literaturhinweise am Ende dieses Kapitels.

6.2.2 Hypertext Markup Language (HTML)

PHP-Programme werden in HTML eingebettet. HTML ist eine Abkürzung für Hypertext Markup Language, wurde 1992 vorgestellt und ist heute die Standardzugriffssprache im Internet. Eine hervorragende Zusammenfassung dieser Sprache findet sich bei Stefan Münz unter dem Begriff *Selfhtml* im Internet (http://wiki.selfhtml.org). Wir werden hier nur einen Überblick über diese Sprache geben.

HTML ist eine textbasierte Auszeichnungssprache. In HTML werden sogenannte Tags verwendet, Bezeichner, die in spitze Klammern eingeschlossen sind. Diese Tags wirken auf den folgenden Bereich, bis sie durch einen entsprechenden Ende-Tag beendet werden. Dieser Ende-Tag unterscheidet sich vom Tag-Bezeichner durch einen vorangestellten Schrägstrich („/"). Das Grundgerüst eines HTML-Programms enthält einen Kopf, in dem globale Informationen zu der Internetseite angegeben werden und einen Rumpf, der die eigentlichen Texte und Grafiken enthält. Ein HTML-Dokument hat somit folgendes Aussehen:

```
<html>
  <head>
    <title>Text der Browser-Überschrift</title>
  </head>
  <body>
    Inhalt: Text, Verweise, Grafikreferenzen usw.
  </body>
</html>
```

Die Überschrift erscheint in der Titelleiste des Browsers. Der eigentliche Text muss noch strukturiert werden. Hier stehen zahlreiche Tags zur Verfügung. Wir greifen nur einige wenige heraus:

```
<h1>Überschrift der Ordnung 1</h1>
<p>Text innerhalb eines Absatzes</p>
<b>Fettdruck</b><i>Kursivdruck</i><u>Unterstrichener Text</u>
```

Wichtig sind für uns Tabellen zur Ausgabe von Relationen. Auch hier wollen wir nur Grundkonzepte ansprechen. Tabellen enthalten Zeilen, jede Zeile enthält Spalten. Wir geben daher in einer Tabelle eine Zeile nach der anderen aus. Innerhalb jeder Zeile befinden sich die Spalten. Das Grundgerüst sieht wie folgt aus:

```
<table border="2" cellpadding="10">
 <tr>
  <th>Kopfzelle1</th>
  <th>Kopfzelle2</th>
 </tr>
 <tr>
  <td>Datenzelle1</td>
  <td>Datenzelle2</td>
 </tr>
</table>
```

Diese Tabelle besitzt eine Kopfzeile mit zwei Spalten (*<th>*)und eine weitere Zeile mit ebenfalls zwei Spalten (*<td>*). Eine Tabelle wird in das Tag *table* eingeschlossen. Wird der Parameter *border* im Tag verwendet, so erhält die Tabelle einen Rahmen, hier mit einer Breite von 2 Pixeln. Eine Zeile wird in den Tag *tr* eingeschlossen, eine Spalte in den Tag *td*. Die erste Zeile darf stattdessen auch den Tag *th* enthalten. Damit wird diese Zeile hervorgehoben, meist durch Fettschrift.

Auch ein Verweis auf Referenzen im Internet, auf Bilder oder auf andere HTML-Seiten ist oft erforderlich, als Beispiel sei ein Link auf Google angegeben:

```
<a href="http://www.google.de">Google-Startseite</a>
```

Wird nun auf diesen Verweis geklickt, so wird zu dieser Adresse gesprungen. Statt einer Internetadresse darf auch eine lokale Datei, zum Beispiel ein Bild, verwendet werden. Beim Klick wird dann das Bild oder die Datei geladen.

Für Datenbankanwendungen benötigen wir dringend Formulare. Wir müssen uns in eine Datenbank einloggen und dazu die Benutzerdaten eingeben. Oder wir wollen eine Auswahl treffen oder einen Button klicken. Immer benötigen wir HTML-Formulare. Wieder wollen wir nur an einigen wenigen Beispielen die Möglichkeiten kurz aufzeigen. Wir beginnen mit einem Formular, wo wir Server, Datenbank, Kennung und Passwort eingeben und beim Klick auf einen Button die Datei *formulare.php* aufrufen:

```
<form action="formulare.php" method="post">
<p>Server: <input type="text" size="20" name="Server"/></p>
<p>Datenbank: <input type="text" size="20"
                     name="Datenbank"/></p>
<p>Kennung: <input type="text" size="20" name="Kennung"
                   value="bike"/></p>
<p>Passwort: <input type="password" size="20"
                    name="Passwort"/></p>
<p><input type="submit" value="Start"/></p>
</form>
```

Speichern wir dieses einfache Formular unter dem Namen *formulare.html* ab und öffnen diese Datei in einem Browser, so wird das Formular in Abb. 6.2 angezeigt. Der Tag *input* mit dem Parameter *type="text"* zeigt Texte an. Vorgegeben ist bei der Kennung mittels des Parameters *value* die Zeichenkette *bike*. Der Parameter *type="password"* ermöglicht die geschützte Eingabe und *type="submit"* zeigt einen Button an, hier mit der Anzeige *Start*. Durch Klick auf diesen Button wird die im Tag *form* unter dem Parameter *action* angegebene Datei aufgerufen. In unserem Beispiel ist dies die Datei *formulare.php*. Diese Datei wird vermutlich nicht existieren. Ein Klick auf den Button wird in unserem Fall also eine Fehlermeldung erzeugen.

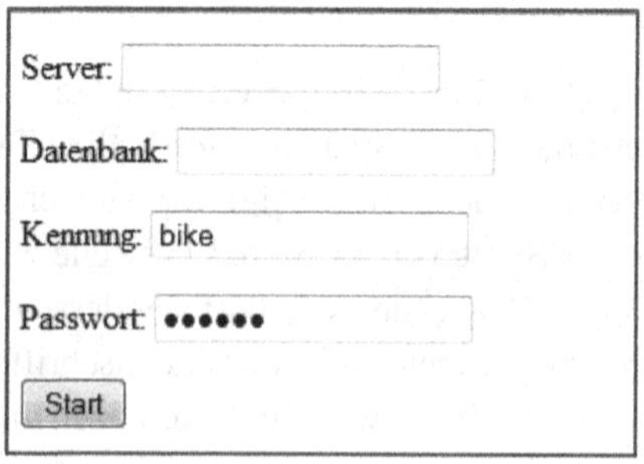

Abb. 6.2 Texteingabefelder

Abb. 6.3 Weitere
Eingabefelder

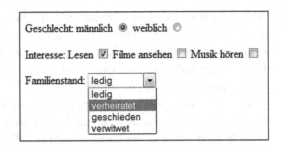

In der Praxis werden wir jedoch zu einer gültigen Adresse springen. Und dort sollen die Felder zu Datenbank, Kennung und Passwort ausgewertet werden. Diese Eingabefelder müssen daher mittels eines Namens identifiziert sein. Dies geschieht mit dem Parameter *name* im Input-Tag. Das Auslesen dieser Felder werden wir mit Hilfe von PHP explizit durchführen.

Natürlich gibt es nicht nur Textfelder, sondern auch Radiobuttons, Checkboxen, Auswahlbereiche oder Comboboxen. Ohne weitere Kommentare wollen wir diese Felder hier kurz vorstellen. Wir könnten beispielsweise innerhalb eines Formularbereichs schreiben:

```
<p>Geschlecht:
    männlich <input type="radio" name="Anrede"
                    value="Herr" checked/>
    weiblich <input type="radio" name="Anrede" value="Frau"/></p>
<p>Interesse:
    Lesen <input type="checkbox" name="Hobby"
                value="Buch" checked/>
    Filme ansehen <input type="checkbox" name="Hobby"
                        value="Video"/>
    Musik hören <input type="checkbox" name="Hobby"
                        value="Audio"/>
</p><p>Familienstand:
    <select name="Familienstand" size="1">
    <option> ledig </option>        <option> verheiratet </option>
    <option> geschieden </option>    <option> verwitwet </option>
</select></p>
```

Das dazugehörige Ergebnis können wir in Abb. 6.3 ablesen.

6.2.3 PHP

PHP ist eine junge Programmiersprache, die 1994 von Rasmus Lerdorf vorgestellt wurde. PHP ist von Perl und damit von C abgeleitet und völlig auf das Internet zugeschnitten.

PHP ist für den C- und Java-Programmierer sehr leicht zu erlernen. Die Kontrollstrukturen *if*, *switch*, *for*, *while* und *do* sind identisch mit den entsprechenden Befehlen in der Sprache C. Auch die in C zur Verfügung stehenden Operatoren sind nahezu identisch. Zudem wird ebenfalls zwischen Groß- und Kleinschreibung unterschieden. Einige wichtige Unterschiede sind in Tab. 6.1 zusammengefasst.

Variablen, außer Felder und Objekte, werden nicht vorab deklariert. Abhängig vom Kontext nimmt eine Variable den am besten geeigneten Datentyp automatisch an. Eine Variable kann während der Laufzeit auch den Datentyp ändern! Es gibt daher den zusätzlichen Operator ===. Der Vergleich *var1*===*var2* liefert genau dann den Wert *true* zurück, wenn beide Variablen vom gleichen Datentyp und die Inhalte gleich sind. Analoges gilt für den Operator *!==*.

Innerhalb einer konstanten Zeichenkette werden Variablen dank des Dollarzeichens erkannt und automatisch substituiert, d. h. durch den Inhalt der Variable ersetzt. Zu Zeichenketten gibt es in PHP sehr viele Operatoren und Methoden und ebenso viele Funktionen zum Bearbeiten von Zeichenketten. Als Konkatenierungsoperator wird der Punkt („.") verwendet. Einige wichtige Funktionen, die wir auch später noch verwenden werden, sind in Tab. 6.2 aufgeführt.

PHP wird vollständig in HTML eingebettet. Innerhalb einer HTML-Datei darf PHP-Code jederzeit eingefügt werden: Im Kopf besteht die Möglichkeit Funktionen zu deklarieren und im Rumpf schreiben wir an jeder gewünschten Stelle den Code. Wir müssen dabei nur wenige Dinge beachten:

- Eine HTML-Datei mit PHP-Code besitzt die Endung *.php*. Dies ist wichtig, damit der Webserver den PHP-Code auch wirklich ausführt.
- PHP-Code beginnt mit dem öffnenden Tag „<*?php*".
- PHP-Code endet mit dem schließenden Tag „*?>*".
- PHP-Code kann mehrfach eingefügt werden.

Zu beachten ist, dass eine PHP-Datei auf einem Webserver ausgeführt werden muss. Wir können daher PHP-Dateien nicht einfach wie HTML-Dateien mittels Doppelklick starten. Als erstes PHP-Beispiel wollen wir unser HTML-Beispiel aus Abb. 6.2 fortsetzen

Tab. 6.1 Unterschiede von PHP zu C/C++/Java

	in PHP
Datentypen	Sechs Datentypen: int, bool, double, string, array, object
Variablen	Erstes Zeichen ist immer das Dollarzeichen (‚$')
Operatoren	Zusätzlich: ===, !==; Operator -> für Objektmethoden
Deklaration von Variablen	Deklaration nicht erforderlich; Variablen ändern den Datentyp dynamisch
Zeichenketten	Eigene Funktionalität, ähnlich zu Java
Funktionen	Funktionsnamen sind case-insensitiv

Tab. 6.2 Auswahl von PHP-Funktionen

trim(str)	entfernt Leerzeichen am Anfang und Ende von *str*
strlen(str)	gibt die Länge der Zeichenkette *str* zurück
strpos(str1,str2)	gibt das erste Vorkommen von *str2* in der Zeichenkette *str1 zurück*; bzw. false, falls nicht enthalten
strcmp(str1,str2)	vergleicht die Zeichenketten *str1* und *str2*
strcasecmp (str1,str2)	vergleicht die Zeichenketten *str1* und *str2* unabhängig von Groß- und Kleinschreibung
substring (str,pos,len)	gibt einen Teilstring von *str* der Länge *len* ab Position *pos* zurück
implode(str,feld)	liefert Zeichenkette mit allen Feldelementen zurück, die mittels der Zeichenkette *str* verknüpft werden
htmlspecialchars (str)	wandelt HTML-Zeichen in Ersatzzeichen um
echo param1,...	gibt die Parameterliste auf HTML aus
isset(var)	liefert *true*, wenn Variable *var* existiert, sonst *false*
unset(var)	setzt die Variable *var* zurück, *var* existiert nicht mehr

und das Programm *formulare.php* schreiben, das beim Klick auf den Button ausgeführt wird. Dieser Programmname wurde im Form-Tag der HTML-Datei angegeben. Die vier Variablen *Server*, *Datenbank*, *Kennung* und *Passwort* werden mit der Methode *post* übergeben. Ohne näher auf die Übergabemethode *post* einzugehen gilt: PHP erzeugt in diesem Fall in der PHP-Datei ein assoziatives Feld mit den vier Werten:

```
$_POST['Server']    //mit dem Text aus dem Eingabefeld Server
$_POST['Datenbank'] //mit dem Text aus dem Eingabefeld Datenbank
$_POST['Kennung']   //mit dem Text aus dem Eingabefeld Kennung
$_POST['Passwort']  //mit dem Text aus dem Eingabefeld Passwort
```

Das folgende PHP-Programm *formulare.php* liest nun die Inhalte der vier Eingabefelder *Server*, *Datenbank*, *Kennung* und *Passwort* aus und zeigt diese im Browser an:

```
<html>
<head>
<title>Erstes PHP-Beispiel, Ergebnis</title>
</head>
<body>
<center><h1>Ausgabe von Datenbank-Verbindungsdaten</h1></center>
<p>HTML: Wir geben die Variablen aus:</p>
<?php                           // PHP-Code beginnt
  echo "<p>PHP: Start von PHP</p>";
  $server = $_POST['Server'];    // Einlesen der vier Variablen
  $datenbank = $_POST['Datenbank'];
```

```
$benutzer = $_POST['Kennung'];
$passwort = $_POST['Passwort'];
echo "<p>PHP: Server: $server; Datenbank: $datenbank;
     Kennung: $username, Passwort: wird nicht verraten.</p>";
?>               <!-- Kommentar: Ab hier wieder reines HTML -->
<p>HTML: Ende.</p>
</body>
</html>
```

Dieses Beispiel verwendet Kommentare in HTML und PHP. Es verwendet auch Zeichenketten sowohl mit Anführungszeichen als auch mit Hochkomma. Der Unterschied dieser zwei Arten von Zeichenketten ist schnell erklärt: Nur in Zeichenketten mit Anführungszeichen werden Variablen substituiert! Die Wirkung der Echo-Funktion ist einfach: Diese Funktion gibt Daten auf den Browser aus. Dies soll als kleine Einführung genügen.

6.2.4 Felder in PHP: eine kurze Übersicht

Felder sind in PHP extrem flexibel. Es gibt in PHP indizierte Felder, aber auch assoziative Felder. Zusätzlich zu den gängigen Feldern aus anderen Programmiersprachen überdecken PHP-Felder auch Listen und Aufzählungen. Ein Feld ist vom Datentyp *array*. Zusätzlich gibt es in PHP über 50 Funktionen, die auf Felder angewendet werden können. Wir wollen uns an dieser Stelle nur einen kleinen Überblick verschaffen und verweisen auf die Manuale im Internet (http://www.php.net).

Felder können wir ganz einfach selbst definieren. Betrachten wir dazu folgenden Code:

```
$feld = array( 0, 2, 4, 6, 8 );
$feld[ ] = 10;
$feld[10] = 20;
$feld["test"] = 100;
$feld["wert"] = "Ende";
echo "<p>Anzahl der Feldelemente: " . count($feld) . "</p>
     <p>Inhalt:</p>";
foreach ($feld as $inhalt)
   echo "<p>$inhalt</p>";
```

Zunächst definieren wir ein Feld mit fünf Elementen. Die Indizierung beginnt dabei automatisch bei 0. Es gilt also beispielsweise: *$feld[2]=4*. Ungewohnt sind die folgenden Zeilen: Die zweite Zeile fügt ein weiteres Element mit dem Wert 10 und dem Index 5 hinzu. Äquivalent wäre die Zuweisung *$feld[5]=10* gewesen. In der dritten Zeile folgt ein weiteres Element mit dem Wert 20 und dem Index 10. Wichtig ist, dass die Indexe dazwischen nicht belegt sind! Es wäre ein Fehler, *feld[7]* auszugeben. In den weiteren Zeilen werden noch assoziative Werte eingefügt. Jetzt hat das Feld in Summe neun Elemente. Die

Funktion *count* wird genau diesen Wert neun zurückliefern. Zuletzt geben wir alle diese Elemente in einer Schleife aus. Am einfachsten geschieht dies mit einer Foreach-Schleife. Die Syntax sollte selbsterklärend sein.

Wir sehen also, dass ein Feld viele Elementpaare aufnehmen kann. Diese Paare bestehen jeweils aus einem Index und einem dazugehörigen Inhalt. Der Index ist entweder eine ganze Zahl oder eine Zeichenkette. Der Inhalt kann von jedem der sechs in PHP definierten Datentypen sein. Die Indexe selbst müssen nicht zusammenhängend sein. Genau genommen gibt es also zu jedem Index, auch Schlüssel genannt, einen Inhalt. In PHP schreiben wir:

```
key => content
```

Aus dem Schlüssel *key* folgt also der Inhalt *content*. Wir können in PHP neben dem Inhalt auch den dazugehörigen Schlüssel ausgeben. Der folgende Code erstellt exakt das gleiche Feld wie vorher, nur in einem Schritt. Die Ausgabe gibt zusätzlich den Schlüssel mit aus. Die Syntax, insbesondere die Syntax der Schleife, sollte aus dem Code direkt ersichtlich werden:

```
$feld = array( 0=>0, 2, 4, 6, 8, 10, 10=>20, "test"=>100,
                               "wert"=>"Ende" );
echo "<p>Anzahl der Feldelemente: " . count($feld) . "</p>
      <p>Inhalt:</p>";
foreach ($feld as $key => $content)
  echo "<p>feld[$key] = $content</p>"; //Ausgabe: feld[0]=0 usw.
```

Am Rande sei noch erwähnt, dass einzelne Feldelemente mit der Funktion *unset* auch wieder gelöscht werden können.

6.3   Erste Datenbankzugriffe

Nach der Einführung in HTML und PHP im letzten Abschnitt wird es nun Zeit, auf Datenbanken zuzugreifen. Wieder werden wir unsere schon vertraute Beispieldatenbank *Bike* verwenden. Doch bevor wir starten, stellen wir noch die erforderlichen Einstellungen in PHP vor, um auf Oracle, SQL Server und MySQL zugreifen zu können. Wir weisen nochmals darauf hin, dass alle PHP-Programme in diesem Kapitel im Internet zur Verfügung gestellt werden. Hinweise dazu finden sich im Anhang.

6.3.1   Datenbankzugriff mit PHP

Zum Zugriff auf Datenbanken benötigt PHP entsprechende Datenbankmodule der Hersteller. Jede unterstützte Datenbank besitzt viele Zugriffsfunktionen, die herstellerspezifisch sind. So entwickelte PHP eine Abstraktionsebene, die alle Datenbanken mit Hilfe der gleichen Funktionalität unterstützt: *PDO* (PHP Data Objects).

Wir könnten auch die direkten Schnittstellen der einzelnen Hersteller verwenden. Doch nur mit Hilfe von PDO können wir datenbankunabhängig programmieren. Zusätzlich werden wir die kleinen Besonderheiten der einzelnen Datenbankhersteller in der SQL-Syntax beachten! Verwenden wir nur SQL-Code, der in allen Datenbanken übereinstimmt, so ist ein späterer Wechsel der Datenbank kinderleicht.

Zur Vorbereitung ist die Initialisierungsdatei *php.ini* von PHP zu modifizieren. Diese Datei finden wir im Installationsverzeichnis von PHP. Wir benötigen die entsprechenden Datenbankerweiterungen (extensions). Diese sind alle bereits vorhanden, mittels eines Strichpunktes jedoch auskommentiert. Wir entfernen diese Strichpunkte in den folgenden Zeilen der Datei *php.ini*:

```
;extension=php_pdo_oci.dll
;extension=php_pdo_mysql.dll
```

Es ist zu beachten, dass genau diese Dateien im Unterverzeichnis *ext* auch vorhanden sein müssen. Für SQL Server werden keine DLLs mit dem PHP-Paket ausgeliefert. Diese werden jedoch auf der Homepage von Microsoft einschließlich entsprechender Hinweise zur Installation zur Verfügung gestellt.

Um jetzt mit Datenbanken zu arbeiten, muss im Falle von Oracle und SQL Server auf dem Webserver mindestens ein dazugehöriger Client installiert sein. In MySQL ist dies nicht erforderlich. Neben der Eingabe der Kennung und des Passwortes müssen wir noch den Standort des Servers und die Datenbank angeben. Dazu gibt es in PDO die zusätzlichen Parameter *Server* und *Dbname*. Je nachdem ob der Datenbankserver lokal oder entfernt installiert wird, ergeben sich herstellerspezifische Einstellungen. Diese finden wir übersichtlich in Tab. 6.3 aufgelistet.

Unter dem Namen *Server* muss die Internetadresse des Servers angegeben werden. In SQL Server kann es mehrere Installationen geben. Es ist daher auch der Installationsname anzugeben. Verwenden wir SQL Server Express, so wird standardmäßig SQLEXPRESS verwendet. Gegebenenfalls ist der entsprechende Installationsname einzusetzen.

Tab. 6.3 Serverdaten, geordnet nach Hersteller

	Variable Server bzw. Host	Variable Dbname
Oracle lokal	(nicht verwendet)	Datenbank
Oracle entfernt	(nicht verwendet)	//Server/Datenbank
SQL Server lokal	localhost\sqlexpress	Datenbank
SQL Server entfernt	Server\sqlexpress	Datenbank
MySQL lokal	localhost	Datenbank
MySQL entfernt	Serveradresse	Datenbank

6.3.2 Die Datenbankschnittstelle PDO

Nach so viel Vorbereitung wird es Zeit mittels der Schnittstelle PDO auf Datenbanken zuzugreifen. Alle Datenbank-Zugriffsbefehle in PDO sind einheitlich und unabhängig von der Datenbank. Nur das Einloggen selbst erfolgt datenbankspezifisch. Schließlich will PDO wissen, mit welcher Datenbank es sich verbinden soll. Beim Wechsel zu einer anderen Datenbank muss daher nur dieser Befehl zum Einloggen bearbeitet werden. Die Schnittstelle PDO ist objektorientiert, wir benötigen also ein entsprechendes Verbindungsobjekt. PDO löst dies sehr elegant: Der Konstruktor baut gleich eine Verbindung auf. Betrachten wir das Einloggen in Oracle, SQL Server und MySQL. Wir benötigen dazu bis zu vier Variablen: *$server* für den Datenbankserver im Internet, *$datenbank* für die Datenbank, *$kennung* für die Kennung und *$passwort* für das Passwort. Wir führen je nach Datenbank einen der drei folgenden Befehle aus:

```
$conn = new PDO("oci:dbname=$datenbank", $kennung, $passwort);
$conn = new PDO("sqlsrv:server=$server;dbname=$datenbank",
                               $kennung, $passwort);
$conn = new PDO("mysql:host=$server;dbname=$datenbank",
                               $kennung, $passwort);
```

Wir sehen, dass nur der erste Parameter des Konstruktors *PDO* herstellerspezifisch ist. Die Kennung ist immer der zweite Parameter und das Passwort der dritte. Dies gilt auch für den Zugriff auf DB2, auf PostgreSQL oder auf SQLite. Beim ersten Parameter verwenden wir die Variablen *$server* und *$datenbank*. Die dazugehörigen Werte entnehmen wir Tab. 6.3.

Wir haben mit den obigen Befehlen ein Objekt der Klasse *PDO* erzeugt und dieses in der Objektvariable *$conn* abgelegt. Mit dieser Klasse *PDO* werden wir ab sofort arbeiten. Zusätzlich werden wir noch die Klasse *PDOStatement* kennen lernen, die wir für Lesezugriffe benötigen. Das Besondere ist nun, dass alle weiteren Zugriffe einheitlich und unabhängig von der Datenbank sind.

6.3.3 Erster PHP-Zugriff auf Datenbanken

Grau ist jede Theorie. Beginnen wir also mit dem ersten Beispiel. Dazu greifen wir auf die Beispieldatenbank *Bike* zu. Wir loggen uns ein und lesen aus der Relation *Personal* den Namen und den Wohnort des Mitarbeiters aus, der die Personalnummer 2 besitzt. Der entsprechende Select-Befehl ist einfach und lautet:

```
Select Name, Ort From Personal Where Persnr = 2;
```

Diesen Befehl müssen wir jetzt in unser PHP-Programm einbinden. Wir benötigen dazu folgende Schritte:

- Eingabe der Verbindungsdaten
- Einloggen in die Datenbank und Start einer Transaktion
- Ausführen eines Select-Befehls
- Auslesen der Ergebnisse des Select-Befehls
- Beenden der Transaktion

Den ersten Schritt haben wir im Wesentlichen bereits erledigt: Wir ergänzen das Formular der Datei *formulare.html* durch drei Radio-Button, wo wir eine der drei Datenbanken Oracle, SQL Server oder MySQL auswählen, und speichern dies jetzt in der neuen Datei *start.html*. Beim Drücken auf den Button *Start* (siehe Abb. 6.2) rufen wir jetzt das PHP-Programm *start.php* auf. In dieser Datei werden die weiteren vier Schritte abgearbeitet. Wir stellen diese Schritte einzeln vor.

Einloggen in die Datenbank Wir beginnen mit dem Einloggen in die Datenbank und rufen dazu den Konstruktor eines PDO-Objekts mit den entsprechenden Parametern auf:

```
$conn = new PDO("oci:dbname=$_POST[Datenbank]",
                $_POST['Kennung'], $_POST['Passwort']);
echo "<p>Die Verbindung zur Datenbank wurde hergestellt.</p>";
$conn->setAttribute(PDO::ATTR_ERRMODE,
                            PDO::ERRMODE_EXCEPTION);
$conn->setAttribute(PDO::ATTR_CASE, PDO::CASE_UPPER);
$conn->beginTransaction(); // Transaktionsmodus
```

Wir loggen uns hier in eine Oracle-Datenbank ein. Dies geschieht für andere Datenbanken analog. Befindet sich die Datenbank auf dem Webserver, so genügt als Servername die Adresse *localhost*.

Misslingt das Einloggen, weil etwa das Passwort nicht korrekt eingegeben wurde, so wird eine Ausnahme geworfen. Wir kommen darauf im nächsten Abschnitt zurück. Bei erfolgreichem Zugriff befinden wir uns in der nächsten Zeile und geben auf Bildschirm aus, dass die Verbindung hergestellt wurde.

Wir wünschen im Weiteren, dass bei PDO-Datenbankfehlern automatisch eine Ausnahme geworfen wird. Dies stellen wir mittels der Methode *setAttribute* sicher. Bei dieser Methode ist der erste Parameter das zu setzende Attribut und der zweite Parameter der Wert dieses Attributs. In unserem Beispiel setzen wir das Fehlermodus-Attribut auf den Wert *ERRMODE_EXCEPTION*. Damit wird bei allen PDO-Fehlern eine Ausnahme geworfen. Weiter setzen wir das Attribut *ATTR_CASE* auf den Wert *CASE_UPPER*. Damit werden alle Spaltennamen grundsätzlich in Großbuchstaben zurückgegeben. Dies ist in Oracle Standard und kann in Oracle auch nicht geändert werden. Damit das Verhalten in allen Datenbankumgebungen gleich ist, sollten wir dieses Attribut unbedingt setzen.

Der aufmerksame Leser wird feststellen, dass wir im assoziativen Feld $_POST den Wert *Datenbank* nicht in Hochkommata gesetzt haben. Dies ist kein Druckfehler sondern zwingende Notwendigkeit.

▶   **Tipp** Innerhalb einer konstanten Zeichenkette, die in Anführungszeichen ge-
    setzt ist, dürfen die Indexbezeichner in assoziativen Feldern weder in Anfüh-
    rungszeichen noch in Hochkommata angegeben werden.

Der Transaktionsbetrieb unterscheidet sich geringfügig von Datenbank zu Datenbank.
Insbesondere wird eine neue Transaktion nicht immer automatisch nach dem Beenden der
vorherigen gestartet. Aus Kompatibilitätsgründen geschieht dies auch nicht in PDO. Ein
Transaktionsbetrieb ist für uns aber ein Muss. Die Methode *beginTransaction* ist daher für
uns stets der erste Befehl nach dem Erzeugen eines neuen PDO-Objekts.

Objekte in PHP werden ähnlich wie in Java oder C++ mit Hilfe des Operators *new*
erzeugt. Dem Operator *new* folgt ein Konstruktor. Wie in anderen objektorientierten Spra-
chen besitzt der Konstruktor immer den Namen der Klasse. Die Methoden und Variablen
einer Klasse werden mit Hilfe des Pfeiloperators „->" angesprochen, also:

```
Objekt -> Methode                    Objekt -> Variable
```

Zwei öffentliche Methoden haben wir schon kennen gelernt, *setAttribute* und *begin-
Transaction*. Weitere kommen gleich hinzu.

Ausführen eines SQL-Befehls: Wir haben eine Verbindung mit der Datenbank hergestellt und greifen nun auf diese zu. Dies geschieht in PDO mit der Methode **query**. Wir
wollen hier den Mitarbeiter mit der Personalnummer 2 zusammen mit seinem Wohnort
auslesen.

Die Basis des Zugriffs bildet das vom Konstruktor zurückgelieferte PDO-Objekt *$conn*.
Dieses Objekt ist in PHP die logische Verbindung zur geöffneten Datenbank. Wir greifen
nun mittels des Objekts *$conn* und der Objektmethode *query* auf die Datenbank zu und
führen den angegebenen SQL-Befehl aus.

```
$sql = "Select Name, Ort From Personal Where Persnr = 2";
$stmt = $conn->query($sql);  // Ausfuehren und Übergabe an $stmt
```

Die Methode *query* liest die gewünschten Daten und erzeugt als Ergebnis ein Objekt
vom Datentyp *PDOStatement*. Dieses Objekt enthält die von der Datenbank zurückgelie-
ferten Daten und dazugehörige Metainformationen. Wir speichern daher dieses Objekt in
der Variable *$stmt* ab. Wieder wird im Fehlerfall eine Ausnahme geworfen, wieder ver-
weisen wir diesbezüglich auf den nächsten Abschnitt.

Auslesen der Ergebnisse des Select-Befehls: Die Ergebnisse unserer Abfrage sind im
PDOStatement-Objekt *$stmt* gespeichert. Auf diese Daten greifen wir jetzt mit der Me-
thode **fetch** der Klasse *PDOStatement* zu. Die Methode *fetch* liest standardmäßig eine
Ergebniszeile und liefert alle Spalten dieser Zeile in einem Feld als Funktionsergebnis zurück. Mittels der Methode *fetch* können wir daher Name und Ort des Mitarbeiters 2 relativ
einfach ausgeben:

```
if ($row = $stmt->fetch()) {          // Auslesen der ersten Zeile
    echo "<p>Der Mitarbeiter mit der Persnr 2 heißt ",
         "$row[NAME] und wohnt in $row[ORT]. </p>";
} else {
    echo "<p>Der Mitarbeiter mit dieser Nummer 2
            existiert nicht! </p>";
}
```

Die Methode *fetch* liefert ein Feld zurück, genauer gesagt, ein assoziatives Feld. Die Indizes sind dabei genau die Spaltennamen, die im Select-Befehl angegeben wurden.

▶ **Tipp** In PHP sind als assoziative Bezeichner nur Namen erlaubt, die mit einem Buchstaben beginnen. Gegebenenfalls sind im Select-Befehl Aliasnamen zu verwenden.

▶ **Tipp** Die Bezeichner im assoziativen Feld enthalten keine Kleinbuchstaben, unabhängig von der Schreibweise im Select-Befehl! Wir hatten schließlich das Attribut *ATTR_CASE* auf den Wert *CASE_UPPER* gesetzt.

▶ **Tipp** Der Select-Befehl sollte nicht mit einem Strichpunkt enden. Dies quittieren einige Datenbanken, so auch Oracle, mit Fehlermeldungen.

Existiert kein Mitarbeiter mit der Personalnummer 2, so ist die Ergebnisrückgabe leer. Die Methode *fetch* gibt dann den booleschen Wert *false* zurück. In diesem Fall springen wir in der obigen If-Anweisung in den Else-Zweig und geben aus, dass kein passender Mitarbeiter existiert. Andererseits liefert die Methode *fetch* ein assoziatives Feld zurück, das wir in der Variable *$row* speichern. PHP interpretiert wie die Sprache C alle Werte ungleich 0 als wahr: Der Mitarbeiter wird ausgegeben.

PDO liefert übrigens nicht nur ein assoziatives Feld zurück sondern auch ein indiziertes Feld. Wir können daher statt *$row['NAME']* auch *$row[0]* bzw. statt *$row['ORT']* auch *$row[1]* schreiben. Wir sollten dann aber immer Änderungen im Select-Befehl genauestens im Auge behalten. Wir könnten beispielsweise im Select-Befehl die Spaltennamen *Ort* und *Name* vertauschen:

```
$sql = "Select Ort, Name From Personal Where Persnr = 2";
```

Haben wir assoziative Felder verwendet, so funktioniert unser Programm weiterhin. Bei indizierten Feldern sind hingegen auch die Indizes zu vertauschen! Wir ziehen daher in der Regel die assoziativen Felder vor.

Unser kleines Programm ist fast fertig. Wir sollten aber nicht vergessen, dass wir im Transaktionsbetrieb arbeiten. Daher fehlt noch der ganz wichtige Abschluss:

Transaktionsbetrieb: Die Klasse PDO kennt drei wichtige Methoden im Zusammenhang mit Transaktionen. Diese sind:

```
BeginTransaction    // Starten einer Transaktion
Commit              // Abschließen einer Transaktion
Rollback            // Zurücksetzen einer Transaktion
```

Die erste Methode startet eine Transaktion. Wir haben diese bereits kennen gelernt. PDO erwartet nun, dass die Transaktion im Verlauf des Programms durch eine der beiden weiteren Methoden abgeschlossen wird. Mit *Commit* wird die Transaktion beendet, alle geänderten Daten werden endgültig abgespeichert, und alle Sperren freigegeben. *Rollback* arbeitet analog, nur werden geänderte Daten zurückgesetzt und somit verworfen. Unser kleines Programm müssen wir also noch mittels der Methode *Commit* abschließen:

```
$conn->commit(); // beendet eine Transaktion
$conn = null;    // beendet eine Datenbankverbindung
echo "<p>Die Verbindung zur Datenbank wurde geschlossen.</p>";
```

Indem wir das PDO-Objekt *$conn* auf den Wert *null* setzen, werden das Klassenobjekt und der für das Auslesen belegte Speicherplatz freigegeben und die Datenbankverbindung beendet. Diese Zuweisung wäre hier nicht zwingend erforderlich gewesen, da mit dem Ende des Blocks, in dem das Objekt *$conn* definiert ist, das Objekt automatisch gelöscht wird.

6.3.4 Einführung in die Fehlerbehandlung

Wir haben im letzten Abschnitt darauf hingewiesen, dass PDO im Fehlerfall eine Ausnahme wirft. Zum Abfangen und Behandeln dieser Ausnahmen verwenden wir in PHP die aus C++, Java und C# bekannten und bewährten Try-Catch-Blöcke. Damit ist es möglich, die Fehlerbehandlung vom normalen Programmcode sauber zu trennen: Im Try-Block schreiben wir unser Programm, und nur im anschließenden Catch-Block wird auf die Fehler eingegangen.

Alle auftretenden Fehler in PHP und damit auch die Fehler bei Datenbankzugriffen mittels PDO führen dazu, dass der Try-Block sofort beendet und der direkt folgende Catch-Block angesprungen wird. Der normale Code wird folglich nicht mit Fehlercode belastet. An unserem bisherigen Programm müssen wir also nichts ändern, wenn wir auf Fehler reagieren wollen. Wir müssen lediglich den Code in einen Try-Block einbinden und einen Catch-Block hinzufügen.

Nach jedem Try-Block folgen ein oder mehrere Catch-Blöcke. Jeder Catch-Block wird durch einen Parameterwert der Klasse ***Exception*** identifiziert. Neben diesem Datentyp können auch Klassen verwendet werden, die von dieser Basisfehlerklasse *Exception* abgeleitet sind. So verwendet beispielsweise PDO die abgeleitete Klasse ***PDOException***.

Wir können daher in einer Datenbankanwendung ganz einfach „normale" PHP-Fehler von Datenbankzugriffsfehlern unterscheiden: Wir fangen mit zwei Catch-Blöcken beide Fehler ab, also Exception-Fehler und PDOException-Fehler.

Hier müssen wir allerdings aufpassen. Die Klasse *PDOException* ist von der Klasse *Exception* abgeleitet. Ein Fehler vom Typ *PDOException* ist also auch ein Fehler vom Typ *Exception*. PHP springt immer zum ersten passenden Catch-Block und führt nur diesen einen Catch-Block aus. Wir müssen daher den Catch-Block mit der allgemeinen Exception immer als letzten anfügen!

Die Klasse *PDOException* wird von PDO automatisch zur Verfügung gestellt. Alle Fehler in Zusammenhang mit Klassenobjekten vom Typ *PDO* und *PDOStatement* sind Fehler vom Typ *PDOException*. Dies beginnt mit dem Aufruf des Konstruktors beim Einloggen über das Durchsuchen einer Tabelle bis hin zum Ende der Transaktion. Wir werden daher in unseren Programmen immer mit zwei Catch-Blöcken arbeiten. Damit können wir je nach Fehlertyp unterschiedlich reagieren. Unser erstes Programm wollen wir nun in die folgenden Try-Catch-Blöcke einbinden:

```
try {                      // Programmteil
    $conn = new PDO("oci:dbname=$_POST[Datenbank]",
                    $_POST['Kennung'], $_POST['Passwort']);
// ...    Zugriffe
    $conn->commit();
    echo "<p>Die Verbindung zur Datenbank wird geschlossen.</p>";
}
catch (PDOException $e) {   // Datenbankfehler
    echo  "<p>PDO-Fehler in Zeile ", $e->getLine(), " mit Code ",
          $e->getCode(),   "</p><p>Fehlertext: ",
          $e->getMessage(), "</p>";
}
catch (Exception $e) {       // Globale Fehlerbehandlung
    echo  "<p>Fehler in Zeile ", $e->getLine(), " mit Code ",
          $e->getCode(),   "</p><p>Fehlertext: ",
          $e->getMessage(), "</p>";
}
```

Beide Catch-Blöcke unterscheiden sich durch ihre Datentypen. In unserem Beispiel geben wir im ersten Block zusätzlich das Wort *PDO-Fehler* aus. Die Fehlerklasse *Exception* und damit auch die davon abgeleitete Klasse *PDOException* besitzen mehrere vordefinierte Methoden. Die für uns wichtigsten Methoden sind:

```
getMessage    gibt einen Fehlertext aus
getCode       gibt den Fehlercode aus
getLine       gibt aus, in welcher Zeile der Fehler auftrat
```

Wir merken an, dass im obigen Beispiel die Transaktion im Fehlerfall automatisch zurückgesetzt wird. Das Objekt *$conn* wurde nämlich innerhalb des Try-Blocks erzeugt. Mit dem Verlassen des Try-Blocks wird das Objekt *$conn* ungültig. Damit wird die Datenbankverbindung, die durch dieses Objekt identifiziert wird, automatisch mit einem Rollback beendet. Eventuell belegter Speicherplatz wird freigegeben. Wird bereits beim Einloggen ein Fehler erzeugt, so wird natürlich überhaupt keine Verbindung aufgebaut und ein impliziter Rollback-Befehl erübrigt sich. Wir müssen sogar vor folgender gut gemeinten aber falschen Programmierung warnen:

▶   Im Catch-Block ist das Datenbankobjekt (hier: *$conn*) in der Regel nicht mehr gültig. Ein Befehl der Form *$conn->rollback()* führt dann zu einem Fehler innerhalb des Catch-Blocks und damit zum Absturz des Programms.

6.3.5   Auslesen mehrerer Datenzeilen

In unserem Programm *start.php* haben wir nur einen einzigen Mitarbeiter ausgegeben. In der Praxis lesen wir jedoch mit Hilfe eines Select-Befehls meist viele Datensätze ein. Diese Datensätze bearbeiten wir mittels einer Schleife Zeile für Zeile. Wir demonstrieren dies an Hand einer kleinen Mitarbeitersuche. Auch wenn unsere Relation *Personal* sehr klein ist, so funktioniert das hier vorgestellte Programm *mitarbeiter.php* unabhängig von der Größe der Relation. Die Idee dieses Programms ist schnell erklärt: Das Programm fordert zur Eingabe eines Suchstrings auf und gibt alle Mitarbeiter aus, die in Ihrem Namen diesen Suchstring enthalten, unabhängig von Groß- und Kleinschreibung.

In der Datei *mitarbeiter.php* müssen wir also neben den Daten zum Einloggen auch einen Suchstring eingeben. Stellt sich heraus, dass der Suchstring nicht optimal gewählt wurde, so möchten wir direkt einen neuen Suchstring eingeben, ohne aber die Daten zum Einloggen nochmals eingeben zu müssen. Mit den folgenden Vorarbeiten ist dies problemlos möglich. Beginnen wir mit dem Eingabeformular dieses Programms. Gestalterische Elemente, wie die Verwendung von Tabellen-Tags, wurden aus Übersichtsgründen weggelassen:

```
<form action="mitarbeiter.php" method="post">
<p>Bitte Daten zum Einloggen eingeben</p>
    ...                         <!-- Server- und Datenbankdaten -->
<p>Kennung eingeben:</p>
<input type="Text" name="Kennung" size="20" value=
    <?php echo isset($_POST['Kennung'])? $_POST['Kennung']:
    "bike"; ?>/>
<p>Passwort eingeben:</p>
<input type="Password" name="Passwort" size="20" value=
    <?php echo isset($_POST['Passwort']) ?
                $_POST['Passwort'] : "" ; ?>/>
```

```
<p>Suchzeichen zur Mitarbeitersuche:</p>
<input type="Text" name="Suchstring" size="30" value=
  <?php echo isset($_POST['Suchstring'])?
                   $_POST['Suchstring']: "" ; ?>/>
<input type="Submit" value="Weiter"/>
</form>
```

Dieses Programm *mitarbeiter.php* ruft sich mit Klick auf den Submit-Button selbst auf.
Die Idee ist dabei, die beim ersten Aufruf eingegebenen Daten zu Server, Datenbank, Kennung und Passwort und zum Suchstring bei einem Folgeaufruf nicht nochmals eingeben
zu müssen. Daher muss im Programm zwischen dem Erstaufruf und weiteren Aufrufen
unterschieden werden. In PHP steht uns dazu die wichtige Funktion *isset* (siehe Tab. 6.2)
zur Verfügung, die den Wert *true* zurückliefert, falls die angegebene Variable bereits existiert. Für die Kennung schreiben wir daher beispielsweise:

```
value= <?php echo isset($_POST['Kennung']) ?
                   $_POST['Kennung'] : "bike" ;?>
```

Wir wechseln also von HTML zu PHP und überprüfen, ob die Post-Variable *Kennung*
existiert. Wenn ja, so geben wir mit der Echo-Funktion diese Post-Variable aus, andernfalls
wird die Vorgabe *bike* zurückgegeben. Schließlich wird PHP wieder beendet. Aus Kompaktheitsgründen haben wir den auch in vielen anderen Programmiersprachen vorhandenen Fragezeichen-Operator („*?:*“) verwendet. Natürlich wäre auch eine If-Anweisung
möglich gewesen:

```
value=   <?php
         if ( isset($_POST['Kennung']) )
             echo $_POST['Kennung'] ;
         else
             echo "bike" ;
         ?>
```

Der Effekt ist klar: Beim ersten Aufruf wird der Anfangswert *bike* verwendet. Bei
den weiteren werden die zuletzt eingegebenen Werte übernommen. Einlog-Daten müssen
somit nicht jedes Mal neu eingegeben werden. Dies führt jedoch zu einer extremen Sicherheitslücke: Das Passwort steht unverschlüsselt im entsprechenden Eingabefeld! Auch
wenn das Passwort nicht direkt angezeigt wird, so wird es mit einem Rechtsklick und
der Auswahl *Quelltext anzeigen* sichtbar. In den weiteren Beispielen werden wir diese
Sicherheitslücke schließen. Momentan bitten wir diese Schwäche zu akzeptieren.

Beim ersten Aufruf der Datei *mitarbeiter.php* darf noch kein Datenbankzugriff erfolgen. Wir haben schließlich weder Kennung noch Passwort eingegeben. Mit dem zweiten
Aufruf dieser Datei wollen wir hingegen die gewünschten Daten auslesen. Wieder verwenden wir deshalb die Funktion *isset*. Betrachten wir den weiteren Code:

```php
<?php
if (isset($_POST['Kennung'])) {
   $suche = trim($_POST['Suchstring']); // ev. Leerzeichen
                                        // entfernen
   if (strlen($suche) == 0) {
     echo "<p>Es wurde kein Suchstring eingegeben. </p>";
   } else {
     try {
        echo "<p>Die Datenbank BIKE wird jetzt nach allen ",
             "Mitarbeitern durchsucht, die im Namen den ",
             "Teilstring $suche enthalten.</p>";
   // Einloggen wie bisher mit:
   // new PDO, setAttribute, beginTransaction
   // Lesezugriff:
        $sql = "Select Persnr, Name, Ort, GebDatum, Gehalt,
                Vorgesetzt
                From Personal
                Where Upper(Name) Like Upper('%$suche%') " ;
        $stmt = $conn->query( $sql );   // Ausfuehren des
                                        // SQL-Befehls
```

Wir unterbrechen das Programm wieder. Dank der PHP-Funktion *isset* wird dieser Codeteil erst ab dem zweiten Aufruf dieser PHP-Seite abgearbeitet. Die Variable *$_POST['Suchstring']* enthält den eingegebenen Suchstring. Die PHP-Funktion *trim* entfernt eventuell führende und schließende Leerzeichen. Jetzt öffnen wir die Datenbank und lesen alle Mitarbeiter ein, die im Namen den eingegebenen Teilstring enthalten. Groß- und Kleinschreibung soll dabei keine Rolle spielen. Daher werden auf beiden Seiten des Operators *Like* die Zeichenketten in Großbuchstaben umgewandelt. Die Variable *$suche* wird durch den Inhalt dieser Variable ersetzt. Die Prozentzeichen sind die Wildcard-Symbole (siehe Like-Operator in Abschn. 4.1.4). Sehr praktisch in PHP ist, dass sich Zeichenketten auch über mehrere Zeilen erstrecken können. Wir schreiben am Ende des Select-Befehls keinen Strichpunkt, da dies Oracle leider mit einer Fehlermeldung quittieren würde.

Wir müssen die mit der Query-Methode erhaltenen Daten jetzt in einer Schleife im Browser auslesen und in Tabellenform ausgeben. Aus dem letzten Beispiel wissen wir bereits, dass die Query-Methode die Daten in einem Objekt vom Datentyp *PDOStatement* hinterlegt. Mit Hilfe der Fetch-Methode der Klasse *PDOStatement* erhalten wir eine Datenzeile. In einer Schleife können wir daher alle Zeilen auslesen. Der Rest des Programms bis zum Ende des Try-Blocks enthält im Wesentlichen diese Schleife und den Aufbau einer Tabelle für die Ausgabe:

```php
// Ausgeben der gelesenen Daten:
   if ( !($row = $stmt->fetch()) ) { //falls keine Daten: Beenden
      echo "Mitarbeiter mit dem Teilstring im ",
           "Namen existiert nicht!";
   } else {
```

```
?><p>Ergebnis:</p>                          <!-- Tabelle aufbauen -->
    <table border cellpadding=10>
    <tr>
                                    <!-- Erste Tabellenzeile -->
     <th>Persnr </th>          <th>Name </th>
     <th>Ort </th>             <th>GebDatum </th>
     <th>Gehalt </th>          <th>Vorgesetzter? </th>
    </tr>
<?php
    do {            // In einer Schleife Daten auslesen
?>
     <tr>
     <td> <?php echo $row["PERSNR"] ?> </td>
     <td> <?php echo $row["NAME"] ?> </td>
     <td> <?php echo $row["ORT"] ?> </td>
     <td> <?php echo $row["GEBDATUM"] ?> </td>
     <td> <?php echo $row["GEHALT"] ?> </td>
     <td> <?php echo ($row["VORGESETZT"] == null) ?
                                    "Ja": "Nein"; ?></td>
     </tr>
<?php
    } while ($row = $stmt->fetch());
    echo "</table>";
   } // endif fetch
   $conn->commit();          // Transaktionsende
 } // endif  try
```

Wir überprüfen zunächst, ob es überhaupt Daten mit den gewünschten Eigenschaften gibt. Wenn ja, so bauen wir eine Tabelle auf. Wir geben zunächst eine Überschriftenzeile aus und dann in einer Do-While-Schleife zeilenweise die Daten mittels der PDOStatement-Methode *fetch*. Jeder Aufruf dieser Methode liefert dabei den nächsten Datensatz, also die nächste Zeile des Select-Befehls. Existiert kein weiterer Datensatz, so liefert die Methode *fetch* den Wert *false* zurück, wodurch die Schleife und damit die Datenausgabe beendet werden. Zum Schluss wird die Transaktion korrekt abgeschlossen. In der Praxis kommen häufig Nullwerte vor. Die Nullwerte in einer Relation werden dabei auf Nullwerte in PHP übertragen. Wir haben dies beim Attribut *Vorgesetzt* verwendet.

Fassen wir das Auslesen von Daten mittels eines Select-Befehls zusammen. Wir benötigen dazu mehrere Schritte:

- Definieren des Select-Befehls und Abspeichern in einem String
- Ausführen des Select-Befehls mittels der PDO-Methode *query*
- Auslesen der Ergebniszeilen mittels einer Schleife und der PDOStatement-Methode *fetch*

Die ersten zwei Schritte gelten für alle SQL-Befehle. Der letzte ist typisch nur für den Select-Befehl. In der Regel hat dieses Auslesen folgendes Aussehen:

```
while ( $row = $stmt->fetch() )
{
    // Ausgabe der Attribute der aktuellen Zeile mit Hilfe
    // des Feldes $row
}
```

In unserem obigen Programmbeispiel hatten wir zunächst überprüft, ob überhaupt Daten existieren. Dazu mussten wir die erste Zeile auslesen. Um diese erste Zeile bei der späteren Ausgabe nicht zu vergessen, bietet sich hier die Verwendung einer Do-While-Schleife an. Das Ausgeben der Daten sieht dann typischerweise wie folgt aus:

```
if ( !($row = $stmt->fetch()) )
    echo "<p>Keine Daten</p>";
else
do {
        // Ausgabe der Attribute ab der ersten Zeile
        // mit Hilfe von $row
} while ( $row = $stmt->fetch() ) ;
```

Die Variable *$stmt* bewegt sich wie ein Zeiger von Zeile zu Zeile. Wir können uns diese Variable *$stmt* wie einen Zeiger (Cursor) auf die gerade betrachtete Zeile vorstellen. Häufig wird in der Literatur daher für diese Variable auch der Begriff **Cursor** verwendet. Wir können uns diese Variable *$stmt* auch als Finger vorstellen, der zu Beginn vor die Tabelle zeigt und mit jedem Fetch-Befehl eine Zeile weiter rückt. Wir haben dies in Abb. 6.4 dargestellt.

Der Fetch-Befehl liefert ein assoziatives Feld zurück, das alle Spalteninhalte der Zeile enthält, auf den der Cursor *$stmt* gerade zeigt. Zeigt der Cursor bereits auf das Ende der letzten Zeile, und wird der Fetch-Befehl nochmals ausgeführt, so wird dieser Cursor gelöscht, und die Variable *$stmt* erhält den booleschen Wert *false*.

Cursor *$stmt*:	1	Maria Forster	Regensburg	05.07.79	JA
	2	Anna Kraus	Regensburg	09.07.75	NEIN
	3	Ursula Rank	Frankfurt	04.09.67	NEIN
	4	Heinz Rolle	Nürnberg	12.10.57	NEIN
	5	Johanna Köster	Nürnberg	07.02.84	NEIN
	6	Marianne Lambert	Landshut	22.05.74	JA
	7	Thomas Noster	Regensburg	17.09.72	NEIN
	8	Renate Wolters	Augsburg	14.07.79	NEIN
	9	Ernst Pach	Stuttgart	29.03.92	NEIN

Abb. 6.4 Statement-Variable als Cursor

6.4   Komplexere Datenbankzugriffe

Im letzten Abschnitt lernten wir die Grundzüge des lesenden Zugriffs auf Datenbanken über das Internet kennen. In der Praxis erfolgen meist mehrere Datenbankzugriffe
nacheinander, lesend und schreibend, und über Dateigrenzen hinweg. Wir sprechen hier
von einer Session. Innerhalb einer Session loggen wir uns in eine Datenbank ein und
arbeiten dann oft Minuten oder sogar Stunden mit dieser Datenbank. Wir müssen also
zumindest die Einlogdaten von einer PHP-Datei zur nächsten sicher weiterreichen. Bei
Schreibzugriffen müssen wir zusätzlich den Transaktionsbetrieb beachten. Es könnten
auch Verklemmungen, etwa Deadlocks (siehe auch Abschn. 8.5), auftreten.

PHP gibt hinreichende Unterstützung, um all diese Fälle zu meistern. Es kennt sogenannte Sessionvariablen, die zur gesamten Zugriffszeit auf den Webserver gültig sind,
auch über viele Seitenzugriffe hinweg. Mit Hilfe der PDO-Fehlerklasse können wir
abgefangene Fehler gezielt behandeln. Wieder weisen wir darauf hin, dass alle PHP-
Programme dieses Kapitels im Internet zur Verfügung gestellt werden. Hinweise zur
Internetseite finden sich im Anhang.

6.4.1   Sessionvariable

PHP-Variablen sind nur bis zum Ende der jeweiligen Seite gültig. Damit müssen wir bisher
Variablen, die wir auch auf der nächsten Seite noch benötigen, mittels der Get- oder Post-
Methode weitergeben. Das mag in Einzelfällen durchaus in Ordnung sein. Ein Passwort
darf auf diese Weise aber niemals weitergereicht werden, da es dann direkt auslesbar wäre!
Hier helfen Sessionvariable weiter, die während der gesamten Sitzung gültig bleiben.

Auf jeder PHP-Seite, in der wir diese Sessionvariablen verwenden wollen, müssen wir
allerdings beachten, dass in der ersten Zeile dieser Seite eine Session gestartet wird. Dies
geschieht beispielsweise wie folgt:

```
<?php
    session_start(); // notwendig bei Verwendung
                     // von Sessionvariablen
?>
```

Mit der Funktion *Session_start* steht uns jetzt das assoziative Feld *$_SESSION* zur
Verfügung. Die Verwendung dieser Variable entspricht exakt der bereits bekannten Variable *$_POST*. Mit der Funktion *isset* kann überprüft werden, ob die Variable bereits
existiert, und mit der Funktion *unset* wird die Variable wieder entfernt. Wir betrachten
dies an einem Beispiel:

```
$_SESSION['Kennung'] = "abc12345";//Variable Kennung wird erzeugt
$_SESSION['Nr'] = 17;             //Variable Nr wird erzeugt
```

```
if (isset($_SESSION['Kennung'])) {
    echo "<p>Variable Kennung existiert und wird ",
        "nun entfernt.</p>";
    unset($_SESSION['Kennung']);//Sessionvariable jetzt ungueltig
}
echo "<p>Die Sessionvariable Nr hat den Wert: ",
    "$_SESSION[Nr].</p>";
```

Beim Weiterklicken auf andere Seiten gehen die Inhalte dieser Sessionvariablen nicht verloren. PHP sorgt dafür, dass die Werte sicher weitergereicht werden. Solange ein Benutzer seine Internetverbindung nicht beendet und die Variablen nicht mit der Funktion *unset* zurückgesetzt werden, bleiben die benutzten Variablen gültig! Voraussetzung ist, dass auf den Folgeseiten die Funktion *session_start* aufgerufen wird.

Bei umfangreichen Datenbankzugriffen mit vielen PHP-Seiten ist es sinnvoll, mit einer HTML-Startseite zu beginnen. In Abb. 6.5 haben wir diese Datei *index.html* genannt. Hier werden die benötigten Daten für die Zugangsberechtigung eingegeben und mittels Post-Variablen an eine PHP-Seite weitergereicht, hier *index.php*. In dieser PHP-Seite lesen wir die Postvariablen aus und kopieren den Inhalt in Sessionvariable mit den gleichen assoziativen Namen. Dies lautet beispielsweise:

```
$_SESSION['Datenbank'] = $_POST['Datenbank'];
```

Ab dieser Datei verzweigen wir auf alle weiteren Anwendungen. In diesen PHP-Dateien greifen wir bei Bedarf auf die Datenbank zu. Die Daten zum Einloggen lesen wir dazu aus den Sessionvariablen aus. Zum Beenden der Session wird empfohlen, auf eine Datei *reset.php* zuzugreifen, die alle Sessionvariablen mit Hilfe der Funktion *unset* zurücksetzt und zur Startseite *index.html* zurückverweist.

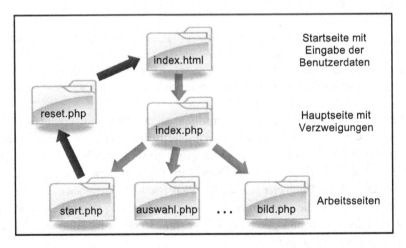

Abb. 6.5 PHP-Seitenverwaltung mit Sessions

Wir müssen auf den Folgeseiten (in Abb. 6.5 die Dateien in der letzten Zeile) beachten, dass es versehentliche oder absichtliche Quereinsteiger geben kann. Aus diesem Grund empfehlen wir am Anfang dieser PHP-Seiten zu überprüfen, ob die verwendeten Session-variablen auch wirklich gesetzt sind. Dies könnte wie folgt aussehen:

```
if(!isset($_SESSION['Kennung']) || !isset($_SESSION['Passwort'])
   || !isset($_SESSION['Server'])
   || !isset($_SESSION['Datenbank']))
   echo "Gehen Sie zur <a href=\"start.html\">Startseite</a>");
else
{  // Jetzt kann auf die Datenbank zugegriffen werden:
   $conn = new PDO( ...
```

Es sei nochmals darauf hingewiesen, dass eine Datenbankverbindung über PHP-Seiten hinweg nicht offen gehalten werden kann. Wir müssen uns daher auf jeder Seite neu ein-loggen.

6.4.2   Mehrfache Lesezugriffe auf Datenbanken

Wir fahren jetzt mit etwas umfangreicheren Lesezugriffen fort: Dazu füllen wir in der Datei *auswahl.php* zunächst zwei Comboboxen mit Kunden- und Artikeldaten und geben dann aus, ob und wann die markierten Kunden den ausgewählten Artikel gekauft haben. Insgesamt liegen also drei Lesezugriffe vor.

Neu sind das Ausführen mehrerer Select-Befehle und das Füllen von Select- und Com-boboxen mit Datenbankinhalten. Das Ergebnis sehen wir in Abb. 6.6. Um diesen Bild-schirm zu erhalten, müssen wir nach dem Einloggen zunächst zwei Select-Befehle aus-führen. Wir schreiben:

```
$sql1 = "Select Anr, Bezeichnung From Artikel"; //Artikeldaten
$sql2 = "Select Nr, Name From Kunde";           //Kundendaten
$stmt1 = $conn->query($sql1);  //Ausfuehren des 1. SQL-Befehls
$stmt2 = $conn->query($sql2);  //Ausfuehren des 2. SQL-Befehls
```

Sicherheitshalber sollten wir noch überprüfen, ob die Abfrage überhaupt Ergebnisse liefert. Wir lesen also mit der Methode *fetch* jeweils die erste Zeile ein. Anschließend holen wir die Daten von der Datenbank und speichern sie in den beiden Select-Feldern. Beginnen wir mit dem ersten Feld, einer Combobox. Diese erhalten wir automatisch, wenn wir im Select-Feld den Parameter *size* auf den Wert 1 setzen. Wir geben die Artikelnamen aus, wollen intern aber die eindeutigen Artikelnummern weitergeben. Dies erreichen wir mit dem Parameter *value* im Option-Tag. Der gesamte Code für die Ausgabe aller Artikel in der Combobox lautet somit:

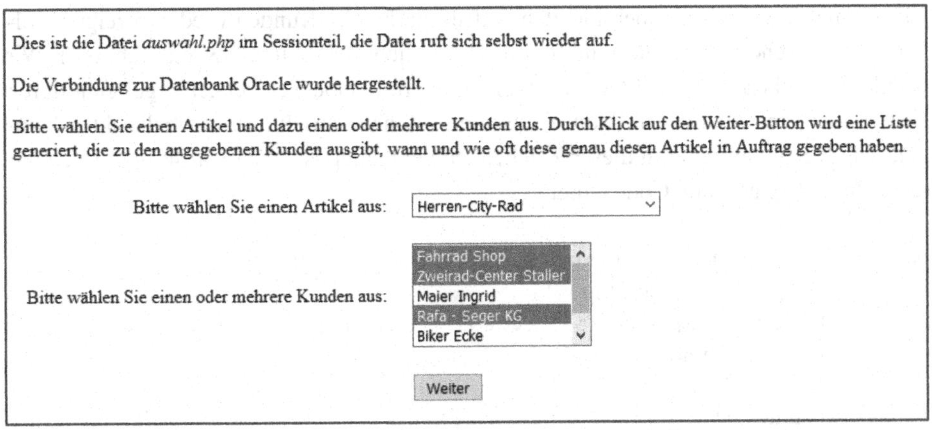

Dies ist die Datei *auswahl.php* im Sessionteil, die Datei ruft sich selbst wieder auf.

Die Verbindung zur Datenbank Oracle wurde hergestellt.

Bitte wählen Sie einen Artikel und dazu einen oder mehrere Kunden aus. Durch Klick auf den Weiter-Button wird eine Liste generiert, die zu den angegebenen Kunden ausgibt, wann und wie oft diese genau diesen Artikel in Auftrag gegeben haben.

Bitte wählen Sie einen Artikel aus: Herren-City-Rad

Bitte wählen Sie einen oder mehrere Kunden aus:

                                             Fahrrad Shop
                                             Zweirad-Center Staller
                                             Maier Ingrid
                                             Rafa - Seger KG
                                             Biker Ecke

                                             Weiter

Abb. 6.6 Screenshot zum Programm auswahl.php

```
if ( $row1 = $stmt1->fetch() )  { //existieren ueberhaupt Werte?
    echo "<select name=\"Artikelnr\" size=\"1\">" ;
    do {
        echo "<option value=\"$row1[ANR]\"";
        if (isset($_POST['Artikelnr']) and
            $_POST['Artikelnr'] == $row1['ANR'])
            echo " selected";
        echo "> $row1[BEZEICHNUNG]</option>";
    } while ($row1 = $stmt1->fetch());
    echo "</select>";
} else ...
```

Wir erstellen eine Combobox mit dem Namen *Artikelnr*. Wir verwenden zum Auslesen aller Zeilen aus der Relation *Artikel* eine Do-While-Schleife, da wir vorab bereits auf
die erste Zeile zugegriffen hatten. Im Option-Tag versorgen wir den Parameter *value* mit
der Artikelnummer. Wir verwenden dabei zwei Anführungszeichen innerhalb einer Zeichenkette. Diese müssen deshalb mit dem Backslash-Zeichen („\") entwertet werden. In
der Combobox zeigen wir allerdings den Namen des Artikels an. Gleichzeitig überprüfen wir mit der Funktion *isset*, ob wir diese Seite zum ersten Mal aufrufen. Wenn nein,
so vergleichen wir den durch die Postvariable übergebenen Wert mit der ausgelesenen
Artikelnummer. Wenn beide übereinstimmen markieren wir diesen Feldeintrag als ausgewählt (*selected*). Damit bleibt der zuletzt eingestellte Artikel auch beim nächsten Aufruf
markiert.

Die Auflistung der Kunden ist im Prinzip ähnlich. Nur dürfen hier mehrere Kunden
gleichzeitig angeklickt werden. Das Select-Feld erhält den Parameter *multiple*. In diesem
Fall wird kein einzelner Wert, sondern ein Feld mit allen markierten Kunden zurückgegeben. Wir wählen als Select-Namen daher auch ein Feld (*kundnr[]*). Etwas schwieriger

wird es nun, wenn wir alle beim letzten Aufruf markierten Kunden wieder anzeigen wollen. Wir verwenden dazu die Funktion *implode* (siehe Abschn. 6.2.3 und Tab. 6.2). Wir wandeln das übergebene Feld aus Kundennummern in eine Zeichenkette, getrennt durch Leerzeichen, um. Mit der Funktion *strpos* überprüfen wir anschließend, ob die aktuell eingelesene Kundennummer in dieser Zeichenkette enthalten ist. Wenn ja, so markieren wir diese Zeile. Der gesamte Code lautet:

```
echo "<select multiple name=\"Kundnr[]\" size=\"5\">" ;
if (isset($_POST['Kundnr']))
    $alleKunden = implode( " ", $_POST['Kundnr'] );
    // markierte Kunden
else
    $alleKunden ="";
do {
    echo "<option value=\"$row2[NR]\"";
    if (strpos($alleKunden, $row2['NR']) !== false)
        echo " selected";
    echo "> $row2[NAME]</option>";
} while ($row2 = $stmt2->fetch());
echo "</select>";
```

Ab dem zweiten Aufruf des Programms *auswahl.php* geben wir zusätzlich alle Auftragsdaten zu den markierten Kunden und dem ausgegebenen Artikel in Tabellenform aus. Wir greifen dazu auf die Relationen *Auftrag* und *Auftragsposten* zu:

```
$sql = "Select A.Auftrnr, Kundnr, Datum, Persnr,
        Anzahl, Gesamtpreis
        From Auftrag A Inner Join Auftragsposten AP
                                    On A.Auftrnr=AP.Auftrnr
        Where Kundnr In (" . implode(",", $_POST['Kundnr']) . ")
        And  Artnr = $_POST[Artikelnr]";
$stmt = $conn->query($sql);
```

Die vollständige Ausgabe erfolgt dann mit Hilfe einer Tabelle. Dies wurde bereits in Abschn. 6.3.5 gezeigt und geschieht hier analog. Wir weisen noch darauf hin, dass wir im obigen Select-Befehl auch einen natürlichen Verbund hätten verwenden können. Wir wünschen jedoch maximale Flexibilität. Da der natürliche Verbund in SQL Server nicht realisiert ist, haben wir uns für den Verbund mit dem Bezeichner *On* entschieden. Auch das Füllwort *As* bei den Aliasnamen haben wir wegen Oracle nicht benutzt.

6.4.3   Eine GUI zur Eingabe von SQL-Befehlen

Bisher griffen wir ausschließlich lesend auf die BIKE-Datenbank zu. Aber auch das
Schreiben in eine Datenbank ist kein Problem, im Gegenteil: Wir müssen keine Daten
aufbereiten und ausgegeben. Im folgenden Beispiel wollen wir sowohl Lese- als auch
Schreibbefehle auf die Datenbank zulassen. Wir entwickeln dazu eine kleine eigene GUI.
Diese besteht im Wesentlichen nur aus einem Textfeld. Dieses Textfeld erlaubt die (fast)
beliebige Eingabe von SQL-Befehlen. Bei Select-Befehlen wird eine Ausgabe erzeugt.
Bei anderen DML-Befehlen wird ausgegeben, wie viele Zeilen manipuliert wurden. Aber
auch DDL-Befehle sind erlaubt. Meldungen zu fehlerhaften SQL-Befehlen werden angezeigt. Wieder verwenden wir nur eine einzige Datei: *select.php*. Zunächst definieren wir
für die Befehlseingabe ein Textfeld vom Typ *textarea*:

```
<form action="select.php" method="post">
<textarea name="Eingabe" rows="10" cols="60" wrap="virtual">
 <?php if (isset($_POST['Eingabe']))
               echo trim($_POST['Eingabe']);
 ?> </textarea><br>
<input type="Submit" value="Ausführen"/>
</form>
```

Ein Textfeld wird mit dem Tag *textarea* eingeleitet. In unserem Beispiel besteht es
aus 10 Zeilen mit je 60 Spalten. Weiter werden lange Zeilen dank des Parameters *wrap=
"virtual"* automatisch umgebrochen. Ein eventuell gewünschter Vorgabetext wird dann vor
dem Ende-Tag (*</textarea>*) geschrieben. Wir überprüfen mit der Funktion *isset*, ob diese
Seite bereits einmal aufgerufen wurde und geben in diesem Fall den zuletzt geschriebenen
Text aus. Wir haben dies bereits kennen gelernt.

Ab dem zweiten Zugriff auf die Seite *select.php* loggen wir uns wie gewohnt in die Datenbank ein. Jetzt müssen wir die im Textfeld *Eingabe* übergebene Zeichenkette zunächst
auswerten:

```
$Eingabe = trim($_POST['Eingabe']);
$stmt = $conn->query($Eingabe);
$erstesWort = substr($Eingabe, 0, 6); // 1. Wort hat 6 Zeichen!
```

Wir löschen mit der Funktion *Trim* alle führenden und schließenden Leerzeichen. Diese
bereinigte Zeichenkette schicken wir nun mit der Methode *query* an die Datenbank.

War dieser Befehl fehlerfrei, so können wir nun das Ergebnis ausgeben. Dazu müssen
wir wissen, welcher Befehl vorlag. Deshalb ermitteln wir das erste Wort der Eingabe. Da
die DML-Befehle *Select*, *Insert*, *Update* und *Delete* alle sechs Zeichen lang sind, genügt
es, die Eingabe auf die ersten sechs Zeichen zu reduzieren. Zu dieser Funktion *Substr*
verweisen wir auf die Übersicht in Tab. 6.2.

Liegt ein Lesezugriff vor (erstes Wort: *Select*), so geben wir das Abfrageergebnis mit Hilfe einer Fetch-Schleife aus. Die Attributnamen sind aber im Voraus in der Regel nicht bekannt. Jetzt kommen uns die assoziativen Felder zu Hilfe, die die Methode *Fetch* erzeugt. Wie bereits erwähnt erzeugt die Methode *Fetch* auch indizierte Feldeinträge. Letztere stören in unserem Fall. Wir übergeben daher als Parameter der Methode *Fetch* die PDO-Konstante *PDO::FETCH_ASSOC*. Nun werden ausschließlich assoziative Werte generiert, und diese enthalten im Schlüssel die Attributnamen. Die Idee ist nun klar. Wir führen die Fetch-Methode einmal aus und bauen die Überschrift der Ausgabetabelle mit Hilfe dieser Schlüsselwerte auf. In einer Do-While-Schleife werden dann die dazugehörigen Inhalte ausgegeben. Wir erhalten:

```php
if (strCaseCmp($erstesWort,"SELECT")==0) {
  if ( $row = $stmt->fetch(PDO::FETCH_ASSOC) ) {
    // assoziative Keys!
    echo "<table border=\"2\" cellpadding=\"2\"><tr>";
    foreach ( $row as $colname => $data ) // Syntax beachten!
      echo "<th> $colname </th>";       // Spaltennamen ausgeben
    echo "</tr>";
    do {              // Daten ausgeben:
      echo "<tr>";
      foreach ( $row as $data )
        echo "<td>" . ($data == null ? "(null)" : $data) .
             "</td>"; // Nullwerte
      echo "</tr>";                    // Zeile beenden
    } while ( $row = $stmt->fetch(PDO::FETCH_ASSOC) ) ;
    echo "</table>";
  }
  else      echo "Keine Daten<br>";
}
elseif (strCaseCmp($erstesWort,"INSERT")==0)
  echo $stmt->rowCount(), " Zeile(n) wurde(n) eingefügt.<br>";
elseif (strCaseCmp($erstesWort,"UPDATE")==0)
  echo $stmt->rowCount(), " Zeile(n) wurde(n) geändert.<br>";
elseif (strCaseCmp($erstesWort,"DELETE")==0)
  echo $stmt->rowCount(), " Zeile(n) wurde(n) gelöscht.<br>";
else
  echo "Ein DDL-Befehl wurde ausgeführt.<br>";
$conn->commit();
```

Wir haben die Vergleichsfunktion *strCaseCmp* verwendet, da diese nicht zwischen Groß- und Kleinschreibung unterscheidet! Liegt kein Select-Befehl vor, so überprüfen wir, ob ein Insert-, Delete- oder Update-Befehl eingegeben wurde. In diesen Fällen geben wir aus, wie viele Zeilen manipuliert wurden. Hier hilft uns die PDOStatement-Methode *rowCount*. Diese Methode liefert die Anzahl der geänderten Zeilen zurück.

> ► Es ist zu beachten, dass die Methode *rowCount* beim Select-Befehl nicht in allen Datenbanken die Anzahl der zurückgelieferten Zeilen ausgibt. Diese Methode ist daher generell nur beim Update-, Delete- und Insert-Befehl sinnvoll einsetzbar.

6.4.4 SQL Injection

Immer wieder gelingt es Außenstehenden, wegen ungeschützter Internetseiten in Computer einzudringen oder Daten abzufragen, die eigentlich verborgen sind. Die meisten Datenbankanwender machen es diesem Personenkreis aber auch leicht. Es gibt für diese Schwachstellen in der Internet-Programmierung einen Begriff: ***SQL-Injection***. Alle Software-Entwickler, die Software ins Netz stellen wollen, sollten sich unbedingt mit SQL-Injection beschäftigen. Wir werden in diesem Abschnitt die wichtigsten Probleme aufzeigen.

Wir haben in Abschn. 6.3 bereits auf eine Schwachstelle hingewiesen: Wir übergeben mittels Post- oder Get-Variable keine Kennwörter. Diese sind in der weitergereichten Datei ungeschützt und damit jederzeit auslesbar. Wir wollen in diesem Abschnitt auf zwei weitere wichtige Gefahrenpunkte aufmerksam machen: Das Ausführen von unerlaubten Anweisungen mit Hilfe von nicht vorgesehenen Formulareingaben, um zum einen Schadcode einzuschleusen und zum anderen nicht erlaubte Datenzugriffe durchzuführen.

Die im letzten Abschnitt behandelte Textarea lädt geradezu ein, in bis zu 60 Zeichen je Zeile in zusammen 10 Zeilen beliebigen Code einzugeben. Niemand verhindert, wenn wir statt eines SQL-Befehls andere Befehle und Zeichen schreiben. Und so wird es Spezialisten vielleicht gelingen, einen Löschbefehl abzusetzen, der alle Seiten des Webservers löscht. Damit wären wir bei unserem ersten Problem: Wir müssen verhindern, dass die Formulare verlassen werden und Code ausgeführt wird.

Um dies zu demonstrieren, geben wir in unserem Programm des letzten Abschnitts innerhalb des Eingabefeldes (Textarea) folgende Zeichen ein:

```
</textarea></td></tr></table><br/>Hier könnte Schadsoftware stehen.
```

Klicken wir jetzt auf den Ausführen-Button, so treten folgende Effekte ein, siehe auch Abb. 6.7

- Eine PDO-Fehlermeldung wird ausgegeben
- Das Eingabefeld, die Textarea, ist nun leer
- Außerhalb des Textfeldes steht: „Hier könnte Schadsoftware stehen."

Diese drei Ergebnisse lassen sich leicht erklären: Wir haben keinen SQL-Befehl eingegeben. Die Datenbank wird daher natürlich zurückliefern, dass dies keine korrekte SQL-Anweisung sei. Das Problem unseres Programms ist die wohlgemeinte Benutzerfreundlichkeit: Wir zeigen den zuletzt eingegebenen SQL-Befehl wieder an. Wenn wir

Im ungeschützten Modus kann Schadsoftware eingeschleust werden. Testen Sie dies durch die folgende Eingabe:
*</textarea></td></tr></table>
Hier könnte Schadsoftware stehen.*

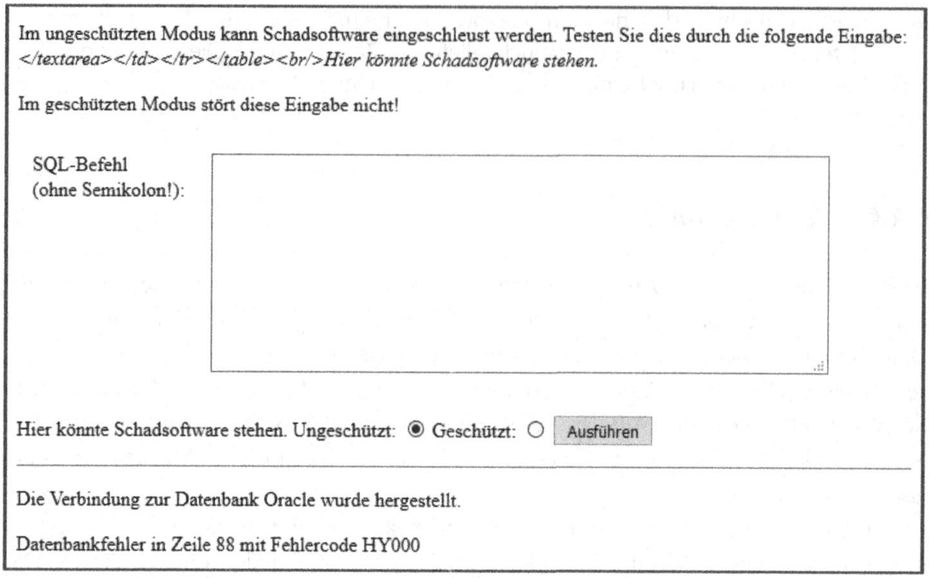

Im geschützten Modus stört diese Eingabe nicht!

> SQL-Befehl
> (ohne Semikolon!):

Hier könnte Schadsoftware stehen. Ungeschützt: ⦿ Geschützt: ○ [Ausführen]

Die Verbindung zur Datenbank Oracle wurde hergestellt.

Datenbankfehler in Zeile 88 mit Fehlercode HY000

Abb. 6.7 Mögliche SQL-Injection

jetzt aber gar keinen SQL-Befehl eingeben, sondern beliebige andere Zeichen, so werden auch diese angezeigt. Dies haben wir jetzt mit der Eingabe obiger Zeichen ausgenutzt: Wir schließen mit Hilfe von HTML-Tags die Textarea und beenden die Tabelle. Weiter geben wir einen Hinweistext aus. Und tatsächlich, mit hinreichend krimineller oder auch nur experimentierfreudiger Energie könnten wir an dieser Stelle eine PHP-Funktion ausführen. Im schlimmsten Fall schreiben wir eine Funktion, die Betriebssystemfunktionen aufruft, etwa zum Löschen des gesamten Verzeichnisses – mit fatalen Folgen.

Erfreulicherweise können wir uns gegen dieses Einschleusen von nicht gewünschten Befehlen relativ leicht schützen. Das Problem ist das Ausführen von HTML-Tags, etwa zum Schließen der Textarea. Und genau dies lässt sich durch eine einzige PHP-Funktion verhindern: *htmlspecialchars*. Wir ändern den Code

```php
<?php if (isset($_POST['Eingabe']))
        echo trim($_POST['Eingabe']);
```

aus dem Beispiel des letzten Abschnitts zum Kopieren der letzten Eingabe in das Textfeld wie folgt:

```php
<?php if (isset($_POST['Eingabe']))
        echo trim(htmlspecialchars($_POST['Eingabe']));
```

Jetzt werden alle HTML-Zeichen in Ersatzzeichen umgewandelt. Sollten wir also in unser Textfeld mit Namen *Eingabe* beispielsweise die Zeichen ‚<' oder ‚>' eingeben, etwa um ein HTML-Tag zu schreiben, so werden diese umgewandelt: In unserem Beispiel erhalten wir die Ersatzdarstellungen ,<' und ,>'. Diese Ersatzdarstellungen zeigen in jedem Browser ebenfalls das Kleiner- bzw. Größerzeichen an. Wichtig ist aber, dass diese Ersatzzeichen nicht mehr als Beginn bzw. Ende eines Tags interpretiert werden. Wir können die Textarea also nicht mehr verlassen. Die eingegebenen Zeichen werden folglich vollständig im Textfeld wiedergegeben. Ein Schadcode kann nicht mehr gestartet werden.

   Als Folgerung beachten wir:

▶   **Tipp** Vom Benutzer eingegebene Formulartexte, die zur erleichterten Bedie-
     nung nochmals im Browser angezeigt werden, sollten dringend geschützt wer-
     den, beispielsweise mittels der Funktion *htmlspecialchars*.

Wir wollen noch ein zweites Beispiel aufzeigen: Durch gezielte Eingabe eines SQL-Befehls wollen wir an gespeicherte Informationen kommen, die nicht für uns bestimmt sind.

   Um diesen Effekt zu zeigen, erweitern wir unser PHP-Programm *mitarbeiter.php*. Wir wollen, dass die Vorgesetztendaten aus der Relation Personal grundsätzlich nicht sichtbar sind und ergänzen unseren SQL-Zugriffsbefehl wie folgt:

```
$sql = "Select Persnr, Name, Ort, Gebdatum, Gehalt, Vorgesetzt
        From Personal
        Where Vorgesetzt Is Not Null
        And Upper(Name) Like Upper('%$suche%') ";
```

Neu ist hier nur die dritte Zeile. Wir suchen weiterhin nach Mitarbeitern und geben einen Suchstring ein. Gefunden werden jetzt aber ausschließlich diejenigen Mitarbeiter, die im Attribut *Vorgesetzt* keinen Nullwert enthalten, die also keine Vorgesetztenfunktion besitzen.

   Wenn wir jetzt glauben, dass damit keine Daten der Vorgesetzten angezeigt werden können, so haben wir uns leider getäuscht. Die Eingabe folgender Zeichen im Suchstring listet alle Mitarbeiter auf, auch die Vorgesetzten:

```
') Or ('%' = '
```

Was wie Hieroglyphen aussieht, ist tatsächlich Berechnung. Und mit ein wenig Nachdenken kommen wir auch hinter die Idee. Ergänzen wir nämlich den Where-Teil in unserem obigen Select-Befehl durch diese Zeichen, so erhalten wir folgende korrekte Where-Bedingung:

```
Where Vorgesetzt Is Not Null
   And Upper(Name) Like Upper('%') Or ('%' = '%')
```

Die Bedingung besteht aus drei Teilen, getrennt durch die booleschen Operatoren *And* und *Or*. Der erste Teil ist möglicherweise wahr, der zweite und dritte Teil sind immer wahr. Der Operator *Or* bindet schwächer als der Operator *And*, somit wird ein wahrer Teil mit dem Operator *Or* verknüpft, die Gesamtbedingung ist daher immer wahr. Alle Tupel der Relation *Personal* werden ausgegeben!

Auch vor diesen unerwünschten Eingaben können wir uns schützen. Allerdings müssen wir jetzt ein bisschen weiter ausholen. Wir müssen nämlich die direkte Eingabe in einen SQL-Befehl unterbinden und stattdessen den Weg über Variablen gehen. Wir dürfen die Methode *query* der Klasse *PDOStatement* nicht mehr verwenden und müssen diese Methode *query* in die beiden Methoden **prepare** und **execute** trennen. Beide nebeneinander aufgeführten Varianten sind nämlich vollkommen gleichwertig:

```
$stmt = $conn->query( $sql );            $stmt = $conn->prepare( $sql );
                                         $stmt->execute( );
```

Die Methode *prepare* leistet jetzt das Gewünschte: Im SQL-Befehl können wir noch unbekannte Parameter durch ein Fragezeichen ersetzen. Diese Fragezeichen werden dann mittels der Methode **bindParam** mit Variablen verknüpft. Wir ändern daher den obigen SQL-Befehl und den dann folgenden Query-Befehl ab zu:

```
$sql = "Select Persnr, Name, Ort, Gebdatum, Gehalt, Vorgesetzt
        From Personal
        Where Vorgesetzt Is Not Null
        And Upper(Name) Like Upper(?) ";
$stmt = $conn->prepare($sql);
$stmt->bindParam( 1, $suche ) ;
$suche = "%$suche%";
$stmt->execute( ) ;
```

In der zweiten Upper-Funktion schreiben wir ein Fragezeichen. Dieses Fragezeichen muss durch eine Zeichenkettenvariable ersetzt werden. Dies geschieht mittels der Methode *bindParam*. Obiger Aufruf dieser Methode bewirkt, dass das erste (und einzige) Fragezeichen durch die Variable *$suche* ersetzt wird. Wir ergänzen diese Eingabevariable noch durch das Wildcardzeichen ‚%' und haben dann die gleiche Wirkung wie vorher: Wir finden alle Mitarbeiter, die den Eingabestring im Namen enthalten.

Gleichzeitig sehen wir aber auch, dass der Select-Befehl nicht mehr manipuliert werden kann. Wir können nur noch den Parameter der Funktion *Upper* ändern, sonst nichts. Eine SQL-Injection ist nicht mehr möglich. Die Methode *Execute* führt zum Schluss den nun aufbereiteten und schadfreien SQL-Befehl aus.

▶ **Tipp** Eingaben, die einen SQL-Befehl beeinflussen, werden ausschließlich über die Methode *bindParam* an SQL übergeben.

6.4.5 Die Klasse PDOException

Jedes PHP-Programm erzeugt Fehler. Erstens gibt es keine fehlerfreien Programme, und zweitens können auch falsche Eingaben Fehler verursachen. Wir sorgen daher vor und führen unseren Code immer in einem Try-Block aus. Zusätzlich führen wir direkt nach dem Erzeugen eines PDO-Objekts folgenden Befehl aus:

```
$conn->setAttribute( PDO::ATTR_ERRMODE,
                        PDO::ERRMODE_EXCEPTION);
```

Damit wird bei Datenbankfehlern automatisch eine Exception vom Datentyp *PDOException* geworfen. Die wichtigsten Methoden und Eigenschaften dieser Fehlerklasse haben wir bereits kennen gelernt. Eine Übersicht gibt Tab. 6.4 wieder. Neu in dieser Tabelle ist das Feld *$errorInfo*. Dieses Feld enthält im Index 0 den gleichen Wert, den die Methode *getCode* zurückliefert und im Index 2 den Ergebniswert der Methode *getMessage*. Zusätzlich liefert dieses Feld im Index 1 den herstellerspezifischen Fehlercode zurück. Dieser herstellerspezifische Code ist manchmal detaillierter als der Sqlstate-Code, der mit der Methode *getCode* zurückgeliefert wird.

Laut SQL-Norm gibt es zwei Fehlercodes: *SQLCODE* und *SQLSTATE*. Der erste wurde bereits in SQL1 definiert und ist herstellerbezogen. Nur zwei Werte sind fest vorgegeben. Alle anderen dürfen vom Hersteller frei spezifiziert werden. Eine Übersicht gibt Tab. 6.5. Die Hersteller setzen ihren eigenen meist vier- oder fünfstelligen Code. Oft sind diese Fehlercodes nicht negativ. Oracle verwendet beispielsweise ausschließlich positive Werte.

In der Praxis wesentlich wichtiger ist heute die seit SQL2 existierende Konstante *SQLSTATE*. Diese Konstante ist eine aus fünf Zeichen bestehende Zeichenkette. Die ersten beiden Zeichen geben den Fehlercode an, und die weiteren den dazugehörigen Subcode. Der Code „00" verweist auf das erfolgreiche Abarbeiten des Befehls. In diesem Fall ist der Subcode immer gleich „000". In allen anderen Fällen enthält der Code von Null abweichende Ziffern und/oder Buchstaben. Eine Auswahl der wichtigsten Fehlercodes finden wir in Tab. 6.6.

Tab. 6.4 PDOException: Eigenschaften und Methoden

Eigenschaft/Methode	Beschreibung
getMessage( )	gibt eine ausführliche Fehlermeldung zurück
getCode( )	gibt die Fehlernummer zurück (Sqlstate-Code)
getLine( )	gibt Fehlerzeile zurück
$errorInfo	Feld mit 3 Indizes: 0: Fehlercode (Sqlstate-Code) 1: Fehlercode des Herstellers 2: Ausführliche Fehlermeldung

Tab. 6.5 Fehlercodes der Variable SQLCODE

Code	Ursache
0	Erfolgreiche Beendigung
100	Daten nicht gefunden
< 0	Fehler

Im Fehlerfall geben wir den Fehlercode gemäß der Sqlstate-Spezifikation aus. Doch leider gibt insbesondere Oracle häufig nur den Fehlercode *HY000* zurück! Aus diesem Grund sollte immer zusätzlich der Hersteller-Code mit ausgegeben werden. Optimal wäre es, eine von der Fehlerklasse *PDOException* abgeleitete Fehlerklasse zu entwickeln. Möglicherweise werden aber diese Probleme in einer der nächsten PHP-Versionen behoben, und wir behelfen uns bis dahin mit der zusätzlichen Ausgabe des Wertes *errorInfo[1]*:

```
catch (PDOException $e) { // Datenbankfehler
    echo "<p>PDO-Fehler in Zeile ", $e->getLine(),
        "Code ", $e->getCode(),
        "($e->errorInfo[1])</p><p>Fehlertext: ",
        $e->getMessage(), "</p>";
}
```

Tab. 6.6 Fehlercodes der Variable SQLSTATE (Auswahl)

Code	Ursache
'00'	Erfolgreiche Beendigung
'01'	Warnung
'02'	Daten nicht gefunden
'08'	Verbindungsaufbau-Fehler
'0A'	Merkmal wird nicht unterstützt
'22'	Datenfehler (z.B. Division durch Null)
'23'	(Tabellen/Spalten-)Bedingung ist verletzt
'24'	Ungültiger Cursor-Status
'25'	Ungültiger Transaktions-Status
'2A'	SQL-Syntax- oder Zugriffsfehler
'2B'	Abhängiges Privileg existiert
'2D'	Nichterlaubte Transaktionsbeendigung
'34'	Ungültiger Cursorname
'3D'	Ungültiger Katalogname
'3F'	Ungültiger Schemaname
'40'	Rollback
'42'	Syntax- oder Zugriffsfehler
'44'	Check-Bedingung ist verletzt

6.4.6 Transaktionsbetrieb mit PHP

In der Praxis ist der Transaktionsbetrieb enorm wichtig. In PHP wird grundsätzlich am Ende jeder PHP-Seite eine offene Transaktion mit einem Rollback abgeschlossen. In der Praxis heißt dies: Jede PHP-Seite umfasst mindestens eine Transaktion, die wir außer im Fehlerfall immer mit dem Befehl *Commit* abschließen.

Der Transaktionsbetrieb bei Internetanwendungen ist sorgfältig zu planen. Wir können uns schließlich ins Internet von überall mit einem Browser einloggen, so dass parallele Zugriffe die Regel sind. Damit kann es Behinderungen, ja sogar Deadlocks und andere Serialisierungsprobleme geben. In diesen Fällen werden die Datenbanken Fehlermeldungen ausgeben. Die dazugehörigen Fehlerbehandlungen müssen wir in den Anwendungsprogrammen selbst programmieren, was einen erheblichen Mehraufwand bedeutet. Dies wollen wir an einem ausführlichen Beispiel, in dem Deadlocks explizit überprüft und behandelt werden, aufzeigen.

Deadlocks sind Verklemmungen, die in jeder Datenbank auftreten können, sobald mehr als ein Benutzer auf die gleichen Daten zugreift. Deadlocks werden in Abschn. 8.5 ausführlich behandelt. Im Deadlockfall muss mindestens eine der betroffenen Transaktionen zurückgesetzt werden. Wir müssen also im Fehlerfall immer überprüfen, ob ein Deadlock vorliegt und entsprechend reagieren.

Dies zeigen wir an einem Anwendungsbeispiel, wo wir auf die Kundenrelation der Bike-Datenbank zugreifen. Im Attribut *Sperre* der Relation *Kunde* kann der Bike-Händler Sperrvermerke zu Kunden eintragen. Wir wollen dieses Attribut *Sperre* an dieser Stelle verwenden, um durch geschicktes oder besser absichtlich ungeschicktes Setzen Deadlocks zu provozieren. Diese Aktionen bereiten wir in der Datei *transaktion1.php* vor. Dort definieren wir neben drei Kundenspalten die weiteren Spalten *Kunde1* und *Kunde2*, die jeweils Radiobuttons enthalten. Einen Screenshot sehen wir in Abb. 6.6. Durch Klicken auf den Button „*Angaben übernehmen*" wird die Datei *transaktion2.php* aufgerufen, in der bei den beiden angeklickten Kunden die Sperren um den Wert 1 hochgezählt werden.

Starten wir jetzt in einem weiteren Browserfenster die gleiche Anwendung nochmals, und klicken wir in der Spalte *Kunde1* in die zweite Zeile und in der Spalte *Kunde2* in die erste Zeile, also sozusagen gegenüber der ersten Anwendung über Kreuz, so kann ein Deadlock eintreten. Wir verweisen zu Deadlocks nochmals auf Abschn. 8.5, möchten dieses Problem aber trotzdem kurz erklären:

Bei jedem Schreibvorgang wird ein exklusiver Lock auf die entsprechende Zeile gesetzt. Andere Transaktionen können dann auf diese Zeile bis zum Transaktionsende nicht mehr zugreifen und müssen auf die Freigabe des Locks warten. Im ungünstigsten Fall kann nun Folgendes eintreten:

Anwendung 1 ändert das Sperrattribut von Kunde 5 (siehe Abb. 6.8).

Anwendung 2 ändert das Sperrattribut von Kunde 1.

Anwendung 1 will das Sperrattribut von Kunde 1 ändern und wartet.

Anwendung 2 will das Sperrattribut von Kunde 5 ändern und wartet.

Abb. 6.8 Setzen von zwei
Kundensperren

Kundnr	Name	Sperre	Kunde1	Kunde2
5	Biker Ecke	0	⦿	○
1	Fahrrad Shop	0	○	⦿
6	Fahrräder Hammerl	0	○	○
3	Maier Ingrid	1	○	○
4	Rafa - Seger KG	0	○	○
2	Zweirad-Center Staller	0	○	○

Angaben übernehmen

Beide Anwendungen warten gegenseitig auf die Freigabe eines Locks. Wir sprechen von einem Deadlock. Dieses Beispiel erinnert uns an Grimms Märchen. In einer Abwandlung könnten wir sagen: „Und wenn sie nicht gestorben sind, dann warten sie noch heute."

Glücklicherweise wird dieses Szenario kaum auftreten. Erst nach Hunderten von Versuchen werden wir es schaffen, dass diese beiden Anwendungen so gleichzeitig ablaufen, dass die Verklemmung auch eintritt. Natürlich wollen wir die Anzahl der Versuche erheblich reduzieren und den Deadlock provozieren. Gleichzeitig wollen wir aber auch erkennen, was im Einzelnen geschieht. Unsere Datei *transaktion2.php* hat daher folgenden Aufbau:

- Ändern des Sperrattributs des ersten Kunden
- Ausgabe aller Kundendaten zur Kontrolle
- Warten von 10 Sekunden
- Ändern des zweiten Kunden
- Ausgabe aller Kundendaten zur Kontrolle

Durch das Warten von mehreren Sekunden haben wir genügend Zeit, die zweite Anwendung zu starten. Jetzt ist es ein Leichtes, einen Deadlock durch das oben beschriebene „Überkreuz"-Anklicken zu provozieren.

Inhaltlich enthält die Datei *transaktion2.php* nur wenig Neues. Das Ausgeben von gelesenen Daten kennen wir bereits. Auch der verwendete Update-Befehl ist einfach:

```
$sql =    "Update Kunde
          Set Sperre = Sperre + 1
          Where Nr = $_POST[Kunde1]";
$stmt = $conn->query($sql);          // Ausfuehren des SQL-Befehls
```

Neu ist das Warten von 10 Sekunden. Der Code hierfür lautet:

```
ob_flush();//leert den Puffer auf dem Server
flush();   //erzwingt in der Regel die lokale Ausgabe im Browser
sleep(10); //wartet 10 Sekunden
```

Die beiden Flush-Funktionen sorgen dafür, dass alle Daten sofort auf dem Browser aktualisiert werden. Ohne diese beiden Funktionen warten wir 10 Sekunden vor dem leeren Bildschirm. Wir sind allerdings auf die Einstellungen im Webserver angewiesen. Ein Server kann bei entsprechender Konfiguration einen Aufruf der Funktion *ob_flush* ignorieren.

Alle modernen Datenbanken besitzen eine Deadlockerkennung. In einer der beiden Anwendungen wird daher beim zweiten Update ein Fehler mit dem Sqlstate-Wert 40001 auftreten. Das Programm wird folglich in den Catch-Block springen. Wie wir in Abschn. 8.5 sehen werden, gibt es nur eine sinnvolle Reaktion: Wir führen einen Rollback durch und starten die Transaktion neu.

Mit dem Rollback wird das bereits durchgeführte erste Update zurückgesetzt, und die bisher belegten Sperren werden freigegeben. Die zweite Anwendung kann jetzt ohne Verzögerung ihre Transaktion vollenden und dann ihre Sperren ebenfalls freigeben. Es bietet sich daher an, die zurückgesetzte Transaktion zu wiederholen. Dies ist aber technisch nicht ganz einfach, denn ein Rücksprung in einen bereits verlassenen Try-Block ist nicht möglich! Hier bietet sich eine Schachtelung von Try-Catch-Blöcken an. Betrachten wir dazu Abb. 6.9. In einem äußeren Try-Block loggen wir uns ein und erzeugen ein PDO-Objekt. In einem inneren Try-Block greifen wir dann auf die Datenbank zu. In diesem inneren Catch-Block untersuchen wir die Fehlermeldung. Liegt tatsächlich ein Deadlock vor, setzen wir die Transaktion zurück, beenden den Catch-Block, springen zurück an den Anfang des Try-Blocks und wiederholen damit die Transaktion. Bei anderen Fehlern leiten wir weiter zur allgemeinen Fehlerbehandlung im äußeren Catch-Block. Den Rücksprung an den Anfang des Try-Blocks implementieren wir mit einer While-Schleife. Wir sollten dabei die maximale Anzahl der Schleifendurchläufe begrenzen, um grundsätzlich Endlosschleifen zu vermeiden.

Der Code hat dann folgenden Aufbau:

```
try
{   $conn = new PDO( ... ) ;         // Einloggen
    $versuch = 0;                    // Erster Versuch
    while ($versuch < 2)             // Hier: maximal 2 Versuche
    {   $versuch++;                  // Erster Versuch!
        try
        {   $conn->beginTransaction(); // Transaktion starten
        // Zugriff1
            sleep(10);               // 10 Sekunden warten
        // Zugriff 2
            $conn->commit();         // Transaktion beenden
```

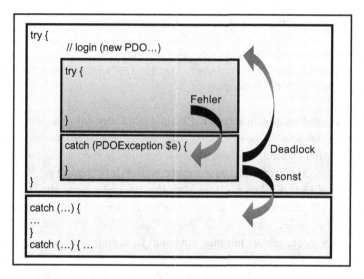

Abb. 6.9 Geschachtelte Try-Catch-Blöcke

```
      break;           // erfolgreich beendet, kein Wiederholen!
    }// end try
    catch { ... }                  // innerer Catch-Block
  }                                // end while
}                                  // end try
catch { ... }                      // äußerer Catch-Block
```

Im Falle eines Deadlocks sollte die Fehlervariable *Sqlstate* gemäß SQL-Norm den Wert *40001* enthalten. In PDO wird stattdessen von Oracle-Datenbanken der Wert *HY000* zurückgeliefert, und das nicht nur bei Deadlocks. Wir haben daher keine Wahl und müssen zusätzlich den Wert 60 überprüfen, den internen Oracle spezifischen Deadlock-Wert. Unsere Fehlerbehandlung ist daher komplexer als gewünscht:

```
catch (PDOException $e) {
   $code = $e->getCode();
   if ($code == "HY000")          // Probleme in Oracle!
      $code = $e->errorInfo[1] ;
   if ( $anzahl <= 1 and ($code == "40001" or $code == 60) )  {
      echo "Synchronisationsprobleme! Es wird ",
           "nochmals gestartet." ;
      $conn->rollback( ) ;        // wichtig !
   } else
      throw $e;                   // Fehler weiterreichen
}
```

Im Falle des Sqlstate-Wertes *HY000* übernehmen wir den internen Datenbank-Code und überprüfen dann auf Deadlock (*40001* bzw. *60*). In unserer Beispielanwendung wollen wir die Transaktion im Deadlock-Fall genau einmal wiederholen. Ist der Schleifenzähler *$anzahl* kleiner gleich 1, setzen wir die Transaktion mittels der Methode *rollback* zurück. Dank der Schleife erfolgt die Wiederholung der Transaktion automatisch. Ist der Schleifenzähler größer 1, reichen wir die Fehlermeldung mittels des Operators **throw** weiter an die übergeordnete Fehlerbehandlung. Wir verlassen damit auch den äußeren Try-Block und folglich auch die Schleife. Den in Abb. 6.9 angegebenen Rücksprung haben wir intern also mit einer Schleife gelöst, den Vorwärtssprung mit dem Operator *throw*.

Ganz wichtig ist, dass wir unsere Transaktion im Fehlerfall mit einem Rollback beenden. Nur so kann eine Verklemmung aufgelöst werden. Die zweite involvierte Transaktion kann weiterarbeiten, da die benötigten Locks wieder verfügbar sind.

Wir sehen weiter, dass wir es vermeiden konnten, Fehlercodes mehrfach zu schreiben. Im internen Try-Catch-Block wurden nur die lokalen Fehler behandelt, alle allgemeinen Fehler werden nach außen weitergeleitet, wo diese zentral behandelt werden.

▶   **Tipp** Nicht nur Datenbanken synchronisieren sich, auch Browser! Somit können sich die Synchronisierungsprobleme der Datenbanken und der Browser überlappen und zu unerwarteten Ergebnissen führen.

Ganz allgemein gilt, dass ein Browser bei Verwendung von Session-Variablen ein Protokoll führt. Dieses Protokoll wird durch ein Lock geschützt. Um hier zusätzliche Synchronisationsprobleme zu vermeiden, können wir diese Probleme auf drei Arten lösen:

1. Wir arbeiten mit zwei Rechnern
2. Wir arbeiten auf einem Rechner, aber mit unterschiedlichen Browsern (z. B. Firefox, Edge oder Chrome)
3. Wir schreiben an den Anfang der PHP-Datei:

```php
<?php
   session_start();
   session_write_close(); // vermeidet Browsersynchronisation
?>
```

Mit der Funktion *session_write_close* wird das Protokollieren der Session im Browsercache beendet. Und schon entfällt das Synchronisieren der Browser.

6.5 Arbeiten mit großen Binärdaten

Die Anforderungen an Datenbanken wachsen ständig. Waren es bis vor kurzem vor allem Daten in Tabellenform, die in Datenbanken abgelegt wurden, so sollen heute auch ganze Dateien in Datenbanken aufgenommen werden. Hierbei handelt es sich meist um umfangreiche Texte, ja ganze Bücher oder um Binärdateien wie binär codierte Dokumente (PDF-Dateien, Worddateien usw.), Bilder, Musik- oder Filmdateien.

Bis vor wenigen Jahren wurden diese Dateien meist separat gespeichert. In der Datenbank wurden lediglich Verweise auf diese Dateien gesetzt. Dies entspricht heute nicht mehr den Sicherheitsanforderungen an sensible Daten. Nur wenn diese Dateien direkt in die Datenbank aufgenommen werden, sind sie genauso geschützt wie alle anderen Daten in der Datenbank. Auch ein versehentliches Verschieben oder Löschen dieser Dateien ist dann außerhalb der Datenbank nicht mehr möglich.

Da Datenbanken heute das Einlagern großer Dateien hochperformant unterstützen, spricht nichts mehr gegen das direkte Speichern dieser Daten in Datenbanken. Für moderne Datenbanksysteme ist es kein Problem viele Blu-Ray-Filme mit einer Größe von je 50 GB aufzunehmen.

Datenbanken sprechen hier von *Large Objects* (**LOB**s). Wir unterscheiden dabei zwei Arten von LOBs:

- **Binary Large Objects** (BLOB): Binär gespeicherte Objekte
- **Character Large Objects** (CLOB): Lange Zeichenketten

LOBs werden direkt in der Datenbank abgelegt und bei Bedarf wieder ausgelesen. Im Unterschied zu *BLOBs* können *CLOBs* direkt in der Datenbank durchsucht und bearbeitet werden.

In Tab. 6.7 geben wir einen Überblick über die maximale Größe von LOBs in Abhängigkeit einzelner Datenbankhersteller. Bei Intervallangaben hängt die tatsächliche maximale Größe von der Konfiguration ab. SQL Server unterstützt seit 2008 zusätzlich den Datentyp *FILESTREAM*. Damit können beliebig große Dateien des Dateisystems von der Datenbank verwaltet werden. Die Begrenzung liegt hier im NTFS-Dateisystem.

Unabhängig von der maximalen Größe von LOBs besitzt PHP Einschränkungen zum Hochladen von Dateien auf den Server. Diese Größe wird in PHP durch die Konstante *upload_max_filesize* beschrieben und kann vom Administrator des Webservers individuell in der Datei *php.ini* eingestellt werden.

Wir wollen in diesem Abschnitt in das Arbeiten mit LOBs einführen. Wieder verwenden wir PHP und PDO. Wir erweitern die Relation *Personal* um ein Bildattribut und legen darin Fotos der einzelnen Mitarbeiter ab. Das Arbeiten mit LOBs und BLOBs ist stark herstellerabhängig. Wir werden hier mit Oracle arbeiten, aber immer auch Hinweise zu SQL

Tab. 6.7 Erlaubte Speichergröße von LOBs

	Max. Größe eines BLOB	Max. Größe eines CLOB
Oracle	8 – 128 TB	8 – 128 TB
SQL Server	2 GB (Image)	1 – 2 GB
MySQL	4 GB (LONGBLOB)	4 GB (LONGTEXT)

Server und MySQL geben. Wieder können alle hier vorgestellten PHP-Programme heruntergeladen werden, siehe Anhang. Diese PHP-Programme sind an Oracle, SQL Server und MySQL angepasst.

6.5.1 Verwendung des Datentyps BLOB

Bevor wir binäre Daten in eine relationale Datenbank aufnehmen können, müssen wir die Relationen entsprechend erweitern. In unserem Beipiel fügen wir in der Relation *Personal* zwei weitere Attribute hinzu: ein Attribut *Bild* vom Datentyp *BLOB* und ein Attribut *Bildtyp* als Zeichenkette. Im Attribut *Bildtyp* speichern wir das Grafikformat, z. B. jpeg, gif oder png. Die beiden dazu erforderlichen Alter-Table-Befehle lauten:

```
ALTER TABLE Personal
   ADD Bild      BLOB    Default   EMPTY_BLOB() ;
ALTER TABLE Personal
   ADD Bildtyp  CHAR(40) ;
```

Der erste Alter-Table-Befehl fügt ein Blob-Attribut hinzu. Oracle unterscheidet zwischen drei Zuständen: Der Eintrag ist entweder Null oder belegt aber leer oder mit einem Inhalt gefüllt. Zum einfacheren Arbeiten wird daher für Oracle empfohlen, standardmäßig einen leeren Inhalt zu definieren. Dies ist mit der Option *Default* möglich und befreit vor den häufigen Abfragen auf Nullwerte. In MySQL und SQL Server gibt es diese Standardvorgabe für LOBs nicht. Wir lassen daher dort diese Default-Option weg. Außerdem sollte in MySQL statt des Datentyps *Blob* der Typ *LongBlob* verwendet werden, der wesentlich größere Daten aufnehmen kann. In SQL Server gibt es den Datentyp *Blob* nicht. Wir verwenden dort stattdessen *varbinary(max)*.

6.5.2 Speichern von Binärdaten in einer Datenbank

Nach dem Erweitern der Relation *Personal* wollen wir dort die Passfotos der einzelnen Mitarbeiter ablegen. Um ein Bild in einer Datenbank zu speichern, muss dieses auf dem Web-Server verfügbar sein. Wir können dazu entweder Bilder auswählen, die bereits auf dem Server liegen, oder wir können Bilder auf den Server hochladen. Beide Varianten möchten wir vorstellen. Im Folgenden betrachten wir ein PHP-Programm *blob_ein1.php*, das auf dem Server im Unterverzeichnis *image* gespeicherte Bilder zur Auswahl anbietet. Alternativ können Bilder auf dem lokalen PC ausgewählt und hochgeladen werden. Das dazugehörige Formular lautet:

```
<form action="blob_ein2.php" method="post"
                    enctype="multipart/form-data">
```

```
 <p>Bildauswahl auf Server:
 <input type="radio" name="Auswahl" value="Server" checked/>
 <select name="Bild" size="6">
<?php
    $dir = "./image";                    // Unterverzeichnis "image"
    if (is_dir($dir)) {                   // Verzeichnis existiert?
      if ($filearray = scandir($dir)) {
        // Inhalt des Verzeichnisses in $filearray ablegen
        foreach ($filearray as $name) {
          // alle Dateinamen auslesen
          if (!is_dir($name))
            // nur Dateien, keine Verzeichnisse
            // in Select Box aufnehmen
            echo "<option> $name </option>";
   } } }
?>
 </select>   </p>
 <p>Datei vom PC hochladen:
 <input type="radio" name="Auswahl" value="Lokal"/>
 <input type="file" name="Bilddatei" size="60"
        accept="image/*"/></p>
 <p> <input type="Submit"
            value="Ausgewähltes Bild anzeigen"/></p>
</form>
```

Formatieren wir dieses Formular noch geschickt mit Hilfe einer Tabelle, so erhalten wir eine Formularausgabe wie in Abb. 6.10. Der Programmcode bedarf einiger Erläuterungen: Im Formular-Tag finden wir den Parameter *enctype*. Wir benötigen diesen zur Auswahl von Dateien. Zum Anzeigen von Verzeichnisinhalten benötigen wir zwei weitere PHP-Funktionen: Die Funktion *is_dir* liefert den Wert *true* zurück, wenn das angegebene Unterverzeichnis existiert. Die Funktion **scandir** durchsucht das betreffende Verzeichnis und liefert alle dort enthaltenen Dateien in einem Feld zurück. In einer Schleife übertragen wir dann alle diese Dateien aus dem Feld in die Select-Box. Da das Verzeichnis *image* Unterverzeichnisse enthalten kann, werden diese noch aussortiert.

Im zweiten Teil des Programms laden wir eine Bilddatei vom PC auf den Server. Wir verwenden dazu den Formulartyp *file*. Dabei geben wir im Parameter *accept* an, dass wir nur Bilddateien auswählen möchten (*accept= "image/*"*). Mit Hilfe eines Radio-Buttons entscheiden wir, ob wir eine Datei auf dem Server oder eine Datei auf dem lokalen Rechner verwenden wollen.

Durch Klick auf den Button *Ausgewähltes Bild anzeigen* gelangen wir zum Programm *bild_ein2.php*. In der Praxis sollten wir hier alle Mitarbeiternamen aus der Datenbank einlesen und in einem Select-Feld aufbereitet ausgeben. Dies sei auch als Übung empfohlen.

Bildauswahl auf Server:	◉	person1.png ▲ person2.png ≡ person3.png person4.png person5.png person6.png ▼
Datei vom PC hochladen:	◌	[ ] Durchsuchen…
		Ausgewähltes Bild anzeigen

Abb. 6.10 Formular zur Bildauswahl

Hier fordern wir einfachheitshalber nur zur Eingabe einer Personalnummer auf. Zusätzlich wird zur Kontrolle das ausgewählte Bild angezeigt (siehe Abb. 6.11).

Dateien werden nicht mit der Variable $\_POST$ ausgelesen, sondern mit der Variable $\_FILES$. Diese Variable stellt folgende assoziativen Werte zur Verfügung (der Name des Dateiformulars war *Bilddatei*):

```
$_FILES['Bilddatei']['name']   // Name der Datei
$_FILES['Bilddatei']['type']   // Datentyp der Datei
$_FILES['Bilddatei']['tmp_name']
                               // interner temp. Name beim Upload
$_FILES['Bilddatei']['size']   // Größe der Datei
```

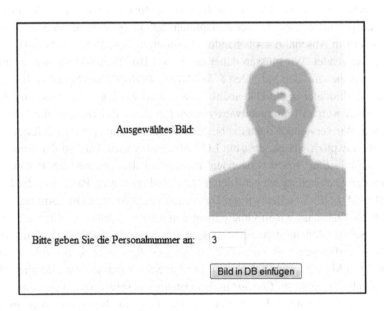

Abb. 6.11 Formular zur Eingabe der Personalnummer

Wichtig ist, dass PHP eine Datei auf dem Server immer in die durch *tmp_name* angegebene Datei ablegt. Wollen wir dieses Bild dauerhaft auf dem Server speichern, so müssen wir diese temporäre Datei in eine Datei unserer Wahl kopieren. Dazu steht in PHP die Funktion **Copy** zur Verfügung. Wir kopieren das temporäre Bild in das Verzeichnis *Upload* unter dem Originalnamen:

```
copy( $_FILES['Bilddatei']['tmp_name'] ,
                './upload/' . $_FILES['Bilddatei']['name'] );
```

Durch Klick auf den Weiter-Button wird das PHP-Programm *bild_ein3.php* aufgerufen. Hier wird jetzt die Datenbank geöffnet und das Bild abgelegt. Der Code zum Einfügen eines Bildes und des Bildtyps in die Relation *Personal* lautet dazu:

```
$sql = "Update Personal  Set  Bildtyp = ?, Bild = EMPTY_BLOB( )
       Where Persnr = $_POST[Persnr]
       Returning Bild Into ?" ;
$stmt = $conn->prepare($sql);
$fp = fopen( $_SESSION['Bild'], 'rb' ) ;
$stmt->bindParam( 1, $_SESSION['Bildtyp'] ) ;
$stmt->bindParam( 2, $fp, PDO::PARAM_LOB ) ;
$stmt->execute( ) ;
fclose( $fp ) ;
```

LOBs können nicht direkt mit der Query-Methode eingegeben werden. Vielmehr müssen die Daten zunächst mit der Prepare-Methode aufbereitet und dann mit der Execute-Methode ausgeführt werden. Dieses Aufsplitten der Query-Methode in zwei Befehle haben wir bereits in Abschn. 6.4.4 behandelt. In unserem SQL-Befehl haben wir zwei Fragezeichen verwendet. Wir müssen daher auch zwei BindParam-Methoden aufrufen, um diese Fragezeichen mit den Variablen *$_SESSION['Bildtyp']* und *$fp* zu verbinden.

Damit die Bilddatei in die Datenbank transportiert werden kann, muss sie binär zum Lesen geöffnet werden (Parameterwert *rb=read binary*). Zuletzt wird die Datei wieder geschlossen. Wir verwenden dazu die beiden PHP-Funktionen **fopen** und **fclose**. Die Datenbank muss explizit wissen, dass ein LOB übertragen wird. Dies ist der Grund, warum wir die Methode *BindParam* verwenden müssen. Im dortigen zweiten Parameter übergeben wir den Dateizeiger der geöffneten Datei und im dritten Parameter die Konstante *PDO::PARAM_LOB*. So teilen wir der Datenbank mit, dass ein LOB vorliegt.

Zu beachten ist, dass wir in Oracle nicht einfach das Attribut *Bild* mit einem Fragezeichen versehen können. Stattdessen müssen wir dieses Attribut mit Hilfe der Funktion *Empty_Blob* vorbelegen und zusätzlich die Angabe *Returning Spalte Into* hinzufügen. Dies entfällt in MySQL und SQL Server. In SQL Server müssen wir allerdings das Bild explizit mittels der Funktion *Convert* in den Datentyp *varbinary(max)* überführen.

Schließen wir jetzt unser Programm mit dem Commit-Befehl ab, so ist es uns mit vertretbarem Aufwand gelungen, Binärdateien direkt in einer Datenbank zu speichern.

Dabei darf eine einzelne Binärdatei Hunderte von Megabyte groß sein, in Oracle sogar viele Terabyte! Allerdings müssen wir beachten, dass in PHP die Konstante *upload_max_filesize* entsprechend groß eingestellt wird. Im nächsten Abschnitt wollen wir nun zeigen, wie wir die Früchte unserer Arbeit auch sehen können. Wir werden die Bilddaten wieder auslesen.

6.5.3   Auslesen von Binärdaten aus einer Datenbank

Datenbanken sind zeichenorientiert. Strukturierte Daten lassen sich daher ganz einfach mit einem Select-Befehl auslesen, nicht jedoch Binärdaten. Wir können allerdings sehr einfach die Größe der hinterlegten Binärdatei ermitteln. Es stehen dazu je nach Datenbank folgende Funktionen zur Verfügung:

- Dbms_Lob.Getlength(*Binärdatei*) in Oracle
- DataLength(*Binärdatei*) in SQL Server
- Length(*Binärdatei*) in MySQL

Diese Funktionen wollen wir nutzen um zu überprüfen, ob überhaupt Bilder abgelegt sind. Wir erweitern dazu das bereits in Abschn. 6.3.5 besprochene Programm *mitarbeiter.php*. Im neuen Programm *mitarbeiterblob.php* zeigen wir zusätzlich die Bilder der Mitarbeiter im Browser an. Wir ändern in Oracle den im Programm *mitarbeiter.php* verwendeten Select-Befehl ab in:

```
$sql = "Select  Persnr, Name, Ort, Gebdatum, Gehalt, Vorgesetzt,
             Dbms_Lob.Getlength(Bild) As Bildlaenge
      From   Personal
      Where Upper(Name) Like Upper( '%$Name%' ) " ;
```

Wir lesen hier zusätzlich die Bildlänge mit der Oracle-Methode *Getlength*, um entscheiden zu können, ob Bilddaten vorliegen. Die Ausgabe erfolgt völlig analog zum bereits behandelten Programm *mitarbeiter.php* in einer Do-While-Schleife. Hinzu kommt am Ende der Test auf die Bildlänge:

```
do {
?><tr>
  <td> <?php echo $row["PERSNR"]; ?> </td>
  <td> <?php echo $row["NAME"]; ?> </td>
  <td> <?php echo $row["ORT"]; ?> </td>
  <td> <?php echo $row["GEBDATUM"]; ?> </td>
  <td> <?php echo ($row["GEHALT"]==null)? "(null)":
                    $row["GEHALT"]; ?> </td>
  <td> <?php echo ($row["VORGESETZT"] == null)?
```

```
                         "Ja": "Nein";?></td>
<?php
  if ($row["BILDLAENGE"] > 0)        //falls Bild vorhanden
       echo "<td> <img src=\"bild.php?id=$row[PERSNR]\"/> </td>";
  else
       echo "<td> <p>- kein Bild -</p> </td>";
  echo "</tr>";
} while ( $row = $stmt->fetch() ) ;          ?>
```

In der If-Anweisung überprüfen wir, ob im Attribut Daten vorhanden sind. Wenn ja, so geben wir das Bild aus, sonst wird „– *kein Bild* –" angezeigt. Zur Ausgabe eines Bildes existiert in HTML das Image-Tag *img*. In diesem Tag wird mit dem Parameter *src* die Bildquelle übergeben. Wir haben zwar ein Bild vorliegen, aber es steht binär in einer Datenbank. Wir müssen diese Binärdaten daher selbst auslesen. Wir verwenden dazu die PHP-Datei *bild.php*. Diese PHP-Datei muss aber das Bild des gesuchten Mitarbeiters kennen. Wir lösen dieses Problem mit Hilfe eines Get-Parameters, den wir der Datei mitgeben. Möchten wir beispielsweise das Foto von Mitarbeiter 2 ausgeben, so würde unsere Quelldatei lauten:

```
src= "bild.php?id=2"
```

Die einzige Aufgabe der PHP-Datei *bild.php* ist es, das richtige Bild aus der Datenbank zu holen:

```
<?php
session_start();
$conn = new PDO("oci:dbname=$_SESSION[Datenbank],
            $_SESSION['Kennung'],
            $_SESSION['Passwort']);
$sql =  "Select Bild, Bildtyp From Personal
            Where Persnr = $_GET[id]";             //Get-Variable!!!
$stmt = $conn->query($sql);                   //Ausfuehren
$stmt->bindColumn(1, $blob, PDO::PARAM_LOB); //BLOB: Spalte 1
$stmt->bindColumn(2, $bildtyp);               //Bildtyp: Spalte 2
$stmt->fetch(PDO::FETCH_BOUND);      //bindet Spalten an Variable
header("Content-Type: $bildtyp");   //Uebergabe des Bildtyps
fpassthru($blob);                    //Uebergabe des Bildes
?>
```

Dies ist das vollständige Programm *bild.php*, zugeschnitten auf Oracle. Wir loggen uns in die Datenbank ein und lesen das Bild und den Bildtyp des angegebenen Mitarbeiters ein. Wir hatten der Get-Variable bei der Übergabe den Namen *id* gegeben. Somit lesen wir den Wert aus der Variable *$_GET['id']* aus. Beim Auslesen der Binärdaten stoßen wir auf die gleichen Probleme wie beim Abspeichern in die Datenbank: Wir müssen der

Datenbank mitteilen, dass wir Binärdaten lesen wollen. Das Gegenstück zu der Methode *BindParam* beim Abspeichern ist beim Auslesen die Methode *BindColumn*. Der erste Parameter gibt die Spalte im Select-Befehl an, der zweite die Variable, wohin die Ausgabe gespeichert werden soll. Als dritten Parameter müssen wir bei Binärdaten die bereits bekannte Konstante *PDO::PARAM_LOB* verwenden.

Wird in der Fetch-Methode die Konstante *PDO::FETCH_BOUND* angegeben, so speichert diese Methode die eingelesene Zeile nicht in einem Feld, sondern in den durch die Methode *BindColumn* angegebenen Variablen. Der Binärdatentyp wird als Header mittels der PHP-Funktion **Header** übergeben, und zuletzt werden die Binärdaten direkt mit der Funktion **Fpassthru** ausgegeben.

► Ein PHP-Programm, das Binärdaten ausliest, darf keine zusätzlichen Ausgaben enthalten, auch nicht die HTML-Tags *<html></html>*!

In MySQL benötigen wir die Funktion *fpassthru* nicht. Stattdessen geben wir die Binärdaten mit *echo $blob* aus. In Oracle benötigen wir die PHP-Funktion *Fpassthru* nur deshalb, da hier mit der Fetch-Methode nicht die Daten sondern nur ein Zeiger auf die Daten zurückgegeben wird. Die Unterschiede zwischen den einzelnen Datenbankherstellern bei Binärdaten sind nicht wirklich groß, aber doch markant. Im Detail müssen wir daher an einigen Stellen unterschiedlich programmieren. Wir empfehlen dazu insbesondere die Manuale der Datenbankhersteller, aber auch die Homepage von PHP: www.php. net.

Die Portierung unseres PHP-Programms nach MySQL und SQL Server ist nicht allzu aufwendig. Die hier besprochenen Programme stehen zum Download zur Verfügung (siehe Anhang) und wurden auch für MySQL und SQL Server getestet.

Damit haben wir einen ersten Einblick in das Arbeiten mit Binärdaten in Datenbanken erhalten. Auf die hier vorgestellte Weise können beispielsweise auch MP3-Dateien oder ganze Videos gespeichert werden. Wir hoffen, hier erste Anregungen gegeben zu haben.

6.6 Zusammenfassung

Dieses Kapitel führte in das Programmieren mit Datenbanken ein. Wir hatten PHP gewählt, um flexibel auf Datenbanken zugreifen zu können. Der Endanwender benötigt nur einen Browser und eine Internetverbindung. Wir haben als PHP-Schnittstelle zu den Datenbanken die Abstraktionsschicht PDO gewählt. Damit ist das Programmieren bis auf wenige Ausnahmen unabhängig von der Datenbank. Die kleinen Unterschiede zwischen den Herstellern müssen allerdings berücksichtigt werden. Wir weisen explizit auf Tab. 6.8 hin. Dort fassten wir die wichtigsten Regeln zur datenbankunabhängigen Programmierung mit PDO zusammen. Auch die Besonderheiten der einzelnen Hersteller bei den DML-Befehlen, die in Tab. 4.14 aufgelistet wurden, sollten beachtet werden.

Tab. 6.8 Regeln zur datenbankunabhängigen Programmierung

zu beachten	wegen
PDO::ATTR_CASE auf PDO::CASE_UPPER setzen	Oracle
Kein Semikolon am Befehlsende	Oracle
Im Join nur den Operator ON verwenden	SQL Server
In der From-Klausel auf den Bezeichner AS verzichten	Oracle
Kein Leerzeichen nach einer Aggregatfunktion	MySQL
Kein Full Outer Join	MySQL

Wir haben gelernt, auf Datenbanken von einer Programmiersprache aus zuzugreifen. Weiter haben wir komplexe Transaktionen ausgeführt und geeignet auf Deadlockfehler reagiert. Wir haben dabei die Fehlercodes von *Sqlstate* kennen gelernt. Ebenso haben wir gesehen, wie wir in einer Schleife ganze Relationen lesen können, indem ein Cursor auf eine Relation Zeile für Zeile zugreift.

Die Abstraktionsschicht PDO setzt sich aus nur drei Klassen zusammen:

- Klasse **PDO**: zur Verwaltung der Datenbankverbindung
- Klasse **PDOStatement**: zur Bearbeitung eingelesener Daten
- Klasse **PDOException**: zur Fehlerbehandlung

Die in diesem Kapitel verwendeten PDO- und PDOStatement-Methoden haben wir in Tab. 6.9 zusammengefasst. Die Methoden und Eigenschaften der Fehlerklasse *PDOException* finden wir in Tab. 6.4.

Zuletzt haben wir uns mit binären Daten beschäftigt und Bilder in der Datenbank gespeichert und wieder ausgelesen. Dabei haben wir mehrere PHP-Funktionen verwendet. Eine erste Auswahl dieser Funktionen ist in Tab. 6.2 angegeben, die restlichen in diesem Kapitel benutzten PHP-Funktionen sind in Tab. 6.10 zusammengefasst.

Tab. 6.9 Methoden der Abstraktionsschicht PDO

Methode	aus Klasse	Kurzbeschreibung
Konstruktor PDO()	PDO	baut Verbindung zur Datenbank auf
SetAttribute()	PDO	setzt Attribute einer Verbindung
BeginTransaction()	PDO	startet eine Transaktion
Commit()	PDO	beendet eine Transaktion
Rollback()	PDO	setzt eine Transaktion zurück
Query()	PDO	führt einen SQL-Befehl aus
Prepare()	PDO	bereitet eine Abfrage vor
Execute()	PDOStatemt.	führt eine vorbereitete Abfrage aus
Fetch()	PDOStatemt.	liest die nächste Zeile
RowCount()	PDOStatemt.	gibt Anzahl manipulierter Zeilen aus
BindParam()	PDOStatemt.	bindet Parameter an eine Abfrage
BindColumn()	PDOStatemt.	verbindet Spalten mit Variablen

Tab. 6.10 Weitere PHP-Funktionen

copy(file1, file2)	kopiert Datei *file1* in die Datei *file2*
fopen(file, str)	öffnet Datei *file* mit der im String *str* angegebenen Methode und liefert einen Dateizeiger zurück
fclose(fp)	schließt Datei, auf die der Dateizeiger *fp* verweist
header(str)	gibt den im String *str* angegebenen Header aus
fpassthru(blob)	gibt das Binärobjekt aus, auf den *blob* verweist
is_dir(str)	gibt *true* zurück, falls *str* ein Verzeichnis ist, sonst *false*
scandir(str)	liefert alle Dateinamen des Verzeichnisses *str* in einem Feld zurück
session_start()	erster Befehl einer Session-Seite
session_write_close()	schreibt kein Session-Protokoll und vermeidet dadurch Synchronisierung der Browser
ob_flush()	gibt Inhalt auf dem Webserver sofort aus
flush()	gibt Inhalt im lokalen Browser sofort aus
sleep(sec)	wartet für *sec* Sekunden

6.7 Übungsaufgaben

Aufgaben

Die meisten der folgenden Aufgaben beziehen sich auf die Relationen der Beispieldatenbank *Bike* im Anhang.

1. Schreiben Sie eine HTML-Seite, die mehrere Formulareingaben anfordert (Eingabefeld, Checkbuttons, Radiobuttons). Durch Klick auf den Submit-Button werden diese Daten erfasst und tabellarisch ausgegeben. Verwenden Sie die Methode *post*.

2. Schreiben Sie ein PHP-Programm, das eine Personalnummer einliest und dann Daten zu diesem Mitarbeiter ausgibt. Existiert dieser Mitarbeiter nicht, so erfolgt eine entsprechende Information.

3. Ergänzen Sie Aufgabe 2 dahingehend, dass alle vorhandenen Personalnummern in einer Combobox vorgegeben werden. Nach Auswahl einer dieser Nummern werden dann Daten dieses Mitarbeiters ausgegeben.

4. Fügen Sie neues Personal hinzu. Die Personalnummer soll dabei automatisch vergeben werden.

5. Geben Sie alle Kunden und Lieferanten zusammen in alphabetischer Reihenfolge aus. Die Ausgabe habe exakt folgende Form (inklusive der Aufzählung und der Klammern!).
   1. Biker Ecke (Kunde)
   2. Fahrrad Shop (Kunde)
   3. Fahrräder Hammerl (Kunde)
   4. Firma Gerti Schmidtner (Lieferant) usw.

6. Eine neue Lieferung eines Lieferanten ist eingetroffen. Schreiben Sie ein Programm, das zunächst alle Lieferanten in einer Combobox auflistet. Nach Auswahl eines Lieferanten werden alle Artikel (*ANr, Bezeichnung, Mass, Einheit*), die dieser Lieferant liefert, angezeigt. In einer zusätzlichen Eingabespalte wird zu jedem Artikel die Anzahl der Lieferungen angegeben. Das Programm erhöht dementsprechend den Bestand in der Relation *Lager*.

Da mehrere Daten geändert werden, können Verklemmungen eintreten. In diesem Fall werden alle Änderungen zurückgesetzt und bis zu zweimal wiederholt. Testen Sie diese Verklemmungen durch paralleles Ausführen von zwei Anwendungen, und indem zwischen den Änderungen mindestens 3 Sekunden gewartet wird. Mit einem Radiobutton wird darüber hinaus angegeben, ob die Artikel absteigend oder aufsteigend im Lager geändert werden, um Deadlocks provozieren zu können.

7. Fügen Sie neues Personal hinzu. Zusätzlich zu Aufgabe 4 wird ein Bild angefordert. Personaldaten und Bild werden mit einem einzigen *Insert Into* Befehl eingefügt.

8. Erweitern Sie die Datei *blob_ein2.php*, indem statt der Eingabe einer Personalnummer ein Mitarbeiter aus einer Select-Box ausgewählt werden muss. Diese Select-Box enthält alle derzeitigen Mitarbeiter der Relation Personal.

9. (**als Anregung**) Der Fantasie sind keine Grenzen gesetzt: Als kleine Anregung wäre es denkbar, alle Artikel mit Bildern zu versehen. Wir könnten einen kleinen Web-Shop erstellen, wo die Artikel mit Bild, Preis und Beschreibung angegeben werden.

Literatur

Adams, R. (2012). *SQL – Eine Einführung mit vertiefenden Exkursen*. Hanser.

Date, C. J., & Darwen, H. (1998). *SQL – Der Standard*. Addison-Wesley.

Dewson, R. (2012). *Beginning SQL Server 2012 for Developers*. Apress.

Doyle, M. (2010). *Beginning PHP 5.3*. Wiley.

Faeskorn-Woyke, H., Bertelsmeier, B., Riemer, P., & Bauer, E. (2007). *Datenbanksysteme – Theorie und Praxis mit SQL2003, Oracle und MySQL*. Pearson.

Gilmore, J. W., & Bryla, B. (2007). *Beginning PHP and Oracle*. Apress.

Gulutzan, P., & Pelzer, T. (1999). *SQL-99 Complete – Really*. R&D Books.

Gulutzan, P., & Pelzer, T. (2002). *SQL Performance Tuning*. Addison-Wesley.

http://wiki.selfhtml.de.

http://www.php.net.

PDO_MSSQLServer.pdf https://www.phparch.com/wp-content/uploads/2010/11/PDO__MSSQLServer.pdf.

Jones, C., & Holloway, A. (2012). *The Underground PHP and Oracle Manual*. Oracle.

Kähler, W.-M. (2008). *SQL mit Oracle*. Vieweg-Teubner.

van der Lans, R. F. (2007). *An Introduction to SQL*. Pearson.

Lecky-Thompson, E., Nowicki, S. D., & Myer, T. (2009). *Professional PHP6*. Wiley Publishing.

Marsch, J., & Fritze, J. (2002). *Erfolgreiche Datenbankanwendung mit SQL3*. Springer.

Münz, S. (2014). *HTML5 Handbuch*. Franzis.

Redmond, E., & Wilson, J. R. (2012). *Sieben Wochen, sieben Datenbanken*. O'Reilly.

Sunderraman, R. (2007). *Oracle10 Programming – A Primer*. Addison-Wesley.

Unterstein, G., & Matthiessen, M. (2012). *Relationale Datenbanken und SQL in Theorie und Praxis*. Springer.

Yank, K. (2012). *PHP & MySQL: Novice to Ninja*. Sitepoint.

Performance in Datenbanken

Übersicht

Wer hat sich nicht schon einmal darüber geärgert, wenn er am Computer längere Zeit auf Antwort warten musste. Meist ist dies aber die Ausnahme, denn in der Regel liegt die Ursache langer Wartezeiten nicht an der Datenbank, sondern an der schlechten Netzverbindung. Besonders Suchmaschinen beeindrucken: Innerhalb kürzester Zeit spucken Google, Bing, Yahoo und Co. Ergebnisse aus, obwohl die Suchmaschinen dabei auch auf Datenbanken zugreifen. Oder wir gehen in ein Geschäft zum Einkaufen und zücken unsere Kredit- oder Bankkarte. Nach Eingabe der Geheimzahl wird der Einkauf schnell abgewickelt, trotz Netz- und Datenbankzugriffen.

Dass Datenbanken so kurze Antwortzeiten besitzen, ist ausgefeilten Performance-Maßnahmen zu verdanken. Einige ganz wichtige Optimierungen wollen wir in diesem Kapitel vorstellen. Wir sehen uns zunächst den in allen größeren Datenbanken implementierten Optimizer an, der alle Zugriffsbefehle überprüft und optimiert, noch bevor sie ausgeführt werden. Mit Hilfe eines vom Optimizer generierten Ausführungsplans können wir nachvollziehen, wie ein Befehl letztendlich ausgeführt wird.

Damit ausgerüstet, können wir gleich mit Indexen testen, wie viel diese sehr wichtigen Strukturen leisten. Bei sehr großen Relationen bietet die Partitionierung ebenfalls enorme Antwortzeitgewinne. In eine ganz andere Richtung gehen wir mit materialisierten Sichten. Mit normalen Sichten können wir beispielsweise komplexe Select-Befehle nachbilden. Performancemäßig nützt uns dies erst, wenn wir die Sichten auch physisch speichern. Und genau dies tun wir mit materialisierten Sichten.

Doch nicht immer benötigen wir materialisierte Sichten. Wir können auch versuchen, unsere Select-Befehle direkt zu optimieren. Wir widmen uns auch diesem Thema einen Abschnitt. Neben weiteren Optimierungen spielen Stored Procedures eine wichtige Rolle. Wir werden daher auch darauf eingehen.

© Springer Fachmedien Wiesbaden GmbH 2017

E. Schicker, *Datenbanken und SQL*, Informatik & Praxis, DOI 10.1007/978-3-658-16129-3_7

7.1 Optimizer und Ausführungsplan

Die Schere zwischen Rechnergeschwindigkeit und Zugriffsgeschwindigkeit auf externe Medien hat sich in den letzten Jahrzehnten immer weiter geöffnet. Es lohnt sich daher, einen SQL-Befehl zu analysieren und zu optimieren, bevor wir ihn ausführen. Jeder Zugriff auf die externe Datenbank, den wir dadurch einsparen, ist ein Gewinn an Leistung und verringert die Antwortzeit. Auch der sparsame Umgang mit dem immer knappen Arbeitsspeicher wird dem Datenbanksystem in Summe zu Gute kommen.

Praktisch alle Datenbanksysteme nutzen heute diese Optimierungsmöglichkeiten vollautomatisch. Genau genommen durchläuft ein SQL-Befehl mehrere Phasen, bevor er ausgeführt wird. Einen guten Überblick über diese einzelnen Schritte gibt Abb. 7.1.

Ein SQL-Befehl wird zunächst von einem Parser auf syntaktische Korrektheit überprüft. In diesem Schritt werden die verwendeten Relationen- und Attributnamen auch mit den tatsächlichen in der Datenbank verglichen. Ist der Befehl korrekt, so wird dieser an den Optimizer übergeben. Dieser Optimizer wird jetzt versuchen, den SQL-Befehl zu optimieren. Es gibt dabei zwei wichtige Optimiermöglichkeiten:

- Kostenbasierte Optimierung
- Regelbasierte Optimierung

Ein regelbasierter Optimierer geht immer nach vordefinierten Regeln vor. Diese Regeln basieren meist auf der relationalen Algebra und auch auf Erfahrungswerten. Wichtige Regeln sind beispielsweise:

- Verwende einen Index, falls vorhanden (siehe auch Abschn. 7.2)
- Führe eine Projektion vor einem Verbund durch
- Führe eine Restriktion vor einem Verbund durch
- Verwende einen Merge Join, wenn die betroffenen Relationen bereits sortiert sind

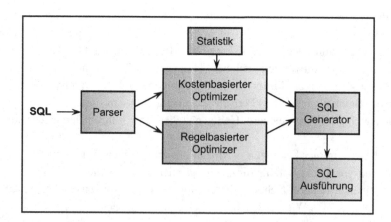

Abb. 7.1 Abfrageoptimierung

Weitere Regeln werden wir in den folgenden Abschnitten kennen lernen, insbesondere in Abschn. 7.5. Die letzte hier aufgeführte Regel ist beispielsweise sehr speziell: Ein Merge Join ist der schnellste Join-Algorithmus. Dieser setzt allerdings voraus, dass die betroffenen Relationen bereits vorsortiert sind. Die beiden mittleren Regeln versuchen, die großen Datenmengen, die beim Verbund von zwei Relationen anfallen zu minimieren. Im Abschnitt zur relationalen Algebra (Abschn. 2.5) hatten wir gesehen, dass wir die Projektion und die Restriktion mit dem natürlichen Verbund vertauschen dürfen. Und mit dem Vorziehen von Projektion und Restriktion werden die betroffenen Relationen schon vorab verkleinert, so dass damit auch der Verbund erheblich einfacher wird. Ein anschauliches Beispiel erhalten wir bei der Ausgabe aller Aufträge und Artikel zum Kunden 3:

```
Select   Auftrnr, Artnr, Anzahl, Gesamtpreis
From     Auftrag Natural Inner Join Auftragsposten
Where    Kundnr = 3 ;
```

Der Ausführungsplan in Oracle zeigt beispielsweise (siehe Abb. 7.2), dass zunächst die Restriktion und dann erst der Join ausgeführt wird. Es wird also intern der folgende Select-Befehl generiert und ausgeführt:

```
Select   Auftrnr, Artnr, Anzahl, Gesamtpreis
From     (Select Auftrnr From Auftrag Where Kundnr = 3)
                    Natural Inner Join Auftragsposten ;
```

Weitere Details zu Optimierungen eines Select-Befehls zeigen wir in Abschn. 7.5.

Mit Hilfe der obigen ersten Regel zu Indexen können wir direkt eine Schwäche der regelbasierten Optimierung aufzeigen. Ein Index erlaubt den Direktzugriff auf Daten. Wir sparen dadurch eine sequentielle Suche der Daten. Greifen wir aber beispielsweise sowieso auf alle Daten zu, so ist ein zusätzliches Lesen der Indexdaten überflüssig und kostet nur weitere Ein- und Ausgaben. Nicht immer führen daher Regeln zu einer besseren Antwortzeit.

Kostenbasierte Optimizer arbeiten ebenfalls nach vorgegebenen Regeln, schließen aber die realen Gegebenheiten voll mit ein. Dies setzt allerdings voraus, dass die Datenbank umfangreiche Statistiken sammelt. Anhand dieser Statistiken erkennt der Optimizer die

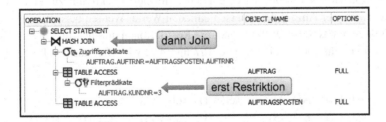

Abb. 7.2 Ausführungsplan zu Aufträgen von Kunde 3

Größe der einzelnen Relationen und kann nun ganz gezielt optimieren. In der Praxis haben sich bei allen großen Herstellern die kostenbasierten Optimizer durchgesetzt. Eine rein regelbasierte Optimierung ist nur noch vereinzelt anzutreffen. Der kostenbasierte Optimizer benötigt mindestens folgende Werte:

- Die Anzahl der Tupel je Relation
- Die Anzahl der unterschiedlichen Werte je Attribut jeder Relation
- Vollständige Histogramme zu ausgewählten Attributen bei Bedarf

Dass sich eine Datenbank die Anzahl der Tupel zu jeder Relation merkt, ist selbstverständlich. Nur so hat der Optimizer den notwendigen Überblick. Dieser kann dann abhängig von der Größe der Relationen einen Select-Befehl optimieren. Wie wir später noch sehen werden, wird aus Performancegründen in einem Verbund in der Regel zunächst die kleinere Relation verwendet. Diese zu ermitteln ist nun kein Problem mehr.

Oft werden aber vor dem Ausführen eines Verbunds noch Restriktionen durchgeführt. Damit verringert sich die Anzahl der Tupel. Dies gilt ebenso für durchgeführte Gruppierungen. Auch jetzt benötigt der Optimizer weiterhin die genaue Größe der temporären Zwischenrelationen. Dazu benötigen wir die Anzahl der unterschiedlichen Werte der in der Restriktion verwendeten Attribute. Intern lässt sich jedoch mit dem Kehrwert besser arbeiten. Wir definieren:

► **Definition: Selektivität** Die Selektivität *sel* eines Attributs ist der Kehrwert zur Anzahl der unterschiedlichen Werte dieses Attributs.

Beispielsweise ist die Selektivität von Primärschlüsseln immer gleich dem Kehrwert zur Anzahl der Zeilen dieser Relation, da jeder Primärschlüsselwert eindeutig ist. Ganz anders ist die Situation beispielsweise bei Wochentagen. Es gibt nur sieben unterschiedliche Werte. Gibt es in einer Relation ein Attribut *Wochentag*, so beträgt dessen Selektivität $sel = 0,14$.

Anhand der Selektivität und der Anzahl der unterschiedlichen Attributswerte kann der Optimizer meist gut abschätzen, welche Größe eine Ergebnisrelation nach der Durchführung mehrerer Operationen besitzt. Daher werden in Datenbanken oft beide Werte zu jedem Attribut hinterlegt.

Rein mathematisch gesehen ist es einfacher mit der Selektivität zu rechnen als mit ihrem Kehrwert, der Anzahl der unterschiedlichen Werte. Werden beispielsweise in einer Where-Klausel eines Select-Befehls mehrere Restriktionen durchgeführt, so lässt sich die Gesamt-Selektivität über zwei Attribute *Att1* und *Att2* wie folgt aus den Einzelattributen berechnen:

$$sel(Att1 \text{ AND } Att2) = sel(Att1)*sel(Att2)$$
$$sel(Att1 \text{ OR } Att2) = sel(Att1) + sel(Att2) - sel(Att1)*sel(Att2)$$
$$sel(NOT \text{ } Att1) = 1 - sel(Att1)$$

Die Verwendung der Selektivität ist immer dann ausreichend, wenn die Verteilung der unterschiedlichen Werte einigermaßen gleichverteilt ist. Auch obige Formeln gelten exakt nur bei Gleichverteilung. Diese ist in der Praxis aber meist nicht gegeben. Beispielsweise wird an einem Sonntag kaum etwas verkauft, die sieben Wochentage wären bei Verkaufsdaten also sicherlich nicht gleichverteilt. Damit der Optimizer auch in diesem Fall mit möglichst korrekten Daten rechnet, können zusätzlich Histogramme zu Attributen angelegt werden.

Wir wollen nicht verschweigen, dass das Sammeln dieser umfangreichen Statistiken sehr aufwendig werden kann. Insbesondere bei sehr großen Relationen mit vielen Millionen Tupeln und laufenden Änderungen muss eine Datenbank Kompromisse eingehen. Häufig werden dann nur noch Stichproben durchgeführt und diese auf die gesamte Relation hochgerechnet.

Letztlich sind Statistiken ein hervorragendes Hilfsmittel, um den kostenbasierten Optimizer zu unterstützen. Dieser wird jetzt zu unserem SQL-Befehl einen optimierten Ausführungsplan erstellen, der dann auch verwendet wird. Alle Datenbanken stellen diese Ausführungspläne auch dem Anwender zur Verfügung. Damit lassen sich die Optimizer kontrollieren und gegebenenfalls die Zugriffsbefehle weiter verbessern. Als weiterführende Literatur, auch für die folgenden Abschnitte, sind insbesondere Connolly und Begg (2015), Elmasri und Navathe (2002), Gulutzan und Pelzer (2002) und Kemper und Eickler (2015) zu empfehlen.

Wir wollen uns im Folgenden einen Überblick über die Statistiken und Ausführungspläne der einzelnen Datenbankhersteller verschaffen.

7.1.1 Optimierung in Oracle

In Oracle werden die Statistiken in den Oracle-eigenen Systemtabellen geführt. Wichtige Relationen mit Statistikdaten sind zusammen mit einigen Attributen in Tab. 7.1 aufgeführt. Die meisten Attribute sollten selbsterklärend sein. Die Anzahl der Tupel sind im Attribut *Num_Rows* hinterlegt, die Anzahl der unterschiedlichen Attributswerte in *Num_Distinct* und die Anzahl der Werte mit Inhalt *Null* in *Num_Nulls*. Unter *Density* ist die Selektivität eines Attributs abgelegt. Die Attribute *Avg_Row_Len* und *Avg_Col_Len* liefern die mittlere Länge von Tupeln und Attributen. Selbstverständlich können diese Attribute auch in SQL-Developer unter den einzelnen Tabellen im Reiter *Statistiken* abgerufen werden.

Diese Statistiken können mit dem Befehl *Dbms_Auto_Task_Admin.Enable* automatisch aktualisiert werden. Ebenso bietet das Statistikpaket *Dbms_Stats* mehrere Prozeduren zum manuellen Starten an, etwa:

```
EXECUTE DBMS_STATS.GATHER_TABLE_STATS('Schema','Tabelle');
EXECUTE DBMS_STATS.GATHER_SCHEMA_STATS('Schema');
```

Tab. 7.1 Systemtabellen mit Statistikdaten

Systemtabellen	Wichtige Attribute
USER_TABLES	Table_Name, Num_Rows, Avg_Row_Len
USER_TAB_STATISTICS	Table_Name, Num_Rows, Avg_Row_Len
USER_TAB_COLUMNS	Table_Name, Column_Name, Num_Distinct, Density, Num_Nulls, Avg_Col_Len, Histogram
USER_TAB_COL_STATISTICS	Table_Name, Column_Name, Num_Distinct, Density, Num_Nulls,Avg_Col_Len, Histogram

Im ersten Fall werden die Statistiken der angegebenen Relation aktualisiert, im zweiten Fall die Statistiken aller Relationen des angegebenen Schemas. Im ersten Befehl lassen sich mit weiteren Parametern die Histogramme einstellen, ohne dass wir darauf näher eingehen wollen. Viel wichtiger ist uns stattdessen der Ausführungsplan. Dieser lässt sich in SQL-Developer sehr einfach anzeigen: Anstatt einen SQL-Befehl auszuführen, klicken wir auf den Explain-Plan-Button oder drücken F10. Schon erhalten wir den Ausführungsplan grafisch ansprechend aufbereitet, siehe Abb. 7.3. In unserem Beispiel geben

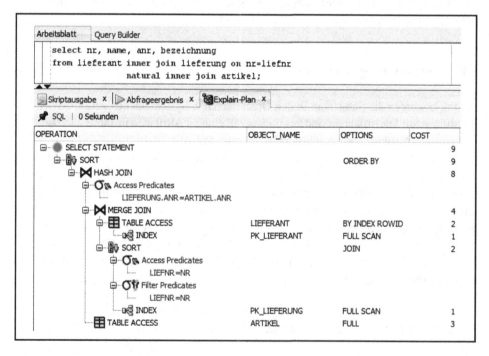

Abb. 7.3 Ausführungsplan in Oracle

wir zu jedem Lieferanten eine Liste aller gelieferten Artikel aus. Ohne im Detail darauf einzugehen, zeigt dieser Plan, dass die beiden Relationen *Lieferant* und *Lieferung* unter Zuhilfenahme ihrer Indexe zunächst sortiert und dann mit einem Merge Join verbunden werden. Informationen zu Indexen liefert der folgende Abschnitt. Die Relation *Artikel* wird dann mit einem Hash Join verknüpft. Wir kommen in Abschn. 7.5 noch ausführlicher darauf zurück. Als weiterführende Literatur sei auf die Handbücher von Oracle, auf Alapati (2013) und auf Fiorillo (2013) verwiesen.

7.1.2 Optimierung in SQL Server

SQL Server besitzt standardmäßig Statistiken zu allen Indexen. Ebenso werden zu allen Attributen Statistiken erstellt, wenn sie in Where- oder Group-By-Klauseln verwendet wurden. Diese Statistiken lassen sich mit dem Datenbank-Konsolen-Kommando *DBCC* ausgeben. Der Befehl lautet:

```
DBCC SHOW_STATISTICS( Relation, Index );
```

Mit Hilfe des SQL Server Management Studios haben wir es deutlich komfortabler. Zu jeder Relation existiert ein Unterpunkt *Statistik*. Hier können wir uns einfach die gewünschten Daten anzeigen lassen. Ein Beispiel finden wir in Abb. 7.4. Wir betrachten hier den Primärschlüssel der Relation *Personal*. Wir erkennen, dass SQL Server auch einfache Histogramme mitführt und anzeigt. Dies ist Standard in SQL Server.

SQL Server bietet eine große Vielfalt, Statistiken anzulegen, automatisch zu aktualisieren und gegebenenfalls wieder abzuschalten. Folgende Befehle geben einen kleinen Eindruck:

```
CREATE STATISTICS StatName ON Tabelle (Spalte) WITH FULLSCAN;
CREATE STATISTICS StatName ON Tabelle (Spalte)
                  WITH SAMPLE 10 PERCENT;
ALTER DATABASE Datenbank SET AUTO_CREATE_STATISTICS ON;
ALTER DATABASE Datenbank SET AUTO_UPDATE_STATISTICS ON;
```

Die beiden ersten Befehle erzeugen eine Statistik zu einem bestimmten Attribut. Im zweiten Fall werden nur 10 Prozent der Daten zur Statistik herangezogen. Dies macht insbesondere dann Sinn, wenn die Relation sehr groß ist, um die Performance des Gesamtsystems nicht zu sehr zu belasten. Die beiden letzten Befehle beeinflussen das Gesamtsystem. Im ersten Fall werden neue Statistiken bei Bedarf automatisch angelegt, im zweiten Fall werden die Statistiken regelmäßig und automatisch auf den neuesten Stand gebracht. Dieses Verhalten lässt sich mit der Option *OFF* auch ausschalten.

Wieder sind die Statistiken nur Mittel zum Zweck, um die Ausführung von SQL-Befehlen zu optimieren. Zur Anzeige des Ausführungsplans ist in SQL Server der entsprechende Button zu klicken oder Strg-L einzugeben. Wieder zeigen wir als Beispiel

| Tabellenname: | dbo.Personal |
| Statistikname: | PK_Personal |

```
Statistiken für INDEX 'PK_Personal'.
-----------------------------------------------------------------

Name                              Updated
-----------------------------------------------------------------

PK_Personal                       Feb  5 2013  9:00PM

All Density                       Average Length
-----------------------------------------------------------------

0.1111111                         4

Histogram Steps
RANGE_HI_KEY                      RANGE_ROWS
-----------------------------------------------------------------

1                                 0
3                                 1
5                                 1
7                                 1
9                                 1
```

Abb. 7.4 Statistiken in SQL Server

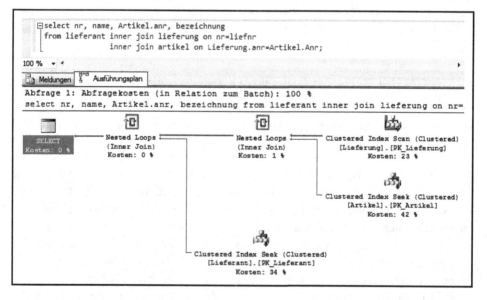

Abb. 7.5 Ausführungsplan in SQL Server

in Abb. 7.5 die Anzeige aller Lieferanten zusammen mit den gelieferten Artikeln. SQL Server führt bei den beiden Verbund-Operationen je eine Nested Loop durch. Als weiterführende Literatur sei neben den Handbüchern Shah und Thaker (2012) empfohlen.

7.1.3 Optimierung in MySQL

MySQL hält sich bei der Verwaltung seiner Statistiken an die SQL-Norm. Diese sieht im Schema *Information_Schema* die Relation *Statistics* vor. In dieser Relation sammelt MySQL standardmäßig zu allen Indexen eine Statistik. Indexe wiederum legt MySQL automatisch zu allen Schlüsselkandidaten und Fremdschlüsseln an.

In der Relation *Statistics* finden wir das Attribut *Cardinality*, das die Anzahl der Zeilen einer Relation ausgibt. Leider wird die Selektivität der einzelnen Attribute nicht mit angezeigt, ebensowenig Histogramme. Nichtsdestoweniger arbeiten die Statistiken zuverlässig, und indem wir vor den Select-Befehl das Wort *Explain* schreiben, wird auch ein Ausführungsplan angezeigt. Seit Version 5.6 können wir mit der zusätzlichen Option *Format=Json* diesen Plan deutlich verfeinern. In MySQL Workbench kann dieser Plan auch grafisch ausgegeben werden. Sehr viele Infos zu Performance in MySQL enthält Schwartz et al. (2012).

7.2 Index

Relationale Daten sind grundsätzlich nicht sortiert. Dies hat viele Vorteile. Insbesondere das Einfügen neuer Daten ist unkompliziert, und der Zugriff auf die Daten ist, verglichen mit nicht relationalen Systemen, einfach. Ebenso kann die Datenbank ihre Daten frei von Sortierzwängen verwalten. Dieser Vorteil wird aber zum Nachteil, wenn wir gezielt nach Daten suchen. Im Mittel müssen wir die Hälfte einer Tabelle durchsuchen, bis wir die gewünschten Daten finden. Bei größeren Relationen wird dies schnell zum Geduldsspiel. Da dabei große Datenmengen in den Arbeitsspeicher geholt werden müssen, werden andere Datenblöcke verdrängt. Somit werden auch alle anderen Anwender mit hohen Antwortzeiten konfrontiert.

Gute bis sehr gute Performancezugriffe garantieren letztlich nur sortierte Daten. Da dies für die Relationen selbst nicht gilt, müssen wir zusätzliche Strukturen anlegen, sogenannte Indexe. Diese Indexe existieren zusätzlich zu den Basisrelationen.

▶ **Definition: Index in einer Datenbank** Ein Index in einer Datenbank ist eine Struktur zur Beschleunigung von Suchvorgängen, in der Daten auf- oder absteigend sortiert gespeichert werden. Ein Index in einer relationalen Datenbank wird in der Regel intern als eine eigenständige sortierte Tabelle angelegt.

Der kostenbasierte Optimizer kennt alle Indexe einer Datenbank und wird diese insbesondere für Suchvorgänge berücksichtigen. Dies garantiert eine extrem hohe Flexibilität. Indexe können jederzeit angelegt und auch wieder entfernt werden. Die Zugriffsbefehle werden dadurch nicht beeinflusst. Der Optimizer wird selbstständig den optimalen Zugriffsbefehl ermitteln. Beispielsweise sehen wir in Abb. 7.3 und 7.5, dass bei den dortigen Ausführungsplänen mehrfach auf Indexe zugegriffen wurde.

SQL trennt die Struktur einer Datenbank klar von der Performance. Eine Datenbank wird mit den entsprechenden Create-Table- und Create-View-Befehlen eingerichtet. Erst später werden mit den Performance-Überlegungen Indexe hinzugefügt. Die SQL-Norm überlässt seit SQL2 alle Performance-Maßnahmen dem Datenbankhersteller. In SQL1 wurden allerdings Befehle zum Einfügen von Indexen eingeführt. Diese sind auch heute noch in allen Datenbanken implementiert. In der Zwischenzeit kamen viele herstellerspezifische Parameter hinzu. Der Grundaufbau ist aber einheitlich geblieben und lautet:

```
CREATE [UNIQUE] INDEX Name ON
          Tabellenname  ( { Spalte  [ ASC | DESC ] }
                    [ , ... ]  )
DROP INDEX Name
```

Wie wir sehen, kann sich ein Index auch über mehrere Attribute erstrecken, wobei noch angegeben werden kann, ob ein Index aufsteigend (*Asc*) oder absteigend (*Desc*) sortiert werden soll. Standardmäßig ist aufsteigende Sortierung eingestellt. Mit dem dazugehörigen Drop-Befehl kann ein Index jederzeit wieder gelöscht werden.

Oracle, SQL Server und MySQL legen automatisch zu jedem Primärschlüssel einen Index an, teilweise sogar zu alternativen Schlüsseln und Fremdschlüsseln. Besonderes Augenmerk sei noch auf die Option *Unique* gelegt. In diesem Fall wird die Eindeutigkeit des Attributs erwartet und auch überprüft. Diese Option sollte bei Schlüsselkandidaten immer mit angegeben werden.

Mit Hilfe der Systemtabellen in Oracle und SQL Server und spezieller Befehle in MySQL bekommen wir eine sehr gute Übersicht über die vorhandenen Indexe. Diese sind in Tab. 7.2 angegeben. Da Indexe nicht zum Sprachumfang der SQL-Norm gehören, sind diese natürlich auch nicht im Schema *Information_Schema* aufgeführt. Dies macht es in SQL Server und MySQL etwas schwieriger, die entsprechenden Befehle und Tabellen zu finden.

Tab. 7.2 Systemtabellen und Statistiken

Hersteller	Systemtabelle / Befehl	Inhalt
Oracle	USER_INDEXES	alle Indexe der Benutzerrelationen
Oracle	USER_IND_COLUMNS	alle Attribute mit gesetzten Indexen
SQL Server	SYS.INDEXES	alle Indexe
MySQL	SHOW INDEX FROM T	alle Indexe der Tabelle T

Datenbanken legen Indexe automatisch an und verwenden sie. Kenntnisse zum internen Aufbau dieser Indexe sind daher nicht so wichtig, aber dennoch interessant. In der Praxis werden heute sogenannte B*-Bäume eingesetzt. Ein B*-Baum ist ein mehrstufiger ausgeglichener Baum, deren unterste Ebene intern verlinkt ist und auf die Daten verweist. Ausgeglichen heißt ein Baum, wenn sich die Anzahl der Indexstufen vom Start bis zu den Daten höchstens um den Wert 1 unterscheidet, unabhängig davon, welche Daten gesucht werden. Abb. 7.6 zeigt einen B*-Baum mit drei Indexstufen. Wir benötigen vom Start bis zu den Daten also drei Zugriffe über die Indexe. Jede Stufe enthält in einer Liste alle Anfangswerte der folgenden Stufe. So kann jeweils eindeutig entschieden werden, wie wir von Stufe zu Stufe zu den Daten gelangen. In der Abbildung ist der Zugriff auf den Wert 6 hervorgehoben.

Die Verlinkung in der untersten Stufe ist für den sogenannten Range Scan sehr wichtig. Beim Range Scan wird immer ein zusammenhängender Bereich durchsucht. Wir beginnen mit dem ersten Wert des Bereichs und können dank der Verlinkung schnell zu allen anderen Werten gelangen. Bei einem absteigenden Index erfolgt die Verlinkung entsprechend zum Vorgänger.

Zuletzt wollen wir noch kurz ein Beispiel zur Effektivität von Indexen aufzeigen: In einer Relation *Umfrage* mit 800.000 Einträgen existiert beispielsweise ein Attribut *Wohnort* mit insgesamt 50.000 unterschiedlichen Orten. Eine Suche nach einem bestimmten Ort wird demnach im Mittel 16 Ergebnisse erzielen. Auch wenn die Werte an unterschiedlichen Stellen der Datenbank gespeichert sind, wird ein Index immer von Vorteil sein. Statt auf die gesamte Relation mit vielen Megabytes zuzugreifen, müssen wir maximal 16 Datenblöcke einlesen. Wir benötigen allerdings einen Index auf dieses Attribut *Wohnort*! Der Ausführungsplan in Oracle liefert uns beeindruckende Ergebnisse, siehe Abb. 7.7. Im ersten Fall werden interne Kosten von 1752 Einheiten angegeben. Im zweiten Fall wird der

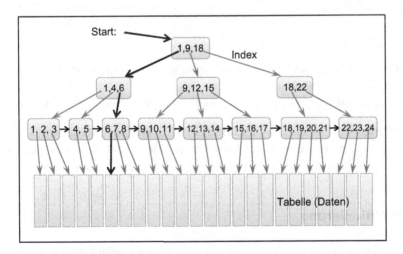

Abb. 7.6 Beispiel eines B*-Baums

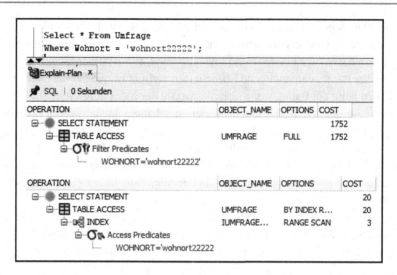

```
Select * From Umfrage
Where Wohnort = 'wohnort22222';
```

Explain-Plan x

SQL | 0 Sekunden

OPERATION	OBJECT_NAME	OPTIONS	COST
SELECT STATEMENT			1752
TABLE ACCESS	UMFRAGE	FULL	1752
Filter Predicates			
WOHNORT='wohnort22222'			

OPERATION	OBJECT_NAME	OPTIONS	COST
SELECT STATEMENT			20
TABLE ACCESS	UMFRAGE	BY INDEX R...	20
INDEX	IUMFRAGE...	RANGE SCAN	3
Access Predicates			
WOHNORT='wohnort22222			

Abb. 7.7 Ausführungsplan ohne und mit Index

oben angesprochene Range Scan mit einem Index auf das Attribut *Wohnort* durchgeführt, und die Kosten sinken auf 20 Einheiten. Dies ist nur noch etwas mehr als ein Prozent des ursprünglichen Aufwands!

Der Index wird mit folgenden Befehlen gesetzt und wieder entfernt:

```
CREATE INDEX IUmfrageWohnort ON Umfrage(Wohnort);
DROP INDEX IUmfrageWohnort;
```

Dieses Beispiel belegt eindrucksvoll, wie wichtig Indexe in der Praxis sind. Wir warnen jedoch davor, beliebig viele Indexe zu setzen. Bei jedem Schreibvorgang müssen die betroffenen Indexe ebenfalls mit aktualisiert werden. Ein ausgewogenes Verhältnis ist daher unbedingt anzustreben.

► Wir verwenden so wenig Indexe wie möglich (wegen der zusätzlichen Belastung beim Ändern von Daten).
Wir setzen so viele Indexe wie nötig (wegen der hohen Lesegeschwindigkeit).

Als Literatur zu B*-Bäumen werden Bücher zu Algorithmen und Datenstrukturen empfohlen. Speziell zu Indexen sei auf Connolly und Begg (2015), Elmasri und Navathe (2002), Gulutzan und Pelzer (2002) und Kemper und Eickler (2015) verwiesen.

7.3 Partitionierung

Viele Relationen sind in der Praxis enorm groß. Galten vor zehn Jahren Einträge in Millionenhöhe noch als beeindruckend, sprengen einzelne Relationen heute problemlos die

Milliardengrenze. Wenn wir bedenken, dass diese Relationen viele Attribute besitzen, so benötigen wir für nur eine einzige dieser Relationen bereits Terabytes! Schnellste Zugriffe auf diese Daten sind kaum vorstellbar. Doch Indexe und die Zerlegung dieser Relation in viele kleine Einheiten machen genau dies möglich.

Indexe wurden bereits im letzten Abschnitt behandelt. Hier wollen wir uns die Zerlegung von Relationen ansehen. Beginnen wir mit einem Beispiel. Die Produktionsdaten des letzten Jahres stehen in einer Relation *Produktion*. Wir könnten diese Relation in die Monatsdaten zerlegen und hätten dann zwölf Einzelrelationen. Dies hätte Vorteile: Die einzelnen Relationen wären kleiner. Beim Zugriff auf die Januardaten könnte direkt auf die gewünschte Januar-Relation zugegriffen werden. Parallelzugriffe auf mehrere Monatsrelationen gleichzeitig wären ebenfalls möglich. Der Nachteil ist die Inflexibilität. Der Anwender muss genau wissen, welche Teilrelationen es gibt. Ja, der Anwendungsprogrammierer muss sogar wissen, welche Teilrelationen es übermorgen geben wird: Schließlich werden ja weiterhin Daten erzeugt!

Hier hilft die Partitionierung von Relationen weiter. In der Datenbank wird festgelegt, wie eine Relation zu zerlegen ist. Gemäß dieser Regeln wird dies in der Datenbank auch durchgeführt. Somit können Dutzende, ja Hunderte oder Tausende von Teilrelationen entstehen. Wichtig ist dabei, dass dies der Anwender nicht bemerken soll. Für ihn gibt es weiterhin nur eine einzige Relation. Wir sprechen hier von einer transparenten Aufteilung einer Relation. Nur der Optimizer wird reagieren und beispielsweise die Zugriffe auf die Relation *Produktion* auf die tatsächlich existierenden Teilrelationen weiterleiten. Dies ist in Abb. 7.8 dargestellt. Der Optimizer wird gegebenenfalls automatisch parallele Ausführungen vornehmen und die Ergebnisse wieder zusammenmischen. Wir definieren:

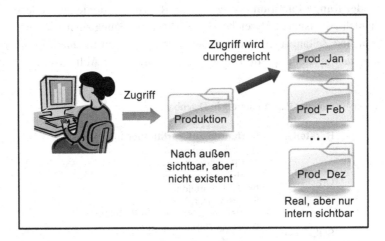

Abb. 7.8 Die Idee der Partitionierung

▶ **Definition: Partitionierung** Unter einer Partitionierung verstehen wir eine horizontale,
vollständige und transparente Aufteilung einer Relation in disjunkte Teilrelationen. Diese
Teilrelationen bezeichnen wir als Partitionen.

Diese Definition betont die Vollständigkeit und die Transparenz. Die Aufteilung erfolgt
disjunkt, um Redundanzen zu verhindern. In einigen Lehrbüchern wird zwischen horizon-
taler und vertikaler Partitionierung unterschieden. Im Transaktionsbetrieb gibt es bis heute
ausschließlich eine horizontale Partitionierung. Dies heißt, dass die Daten zeilenweise zerlegt werden. In großen Abfragesystemen wäre auch ein spaltenweises, vertikales Ablegen
sinnvoll und ist in wenigen proprietären Systemen auch bereits realisiert. Wir werden darauf aber hier nicht weiter eingehen.

Wegen ihrer enormen Flexibilität und der hohen Leistungsfähigkeit wird die Partitionierung heute von allen modernen Datenbanken unterstützt. Es gibt verschiedene Verfahren der Partitionierung, die sich durch die Kriterien unterscheiden, nach denen partitioniert
wird. Einen Überblick über alle Partitionierungstypen in Abhängigkeit von einzelnen Herstellern gibt Tab. 7.3.

Die Tabelle zeigt, dass die am weitest verbreitete Bereichs- oder Range-Partitionierung
von allen betrachteten Datenbankherstellern unterstützt wird. Allen Verfahren ist gemeinsam, dass sie intern eine Relation in Teile zerlegen, und zwar transparent für den Anwender. Der Anwender greift weiterhin mit seinen Zugriffsbefehlen auf die Originalrelation zu. Die einzelnen Verfahren unterscheiden sich nur durch die Regel, wie Relationen
zerlegt werden. Wir betrachten im Folgenden die wichtige Bereichspartitionierung und
zeigen bei den anderen nur kurz die Unterschiede auf.

Bereichs- oder Range-Partitionierung Bei der Range-Partitionierung zerlegen wir eine
Relation in mehrere disjunkte Bereiche. Die für diese Zerlegung am häufigsten verwendeten Kriterien sind Zeitangaben. Bereits weiter oben haben wir in einem Beispiel die Relation *Produktion* in Monatspartitionen zerlegt. Da auch viele Abfragen in Abhängigkeit

Tab. 7.3 Unterstützung der Partitionierung in Datenbanken

Hersteller	Verfahren zur Partitionierung
Oracle	Bereichs-Partitionierung List-Partitionierung Hash-Partitionierung Intervall-Partitionierung Referenz-Partitionierung Virtuelle spaltenbasierte Partitionierung
SQL Server	Bereichs-Partitionierung Index-Partitionierung
MySQL	Bereichs-Partitionierung List-Partitionierung Hash-Partitionierung Schlüssel-Partitionierung

der Zeit erfolgen, bietet sich diese Partitionierung oft an. In der Beispieldatenbank *Bike* enthalten die Aufträge ein Auftragsdatum. Beim Erzeugen der Relation *Auftrag* könnten wir daher eine Partitionierung nach diesem Datum vornehmen. In Oracle lautet der entsprechende Befehl beispielsweise wie folgt:

```
CREATE TABLE Auftrag (
  Auftrnr   INT   PRIMARY KEY,
  Datum     DATE  NOT NULL,
  Kundnr    INT   NOT NULL REFERENCES Kunde,
  Persnr    INT   REFERENCES Personal    )
PARTITION BY RANGE (Datum)
( PARTITION Auftrag2010 VALUES LESS THAN DATE '2011-01-01',
  PARTITION Auftrag2011 VALUES LESS THAN DATE '2012-01-01',
  PARTITION Auftrag2012 VALUES LESS THAN DATE '2013-01-01',
  PARTITION Auftrag2013 VALUES LESS THAN DATE '2014-01-01'
);
```

Dieser Befehl ist abhängig vom Datenbankhersteller. Zusätzlich können weitere Einstellungen vorgenommen werden, um etwa die Größe der Partitionen festzulegen und diese gezielt auf die einzelnen Festplatten zu verteilen. Mit Hilfe des Alter-Table-Befehls können diese Einstellungen angepasst werden. In unserem Fall werden genau vier Partitionen angelegt, für jedes Jahr eine eigene. Wird jetzt beispielsweise auf Aufträge im Jahr 2012 zugegriffen, so wird der Optimizer automatisch nur Zugriffe auf die Partition *Auftrag2012* vornehmen. Wird hingegen ein Suchvorgang über alle Daten ausgeführt, so kann der Optimizer parallel die einzelnen Partitionen durchsuchen lassen und die Ergebnisse anschließend zusammenmischen.

Weitere Partitionierungen Nicht immer ist die Bereichspartitionierung optimal. In internationalen Unternehmen kann beispielsweise die Abfrage nach Verkaufsregionen sehr wichtig sein. Wir können dazu in einer Liste die einzelnen Regionen angeben und sprechen von einer **Listpartitionierung**. In anderen Fällen existiert kein klares Verfahren zur Aufteilung in Partitionen. Dann können wir dies auch der Datenbank überlassen und wählen eine **Hashpartitionierung**. Diese Partitionierung beschleunigt in der Regel nicht einzelne Zugriffe. Bei Suchvorgängen können aber dank einer parallelen Ausführung erhebliche Zeitgewinne erreicht werden.

Die **Intervallpartitionierung** in Oracle beseitigt eine Schwäche der Bereichspartitionierung. Liegt dort nämlich eine Bereichsaufteilung in Monate vor, so muss jeden Monat eine neue Partition hinzugefügt werden. Bei der Intervallpartitionierung hingegen werden die Intervalle festgelegt. Neue Bereichspartitionen werden dann beispielsweise Monat für Monat automatisch angefügt.

Auch die **Referenzpartitionierung** ist eine Besonderheit von Oracle. Diese Art der Partitionierung zeigen wir wieder an einem Beispiel. Weiter oben haben wir bereits die

Relation *Auftrag* zerlegt. Die Relation *Auftragsposten* enthält die einzelnen Auftragspositionen, jedoch kein Datumsfeld. Es wäre aber sinnvoll, diese Relation genau wie die Relation *Auftrag* zu partitionieren. Und exakt dies ermöglicht die Referenzpartitionierung. Das Erzeugen der Relation *Auftragsposten* könnte hier wie folgt lauten:

```
CREATE TABLE Auftragsposten (
   Posnr       INT   PRIMARY KEY
   Auftrnr     INT   NOT NULL,
   Teilenr     INT   NOT NULL,
   Gesamtpreis NUMERIC(8,2),
   Anzahl      INT,
   CONSTRAINT AP_FK FOREIGN KEY(Auftrnr) REFERENCES Auftrag)
PARTITION BY REFERENCE( AP_FK )    ;
```

In diesem Fall wird die Relation *Auftragsposten* die Partitionierung der Relation *Auftrag* übernehmen, da beide über einen Fremdschlüssel miteinander verbunden sind.

In Oracle können virtuelle Spalten definiert werden. Dies sind Spalten, die ähnlich wie Sichten aus anderen Spalten berechnet werden. Diese virtuellen Spalten dürfen zur Berechnung einer Partition verwendet werden. Wir sprechen hier von einer **virtuellen spaltenbasierten Partitionierung**.

In SQL Server werden Partitionen mit Hilfe von Partitionsfunktionen definiert, die dann im Create-Table-Befehl angegeben werden. Entsprechend dieser Vorgaben werden dann die Relationen partitioniert. Zusätzlich kann mit angegeben werden, dass auch die dazugehörigen Indexe nach den gleichen Regeln zerlegt werden (**Indexpartitionierung**).

MySQL kennt noch die **Schlüsselpartitionierung**. Diese auch Key-Partionierung genannte Aufteilung entspricht im Wesentlichen der Hash-Partitionierung. Als Basis der Aufteilung dient hier allerdings der Primärschlüssel oder ein alternativer Schlüssel.

Sowohl in MySQL als auch in Oracle kann nach einer Partitionierung noch eine weitere Unterpartitionierung erfolgen. So kann beispielsweise eine Relation erst in Monatseinheiten und dann noch zusätzlich in Verkaufsregionen aufgeteilt werden. Es liegt dann eine Bereichs-, gefolgt von einer List-Partitionierung vor.

Insgesamt ist die Partitionierung ein hervorragendes Werkzeug, um bei sehr großen Relationen die Zugriffe zu beschleunigen. Dies geschieht entweder dadurch, dass nur auf eine oder wenige Teilpartitionen zugegriffen wird, oder dass der Gesamtzugriff parallel erfolgt. Viele zusätzliche Informationen liefern die Handbücher der Datenbankhersteller, aber auch Alapati (2013), Fiorillo (2013), Schwartz et al. (2012) und Shah und Thaker (2012).

7.4 Materialisierte Sicht

Der Datenbankdesigner steht häufig vor einem schier unlösbaren Problem: Er möchte zum einen die Datenbank optimal entwerfen und nur Relationen ab der dritten Normalform verwenden. Dies erfordert viele Relationen und beim Zugriff dann entsprechend viele Joins. Leistungseinbußen sind vorprogrammiert. Zum anderen spielt in der Praxis eine gute Performance eine entscheidende Rolle. Dies kann dazu führen, dass der Datenbankdesigner in Einzelfällen auf die dritte Normalform verzichtet. Dadurch entstehen aber Redundanzen und damit die Gefahr von Inkonsistenzen.

Um die Problematik besser zu verstehen, betrachten wir ein Beispiel: Auf die beiden Relationen *Auftrag* und *Auftragsposten* (siehe Tab. 10.5 und 10.6) wird meist gleichzeitig zugegriffen, etwa in der Form:

```
SELECT *
FROM Auftrag NATURAL INNER JOIN Auftragsposten ;
```

Dies ergibt sich aus der Tatsache, dass die Relation *Auftragsposten* Details zu den einzelnen Aufträgen aus Relation *Auftrag* enthält. Bei zwei großen Relationen kosten solche Joins erhebliche Performanceverluste. Es bietet sich daher im Datenbankdesign an, diese beiden Relationen zu einer Relation zusammenzufassen. Wir erhalten die Relation *AuftragKomplett* aus Tab. 7.4. Diese Relation ist aber nur in zweiter Normalform und besitzt viel Redundanz: Das Datum, die Kunden- und die Personalnummer erscheinen mehrfach je Auftrag. Diese Relation verbietet sich also aus Gründen der Redundanz, der Gefahr der Inkonsistenz und des Speicherverbrauchs. Andererseits hat diese Relation ihren Reiz. Beim Zugriff können wir auf den aufwendigen Verbund verzichten. Wir gewinnen bei entsprechend gesetzten Indexen wertvolle Zugriffszeit.

Sichten helfen uns auch nicht weiter. Definieren wir die Relation *AuftragKomplett* als Sicht und damit als Verbund zwischen den beiden Relationen *Auftrag* und *Auftragsposten*, so werden beim Zugriff doch wieder nur die beiden Basisrelationen verwendet. Schließlich existieren Sichten nicht real.

Oracle führte mit Version 8i Sichten ein, die auch physisch gespeichert werden und gab ihnen den Namen **materialisierte Sichten**. Inzwischen gibt es ähnliche Konzepte auch in DB2 (Materialized Query Tables), in PostgreSQL und in SQL Server (Indexed Views). Da diese Sichten physisch existieren, können wir ohne Umweg über die Basis-

Tab. 7.4 Relation AuftragKomplett

Posnr	Auftrnr	Datum	Kundnr	Persnr	Artnr	Anzahl	Gesamtpreis
101	1	04.01.2013	1	2	200002	2	800,00
201	2	06.01.2013	3	5	100002	3	1.950,00
202	2	06.01.2013	3	5	200001	1	400,00
301	3	07.01.2013	4	2	100001	1	700,00
302	3	07.01.2013	4	2	500002	2	100,00
401	4	18.01.2013	6	5	100001	1	700,00
402	4	18.01.2013	6	5	500001	4	30,00
403	4	18.01.2013	6	5	500008	1	94,00
501	5	03.02.2013	1	2	500010	1	40,00
502	5	03.02.2013	1	2	500013	1	30,00

relationen direkt darauf zugreifen. Diesen Geschwindigkeitsvorteil erkaufen wir durch zusätzlichen Speicherplatzbedarf. Noch schwerwiegender ist, dass jetzt zwei Versionen existieren, die Basisrelationen und die materialisierte Sicht. Die Gefahr der dadurch bestehenden Inkonsistenzen löst Oracle dadurch, dass die materialisierte Sicht regelmäßig an die Basisrelation angepasst wird.

Materialisierte Sichten sind mit Bedacht einzusetzen. Liegen Sichten vor, deren zugrunde liegenden Basisrelationen nur selten geändert werden, so bieten sich materialisierte Sichten sofort an. Dies gilt insbesondere in einem Data Warehouse. Dort wird in der Regel nur lesend zugegriffen. Betrachten wir als Beispiel unsere Relation *AuftragKomplett* (siehe Tab. 7.4). Diese Relation könnten wir wie folgt auch als materialisierte Sicht definieren:

```
CREATE MATERIALIZED VIEW AuftragKomplett
   REFRESH FAST ON COMMIT AS
SELECT Posnr, AuftrNr, Datum, Kundnr, Persnr, Artnr, Anzahl,
                                    Gesamtpreis
   FROM  Auftrag NATURAL INNER JOIN Auftragsposten ;
```

Diese Sicht *AuftragKomplett* wird physikalisch gespeichert und bei Transaktionsende aktualisiert, falls innerhalb einer Transaktion eine der beiden Basisrelationen manipuliert wurde. Wir sehen, dass alleine das Wort *Materialized* entscheidet, ob eine Relation physisch oder nur virtuell angelegt wird. Ansonsten hält sich Oracle an die Syntax von Sichten. Zusätzlich geben wir an, wann bei Änderungen eine Sicht angepasst werden soll und wie. Hier stehen unter anderem folgende Möglichkeiten zur Verfügung:

```
REFRESH FAST    [ ON COMMIT ]
REFRESH COMPLETE   [ ON COMMIT ]
```

Die Option *On Commit* führt zu sehr häufigen Anpassungen. Stattdessen kann mit der Option *Start Next* eingestellt werden, dass nur zu bestimmten Zeitpunkten die materialisierten Sichten aktualisiert werden. Dies ist insbesondere in einem Data Warehouse sinnvoll. Die Option *Refresh Fast* aktualisiert nur die geänderten Daten. Diese Option erfordert jedoch zusätzlich ein Logbuch, das dazu mit dem folgenden Befehl angelegt werden muss:

```
CREATE MATERIALIZED VIEW LOG AuftragKomplett ...
```

Mit der Option *Refresh Complete* wird immer die gesamte Sicht vollständig neu erzeugt. Ein Logbuch entfällt in diesem Fall. Zum Löschen der obigen Sicht genügt der Befehl:

```
DROP MATERIALIZED VIEW AuftragKomplett ;
```

Mit diesen materialisierten Sichten gelingt der Spagat zwischen hoher Performance und hohen Normalformen. Wir sollten aber beachten, dass diese Sichten in der Regel nur dann sinnvoll sind, wenn in den zugrundeliegenden Relationen nur wenige Änderungen vorgenommen werden. Ein Data Warehouse ist dafür beispielsweise optimal geeignet. Zu Details sei auf die Oracle-Handbücher verwiesen, ebenso auf Fiorillo (2013) und Alapati (2013).

7.5 Optimierung des Select-Befehls

Bereits am Anfang dieses Kapitels wurde darauf hingewiesen, dass der Optimizer einen Select-Befehl überprüft und optimiert, um die Antwortzeiten zu reduzieren. Doch nicht immer liefert der Optimizer maximale Performance, da dieser naturgemäß die internen Feinheiten und Abhängigkeiten der Anwendung nicht kennt. Hier kann der Anwendungsprogrammierer zusätzliche Hilfestellungen leisten.

Nehmen wir das Beispiel eines Frauenverbandes. In der Mitgliederkartei gibt es nur wenige Einträge von Männern. Sollen jetzt Daten dieser Herren ausgegeben werden, so wird der Optimizer in die Irre geführt. Zu einem Attribut *Geschlecht* sind in den Statistiktabellen zwei unterschiedliche Werte (*männlich, weiblich*) vermerkt. Die Selektivität (siehe Abschn. 7.1) ist damit 0,5. Der Optimizer wird daher einen gegebenenfalls vorhandenen Index kaum verwenden, da er annimmt, dass er im Mittel sowieso jeden zweiten Wert lesen muss. Der Anwender kann hier unterstützen und dem Optimizer darauf hinweisen, doch den Index zu benutzen.

Natürlich ist es richtig, dass der Optimizer die wichtigsten Regeln kennt und anwendet. Dies trifft insbesondere auf die in der relationalen Algebra vorgestellten Regeln zu, siehe Abschn. 2.5.5. Um daher den Optimizer zusätzlich unterstützen zu können, ist es hilfreich, die Arbeitsweise des Optimizers und die wichtigsten Regeln zu kennen. Wir wollen daher den Select-Befehl aus Performancesicht näher betrachten. Besonders aufwendig sind in großen Tabellen immer folgende Operationen:

- Kreuzprodukt
- Verbund (Join)
- Sortiervorgänge

Das Kreuzprodukt wird meist als Teil eines Verbunds verwendet. Es bleiben also Verbund und Sortieren als Hauptprobleme übrig. Ein Verbund lässt sich selten vermeiden. Wir könnten allerdings in einigen Fällen materialisierte Sichten einsetzen. Auf Sortierungen hingegen können wir manchmal verzichten. Folgende Hinweise sind hierfür sehr hilfreich:

► Vermeide *Union* und verwende stattdessen *Union All*
Vermeide Order By
Vermeide Select Distinct

Vermeide Gruppierungen (*Group By*)

In all diesen Fällen müssen mehrfach vorkommende Werte erkannt werden. Dazu wird
in der Regel vorher sortiert. Häufig ist es gerade bei der Vereinigung nicht notwendig,
gleiche Zeilen zu eliminieren. Dann bewirkt der zusätzliche Bezeichner *All* erhebliche
Zeitgewinne. Andere Befehle wiederum lassen sich manchmal so umschreiben, dass der
Bezeichner *Distinct* nicht notwendig ist. Wieder haben wir Ausführungszeit gewonnen.
Schränken wir in einer Anwendung die Ausgabe auf nur wenige Zeilen ein, so können
wir womöglich auf das Sortieren der Daten verzichten. Auch eine Gruppierung ist nicht
immer notwendig. Wieder hätten wir einen sehr aufwendigen Befehl weniger.

Leider können wir in den meisten Fällen auf Verbund-Operationen nicht verzichten.
Ein Verbund ist aus einem Kreuzprodukt aufgebaut, so dass jede Zeile der einen Relation
mit jeder Zeile der anderen verknüpft werden muss. Je kleiner nun die Ausgangsrelationen sind, umso kleiner wird dieses Produkt. Um die Ausgangsrelationen zu verkleinern,
greifen wir auf die relationale Algebra zurück. Insbesondere vier Formeln, die dem Abschn. 2.5.5 entnommen sind, leisten hier eine hervorragende Hilfestellung:

$$\sigma_{Bedingung}(R_1 \bowtie R_2) = \sigma_{Bedingung}(R_1) \bowtie \sigma_{Bedingung}(R_2)$$

$$\sigma_{Bedingung\_an\_R_2}(R_1 \bowtie R_2) = R_1 \bowtie \sigma_{Bedingung\_an\_R_2}(R_2)$$

$$\pi_{Auswahl}(\sigma_{Bedingung}(R)) = \sigma_{Bedingung}(\pi_{Auswahl}(R))$$

$$\pi_{Auswahl}(R_1 \bowtie R_2) = \pi_{Auswahl}(R_1) \bowtie \pi_{Auswahl}(R_2)$$

Die zweite Formel ist ein Spezialfall der ersten, die allerdings sehr häufig vorkommt.
Die vierte Regel gilt immer dann, wenn die Auswahl alle verknüpfenden Attribute des
Verbunds umfasst.

Die vier Regeln besagen, dass wir Verbund, Restriktion und Projektion vertauschen
dürfen. Die Reihenfolge spielt also keine Rolle. Bevor wir also einen aufwendigen Verbund ausführen, werden wir erst einmal die Relationen mittels Projektion und Restriktion
verkleinern. Grundsätzlich gilt:

▶ Wir führen zuerst erforderliche Restriktionen und Projektionen in unseren Relationen aus und wenden erst dann einen Verbund an.
  Beziehen sich Gruppierungen nur auf einzelne Relationen, so werden diese
  ebenfalls vorgezogen.

Wir vertauschen also immer einen Where-Operator und gegebenenfalls einen Group-
By-Operator mit dem Join-Operator. Ebenso entfernen wir zunächst nicht benötigte Attribute. Die Vertauschungen von Restriktion und Verbund bringen in der Regel erhebliche
Performance-Vorteile. Kann beispielsweise über einen Index zugegriffen werden, so müssen nur die benötigten Daten von der Datenbank eingelesen werden. Wir sparen damit
zusätzliche Lesevorgänge von der Festplatte. Und auch intern muss dann nur eine kleine

Relation weiter verarbeitet werden. Gruppierungen benötigen meist ein aufwendiges Sortieren. Es ist natürlich wesentlich günstiger, einzelne Relationen zu sortieren, statt großer Verbundrelationen. Das Entfernen nicht benötigter Attribute (Projektion) hingegen bringt nur geringe Vorteile, denn wir sparen beim Einlesen keine Lesezugriffe. Die Daten sind ja zeilenweise abgelegt. Allerdings führen die nun wegen der weggelassenen Attribute kleineren Relationen auch hier zu kleineren internen temporären Relationen.

Sollten wir diese Hinweise gelegentlich vergessen, so wird der Optimizer einspringen, der obige vier Regeln natürlich ebenfalls beherrscht. Es ist daher gar nicht so einfach Datenbanken zu überlisten. Wir wollen es trotzdem versuchen. Im Abschn. 5.4 haben wir unter anderem die Sicht *VAuftrag* vorgestellt, siehe auch Tab. 5.5. Diese Sicht wurde aus folgendem Befehl erzeugt:

```
SELECT   AuftrNr, Datum, K.Name, P.Name, SUM (Gesamtpreis)
FROM     Auftrag  JOIN Kunde K        ON K.Nr = Auftrag.Kundnr
         JOIN Personal P       USING (Persnr)
         JOIN Auftragsposten   USING (Auftrnr)
GROUP BY Auftrnr, Datum, K.Name, P.Name ;
```

Hier gibt es zwar keine Where-Klausel, wir können jedoch die Group-By-Klausel vorziehen. Schließlich bezieht sich die Gruppierung ausschließlich auf die Relation *Auftragsposten*. Diese internen Details kann der Optimizer nur schwer erkennen. Wir schreiben unseren Select-Befehl daher selbst um:

```
SELECT   AuftrNr, Datum, K.Name, P.Name, Summe
FROM     Auftrag
         JOIN (Select Nr, Name From Kunde) K ON K.Nr =
              Auftrag.Kundnr
         JOIN (Select Persnr, Name From Personal) P
              USING (Persnr)
         JOIN (Select Auftrnr, Sum(Gesamtpreis) As Summe
              From Auftragsposten
              Group By Auftrnr ) AP   USING (Auftrnr)
```

Trotz der sehr kleinen Relationen reduzieren sich laut Ausführungsplan die Kosten etwas. Bei großen Relationen wären die Einsparungen deutlicher.

In der relationalen Algebra gelten für Verbund und Produkt auch das Assoziativ- und Kommutativgesetz. Auch diese Gesetze können wir gewinnbringend anwenden, denn es gilt:

▶ Wir verbessern die Performance, wenn wir in einem Verbund und einem Kreuzprodukt die kleinere Relation zuerst ausführen.

Ab sofort geben wir die kleinere Relation in einem Select-Befehl zuerst an. Natürlich berücksichtigen wir dabei eine eventuell vorherige Restriktion. Diese Merkregel gilt vor allem für größere Relationen. Bei kleinen Relationen werden beide Tabellen in den Arbeitsspeicher geladen und vermischt. In diesem Fall spielt die Reihenfolge keine Rolle. Um die Effekte für große Relationen zu erkennen, betrachten wir die drei wichtigsten Join-Operationen etwas genauer:

- Nested Loop Join
- Hash Join
- Merge Join

Nested Loop Join: Dieser Join besteht aus zwei ineinander geschachtelten Schleifen. Die erste Relation wird Zeile für Zeile geladen, und je Zeile wird diese mit allen Zeilen der zweiten Relation verknüpft. Reicht der Arbeitsspeicher nicht aus, so muss die zweite Relation immer wieder geladen werden. Bei optimaler Ausnutzung der Blockstruktur können wir zeigen, dass die Anzahl der zu lesenden Blöcke zwischen

$$Anzahl = Blockanzahl(R_1) + Blockanzahl(R_2)$$

und

$$Anzahl = Blockanzahl(R_1) * Blockanzahl(R_2) + Blockanzahl(R_1)$$

liegt. Die Funktion *Blockanzahl* gibt dabei die Anzahl der Blöcke zurück, die eine Relation in der Datenbank belegt. Der erste Ausdruck ergibt sich, wenn beide Relationen komplett in den Arbeitsspeicher passen. Beide Relationen werden dann nur einmal in den Rechner geladen. Andernfalls wird die erste Relation R_1 einmal eingelesen. Die zweite Relation R_2 muss dann bis zu *Blockanzahl*(R_1)-mal von der Datenbank geholt werden. Ist also R_1 kleiner als R_2, so sparen wir Lesevorgänge, wenn wir erst R_1 ausführen.

Hash Join: Hier wird für beide Relationen eine Hashtabelle aufgebaut mit vorgegebenen Hashtabellenplätzen. Nacheinander werden diese Tabellenplätze von beiden Relationen geladen und miteinander verbunden. Zuletzt müssen diese Tabellenplätze noch gemischt werden. Wir fassen also alle Datensätze bis zu dreimal an, beim Erzeugen der Hashtabellen, beim Verbinden und beim Mischen. Die maximale Anzahl von Lesevorgängen ergibt sich also zu:

$$Anzahl = 3 * (Blockanzahl(R_1) + Blockanzahl(R_2)) .$$

Ist der Speicherplatz knapp, so ist es beim Hash Join besonders wichtig, die kleinere Relation als erste anzugeben. Passt etwa die erste kleinere Relation komplett in den Arbeitsspeicher, so muss nur die größere dreimal geladen werden. Zu Informationen zu Hashalgorithmen sei auf Ottmann und Widmayer (2012) verwiesen.

Merge Join: Hier werden die beiden Relationen zunächst sortiert und anschließend zusammen gemischt. Die maximale Anzahl an Lesevorgängen ist dabei identisch zum Hash Join. Beim Merge Join spielt es keine Rolle, welche der beiden Relationen zunächst verwendet wird.

Ein Vergleich dieser Join-Varianten ist schwierig. Ganz grob lässt sich sagen, dass ein Merge Join mit wenig Arbeitsspeicher auskommt, ein Nested Loop Join jedoch möglichst viel Speicher benötigt. Ist eine Relation wesentlich kleiner als die andere, so ist meist der Hash Join von Vorteil. Fast immer gilt aber, dass es ratsam ist, die kleinere Relation voranzustellen. Schaden tut dies nie.

Auch außerhalb von Restriktion und Verbund können wir Befehle optimieren. Ganz wichtig sind Indexe, die wir bereits in Abschn. 7.2 behandelt haben. Allerdings ist es ganz wichtig, dass wir die Befehle so schreiben, dass ein Index auch verwendet wird. Besonders imperformant verhält sich die wichtige Funktion *Trim*.

▶ Die Verwendung der Funktion *Trim* führt dazu, dass ein Index nicht verwendet werden kann. Wir sollten stattdessen die Funktion *RTrim* benutzen!

Die Funktion *Trim* entfernt auch führende Leerzeichen. Dies beeinflusst die Ordnung eines Attributs enorm, der Index wird wertlos. Die Funktion *RTrim* entfernt nur schließende Leerzeichen. Dies hat auf die Ordnung keinen Einfluss. Eine Besonderheit weist Oracle auf: Hier darf statt eines Indexes auf eine Spalte auch ein Index auf einen Spaltenausdruck erfolgen. In Abschn. 7.2 hatten wir einen Index auf den Wohnort gesetzt. Wenn in den Anwendungen dieser Wohnort immer mittels der Funktion *Upper* in Großbuchstaben umgewandelt wird, so wird der Index unbrauchbar. In Oracle hätten wir dies aber schon beim Setzen des Indexes berücksichtigen können:

```
CREATE INDEX IUmfrageWohnort ON Umfrage(Upper(Wohnort));
```

Jetzt wird der Index von vornherein wie gewünscht gesetzt. Natürlich wird nun der Index nur dann verwendet, wenn wir mittels der Funktion *Upper* auf den Wohnort zugreifen.

Nicht nur beim Produkt und beim Verbund werden große Zwischenergebnisse erzeugt, auch mit einem Unterselect-Befehl generieren wir ähnlich große temporäre Daten. Besonderer Aufmerksamkeit bedürfen die Operatoren *In* und *Exists*. Hier gelten genau die gleichen Aussagen wie beim Verbund: Die Teilrelationen sollten so klein wie möglich sein.

▶ Wir verwenden Unterselect-Befehle so, dass möglichst kleine Unter-Relationen entstehen.

Häufig stehen wir vor der Frage, welcher der beiden Operatoren *In* bzw. *Not In* und *Exists* bzw. *Not Exists* performanter ist. Diese Frage lässt sich nicht eindeutig beantworten. In Abschn. 4.1.4 zur Where-Klausel hatten wir die Frage nach allen Mitarbeitern, die weniger als Mitarbeiter 3 verdienen, auf drei verschiedene Arten beantwortet. Intuitiv war der Befehl mit dem Vergleich im Where-Teil (siehe Abb. 7.10). Die Variante mit dem Verbund war etwas komplexer. Die Variante mit dem Operator *Exists* (siehe Abb. 7.9) hingegen sah nicht nur komplex sondern auch imperformant aus. Zumindest Letzteres ist

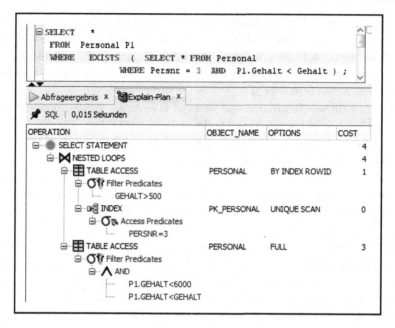

Abb. 7.9 Select-Befehl mit Exists-Operator

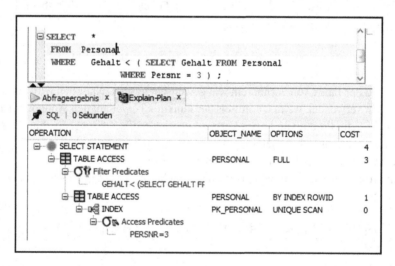

Abb. 7.10 Select-Befehl mit Vergleichsoperator

nicht der Fall. Ein Blick auf den Ausführungsplan zeigt, dass alle drei Varianten ziemlich gleich schnell ausgeführt werden, siehe dazu zwei der drei Ausführungspläne in Abb. 7.9 und 7.10.

Zuletzt sei nochmals darauf hingewiesen, dass die einzelnen Datenbanksysteme nicht grundsätzlich optimale Ausführungspläne generieren. Schließlich kennen die an und für sich sehr guten Algorithmen nicht die exakten Daten und ebenso nicht die Programmlogik. Wir kommen auf das Ausgangsbeispiel in diesem Abschnitt zurück. Fragen wir in einem Frauenverband nach den männlichen Mitgliedern, so weiß eine Datenbank in der Regel nicht, dass es nur wenige männliche Mitglieder gibt. Hier helfen zwei Möglichkeiten weiter: Zum einen können wir ein Histogramm einführen. Dies verursacht aber einen hohen Aufwand für die Datenbank. Oder wir geben dem Optimizer einen Hinweis.

In allen modernen Datenbanken können wir den Optimizer mit Hinweisen, sogenannten Hints, beeinflussen. Soll etwa beim Zugriff auf die Relation *Umfrage* aus Abschn. 7.2 kein Index verwendet werden, so schreiben wir in Oracle:

```
Select/*+ NO_INDEX(Umfrage) */* From Umfrage Where ...
```

Hier werden Hinweise als Kommentare direkt nach dem Select-Befehl geschrieben. In SQL Server folgen die Hinweise als With-Klausel direkt nach der From-Klausel. Hier gibt es keinen Hinweis, der Indexe generell verbietet. Aber mit dem Hinweis *ForceScan* wird ein Durchsuchen der Relation erzwungen. Wir schreiben:

```
Select * From Umfrage With (FORCESCAN) Where ...
```

In MySQL lautet der entsprechende Befehl:

```
Select * From Umfrage Ignore Index(IUmfrageWohnort) Where ...
```

Auch hier werden die Hinweise nach der From-Klausel geschrieben. In unserem Beispiel ist der Parameter *IUmfrageWohnort* der mit dem Create-Index-Befehl definierte Indexname.

Generell sollten Hinweise mit Bedacht verwendet werden, da in der Regel die Optimizer bereits hervorragende Arbeit leisten. Im gezielten Einzelfall können die Hinweise die Antwortzeiten aber nochmals deutlich senken. Zur weiteren Information sei vor allem auf die Handbücher der Hersteller verwiesen.

7.6   Stored Procedure

In der Praxis werden innerhalb einer Transaktion meist mehrere SQL Befehle nacheinander abgearbeitet. Diese Befehle werden über das Netz an die Datenbank gereicht. Diese nimmt die Befehle entgegen und bearbeitet sie. Anschließend kommen die Ergebnisse wieder einzeln zum Anwender zurück. Nicht nur die Datenbank, sondern das gesamte System inklusive der benötigten Netzwerkverbindungen ist hoch belastet. Dieses ständige Hin- und Hertransportieren von Daten schlägt sich negativ in der Gesamtantwortzeit nieder.

Es gibt daher mindestens zwei Vorteile, um solche Befehle in einer Prozedur zusammenzufassen und in der Datenbank abzuspeichern:

Erstens können wir so immer wieder vorkommende Befehlsfolgen zu einer Einheit zusammenfassen, was die Übersicht deutlich verbessert. Und zweitens gewinnen wir Performance, da der Proceduraufruf nur ein einziges Mal über das Netz geschickt werden muss. Alle internen Aufrufe erfolgen dann innerhalb der Datenbank. Wir sprechen hier von **Stored Procedures**, da diese Prozeduren direkt in der Datenbank abgelegt werden. Es handelt sich also um kleine Datenbank-Programme, die von extern aufgerufen werden.

Stored Procedures wurden mit der SQL3 Norm 1999 eingeführt und in SQL2003 erweitert. Diese relativ späte Normierung hat zur Folge, dass sich nur wenige Datenbanken an die SQL-Norm halten. Schließlich hatten die einzelnen Hersteller längst ihre eigenen Implementierungen vorgenommen. Oracle verwendet beispielsweise *PL/SQL* als Programmiersprache und SQL Server die eigene Sprache *Transact SQL*. Nur MySQL hält sich weitgehend an SQL2003, da dort Prozeduren erst relativ spät eingeführt wurden.

Wir haben in Abschn. 5.7 Trigger kennen gelernt. Dies sind ebenfalls Prozeduren. Der Unterschied zu den Stored Procedures besteht darin, dass Trigger zu bestimmten Ereignissen und Stored Procedures explizit aufgerufen werden.

Wir zeigen die Funktionsweise von Stored Procedures an einem Beispiel. Gelegentlich gibt der Fahrrad-Händler Nachlässe auf bestimmte Waren. In einer Werbeaktion sollen daher die Preise bestimmter Artikel um einen vorgegebenen Betrag reduziert werden. Der dazugehörige Eintrag erfolgt in der Relation *Artikel*. Allerdings will der Händler sicherstellen, dass der Rabatt nicht mehr als 50 % beträgt, und setzt dazu folgende Prozedur in Oracle ein:

```
CREATE OR REPLACE PROCEDURE
                    Rabatt(artnr Int, nachlass Numeric)
AS
  altPreis Numeric(8,2);
  neuPreis Numeric(8,2);
BEGIN
  SELECT   Preis        INTO altPreis
  FROM     Artikel
  WHERE    anr = artnr;
  neuPreis := altPreis - nachlass;
  IF neuPreis < 0.5 * altPreis THEN neuPreis := 0.5 * altPreis;
  END IF;
  UPDATE Artikel
  SET   Preis = neuPreis, Netto = Netto * neuPreis/altPreis,
        Steuer = Steuer * neuPreis/altPreis
  WHERE Anr = artnr ;
EXCEPTION WHEN OTHERS THEN
  DBMS_OUTPUT.PUT_LINE ('Fehler in Prozedur Rabatt');
END;
/
```

Dieses Beispiel zeigt die Leistungsfähigkeit von Prozeduren auf. Hier wird ein Lesevorgang durchgeführt, dann wird auf maximal 50 % Rabatt überprüft und schließlich wird der Preis geändert. Dies erfolgt komplett im Datenbanksystem. Der Benutzer führt nur einen Befehl aus:

```
execute rabatt(100002, 50)
```

In diesem Fall wird Artikel 100002 um 50 Euro reduziert. Dieser Befehl zeigt auch die hervorragende Handhabung: Auf einfachste Weise kann der Anwender jeden Artikel um den gewünschten Betrag erniedrigen.

Eine Prozedur enthält immer vier Teile:

1. Prozedurkopf mit Parametern
2. Deklarationsteil zwischen den Bezeichnern *As* und *Begin*
3. Programmrumpf mit Anweisungen
4. Ausnahmebehandlung

Dabei können Teil 2 und 4 entfallen. Die Ausnahmebehandlung beginnt mit dem Bezeichner *Exception*. Mit dem Bezeichner *When Others Then* wird darauf hingewiesen, dass bei allen Fehlern der dann folgende Code ausgeführt wird. In Oracle können wir Meldungen mit Hilfe der Funktion *Put_Line* aus dem Paket *Dbms_Output* ausgeben. Weiter muss in Oracle in der Regel eine Prozedur mit einem Schrägstrich („/") abgeschlossen werden.

Diese Prozedur wird in SQL Developer nach dem Einloggen unter dem Stichwort *Prozeduren* angezeigt. Die Prozedur kann dort auch direkt gestartet werden.

Die Unterschiede zwischen Oracle, SQL Server und MySQL sind bei Stored Procedures wirklich beträchtlich. Dies zeigt der Vergleich mit SQL Server:

```
CREATE PROCEDURE Rabatt @artnr Int, @nachlass Numeric (8,2)
AS
DECLARE      @altPreis Numeric(8,2),
             @neuPreis Numeric(8,2);
BEGIN TRY
   SELECT    @altPreis = Preis
   FROM      Artikel
   WHERE     anr = @artnr;
   SET @neuPreis := @altPreis - @nachlass;
   IF @neuPreis < 0.5 * @altPreis
      SET @neuPreis := 0.5 * @altPreis;
   UPDATE    Artikel
   SET       Preis = @neuPreis, Netto = Netto
             * @neuPreis/@altPreis,
             Steuer = Steuer * @neuPreis/@altPreis
   WHERE     Anr = @artnr ;
```

```
END TRY
BEGIN CATCH
  SELECT 'Fehler beim Ausfuehren der Prozedur Rabatt';
END CATCH
GO
```

Die Unterschiede sind schnell erklärt. SQL Server unterstützt die Option *Or Replace* nicht. Stattdessen gibt es zusätzlich den Alter-Procedure-Befehl. Parametern und Variablen wird das Zeichen @ vorangestellt. Eine Rückgabe von Werten eines Select-Befehls erfolgt durch Zuweisung im Select-Teil. Um im Fehlerfall eine Ausnahme zu werfen, wird ein Try-Catch-Block verwendet.

Diese Prozedur wird wie folgt gestartet:

```
execute rabatt 100002, 50
```

Alternativ kann diese Prozedur auch im SQL Server Management Studio direkt gestartet und betrachtet werden. Wir finden die Prozedur innerhalb unserer eingerichteten Datenbank unter dem Stichwort *Programmierbarkeit* und dort unter *Gespeicherte Prozeduren*.

Zuletzt wollen wir auch noch MySQL betrachten. Der Code für MySQL lautet normgemäß:

```
DELIMITER //
CREATE PROCEDURE Rabatt(artnr Int, nachlass Numeric(8,2))
BEGIN
  DECLARE  altPreis Numeric(8,2),
  DECLARE  neuPreis Numeric(8,2);
  SELECT  Preis          INTO altPreis
  FROM    Artikel
  WHERE   anr = artnr;
  SET neuPreis = altPreis - nachlass;
  IF neuPreis < 0.5*altPreis THEN SET neuPreis = 0.5*altPreis;
  END IF;
  UPDATE  Artikel
  SET     Preis = neuPreis, Netto = Netto * neuPreis/altPreis,
          Steuer = Steuer * neuPreis/altPreis
  WHERE   Anr = artnr ;
END; //
```

MySQL benötigt einen Begrenzer, um sicher das Ende einer Prozedur zu erkennen. Dieser wurde mit dem Befehl *Delimiter* gesetzt. Zum Ändern einer Prozedur steht wie in SQL Server der Alter-Procedure-Befehl zur Verfügung. Ebenso müssen lokale Variablen mit *Declare* deklariert werden, allerdings erst im Anweisungsteil. Eine Ausnahmebehandlung wie in Oracle oder SQL Server gibt es in MySQL nicht. Seit MySQL 5.5 können für die Fehlerbehandlung aber die Aufrufe *Signal* und *Resignal* verwendet werden. Wir rufen diese Prozedur auf mit:

```
call rabatt( 100002, 50 )
```

Diese Prozedur wird in MySQL Workbench in der zugehörigen Datenbank unter dem Stichwort *Routines* eingetragen.

Natürlich ist unser Beispiel nicht optimal. Wir sollten beispielsweise in der Prozedur noch überprüfen, ob der angegebene Artikel überhaupt existiert. Als Einführung mag dieses Beispiel aber voll genügen. Wir verweisen im Weiteren insbesondere auf die Handbücher der Datenbankhersteller.

7.7 Weitere Optimierungen

Die Liste an weiteren Optimierungsmöglichkeiten ist sehr lang. Hier sei im Detail auf weiterführende Literatur verwiesen, insbesondere auf Connolly und Begg (2015), Elmasri und Navathe (2002), Gulutzan und Pelzer (2002) und Kemper und Eickler (2015). Zwei Besonderheiten sollen aber erwähnt werden.

In MySQL ist standardmäßig ein Auto-Commit eingeschaltet. Es wird dringend empfohlen, diesen Automatismus auszuschalten. Ein Commit ist ein recht aufwendiger Befehl, der immer auch eine Ausgabe in die Redo-Logdatei (siehe Abschn. 8.2.2) erzwingt. Darüber hinaus ist kein sinnvoller Transaktionsbetrieb möglich.

▶ **Tipp** In MySQL schalten wir den Auto-Commit aus.

Wir können entweder den Automatismus mit *Set Autocommit=0* dauerhaft ausschalten oder mit *Start Transaction* explizit eine Transaktion beginnen. Wir verweisen auch auf Abschn. 8.7.3.

Eine erhebliche Performancesteigerung erhalten wir auch, wenn wir sehr ähnliche Befehle nicht immer wiederholen. Wollen wir beispielsweise in einer Anwendung mehrere Aufträge und deren Positionen ausgeben, so wäre ein mehrfaches Ausführen aufwendig. Wir wollen dies an einem Beispiel zeigen, in dem wir die Auftragsdaten von Auftrag 1, 2 und 4 ausgeben wollen. Wir setzen PHP und PDO aus Kap. 6 voraus:

```
$sql =    "Select Auftrnr, Artnr, Anzahl, Gesamtpreis
           From Auftragsposten
           Where Auftrnr = ?" ;
$stmt = $conn->prepare($sql);
$stmt->bindParam( 1, 1 ) ; // 1. Fragezeichen: Auftrag 1
$stmt->execute( ) ;
$stmt->bindParam( 1, 2 ) ; // 1. Fragezeichen: Auftrag 2
$stmt->execute( ) ;
```

```
$stmt->bindParam( 1, 4 ) ; // 1. Fragezeichen: Auftrag 4
$stmt->execute( ) ;
```

Dieser Code ist nur als Vorzeigebeispiel gedacht. In der Praxis werden zwischen den einzelnen Execute-Aufrufen weitere Ausführungen erfolgen. Wichtig an diesem Beispiel ist, dass wir den Query-Aufruf in zwei Teile zerlegt haben, in eine Prepare- und eine Execute-Methode. Der wesentliche Vorteil ist, dass der Parser nur ein einziges Mal ausgeführt werden muss. Dies gilt auch für den Optimizer, immer vorausgesetzt, dass die in der Restriktion verwendeten Parameter halbwegs gleichverteilt sind.

Die Methode *bindParam* verbindet die eventuell mehrfach vorkommenden Fragezeichen im SQL-Befehl mit tatsächlichen Werten. Der erste Parameter dieser Methode gibt an, welches Fragezeichen im SQL-Befehl, beginnend bei 1, ersetzt wird. Im zweiten Parameter steht der Ersetzwert. Dies darf auch eine Variable sein. In unserem Beispiel wurde das erste und einzige Fragezeichen nacheinander mit den Werten 1, 2 und 4 verknüpft.

7.8 Zusammenfassung

Dieses Kapitel gibt einen Überblick über die Performancemöglichkeiten in SQL. Da Performancemaßnahmen nicht normiert sind, fallen sofort die doch erheblichen Unterschiede der Implementierungen in den einzelnen Datenbanken auf. Trotzdem überwiegen die Gemeinsamkeiten:

Alle Datenbanken setzen heute erfolgreich Optimizer ein und benötigen dazu umfangreiche Statistiken. Um wirklich möglichst nahe am Optimum zu arbeiten, verwenden diese Optimizer neben der Anzahl der Zeilen je Relation auch die Anzahl der unterschiedlichen Werte je Spalte je Relation. Der Kehrwert wird als Selektivität bezeichnet. Diese Selektivität ist entscheidend, um bei Restriktionen und Gruppierungen die Anzahl der Zeilen der Ergebnisrelation abschätzen zu können.

Herausragende Verbesserungen erhalten wir mit dem Setzen von Indexen, da die Zeilen einer Relation nicht geordnet sind. Die Indexe sollten jedoch mit Bedacht eingesetzt werden. Ein Zuviel kann leicht ein Zuviel des Guten sein.

Partitionierungen sind insbesondere bei sehr großen Relationen enorm hilfreich. Sie reduzieren die Zugriffszeiten auf bestimmte Daten erheblich und beschleunigen dank paralleler Ausführungen auch umfangreiche Abfragen. Manche Abfragen enthalten viele Verbundverknüpfungen (Joins). Hier können bei häufigen Lesezugriffen materialisierte Sichten deutliche Performancesteigerungen bringen.

Ein Optimizer leistet in der Praxis eine hervorragende Arbeit. Doch nur der Anwender kennt seine Daten am besten. Mit Sicherheit kann er durch geschickte Select-Befehle noch mehr an Performance herausholen. Anregungen wurden in diesem Kapitel mehrfach gegeben. Auch das Setzen von Hinweisen kann den Optimizer weiter verbessern.

Die Performance-Möglichkeiten sind enorm. In diesem Kapitel wurde noch auf Stored Procedures und das Binden von Parametern hingewiesen.

7.9 Übungsaufgaben

Aufgaben

1. Worin besteht der Mehraufwand des kostenbasierten Optimizers gegenüber dem regelbasierten? Warum werden heute trotzdem kostenbasierte Optimizer eingesetzt?

2. Der folgende Befehl gibt alle Auftragspositionen aus, die der Kunde *Fahrrad Shop* in Auftrag gegeben hat:

```
SELECT A.Bezeichnung, AP.Anzahl, Datum
FROM Auftrag NATURAL INNER JOIN Auftragsposten AP
         INNER JOIN KUNDE K ON Nr=Kundnr
         INNER JOIN Artikel A ON Anr=Artnr
WHERE K.Name = 'Fahrrad Shop' ;
```

   Wie ändert der Optimizer diesen Befehl ab? Geben Sie den geänderten Befehl an.

3. Versehen Sie das Attribut *Bezeichnung* der Relation *Artikel* aus der Beispieldatenbank *Bike* mit einem Index. Ist ein eindeutiger Index mittels des Bezeichners *Unique* sinnvoll?

4. In einem großen Dienstleistungsunternehmen werden zentral Aufträge entgegengenommen und an Sachbearbeiter weitergeleitet, deren Einsatzort in der Nähe des Kunden liegt. Dazu existiere in der Datenbank eine Relation *Personal*, die die benötigten Daten der Sachbearbeiter speichert, insbesondere auch den Namen und den Einsatzort. Wegen einer großen Anzahl von Sachbearbeitern ist die Suche nach möglichen Sachbearbeitern in der Nähe des Kunden zeitaufwendig. Schreiben Sie einen Index, um die alphabetische Suche nach Sachbearbeitern an bestimmten Einsatzorten zu beschleunigen.

5. Die Range-Partitionierung ist sehr weit verbreitet. Welche zwei großen Vorteile bietet diese Partitionierung bei sehr großen Relationen?
   Worin liegt der Vorteil einer Hash-Partitionierung?

6. Was ist der große Vorteil der Referenzpartitionierung? Wie könnte diese Partitionierung in SQL Server und MySQL nachgebildet werden?

7. Materialisierte Sichten müssen aktuell gehalten werden. Dies bedingt einen hohen Aufwand. Wo werden daher diese Sichten fast ausschließlich eingesetzt und warum?

8. Der Optimizer änderte den Befehl in Aufgabe 2 ab. Warum wohl?

9. Wann ist ein Merge-Join gegenüber Nested-Loop-Join und Hash-Join von Vorteil?

10. Warum beeinflusst eine Group-By-Klausel die Performance so negativ? Warum kann in der Regel ein existierender Index auf das zu gruppierende Attribut nicht verwendet werden?

11. Schreiben Sie eine Stored Procedure *Preisnachlass*, die den Preis aller Artikel um den als Parameter angegebenen Prozentsatz senkt. Dies gilt auch für die Preise

aller Aufträge. Die Prozedur überprüft, dass der Nachlass nicht größer als 10 Prozentpunkte beträgt.

12. Unsere Firma Bike hätte einen sehr großen Lieferantenstamm. Gesucht werden häufig Lieferanten, die bestimmte Artikel liefern. Nacheinander sollen dann zu einer Liste von Artikeln die entsprechenden Lieferanten angezeigt werden. Wie könnte ein dazugehöriger PHP-Programmausschnitt aussehen?

Literatur

Alapati, S. (2013). *Oracle Database 12c Performance Tuning Recipes*. Apress.

Connolly, T., & Begg, C. (2015). *Database Systems* (6. Aufl.). Pearson.

Date, C. J. (2003). *An Introduction to Database Systems* (8. Aufl., Bd. 1). Addison-Wesley.

Dewson, R. (2012). *Beginning SQL Server 2012 for Developers*. Apress.

Elmasri, R., & Navathe, S. (2002). *Grundlagen von Datenbanksystemen* (3. Aufl.). Addison-Wesley.

Fiorillo, C. (2013). *Oracle Database 11gR2 Performance Tuning Cookbook*. Packt.

Gulutzan, P., & Pelzer, T. (2002). *SQL Performance Tuning*. Addison-Wesley.

Kemper, A., & Eickler, A. (2015). *Datenbanksysteme – Eine Einführung*. Oldenbourg.

Loney, K. (2009). *Oracle11 g – Die umfassende Referenz*. Hanser.

Ottmann, T., & Widmayer, P. (2012). *Algorithmen und Datenstrukturen*. Spektrum.

Schwartz, B., & Zaitsev, P. et al. (2012). *High Performance MySQL* (3. Aufl.). O'Reilly.

Shah, R., & Thaker, B. (2012). *Microsoft SQL Server 2012 Perf. Tuning Cookbook*. Packt.

Unterstein, G., & Matthiessen, M. (2012). *Relationale Datenbanken und SQL in Theorie und Praxis*. Springer.

Concurrency und Recovery

8

Übersicht

Der Aufbau von Datenbanken und der Zugriff auf diese Datenbanken wurden in den vorhergehenden Kapiteln ausführlich besprochen und geübt. In der Praxis ist entscheidend, dass diese Zugriffe die Konsistenz einer Datenbank unter keinen Umständen verletzen, auch nicht im Fehlerfall, und auch dann nicht, wenn hunderte Anwendungen parallel zugreifen. Wir wollen in diesem Kapitel ausgiebig über die Sicherstellung der Konsistenz in Situationen wie Parallelbetrieb und Rechnerabsturz sprechen.

Unter Recovery verstehen wir die Rekonstruktion einer Datenbank im Fehlerfall. Aufgabe der Recovery ist es, nach aufgetretenen Problemen und Fehlern die Konsistenz der Daten zu gewährleisten. Unabhängig von der Art der Probleme, wie etwa plötzlicher Rechnerausfall oder sogar Feuer im Rechenzentrum, muss die konsistente Wiederherstellung der Daten möglich sein.

Concurrency ist der englische Begriff für Parallelbetrieb. Gefordert ist hier das Zulassen gleichzeitiger Zugriffe mehrerer Benutzer auf eine Datenbank. Ohne entsprechende Maßnahmen können durch solch gleichzeitige Zugriffe Konsistenzverletzungen und Datenverlust auftreten. Dies lässt sich mit entsprechenden Synchronisationsmechanismen unterbinden.

Wir stellen die Probleme und dazugehörigen Lösungen zu Recovery und Concurrency in diesem Kapitel ausführlich vor. Wir verwenden die englischen Bezeichnungen, da sie auch in der deutschsprachigen Literatur weit verbreitet sind.

Vor allem die Betreiber sehr kleiner Datenbanken unterschätzen gerne die Bedeutung der Recovery und Concurrency. In kleinen Systemen wird meist eine tägliche Sicherung durchgeführt, und bei Störungen werden die auftretenden Fehler zu Fuß korrigiert. Dies

© Springer Fachmedien Wiesbaden GmbH 2017

E. Schicker, *Datenbanken und SQL*, Informatik & Praxis, DOI 10.1007/978-3-658-16129-3_8

kann aber auch hier schon sehr mühsam, aufwendig und fehleranfällig sein. Parallelbetrieb wird in diesen Datenbanken oft nur rudimentär unterstützt.

Ein ganz anderes Bild ergibt sich in großen Rechenzentren. Betrachten wir nur die Datenbanken großer Versicherungen und Banken. Die Daten müssen ständig und von überall verfügbar sein. Datenverluste und Inkonsistenzen müssen unter allen nur denkbaren Umständen verhindert werden. Gleichzeitig müssen diese Datenbanken effizient betrieben und kurze Antwortzeiten garantiert werden. Sicherheit und Konsistenz auf der einen und schnelle Transaktionen auf der anderen Seite scheinen sich zu widersprechen. Mit hohem technischen Aufwand und entsprechenden Algorithmen lassen sich die Anforderungen aber lösen. Wir werden dies aufzeigen.

Trotz der scheinbar verschiedenen Zielsetzungen verzahnen sich Recovery und Concurrency. Die Recovery muss den Parallelbetrieb berücksichtigen, und Concurrency ist ohne eine rudimentäre Recovery nicht vorstellbar. Insbesondere sind beide Begriffe sehr eng mit der Transaktionsverarbeitung verbunden. Wir beginnen dieses Kapitel daher mit einem Überblick über den Transaktionsbetrieb.

8.1   Transaktionen in Datenbanken

In den Abschn. 1.5 und 1.6 wurde die Wichtigkeit von Transaktionen im Datenbankbetrieb betont: Das Konsistenzmodell *ACID* fordert Atomarität, Konsistenz, Isolation und Dauerhaftigkeit. Eine Transaktion ist nach Definition eine konsistenzerhaltende Operation. Wir arbeiten daher nur mit Transaktionen und schließen diese an Konsistenzpunkten ab. Diese Konsistenzpunkte sind vorab korrekt von den Datenbankdesignern und Anwendungsprogrammierern zu ermitteln.

Damit eine Datenbank immer konsistent bleibt, muss Atomarität garantiert werden: Jede einzelne Transaktion wird entweder vollständig ausgeführt oder überhaupt nicht! Und jede einzelne Transaktion läuft transparent und nachvollziehbar ab, also unabhängig davon, ob sie sich allein im System befindet oder noch hunderte weitere Transaktionen parallel ausgeführt werden. Diese Aussagen müssen immer erfüllt werden, auch in allen nur denkbaren Fehlerfällen. Wir garantieren daher gegenüber allen Benutzern einer Datenbank folgende drei Aussagen:

- Eine Transaktion wird immer vollständig zurückgesetzt, wenn sie wegen aufgetretener Fehler nicht beendet werden kann (Atomarität).
- Eine abgeschlossene Transaktion ist persistent gespeichert und kann auch bei Ausfall der gesamten Datenbank rekonstruiert werden (Dauerhaftigkeit).
- Eine Transaktion läuft immer so ab, als sei sie allein im System. Insbesondere bleibt die Konsistenz der Transaktion unberührt (Konsistenz, Isolation).

Moderne Datenbanksysteme erfüllen diese drei Anforderungen. Dazu wird der Parallelbetrieb mit Hilfe von Locks serialisiert, jeder Datenbankzugriff protokolliert und jede

Änderung sofort sicher abgespeichert. Im Fehlerfall können damit noch offene Transaktionen vollständig zurückgesetzt und bereits abgeschlossene Transaktionen wiederhergestellt werden.

Wir wollen insbesondere das Problem der Atomarität an einem einfachen Beispiel aufzeigen: Ein Reisender bucht einen Flug von Berlin nach San Francisco. Er legt dabei Zwischenlandungen in Frankfurt und New York ein. Er bucht also genau genommen drei Einzelflüge, siehe Abb. 8.1. Natürlich soll jede einzelne Buchung nur erfolgen, wenn auch die beiden anderen durchgeführt werden. Die drei Buchungen sind demnach eine atomare Einheit: Wir benötigen eine Transaktion!

Wir belegen also nacheinander je einen freien Platz in drei Flugzeugen und schließen zum Schluss diese Transaktion mit dem Befehl *Commit* ab. In PHP könnte dies wie folgt aussehen:

```
$conn->query(UPDATE Flugbuchung SET ... ) ;//Berlin - Frankfurt
$conn->query(UPDATE Flugbuchung SET ... ) ;//Frankfurt - NewYork
$conn->query(UPDATE Flugbuchung SET ... ) ;//NewYork -
                                           //SanFrancisco
$conn->commit() ;          //Transaktion abschließen
```

Misslingt eine dieser drei Buchungen, so wird in den Catch-Block gesprungen und die Transaktion mittels eines Rollback-Befehls zurückgesetzt. Das Konsistenzmodell *ACID* wird also bei korrekter Programmierung vollständig unterstützt.

Stürzt jedoch mitten in dieser Transaktion der Rechner ab, oder werden parallel dazu weitere Buchungen für die gleichen Flügen durchgeführt, so können ernste Probleme auftreten. Sind die Flüge bereits fast ausgebucht, so kann dies zu Überbuchungen führen. Nach Rechnerabstürzen könnten Teilflüge bereits reserviert sein, nicht jedoch der gesamte Flug. Es lägen also Reservierungen vor, die in Wirklichkeit letztlich nicht stattfanden. In all diesen Fällen wäre die Datenbank nicht mehr konsistent! Eine Datenbank muss demnach sowohl in der Recovery als auch im Parallelbetrieb (Concurrency) dafür sorgen, dass die eben geschilderten Probleme nicht auftreten können.

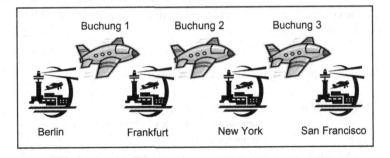

Abb. 8.1 Flugbuchung als Transaktion

8.2 Recovery

Die Recovery befasst sich mit dem Wiederherstellen von Daten nach aufgetretenen schweren Fehlern. Diese Fehler lassen sich grob in zwei Klassen einteilen, in Hardware- und Softwarefehler. Eine kleine Liste dieser Fehler ist im Folgenden angegeben:

Hardware Fehler Stromausfall, Wackelkontakte, Festplattenausfall, Arbeitsspeicherausfall, Netzausfall, Brand (Feuer und Löschwasser).

Software Fehler Fehler in der Datenbanksoftware, im Betriebssystem, im Anwendungsprogramm, in der Übertragungssoftware.

Eine gewisse Vorsorge wird ein Datenbankadministrator dadurch treffen, dass er die Hard- und Software auch nach dem Gesichtspunkt der Zuverlässigkeit auswählt. Dies minimiert die Ausfallrate, ganz verhindert wird sie dadurch jedoch nicht. Die grundsätzliche Forderung im Fehlerfall ist, dass keine Daten verlorengehen, dass eine Rekonstruktion aller Daten also immer möglich ist, und dass dabei die Datenbank-Integrität und -Konsistenz erhalten bleibt.

Prinzipiell wird daher ein Administrator mehrstufig vorgehen: Er wird mindestens einmal pro Woche eine Komplettsicherung und täglich eine Differenzsicherung des Datenbestandes vornehmen. Weiter werden alle Änderungen in der Datenbank protokolliert. Dieses „elektronische Logbuch" heißt Logdatei oder Logfile.

Eine Zusammenfassung dieser Vorgehensweise finden wir in Tab. 8.1. Wir sind uns im Klaren, dass diese Sicherheitsmaßnahmen aufwendig sind. Die umfangreichen Sicherungen können wir in die ruhigen Nachtstunden verlagern. Das Mitprotokollieren aller Änderungen hingegen belastet die Datenbank im normalen Produktionsbetrieb. Wir können jedoch auf die Logdatei nicht verzichten, da wir nur so die Konsistenz der Daten auch im Fehlerfall garantieren können. Stürzt nämlich ein Rechner mitten in einer Transaktion ab, so muss diese Transaktion beim Wiederaufsetzen der Datenbank zurückgesetzt werden. Die Alternative, diese Transaktion fortzusetzen und zu beenden, liegt in der Regel nicht vor, da die Recovery nicht weiß, welche Aktionen noch hätten durchgeführt werden müssen. Aber dank einer persistenten Logdatei können wir umgekehrt nachvollziehen, welche Aktionen offene Transaktionen bisher bereits durchgeführt haben. Und genau diese können wir dann zurücknehmen.

Tab. 8.1 Forderungen an eine Sicherung des Datenbestandes

Zeitlicher Rahmen	Sicherung
wöchentlich	Komplettsicherung des Datenbestandes
täglich	Differenzsicherung
im laufenden Betrieb	Protokollierung jeder Änderung in einer Logdatei

Wir können also auf die Forderungen in Tab. 8.1 nicht verzichten. Andererseits soll die
Datenbank hochperformant ablaufen. Daher ist es naheliegend, möglichst viele Daten im
Arbeitsspeicher zu halten, um die langsamen Zugriffe auf die Festplatten zu minimieren.
Ein plötzlicher Ausfall des Arbeitsspeichers zeigt aber gerade dann verhehrende Wirkung.
Wir müssen also sicherstellen, dass jede noch so kleine Änderung sofort in die Logdatei
geschrieben wird. Die Logdatei befindet sich in einem persistenten Speicherbereich, in
der Regel auf einer Festplatte. Nur so können im Fehlerfall alle Änderungen noch nicht
abgeschlossener Transaktionen nachvollzogen und rückgängig gemacht werden.

8.2.1 Recovery und Logdateien

Um eine Transaktion im Fehlerfall wiederherstellen zu können, müssen geänderte Daten nicht nur in der Datenbank sondern auch in einer Logdatei gespeichert werden. Nur
so können geänderte Datenbankdaten gegebenenfalls wieder zurückgenommen werden.
Dass wir die Logdatei auf einem nichtflüchtigen Medium ablegen, versteht sich von selbst.
Weiter dürfte offensichtlich sein, dass das Abspeichern der Logdaten nicht auf demselben
Medium erfolgen sollte, auf dem die Datenbank gespeichert ist. Ein Ausfall dieses Mediums, in der Regel eine Magnetplatte, würden die Logdaten und die Datenbankdaten
gleichzeitig zerstören, eine Recovery wäre nicht mehr möglich.

Sicherheit und Performance müssen im Datenbankbetrieb gewährleistet sein. Ein moderner Datenbankbetrieb erfüllt daher heute folgende Voraussetzungen:

- Die Datenbank ist auf externen nichtflüchtigen Medien angelegt und direkt vom Server
  aus zugreifbar.
- Die Logdaten befinden sich auf einem weiteren externen nichtflüchtigen Medium und
  sind ebenfalls vom Server aus direkt zugreifbar.
- Zur Entlastung des Ein- und Ausgabeverkehrs und zur Performancesteigerung wer-
  den gelesene Datenbankdaten in einem internen Arbeitsspeicherbereich (Datenbank-
  Puffer, englisch: Cache) möglichst lange zwischengespeichert.
- Alle Daten werden vom Datenbank-Puffer gelesen. Sind die gesuchten Daten nicht im
  Puffer, so werden diese zunächst von der Datenbank in den Puffer geholt.
- Alle Schreibvorgänge erfolgen im Datenbank-Puffer. Die Aktualisierung der Daten-
  bank erfolgt asynchron zu einem späteren Zeitpunkt.

Die Informationen, welche Daten der Datenbank im Puffer stehen, und welche geändert
wurden, heißen Metadaten und werden in einem eigenen Bereich im Arbeitsspeicher verwaltet. Zu den Metadaten zählen auch die Informationen zu allen offenen Transaktionen
und über die Synchronisation beim Puffer- und Logdatenzugriff.

Die Datenbankpufferung im Arbeitsspeicher reduziert sowohl die Laufzeiten als auch
den Datentransfer zwischen Datenbank und Arbeitsspeicher erheblich. Die Größe eines
Datenbank-Puffers kann dabei hunderte von Gigabytes betragen. Die Verwaltung dieses

komplexen Datenbankbetriebs übernimmt das Datenbankverwaltungssystem. Eine Übersicht über die Arbeitsweise einer Datenbank mit Datenbankpufferung und Sicherung in die Logdateien vermittelt Abb. 8.2.

Wir beachten die Pfeile in Abb. 8.2. Wir schreiben in die Datenbank und in die Logdateien, wir lesen aber ausschließlich von der Datenbank. Das Schreiben in die Logdateien wird für die Recovery zwingend benötigt, hier lässt sich wenig optimieren. Anders verhält es sich mit dem Lesen und Schreiben in und von der Datenbank. Diesen Datentransfer wollen wir minimieren. Da wir Änderungen in noch nicht beendeten Transaktionen im Recovery-Fall zurücksetzen müssen, bietet sich der in Tab. 8.2 beschriebene Algorithmus an.

Die Besonderheit dieses Algorithmus ist, dass wir alle Änderungen zunächst nur in die Logdateien schreiben. Von der Datenbank selbst wird innerhalb der Transaktion höchstens gelesen. Erst mit dem Transaktionsende werden alle Änderungen in die Datenbank exportiert. Für die Recovery ist es ganz wichtig, dass wir sowohl die zu ändernden Daten als auch die Änderungen in den Logdateien ablegen.

▶ **Definition: Before Image, After Image** Die zu ändernden Daten in einer Datenbank heißen Before Image. Die neuen, geänderten Daten heißen After Image.

Im Falle eines Rollbacks werden alle von der Transaktion vorgenommenen Änderungen mittels der Before-Images zurückgenommen. Um nicht von den Logdateien lesen zu müssen, werden die Before-Images in der Regel bis Transaktionsende zusätzlich in den Metadaten hinterlegt. Da Änderungen der Transaktion noch nicht in die Datenbank

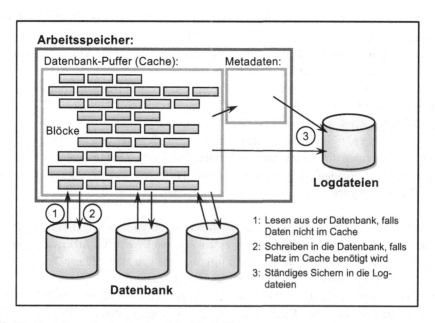

Abb. 8.2 Funktionen der Logdatei und des DB-Puffers

Tab. 8.2 Transaktionsbetrieb mit Log und Arbeitsspeicherpufferung

Lesen der Daten	Daten werden von der Datenbank eingelesen, falls sie nicht bereits im Puffer des Arbeitsspeichers sind.
Sichern der bisherigen Daten	Zu ändernde Daten werden in die Logdatei geschrieben (Before Image).
Ändern der Daten	Ändern (*Update/Delete/Insert*) der Daten im Arbeitsspeicher, Sperren der Einträge für andere Benutzer.
Sichern der geänderten Daten	Geänderte Daten werden in die Logdatei geschrieben (After-Image).
. . .	Obige vier Schritte wiederholen sich innerhalb einer Transaktion in der Regel mehrfach.
Transaktionsende mit COMMIT	Transaktionsende in Logdatei schreiben. Sperren freigeben. Änderungen in die Datenbank schreiben.
Transaktionsende mit Rollback	Rücksetzen der Metadaten der Transaktion. Geänderte Daten im Arbeitsspeicher mittels der Before-Images restaurieren. Sperren freigeben.

geschrieben wurden, muss auf die Datenbank selbst nicht zugegriffen werden. Gegebenenfalls muss nur der zurückgesetzte Block im Cache für ungültig erklärt werden, um alle Spuren der Änderung zu verwischen. Bei einem erneuten Zugriff werden dann die Originaldaten von der Datenbank gelesen. Und dort befindet sich ja noch der Datenstand zu Beginn der Transaktion!

Stürzt der Datenbankserver ab, so können wir den Zustand des Datenbankpuffers mit Hilfe der Before-Images rekonstruieren. Alle noch offenen Transaktionen werden zurückgesetzt. Sollte der Arbeitsspeicher nach dem Absturz nicht mehr zugreifbar sein, so ist nach dem Hochfahren keine Aktion erforderlich. Offene Transaktionen sind damit automatisch gelöscht, die Datenbank muss nicht restauriert werden.

Allerdings kann es vorkommen, dass bei einem Rechnerabsturz Daten abgeschlossener Transaktionen noch nicht vollständig in die Datenbank geschrieben wurden, oder dass die Datenbank selbst zerstört ist. Jetzt hilft uns, dass wir auch den Abschluss einer Transaktion in den Logdateien vermerkten. Im schlimmsten Fall, einem Totalverlust der Festplatte mit allen Datenbankdaten, spielen wir die letzte Sicherung ein. Anschließend vollziehen wir alle Transaktionen mittels der After-Images nach. Änderungen, die zu keiner bereits beendeten Transaktion gehören, werden dabei übersprungen. Wir erhalten am Ende den neuesten konsistenten Stand der Datenbank.

Der in Tab. 8.2 beschriebene Transaktionsbetrieb ist einfach, besitzt aber auch Schwächen:

- Daten von sehr lange laufenden Transaktionen müssen im Arbeitsspeicher gehalten werden.
- Ein Absturz während des Schreibens der geänderten Daten am Transaktionsende bedarf einer komplexen Recovery, da überprüft werden muss, welche Daten schon geschrieben wurden und welche nicht.
- Das Schreiben immer zu Transaktionsende kann zu punktuellen Überlasten führen.

Tab. 8.3 Transaktionsende in der Praxis

Transaktionsende mit COMMIT	Transaktionsende in der Logdatei vermerken. Sperren freigeben.
Transaktionsende mit ROLLBACK	Rücksetzen der Metadaten der Transaktion. Geänderte Daten im Arbeitsspeicher werden mittels der Before-Images restauriert. Alle geänderten Daten, die bereits in die Datenbank geschrieben wurden, werden für ungültig erklärt. Sperren werden freigeben.
Änderungen speichern	Geänderten Daten werden asynchron (unabhängig von Transaktionen) in die Datenbank geschrieben.

Insgesamt ist dieser einfache Betrieb zu inflexibel und wird daher in der Praxis nicht eingesetzt. Stattdessen wird zusätzlich erlaubt, Daten jederzeit in die Datenbank schreiben zu dürfen, unabhängig davon, ob eine Transaktion bereits abgeschlossen ist oder nicht. Ebenso ist es nicht erforderlich, Daten von beendeten Transaktionen schnell in die Datenbank zu exportieren. Wir ändern das in Tab. 8.2 beschriebene Transaktionsende zu dem in Tab. 8.3 beschriebenen Algorithmus.

Der wesentliche Unterschied zum vorhergehenden Verfahren ist, dass wir jederzeit das Schreiben in die Datenbank zulassen. Beim Rollback und bei der Recovery müssen wir daher beachten, dass eventuell bereits geänderte Daten von noch nicht abgeschlossenen Transaktionen in der Datenbank gespeichert wurden. Diese müssen mit Hilfe des Before-Images zurückgenommen werden. Ebenso sind die gespeicherten Datenbankdaten nicht notwendigerweise aktuell. Änderungen auch abgeschlossener Transaktionen werden häufig erst mit Verzögerung in die Datenbank geschrieben. Im Recovery-Fall müssen daher gegebenenfalls die entsprechenden After-Images in die Datenbank übernommen werden.

Mit dem letztgenannten Verfahren bleibt der Datenbankbetrieb flexibel, und gleichzeitig wird im Fehlerfall optimal reagiert. Natürlich hängt die Gesamtperformance des Systems zum Großteil vom Aufbau der Logdateien ab. Schließlich schreiben wir ununterbrochen in diese Dateien. Im nächsten Abschnitt schauen wir uns diese Logdateien daher etwas genauer an.

8.2.2 Aufbau der Logdateien

In einer Datenbank können pro Sekunde viele Tausend Änderungen vorgenommen werden, die alle umgehend in die Logdateien geschrieben werden. Dies erfordert einen auf hohen Durchsatz ausgerichteten Aufbau dieser Logdateien. Zum näheren Verständnis beginnen wir mit einem Kurzüberblick über den Aufbau von Speichermedien im Allgemeinen. Jedes Speichermedium (z. B. eine Festplatte) wird vor dem Erstgebrauch formatiert. Dabei werden alle Speicherplätze dieses Mediums in gleiche Einheiten zusammengefasst, in sogenannte Blöcke. Heute übliche Blockgrößen sind meist ein Vielfaches von 2 Kilobyte (2 kB). In kleineren Datenbanken sind 2 kB bis 4 kB üblich, in großen Datenbanken auch 16 kB oder 32 kB, vereinzelt auch 64 kB. Diese Blöcke sind die Einheit der Ein- und Ausgabe. Wir lesen und schreiben also nicht einzelne Bytes sondern immer ganze Blöcke!

Erhöhen wir also das Gehalt eines Mitarbeiters um 3 %, so ändern wir nur wenige Bytes, schreiben aber immer einen ganzen Block, beispielsweise 16 kB. Analog lesen wir von der Datenbank immer einen ganzen Block in den Datenbankpuffer (siehe Abb. 8.2).

Und jetzt kommt die Performance bei Logdateien ins Spiel. Während wir beim Zugriff auf die Datenbank immer ganze Blöcke lesen und schreiben müssen, merken wir uns in den Logdateien nur die Before- und After-Images. Doch auch in die Logdatei schreiben wir nur blockweise. Aus diesem Grund fassen wir mehrere Änderungen, auch die von anderen Transaktionen, zusammen. Und erst wenn ein Block voll ist, schreiben wir diesen in die Logdatei. Somit entspricht ein einziger Schreibvorgang in eine Logdatei vielen Änderungen in der Datenbank. Da wir außerdem nur sequentiell in die Logdateien schreiben, müssen wir den Lese-/Schreibkopf der Festplatte nicht bei jedem Zugriff neu positionieren. Dieses fortlaufende Schreiben wird auch als Streaming bezeichnet und erhöht den Schreibdurchsatz extrem, so dass auch auf normalen leistungsfähigen Festplatten ein Durchsatz von mehreren 100 MB pro Sekunde möglich ist. Darüber hinaus speichern wir in der Praxis die Protokolle in mehrere Logdateien, was den Maximaldurchsatz weiter erhöht. In diesen Logdateien hinterlegen wir:

- Alle Before-Images mit Transaktionsnummer und Zeitstempel
- Alle After-Images mit Transaktionsnummer und Zeitstempel
- Dazugehörige Metadaten wie Transaktionsnummer, Transaktionsende, gehaltene Sperren

Wird eine Datenbank zerstört, so müssen wir auf die letzte Sicherung zugreifen und alle Änderungen abgeschlossener Transaktionen seit dieser Sicherung mit Hilfe der After-Images nachvollziehen. Noch offene Transaktionen werden mittels der Before-Images zurückgesetzt.

Wir sehen, dass wir für die Recovery alle After-Images seit der letzten Sicherung benötigen. Von den Before-Images brauchen wir hingegen nur die Daten der noch nicht beendeten Transaktionen. Wir können daher alle Before-Images am Ende einer Transaktion löschen. Die After-Images bewahren wir aber auf jeden Fall bis zur nächsten Sicherung auf! Dies ist der Grund, warum die Logs auf mindestens zwei Dateien verteilt werden.

▶ **Definition: Undo-Log, Redo-Log** Eine Logdatei, die alle Before-Images und dazugehörige Metadaten enthält, heißt Undo-Logdatei oder kurz Undo-Log.

Eine Logdatei, die alle After-Images und dazugehörige Metadaten enthält, heißt Redo-Logdatei oder kurz Redo-Log.

Die Daten innerhalb eines Undo-Logs werden in der Regel relativ schnell wieder gelöscht, da Transaktionen meist nur wenige Sekunden dauern. Anderseits gibt es Situationen, etwa bei Concurrency-Problemen, wo Undo-Daten noch eine gewisse Zeit benötigt

werden. In Oracle gibt es beispielsweise eine einstellbare Zeitspanne, in der garantiert
wird, dass Undo-Daten nicht gelöscht werden. Gleichwohl ist es nur eine Frage von Minuten, in der Daten immer wieder überschrieben werden. Aus Performancegründen wird
empfohlen, dieses Undo-Log auf einer eigenen Festplatte oder SSD abzulegen. In Oracle
ab V11 g wird beispielsweise schon bei Erzeugen einer Datenbank automatisch ein eigener Tablespace namens *Undotbs1* für die Undo-Daten angelegt.

Das Undo-Log wird sowohl für die Recovery als auch beim Rollback zum Zurücksetzen von geöffneten Transaktionen benötigt. Das Redo-Log brauchen wir nur für die Recovery und wird ausschließlich sequentiell beschrieben. Ein Lesen erfolgt nur im Recovery-
Fall. Redo-Logs können sehr groß werden, da die Logdaten bis zur nächsten Datensi-
cherung gespeichert werden müssen. Gleichzeitig soll das Schreiben in das Redo-Log
hochperformant erfolgen. In der Praxis werden daher meist mehrere Redo-Logdateien eingesetzt, in Oracle sind mindestens zwei Redo-Logdateien vorgeschrieben. Es wird wieder
dringend empfohlen, diese Redo-Logs auf eigenen Medien abzulegen.

Die maximale Größe eines Redo-Logs ist in MySQL seit Version 5.6 beispielsweise
512 GB, in anderen Systemen ist die Maximalgröße nicht explizit vorgeschrieben. In SQL
Server und Oracle werden die Redo-Logs zusätzlich archiviert, in Oracle in Archive-Logs,
in SQL Server mittels eines Log Backups. Das Zusammenspiel zwischen Redo-Logs und
archivierten Redo-Logs wollen wir am Beispiel von Oracle demonstrieren.

Oracle schreibt zwingend zwei Redo-Logs vor, empfiehlt aber mindestens drei, die
meist *Redo01.log*, *Redo02.log* usw. heißen. Diese Redo-Logs sind relativ klein, in der
Regel nur 100 MB. Die genaue Größe legt der Administrator fest. Ist nun das erste Redo-
Log mit Daten gefüllt, so werden folgende Aktionen angestoßen:

- Alle weiteren Redo-Einträge erfolgen im nächsten Redo-Log
- Das Redo-Log wird in ein Archiv-Redo-Log geschrieben
- Alle im Redo-Log eingetragenen Änderungen zu offenen und abgeschlossenen Trans-
  aktionen werden in die Datenbank geschrieben
- Das Redo-Log wird gelöscht

In Abb. 8.3 gehen wir davon aus, dass die Redo-Datei *Redo01* gefüllt sei. Die Aktionen sind in dieser Abbildung durch Pfeile angedeutet. Das Gleiche geschieht, wenn die
Datei *Redo02* vollgeschrieben ist. Ist auch die letzte Redo-Datei gefüllt, so wird zyklisch
zur ersten zurückgesprungen. Diese sollte mittlerweile gelöscht sein und wieder zum Beschreiben zur Verfügung stehen. Dieses Vorgehen hat große Vorteile. Die Redo-Dateien
stehen auf schnellen Medien, das Archiv-Redo-Log kann auch auf Magnetband hinterlegt
werden. Weiter wird im Recovery-Fall meist nur das aktuelle und das letzte noch nicht
gelöschte Redo-Log benötigt, da alle anderen Datenbankdaten aktuell sind.

Es ist äußerst unwahrscheinlich, dass sowohl der Rechner als auch die Datenbank und
die Redo-Dateien ausfallen. Auszuschließen ist dies jedoch nicht. Fast alle Datenbankhersteller bieten daher an, die Redo-Dateien automatisch zu multiplexen, also doppelt
zu halten. Extrem sicher fahren Datenbankbetreiber, wenn sie den gesamten Datenbank-

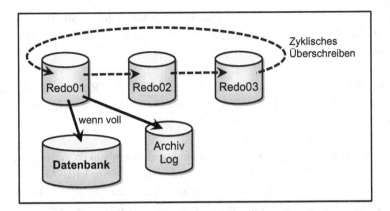

Abb. 8.3 Redo-Logs und Archive-Log in Oracle

betrieb spiegeln, einschließlich Rechner und Datenbank. Dieses Szenario ist bei extrem wichtigen Datenbeständen der Standard. Sicherheitshalber werden die Spiegelsysteme räumlich getrennt betrieben, um auch im Katastrophenfall, etwa bei Flugzeugabstürzen, sofort mit einer Kopie weiterarbeiten zu können.

Das zyklische zwingende Schreiben aller geänderten Daten in die Datenbank erfolgt in Oracle automatisch, wenn ein Redo-Log gefüllt ist. Aber auch in anderen Systemen werden Änderungen regelmäßig in die Datenbank geschrieben. Dies erfolgt immer zu bestimmten Ereignissen, den Checkpoints. Die Bedeutung von Checkpoints beschreiben wir im nächsten Abschnitt.

8.2.3 Recovery und Checkpoints

Im letzten Abschnitt wurde aufgezeigt, wie durch ausgefeilte Algorithmen und der parallelen Protokollierung in Redo- und Undo-Logs der sichere Datenbankbetrieb effizient garantiert werden kann. Damit aber im Fehlerfall die Recovery schnell abläuft, und die Datenbank meist in wenigen Minuten wieder zur Verfügung steht, bedarf es weiterer Überlegungen, auf die wir im Folgenden eingehen.

Betrachten wir nochmals Abb. 8.2 und den im Arbeitsspeicher befindlichen Datenbankpuffer. Ist dieser Puffer groß genug, so können einmal gelesene Daten enorm lange im Arbeitsspeicher gehalten werden. Somit können Blöcke immer wieder beschrieben werden, ohne jemals auf die Datenbank zurückgeschrieben und wieder gelesen werden zu müssen. Die Anzahl der Lese- und Schreibvorgänge auf die Festplatte bleibt sehr klein, die Antwortzeiten wegen der schnellen Zugriffe auf den Arbeitsspeicher sind erfreulich niedrig.

In der Praxis wird aber irgendwann auch der größte Puffer voll. Um neue Blöcke einlesen zu können, müssen bestehende verdrängt werden. Hier bietet sich der LRU-Algorithmus an:

▶ **Definition: LRU-Algorithmus** Der Algorithmus LRU (Least Recently Used) wählt aus einer gegebenen Anzahl von Daten diejenigen aus, die am längsten nicht mehr verwendet wurden.

Dieser Algorithmus wird in Betriebssystemen und Datenbanken verwendet, siehe etwa Elmasri, Navathe (2002). In der Praxis werden modifizierte LRU-Algorithmen zum Verdrängen von Blöcken aus dem Datenbankpuffer eingesetzt. Es gibt im Detail mehrere Varianten dieses Algorithmus. Ihnen liegt immer folgende Idee zugrunde:

Der gesamte Datenbankpuffer wird in zwei Teile eingeteilt, in den eigentlichen Puffer mit den Datenbankblöcken und in einen Bereich von Blöcken, die frei verfügbar sind. Bei den freien Blöcken unterscheiden wir zwischen den Blöcken, die sofort verwendet werden können und denjenigen, die zunächst noch in die Datenbank geschrieben werden müssen. Dies ergibt in Summe das in Abb. 8.4 gezeigte Gesamtbild. Die Grenzen zwischen freien und verwendeten Blöcken sind dabei fließend.

Immer wenn die Anzahl der freien Blöcke unter einen vorgegebenen Grenzwert fällt, wird ein Programm aufgerufen, das eine größere Anzahl von lange nicht mehr verwendeten Blöcken ermittelt und dem freien Bereich zuordnet. Alle nur gelesenen Blöcke werden sofort freigegeben, alle noch zu schreibenden Blöcke kommen in einen Spezialbereich (in Abb. 8.4 rechts unten). Alle sich dort befindlichen Blöcke werden jetzt sofort in die Datenbank geschrieben. Anschließend werden sie ebenfalls den freien Blöcken zugeordnet.

Dieses hocheffiziente Verfahren führt dazu, dass Blöcke, auf die immer wieder zugegriffen wird, nie verdrängt werden. Solche Blöcke heißen Hot Spots. Diese sind aus Performancegründen erwünscht, da sie die langsamen Festplattenzugriffe reduzieren. Es gibt aber auch zwei wichtige Gründe, Hot Spots zu vermeiden:

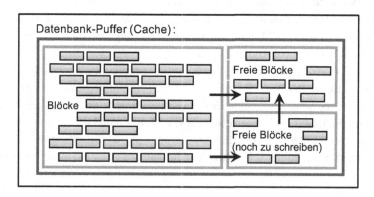

Abb. 8.4 Modifizierter LRU-Algorithmus im Datenbankpuffer

- Hot Spots führen dazu, dass der Datenstand auf der persistenten Festplatte sehr alt sein kann. Im Fehlerfall muss dann dieser Datenstand Schritt für Schritt aufwendig aktualisiert werden.
- Hot Spots führen dazu, dass die dazugehörigen Metadaten nicht gelöscht werden können. Aus Performancegründen werden die Metadaten in der Regel zyklisch überschrieben. Dies wird durch Hot Spots behindert.

Wir wollen den letzten Punkt noch etwas genauer betrachten. Wir puffern mit den Datenbankblöcken auch alle dazu benötigten Informationen, etwa den Zeitstempel der jeweiligen Änderung zusammen mit der Transaktionsnummer, meist auch Before- und Afterimage. Diese Informationen stehen im Metadatenbereich und können für bereits abgeschlossene Transaktionen sofort gelöscht werden, wenn der dazugehörige Block in die Datenbank geschrieben und damit aktualisiert wurde. Um die Metadaten effizient zu verwalten, werden diese Daten als frei markiert, wenn sie nicht mehr benötigt werden. Die alten Metadaten werden durch die neuen zyklisch überschrieben. Dies setzt allerdings voraus, dass die alten Metadaten auch wirklich gelöscht werden dürfen.

Die Metadaten ließen sich anders, wenn auch nicht ganz so performant verwalten. Dass im Fehlerfall aber alle Änderungen aller Hotspots nachvollzogen werden müssen, würde enorm viel Aufwand und Zeit kosten. Es könnte Stunden dauern, bis die Daten beim Neuaufsetzen wieder aktuell sind. So lange wollen Anwender und Kunden in der Regel aber unter keinen Umständen warten.

Wir müssen demnach die Hotspots entschärfen. Dazu schreiben wir alle geänderten Blöcke des Datenbankpuffers zwangsweise in die Datenbank zurück. Diese Zeitpunkte heißen Checkpoints.

▶ **Definition: Checkpoint** Der Zeitpunkt, an dem alle im Datenbankpuffer geänderten, aber noch nicht aktualisierten Daten auf die externe Datenbank geschrieben werden, heißt Checkpoint.

In einem modernen Datenbankbetrieb treten Checkpoints regelmäßig auf. Entweder werden Checkpoints nach bestimmten vorgegebenen Zeitabständen oder nach gewissen Ereignissen angesteuert. Beispielsweise wird in Oracle ein Checkpoint immer dann angestoßen, wenn eine Redo-Logdatei voll ist. Es hängt damit von der Last und der Größe der Logdateien ab, wie häufig ein Checkpoint ausgeführt wird. In der Regel finden pro Stunde mehrere Checkpoints statt.

Checkpoints setzen voraus, dass auch geänderte Daten nicht abgeschlossener Transaktionen in die Datenbank geschrieben werden dürfen. Es werden schließlich alle geänderten Daten, die noch nicht in der Datenbank gespeichert wurden, auf das externe Medium transportiert. Vorab müssen diese Daten aber im Undo-Log gespeichert sein.

Der große Vorteil von Checkpoints ist, dass in der Regel beim Rechnerabsturz nur das letzte Redo-Log gelesen werden muss, um alle Daten in der Datenbank zu aktualisieren.

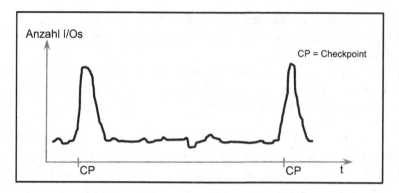

Abb. 8.5 Zeitlich pulsierender Anstieg von Ausgaben an Checkpoints

Der Nachteil von Checkpoints ist, dass in diesem Augenblick viele Daten in die Daten-bank geschrieben werden. Dies verursacht einen pulsartigen, relativ periodischen Anstieg der Anzahl der Ausgaben, schematisch dargestellt in Abb. 8.5. An den Checkpoints stei-gen die Ausgaben enorm an, um dann rasch wieder abzusinken. Leider erhöhen sich zu diesen Zeitpunkten auch die Antwortzeiten um ein Vielfaches. Aber auch diese nehmen ganz schnell wieder ab. Dieses Verhalten wird akzeptiert, da nun bei einem Rechnerab-sturz die Daten schnell wiederhergestellt werden können.

Dieses schnelle Wiederaufsetzen einer beschädigten Datenbank können wir eindrucks-voll aufzeigen, indem wir die Transaktionen in fünf Klassen einteilen. Betrachten wir dazu zwei Zeitpunkte *t1* und *t2*. Zum Zeitpunkt *t2* geschieht ein schwerer Softwarefeh-ler, so dass die Arbeitsspeicherdaten ungültig sind. Im schlimmsten Fall fällt der gesamte Rechner aus, im günstigsten Fall sind nur einzelne Blöcke im Cache betroffen. Der letzte Checkpoint vor diesem Crash sei der Zeitpunkt *t1*. Wir können alle seit der letzten Siche-rung abgelaufenen Transaktionen entsprechend dieser beiden Zeitstempel klassifizieren, siehe auch Abb. 8.6:

Abb. 8.6 Zustand der Trans-aktionen im Softcrash-Fall

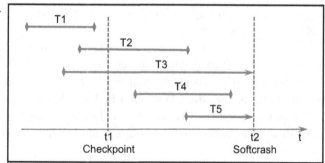

- Die Menge der zum Zeitpunkt *t1* bereits beendeten Transaktionen (T1).
- Die Menge der vor dem Zeitpunkt *t1* begonnenen und nach dem Zeitpunkt *t1* beendeten Transaktionen (T2).
- Die Menge der vor dem Zeitpunkt *t1* begonnenen und zum Zeitpunkt des Crash noch nicht abgeschlossenen Transaktionen (T3).
- Die Menge der nach dem Zeitpunkt *t1* begonnenen und bereits beendeten Transaktionen (T4).
- Die Menge der nach dem Zeitpunkt *t1* begonnenen und zum Zeitpunkt des Crash noch nicht abgeschlossenen Transaktionen (T5).

Die Transaktionen T2 und T4 sind abgeschlossen. Es ist aber nicht sichergestellt, dass alle Änderungen auch in die Datenbank geschrieben wurden. Vom Zeitpunkt des letzten Checkpoints bis Transaktionsende wird die Datenbank bezüglich dieser Transaktionen aktualisiert. Die benötigten Informationen werden dem letzten Redo-Log entnommen. Es ist dabei die Reihenfolge der einzelnen Änderungen zu beachten. Hilfestellung hierzu leisten die in der Logdatei ebenfalls gespeicherten Metadaten.

Die Transaktionen T3 und T5 müssen zurückgesetzt werden, da sie zum Zeitpunkt des Softcrashes noch nicht beendet waren. Es müssen alle Änderungen, die bereits in die Datenbank geschrieben wurden, zurückgenommen werden. Hier verwenden wir das Undo-Log.

Die Transaktionen T1 sind vom Crash nicht betroffen!

Ein Crash erfolgt meist viele Stunden nach der letzten Sicherung. Der letzte Checkpoint hingegen liegt nur wenige Minuten zurück. Folglich sind praktisch immer mindestens 90 % aller Transaktionen vom Typ *T1*. Die Recovery wird daher in der Regel sehr schnell ablaufen, da nur die restlichen ganz wenigen Transaktionen überprüft werden müssen.

Unsere Beschreibung der Recovery bezieht sich auf den Fall, dass nur der Rechner selbst abstürzt, in der Regel also auf Softwarefehler. Leider kann auch eine Festplatte ausfallen, auf der wesentliche Teile der Datenbank abgespeichert sind. Zur Vorsorge gibt es hier zwei Möglichkeiten:

- Der Datenbankbetreiber verlässt sich auf die Recovery und besitzt nur einen aktuellen Datenbestand der Datenbank.
- Der Datenbankbetreiber erwartet höchste Verfügbarkeit und arbeitet mit gespiegelten Datenbankdaten.

Auch im ersten Fall sind keinerlei Daten verloren. Wir müssen neue Hardware besorgen, die letzte Sicherung einspielen und den Datenbankbetrieb mit Hilfe der Redo-Logs komplett nachvollziehen. Dies wird zwar einige Zeit in Anspruch nehmen, die Daten sind aber dann wieder voll verfügbar.

Im zweiten Fall geht das Wiederherstellen wesentlich schneller. Nach dem Anschließen der neuen Hardware läuft die Datenbank sofort weiter. Die Datenbankdaten werden gleichzeitig auf die neue Hardware übertragen. In diesem Fall gibt es noch feine Nuancen.

Wir können einfach nur die Datenbankdaten spiegeln, etwa mittels einer Raid-1-Platte. Oder wir spiegeln gleich das gesamte System inklusive des Rechners und der gesamten Peripherie. Damit wären wir gegen praktisch alle Eventualitäten gerüstet.

Wir fassen diesen Sachverhalt kurz zusammen: Ein sicherer Datenbankbetrieb erfordert den Einsatz von Logdateien. Um im Falle eines Komplettausfalls des Systems schnell reagieren zu können, bedarf es eines zusätzlichen Aufwands, der erheblich sein kann.

- Einfachster Fall: Datenbankbetrieb mit Redo- und Undo-Logdateien zusammen mit der Verwendung von Checkpoints.
- Etwas aufwendiger: Die Logdateien werden mit Hilfe von Raid-1-Systemen gespiegelt.
- Noch aufwendiger: Zusätzlich wird die Datenbank gespiegelt.
- Extrem aufwendig: Das gesamte System wird gespiegelt und durch feuerfeste Wände getrennt.

Es ist eine Frage der Notwendigkeit und der zur Verfügung stehenden Mittel, welche Variante gewählt wird. Die aufwendigen Fälle garantieren, dass auch beim gleichzeitigen Ausfall mehrerer Systeme (z. B. Rechner und Datenbank) keine Daten verloren gehen und die Recovery sehr schnell durchgeführt werden kann.

Wir verweisen auf die folgende weiterführende Literatur: In Date (1983 und 2003) werden die Probleme der Recovery sehr gut beschrieben. Ausführliche Details finden wir vor allem in Kemper und Eickler (2015) und Conolly und Begg (2015).

8.3 Concurrency

Wir sind bisher mehr oder weniger stillschweigend davon ausgegangen, dass alle Transaktionen in zeitlicher Reihenfolge nacheinander ausgeführt werden. Und falls sie sich doch zeitlich überlappen, so sollten sie sich zumindest nicht gegenseitig beeinflussen. In größeren Datenbanken kann dies nicht garantiert werden. Großrechner erreichen schon heute einen Spitzendurchsatz von tausend und mehr Transaktionen pro Sekunde, wobei eine Transaktion meist nur eine Sekunde dauert. Dies bedeutet, dass häufig ein tausend und mehr Transaktionen gleichzeitig ablaufen! Dass sich so viele Transaktionen zu keiner Zeit gegenseitig beeinflussen, ist Wunschdenken und entspricht nicht der Realität. Trotzdem muss immer gewährleistet werden, dass die Konsistenz der Datenbank nicht verletzt wird. Es gilt folgende Grundregel:

▶ **Regel: Grundregel der Concurrency** Jede Transaktion hat so abzulaufen, als sei sie allein im System.

Wie diese Regel schon andeutet, spielt auch bei der Concurrency der Begriff der Transaktion eine zentrale Rolle. Nur im Transaktionsbetrieb sind Recovery und Concurrency überhaupt denkbar. Leider ist diese Grundregel auch im Transaktionsbetrieb nicht einfach zu erfüllen. Erfreulicherweise lassen sich die auftretenden Problemfälle in drei Kategorien einteilen, in

- das Problem der verlorengegangenen Änderung,
- das Problem der Abhängigkeit von noch nicht abgeschlossenen Transaktionen,
- das Problem der Inkonsistenz der Daten.

Wir stellen alle drei Probleme im Einzelnen ausführlich vor.

Problem der verlorengegangenen Änderung Eine Transaktion, nennen wir sie *TA1*, liest Daten einer gegebenen Relation *R* mit einem Select-Befehl in einen internen Bereich ein. Dort bearbeitet diese Transaktion die Daten und speichert die Änderungen mit einem Update-Befehl in der Datenbank wieder ab. Dies wird zum Problem, wenn fast gleichzeitig eine weitere Transaktion *TA2* einen ähnlichen Zugriff auf die Relation *R* durchführt. Betrachten wir dieses Szenario in Abb. 8.7. Hier lesen beide Transaktionen die gleichen Daten und modifizieren diese jeweils separat. *TA1* schreibt sein Ergebnis in die Datenbank, und kurz darauf überschreibt *TA2* diese Änderungen. Die Änderungen von *TA1* gehen demnach verloren, die Datenbank ist nicht mehr integer und vermutlich auch nicht mehr konsistent.

Ein anschauliches Beispiel ist die Flugbuchung aus Abschn. 8.1. Unser Reisebüro stellt fest, dass auf einem bestimmten Flug von Frankfurt nach New York noch drei Plätze frei wären und bucht zwei davon. Ganz geringfügig versetzt, analog Abb. 8.7, bucht ein weiteres Reisebüro ebenfalls zwei Plätze. Und schon wäre das Flugzeug überbucht. Es kommt noch schlimmer: Die Datenbank gibt an, dass sogar noch ein Platz frei wäre. Schließlich wurden ja die Änderungen unseres ersten Reisebüros überschrieben. Unser Reisebüro gibt die erfolgreiche Reservierung an seine Kunden weiter. Schließlich lag ja ein Commit vor!

Dieses Beispiel zeigt uns, dass im Parallelbetrieb Konsistenz und Integrität einer Datenbank massiv bedroht sind. Bevor wir aber näher auf Lösungen eingehen, sehen wir uns noch die beiden weiteren Probleme an.

Problem der Abhängigkeit von nicht abgeschlossenen Transaktionen Dieses Problem sieht harmlos aus, ist in letzter Konsequenz aber ähnlich kritisch wie das letzte. Betrachten

Abb. 8.7 Problem der verlorengegangenen Änderung

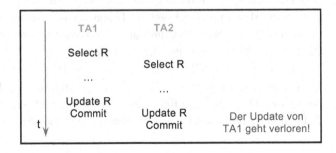

Abb. 8.8 Abhängigkeit von
nicht abgeschlossenen Transaktionen

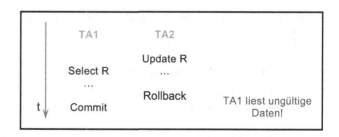

wir hierzu Abb. 8.8. Die Transaktion *TA2* führt eine Änderung durch, die aber später
mittels eines Rollback-Befehls wieder zurückgenommen wird. Zwischenzeitlich liest die
Transaktion *TA1* diese Änderung, die aber so niemals gültig wird.

Das Lesen nicht gültiger Daten sieht harmlos aus, stellt aber in bestimmten Situationen
ein echtes Problem dar. Darf etwa ein Kunde wegen hoher Schulden sein Girokonto nicht
belasten, so kann er bei leerem Girokonto keine Überweisungen vornehmen. Mit etwas
Geschick ginge dies aber doch: Ein Freund überweist ihm Geld, er belastet daraufhin sein
Konto und sein Freund zieht anschließend die Überweisung mit einem Rollback wieder
zurück! Auf diese Weise könnte das Konto erheblich in die roten Zahlen abrutschen!

Noch schlimmer wirkt es sich aus, wenn noch das Problem der verlorengegangenen
Änderung dazu kommt: Die Transaktion *TA1* könnte nicht nur lesend, sondern auch schrei-
bend zugreifen! Dann würden mit dem Rollback von *TA2* auch die von *TA1* geänderten
Daten zurückgesetzt.

Problem der Inkonsistenz der Daten Selbst dann, wenn eine Transaktion nichts ändert,
kann eine unglückliche Verzahnung mit einer anderen Transaktion zu falschen Resultaten
führen. Dies zeigt unser drittes Problem mit der Inkonsistenz der Daten. Betrachten wir
dazu drei Konten eines Geldinstituts (Abb. 8.9). Die Transaktion *TA1* überprüft den Inhalt
dieser drei Konten und gibt die Summe dieser Konten aus. Zur gleichen Zeit bucht die
Transaktion *TA2* einen Betrag von 600 Euro von Konto 3 auf Konto 1 um. Damit hat sich
die Kontosumme nicht geändert (in unserem Beispiel wären dies 1400 Euro), doch unsere
Transaktion *TA1* liefert ein falsches Ergebnis zurück!

Dieser dritte Fall zeigt, wie einfach es in einem ungeschützten System ist, die Grundregel der Concurrency zu verletzen. Läuft Transaktion *TA1* alleine ab, so erhalten wir den
korrekten Betrag von 1400 Euro. Trifft sie ungünstig auf *TA2*, so erhalten wir ein ganz
anderes und damit falsches Ergebnis. Besonders verheerend wirkt sich aber das Problem
der verlorengegangenen Änderung aus. Hier werden Daten von korrekt mit Commit beendeten Daten überschrieben und damit gelöscht!

Diese wichtigen drei Beispiele zeigen, dass im Parallelbetrieb ohne Schutzmaßnahmen
fast beliebige und willkürliche Ergebnisse auftreten können. Dies setzt sich bei der Recovery fort. Dort spielt die Reihenfolge der abgearbeiteten Transaktionen eine wichtige
Rolle. Im Parallelbetrieb ist aber nicht immer entscheidbar, welche Transaktion die erste

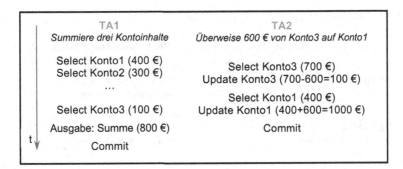

Abb. 8.9 Problem der Inkonsistenz

war. Verschärft wird diese Situation durch die Metadaten, die synchron zu den Logdaten geschrieben werden müssen.

Wir benötigen daher Mechanismen, die die Grundregel der Concurrency sicherstellen. Gleichzeitig müssen wir eine Reihenfolge der Transaktionen festlegen können. Wir müssen die Transaktionen daher serialisieren! Dafür gibt es zwei gegensätzliche Ansätze.

Strategien zur Serialisierung von Transaktionen
- Optimistische Concurrency-Strategie
- Pessimistische Concurrency-Strategie

Die optimistische Strategie geht von folgender Überlegung aus: Jede Transaktion darf in der Datenbank beliebig ändern, wobei die drei obigen Probleme bewusst in Kauf genommen werden. Wird allerdings bei Transaktionsende festgestellt, dass auch andere Transaktionen die gleichen Daten bearbeiteten, so wird ein *Rollback* durchgeführt und die Transaktion neu gestartet.

Konträr dazu verhält sich die Strategie des pessimistischen Verfahrens. Hier werden die in einer Transaktion angeforderten Daten, auch nur gelesene, für alle anderen Transaktionen gesperrt. Erst bei Transaktionsende werden diese Sperren freigegeben. Greift eine Transaktion also auf bestimmte Daten zu, so ist für alle anderen Transaktionen der Zugriff darauf verwehrt. Erst nach Transaktionsende kann eine andere Transaktion diese Daten bearbeiten.

Das optimistische Verfahren ist einfach zu implementieren. Es kann sich aber leicht aufschaukeln: Zwei Transaktionen, die sich beeinflussen, könnten beide zurückgesetzt und neu gestartet werden. Schon interagieren sie wieder und beginnen von neuem. Vielleicht kommt jetzt noch eine dritte Transaktion dazu, und das System schaukelt sich auf. Schon bei relativ geringen Konfliktwahrscheinlichkeiten besteht die Gefahr, dass sich der Konflikt nicht mehr auflöst. Dabei ist die Implementierung des optimistischen Verfahrens wirklich einfach und erfolgt über Zugriffszähler auf jeden einzelnen Block im Datenbankpuffer. Dadurch kann jederzeit festgestellt werden, ob auch andere Transaktionen auf die verwendeten Blöcke zugegriffen haben.

Tab. 8.4 Vor- und Nachteile der Serialisierungsstrategien

	Optimistische Strategie	Pessimistische Strategie
Vorteile	Einfache Implementierung Gute Performance Grundregel der Concurrency kann garantiert werden	Universell einsetzbar Grundregel der Concurrency kann garantiert werden
Nachteile	Kann sich aufschaukeln: daher nur in Spezialfällen einsetzbar	Aufwendige Implementierung Provoziert Wartezeiten anderer Transaktionen

Da in der Praxis nicht garantiert werden kann, dass einige Daten immer wieder von mehreren Transaktionen gelesen und geändert werden, wird heute fast ausschließlich das pessimistische Verfahren eingesetzt. Dieses Verfahren serialisiert alle auf gleiche Daten zugreifenden Transaktionen.

Jede Transaktion, die bestimmte Daten liest oder schreibt, setzt auf diese Daten eine Sperre. Diese Sperre wird erst bei Transaktionsende wieder frei gegeben. Alle weiteren Transaktionen, die die gleichen Daten bearbeiten wollen, müssen wegen der gesetzten Sperre warten. Mit dem Freigeben dieser Sperre wird die erste wartende Transaktion geweckt. Diese erhält nun selbst die Sperre und kann weiter arbeiten. Somit verhalten sich bei der pessimistischen Strategie Transaktionen nicht nur so, als seien sie nacheinander abgelaufen, sie sind es tatsächlich. Der Implementierungsaufwand dieses Verfahrens ist hoch. Es ist eine Sperrverwaltung einzuführen, die die komplette Serialisierung miteinander konkurrierender Transaktionen übernimmt. Wir gehen darauf ausführlich im nächsten Abschnitt ein. Tabelle 8.4 zeigt uns eine kleine Übersicht über die Vor- und Nachteile der beiden Strategien.

8.4 Sperrmechanismen

Das im letzten Abschnitt besprochene pessimistische Verfahren erfordert Sperrmechanismen. Wir bezeichnen solche Sperren im Weiteren als Locks. Die Realisierung dieser Locks geschieht in der Praxis mit Hilfe von Semaphoren, einfachen Zählern. Generell werden Locks eingesetzt, um Betriebsmittel vor mehreren gleichzeitigen Zugriffen zu schützen, in Datenbanken sind dies unsere Relationen. Die Grundidee bei Datenbanken ist Folgende:

- Zu jeder Relation existiert ein Lock
- Eine Transaktion holt vor jedem Zugriff auf eine Relation automatisch den dazugehörigen Lock, falls sie diesen Lock noch nicht besitzt
- Ist der Lock von einer anderen Transaktion belegt, so wartet die Transaktion bis zur Lockfreigabe in einer Warteschlange
- Bei Transaktionsende werden alle von dieser Transaktion gehaltenen Locks freigegeben

Abb. 8.10 Locks: Synchroni-
sierung durch Serialisierung

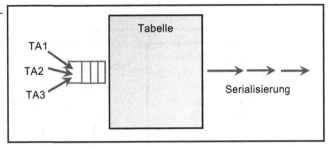

Dies führt dazu, dass sich Transaktionen gegenseitig synchronisieren, indem sie nacheinander auf Tabellen zugreifen. Dies illustriert sehr schön Abb. 8.10. Hier wollen drei Transaktionen fast gleichzeitig eine Tabelle bearbeiten. Dank unserer Locks darf zunächst nur eine Transaktion auf die gewünschte Tabelle zugreifen, die anderen beiden müssen warten. Nach dem Commit der ersten Transaktion belegt die zweite Transaktion die Tabelle, schließlich, wieder nach einem Commit, die dritte. Die drei Transaktionen laufen nacheinander ab. Vor jeder Tabelle existiert also eine Warteschlange, die nach dem Prinzip FCFS (First Come First Serve) verwaltet wird. Der bisher am längsten Wartende wird also jeweils als nächster bedient.

Moderne Datenbanken holen automatisch vor jedem Zugriff den erforderlichen Lock und geben diesen erst bei Transaktionsende wieder frei. Dies garantiert, dass keine andere Transaktion die gerade laufende beeinflussen kann.

Dieses Vorgehen des Holens eines Locks, bevor eine Tabelle angefasst wird, ist extrem wichtig! Eine Tabelle ist nämlich nicht automatisch dadurch geschützt, dass sie angefasst wird. Eine entsprechende Vorsorge ist deshalb zwingend erforderlich. Die Freigabe belegter Locks ist in SQL direkt mit dem Commit-und Rollback-Befehl verknüpft.

Bei Datenbanken, auf die nur selten zugegriffen wird, ist ein Tabellenlock eigentlich nicht erforderlich. Es würde ein einziger Lock für die gesamte Datenbank genügen. Umgekehrt bremst ein Tabellenlock bei sehr häufigen Zugriffen extrem. Wir benötigen eine feinere Lock-Granularität. Folgende Lockgranulate sind von Interesse, siehe auch Abb. 8.11:

- Datenbank-Lock: Sperre für die gesamten Datenbank,
- Tabellen-Lock: Sperre für jede Relation (Tabelle),
- Tupel-Lock: Sperre für jedes Tupel jeder Relation,
- Eintrags-Lock: Sperre für jeden Attributseintrag jeder Relation.

Beim Arbeiten mit Datenbank-Lock können keine zwei Benutzer gleichzeitig mit der Datenbank arbeiten. Beim Verwenden von Eintrags-Locks gibt es extrem viele Sperren. Die meisten Datenbanken benutzen daher Tupel-Locks, so auch Oracle, SQL Server und MySQL. Vereinzelt kommen auch Tabellen-Locks vor. Wir müssen uns also im Klaren sein, dass eine moderne Datenbank für jede Tabellenzeile jeder Relation einen eigenen

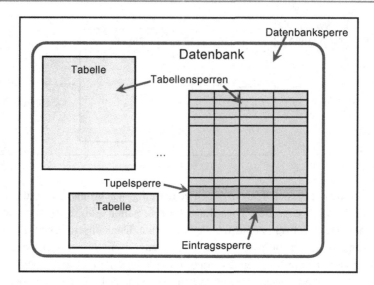

Abb. 8.11 Sperrgranulate in Datenbanken

Lock vorhalten muss. Dies können also Millionen oder Milliarden von Locks sein! Andererseits ist nun die Konfliktwahrscheinlichkeit gering, dass zwei Transaktionen gleichzeitig die gleiche Zeile einer Relation bearbeiten. Und falls doch einmal zwei Relationen auf
die gleiche Zeile zugreifen, so werden sie sich dank unserer Locks synchronisieren.

Obwohl Tupelsperren die Konfliktwahrscheinlichkeit schon erheblich reduzieren, sind
Datenbanken bemüht, die Wartezeiten auf belegte Locks noch weiter zu minimieren.
Wenn wir bedenken, dass meist 80 bis 90 Prozent aller Zugriffe Lesezugriffe sind, und
wenn wir weiter beachten, dass Lesezugriffe keine Daten ändern, so ist es fast natürlich,
in einer Datenbank Lese- und Schreibzugriffe bezüglich der Locks unterschiedlich zu behandeln. Schließlich stört es überhaupt nicht, wenn mehrere Lesende gleichzeitig auf die
gleiche Zeile zugreifen.

Andererseits müssen wir wegen der Abhängigkeit von noch nicht abgeschlossenen
Transaktionen und der Inkonsistenz der Daten (siehe letzter Abschnitt) Lesende und
Schreibende gegenseitig synchronisieren. Um dennoch gleichzeitiges Lesen zu ermögli-
chen, definieren wir zwei unterschiedliche Sperrmechanismen:

▶ **Definition: Exklusiv-Lock, Share-Lock** Ein Exklusiv-Lock auf ein Objekt weist alle
weiteren Exklusiv- und Share-Lockanforderungen auf dieses Objekt zurück.

Ein Share-Lock auf ein Objekt lässt weitere Share-Lockzugriffe auf dieses Objekt zu,
weist aber exklusive Lockanforderungen zurück.

Es liegt nun in Datenbanken folgendes Vorgehen auf der Hand:

• Vor dem lesenden Zugriff auf eine Zeile wird ein Share-Lock für diese Zeile geholt,

- Vor dem schreibenden Zugriff auf eine Zeile wird ein Exklusiv-Lock für diese Zeile geholt.

Dieses Vorgehen gilt analog für Tabellen- oder Eintragssperren. Diese Modifikation ermöglicht jetzt zusätzlich, dass beliebig viele lesende Zugriffe parallel stattfinden können, auch auf die gleichen Daten! Nur die schreibenden Zugriffe geschehen weiterhin isoliert. Wir erweitern jetzt die Grundidee zu Sperrmechanismen in Datenbanken mittels Share-Locks wie folgt:

- Jede Zeile einer Relation wird beim Zugriff durch einen eigenen Share- bzw. Exklusiv-Lock geschützt.
- Eine Transaktion holt vor jedem lesenden Zugriff auf eine Zeile automatisch den dazugehörigen Share-Lock, falls sie diesen Lock noch nicht besitzt. Vor einem schreibenden Zugriff holt sie den entsprechenden Exklusiv-Lock.
- Wird ein Share-Lock angefordert, und gibt es keine Exklusiv-Lock-Anforderungen anderer Transaktionen, so erhält die Transaktion den Share-Lock. Dies gilt auch dann, wenn andere Transaktionen diesen Share-Lock besitzen.
- Wird ein Exklusiv-Lock angefordert, und gibt es keine Share- und Exklusiv-Lock-Anforderungen anderer Transaktionen, so erhält die Transaktion den Exklusiv-Lock.
- Andernfalls wartet die Transaktion beim Anfordern eines Share- oder Exklusiv-Locks bis zur Lockfreigabe in einer Warteschlange.
- Besitzt eine Transaktion bereits einen Share-Lock auf eine Zeile und benötigt zusätzlich den Exklusiv-Lock auf diese Zeile, so wird der Share-Lock automatisch in einen Exklusiv-Lock umgewandelt, sobald dieser für die Transaktion verfügbar ist.
- Bei Transaktionsende werden alle gehaltenen Locks freigegeben.

Wir sehen, dass der Algorithmus gegenüber der Grundidee etwas komplexer wurde. Dafür erhalten wir ein Höchstmaß an Parallelität. Unsere Hoffnung ist nun, dass die Grundregel der Concurrency bei unseren drei Problemen aus dem letzten Abschnitt mit Hilfe dieser Sperrmechanismen eingehalten wird. Wir holen also vor jedem Datenbankzugriff den entsprechenden Share- bzw. Exklusivlock. Unter diesen geänderten Bedingungen betrachten wir unsere drei Probleme ein zweites Mal.

Problem der verlorengegangenen Änderung Beide Transaktionen fordern zum Lesen einen Share-Lock an, den sie auch beide erhalten. Anschließend möchten Sie ihren Share-Lock in einen Exklusiv-Lock umwandeln. Da aber jeweils noch die andere Transaktion einen Share-Lock hält, müssen sie auf die Freigabe dieses Locks warten. Beide Transaktionen warten also auf die Freigabe eines Locks, den die jeweils andere Transaktion besitzt, siehe Abb. 8.12. Diese so entstandene Verklemmung löst sich von selbst nicht mehr auf. Beide Transaktionen warten beliebig lange und können folglich auch den beabsichtigten Update nicht ausführen.

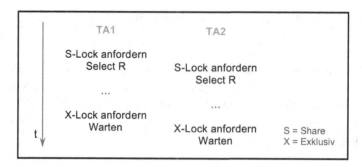

Abb. 8.12 Sperren beim Problem der verlorengegangenen Änderung

Solche Verklemmungen können bei Sperrmechanismen generell auftreten. Diese Situation bezeichnen wir als *Deadlock*.

▶ **Definition: Deadlock** Eine Verklemmung, bei der mindestens zwei Transaktionen gegenseitig auf die Freigabe eines oder mehrerer Locks warten, heißt <u>Deadlock</u>.

Wenn wir also versuchen, unser Problem der verlorengegangenen Änderung mit Hilfe von Share- und Exklusiv-Locks zu lösen, so stoßen wir auf einen Deadlock. Diese Deadlocks werden wir im nächsten Abschnitt im Detail untersuchen. Insbesondere sind wir an einer Auflösung dieser Deadlocks interessiert. Zunächst wollen wir aber noch die beiden anderen im letzten Abschnitt angesprochenen Probleme betrachten.

Problem der Abhängigkeit von nicht abgeschlossenen Transaktionen Hier fordert Transaktion *TA2* einen Exklusiv-Lock an und erhält ihn. Transaktion *TA1* hingegen bekommt den gewünschten Share-Lock nicht und wartet. Mit dem Rollback gibt die Transaktion *TA2* all ihre Locks frei. Der Share-Lock wird folglich der Transaktion *TA1* zugeteilt, und diese greift nun lesend zu, siehe Abb. 8.13. Zum Unterschied zu unserem Beispiel ohne Locks lesen wir jetzt ausschließlich gültige Daten, Daten die von abgeschlossenen Transaktionen kommen und nicht mehr zurückgesetzt werden können. Wir erkennen aus der Abbildung deutlich, dass sich die beiden betroffenen Transaktionen serialisieren. Transaktion *TA1* wird im Prinzip erst nach dem Ende von *TA2* gestartet. Die Transaktionen verhalten sich nun tatsächlich so, als seien sie jeweils allein im System. Die Grundregel der Concurrency wird voll unterstützt.

Die Wirkung unserer Sperrmechanismen ist offensichtlich. Transaktionen, die keine Datensätze gemeinsam anfassen, behindern sich grundsätzlich nicht. Die wenigen anderen Transaktionen, die zufälligerweise auf gleiche Daten zugreifen, werden serialisiert.

Problem der Inkonsistenz der Daten Unser Problem der Inkonsistenz der Daten führt wieder zu einem Deadlock. Betrachten wir dazu Abb. 8.14. Transaktion *TA1* fordert nacheinander drei Share-Locks zu den Konten 1 bis 3 an. Die beiden ersten Locks werden

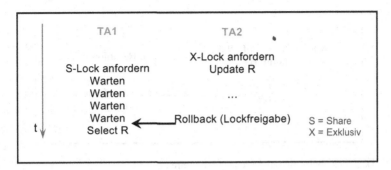

Abb. 8.13 Sperren bei der Abhängigkeit von offenen Transaktionen

gewährt, und *TA1* liest die Kontendaten. In der Zwischenzeit erhält Transaktion *TA2* einen Share-Lock auf Konto 3 und kann diesen nach dem Lesen der Daten in einen Exklusiv-Lock umwandeln. Im Folgenden wird daher der Transaktion *TA1* der Share-Lock auf Konto 3 verwehrt. *TA1* muss auf Lockfreigabe warten. Fast gleichzeitig erhält *TA2* einen Share-Lock auf Konto 1. Schließlich dürfen mehrere Transaktionen parallel lesend zugreifen. Zum Update von Konto 1 benötigt *TA2* aber einen Exklusiv-Lock, und dieser wird nun verweigert. Wieder warten zwei Transaktionen gegenseitig auf Freigabe von Sperren, ein Deadlock ist eingetreten.

In Summe können wir sagen, dass wir alle drei vorgestellten Probleme lösen, wenn wir Deadlocks vernünftig erkennen und auflösen können. Wir wären in der Lage die Grundregel der Concurrency mit Hilfe von Sperrmechanismen zu erfüllen. Noch stehen uns aber Deadlocks im Weg.

Die drei beschriebenen Probleme sind deshalb so wichtig, weil sie zeigen, dass schon allein die Kombination zwischen lesenden und schreibenden Transaktionen Schwierigkeiten bereitet. Bei reinen schreibenden Transaktionen treten Concurrency-Probleme ver-

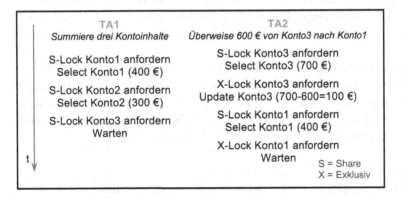

Abb. 8.14 Sperren beim Problem der Inkonsistenz der Daten

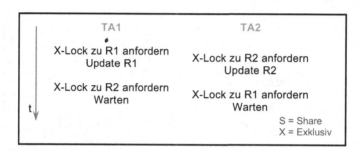

Abb. 8.15 Deadlocks beim sich überkreuzenden Schreiben

stärkt auf, ebenso Deadlocks. Dies wollen wir an einem einfachen Beispiel zusammen mit Abb. 8.15 aufzeigen. Transaktion *TA1* fordert einen Exklusiv-Lock für *R1* an, *TA2* einen Exklusiv-Lock für *R2*. Nach dem Update wollen jetzt beide einen Exklusiv-Lock für die jeweils andere Relation. Sie müssen gegenseitig auf Lockfreigabe warten, was nie geschehen wird. Ein Deadlock liegt vor.

Dieses Beispiel zeigt eindrucksvoll, dass zwei Transaktionen besonders anfällig für Deadlocks sind, wenn sie Aufgaben in jeweils umgekehrter Reihenfolge bearbeiten.

Concurrency-Probleme werden in der Literatur sehr ausführlich behandelt. Empfehlenswert sind die etwas älteren Werke Date (1983 und 2003). Aus der neueren Literatur mit einer ausführlichen Behandlung der drei hier besprochenen Probleme seien Conolly und Begg (2015) und Kemper und Eickler (2015) besonders erwähnt.

8.5   Deadlocks

Im letzten Abschnitt sind wir dreimal auf Deadlocks gestoßen. Diese Deadlocks bewirken, dass die darin verwickelten Transaktionen diese Verklemmung selbst nicht mehr auflösen können. Um ein endloses Warten zu vermeiden, muss von außen beobachtet und gegebenenfalls eingegriffen werden. Noch besser wäre es aber, wenn wir Deadlocks grundsätzlich vermeiden könnten. Wir wollen uns daher zunächst damit befassen.

Deadlockvermeidungsstrategien Im letzten Abschnitt haben wir gesehen, dass ein Bearbeiten von Daten in jeweils unterschiedlicher Reihenfolge schnell zu einem Deadlock führen kann, siehe Abb. 8.15. Dies zeigt uns aber umgekehrt den Weg, wie wir Deadlocks vermeiden können: Wir führen eine Ordnung beim Zugriff auf unsere Datensätze ein. Wir könnten also alle Objekte einer Datenbank wie folgt anordnen:

- Alphabetische Ordnung aller Relationen
- Ordnung der Tupel nach dem Primärschlüssel innerhalb einer Relation

Fordern wir jetzt, dass eine Relation ausschließlich Zugriffe auf Relationen gemäß dieser Anordnung durchführt, so werden auch die Locks in dieser Reihenfolge angefordert, Deadlocks können nicht mehr auftreten. Dies wird sofort offensichtlich, wenn wir unsere Deadlockfälle im letzten Abschnitt betrachten. Immer war die unterschiedliche Reihenfolge der Zugriffe der beiden Transaktionen die Ursache. Es lässt sich beweisen, dass unter Einhaltung einer festen Reihenfolge der Zugriffe keine Deadlocks auftreten können.

Voraussetzung ist, dass sich wirklich alle Transaktionen an diese Reihenfolge halten. Sollten Transaktionen während der Abarbeitung feststellen, dass sie noch Daten benötigen, die diese Anordnung verletzten, so muss die Transaktion mit einem Rollback abgebrochen und komplett neu gestartet werden. In der Praxis erweisen sich die Deadlock-Vermeidungsstrategien im Datenbankeinsatz als nicht flexibel genug. Diese Algorithmen werden daher höchstens dann eingesetzt, wenn das Erkennen von Deadlocks sehr komplex und aufwendig ist, etwa in verteilten Datenbanken. Zu Details der Deadlockvermeidung sei auf Date (1983) und Kemper und Eickler (2015) verwiesen, ebenso auf Bücher zu Betriebssystemen, z. B. Tanenbaum (2016).

Deadlockerkennung Können wir Deadlocks nicht verhindern, so müssen wir Algorithmen zum Erkennen von Deadlocks einsetzen. Am einfachsten ist es, auf Lockfreigabe wartende Transaktionen zu beobachten. Überschreitet die Wartezeit dieser Transaktionen einen vorgegebenen Schwellwert, so können wir annehmen, dass sie sich in einem Deadlock befinden. Dieser einfache Algorithmus hat aber drei entscheidende Nachteile:

- Eine Transaktion, die längere Zeit auf Lockfreigabe wartet, muss sich nicht in einem Deadlockzustand befinden.
- Nach welcher Zeit eine auf Lockfreigabe wartende Transaktion wegen Verdacht auf Deadlock abzubrechen ist, ist in der Regel nicht bekannt.
- Ein zu langes Warten bis zum Abbruch einer Transaktion verlängert die Antwortzeiten im System generell.

Letztendlich ist anhand der Wartezeit nicht entscheidbar, ob sich eine Transaktion in einem Deadlock befindet oder nicht. Warten wir zu lange, so steigt die Antwortzeit der Transaktion. Warten wir nur kurz, so werden auch nicht in einem Deadlock verstrickte Transaktionen zurückgesetzt.

Glücklicherweise gibt es einfache Mechanismen, um Deadlocks zweifelsfrei zu erkennen: Wartegraphen. Dazu protokollieren wir alle Transaktionen, die auf Lockfreigabe warten, zusammen mit den Transaktionen, die den gewünschten Lock halten. Wartet etwa die Transaktion *TA1* auf die Freigabe eines Locks, der von der Transaktion *TA2* gehalten wird, so wird im Protokoll ein gerichteter Wartegraph angelegt. Dies entspricht einem Pfeil von *TA1* nach *TA2* (*TA1*→*TA2*). Wartet nun etwa auch *TA2* auf die Freigabe eines Locks durch *TA3*, so kommt ein Pfeil von *TA2* nach *TA3* hinzu. Falls zusätzlich noch *TA3* auf die Freigabe eines Locks durch *TA1* wartet, so führt der weitere Pfeil zu einem geschlossenen Zyklus im Wartegraphen, siehe Abb. 8.16: Ein Deadlock liegt vor!

Abb. 8.16 Wartegraph dreier
Transaktionen

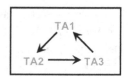

Mit Hilfe von Wartegraphen können wir also sehr einfach Deadlocks identifizieren. Wir müssen dazu nur zu jeder auf Lockfreigabe wartenden Transaktion einen gerichteten Graphen, also einen Pfeil, hinzufügen. Gleichzeitig wird überprüft, ob es einen geschlossenen Zyklus von der neuen Pfeilspitze zurück zur wartenden Transaktion gibt. Wenn ja, so liegt mit der neuen Lockanforderung ein Deadlock vor. In unserem Beispiel hatten wir einen Pfeil von *TA3* nach *TA1* eingezeichnet. Von der Pfeilspitze *TA1* führt ein gerichteter Pfad zu *TA3* zurück. Ein Deadlock wird erkannt.

Verlässt eine Transaktion ihren Wartezustand, da sie den gewünschten Lock erhält, so wird selbstverständlich der entsprechende Pfeil im Wartegraphen wieder entfernt. Meist warten nur wenige Transaktionen auf Lockfreigabe. Die Verwaltung eines Wartegraphen ist für eine Datenbank daher nur ein minimaler Zusatzaufwand.

Deadlockauflösung Die Deadlockerkennung übernimmt die Datenbank. Schließlich sollen ja die betroffenen Transaktionen nicht dauerhaft im Wartezustand verweilen. Haben sich also zwei Transaktionen verklemmt, so wird für eine dieser Transaktionen der Wartezustand beendet. Gleichzeitig wird für diese Transaktion ein Fehler, genauer ein Deadlockfehler, zurückgemeldet. Jetzt muss diese Transaktion korrekt und optimal reagieren.

Diese Transaktion darf also weiterarbeiten. Der gewünschte SQL-Befehl wurde jedoch mit einer Fehlermeldung abgewiesen und daher nicht ausgeführt, so dass die Transaktion höchstwahrscheinlich nicht erfolgreich zu Ende geführt werden kann. Der naheliegende Versuch, den SQL-Befehl nochmals zu versuchen, wäre ein schwerer Fehler. Wir würden sofort wieder im Deadlock stecken! Die Deadlockfehlermeldung zeigt unserer Transaktion nämlich, dass mindestens eine andere Transaktion auf die Freigabe eines Locks wartet, die sie selbst hält. Sonst hätte es ja keinen Deadlock gegeben.

In praktisch allen Fällen gibt es für die betroffene Transaktion daher nur eine einzige sinnvolle Lösung: **Zurücksetzen der Transaktion** und Durchführen eines Neustarts. Wir haben dies bereits in Kap. 6 geübt und verweisen explizit auf Abschn. 6.4.6. Mit dem Zurücksetzen der Transaktion werden Locks freigegeben. Damit können alle anderen im Deadlock verstrickten Transaktionen weiterarbeiten. Die Wartezustände werden sich auflösen. Mit dem Neustart der Transaktion kann diese vermutlich jetzt problemlos die gewünschten Aufgaben ausführen.

Im letzten Abschnitt endeten zwei unserer drei Concurrency-Probleme in einem Deadlock. Durch das Rücksetzen jeweils einer der beiden Transaktionen und einem Neustart dieser Transaktion kommen wir tatsächlich in beiden Fällen zum Erfolg. Wir wollen dies am Beispiel der verlorengegangenen Änderung und dem Rücksetzen und Neustart der Transaktion *TA2* zeigen. In Abb. 8.17 erhält *TA2* eine Deadlock-Fehlermeldung. Sie führt

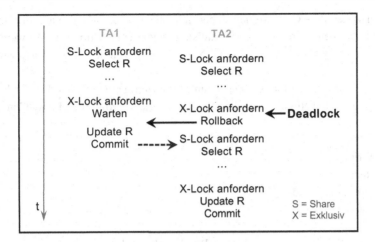

Abb. 8.17 Deadlockerkennung bei der verlorengegangenen Änderung

daraufhin einen Rollback durch. Damit erhält Transaktion *TA1* den angeforderten Lock, führt die Änderungen in der Relation *R* durch und beendet die Transaktion mit einem Commit. Damit gibt *TA1* ihren gehaltenen Lock zurück. Beim Neustart von Transaktion *TA2* erhält diese sofort den gewünschten Share-Lock und liest nun die aktuellen von *TA1* bereits gespeicherten Daten. Diese werden dann ebenfalls geändert, und die Transaktion schließt zuletzt mit einem Commit ab.

Ganz wichtig für uns ist, dass die Grundregel der Concurrency eingehalten wird. Jede Transaktion verhält sich so, als sei sie allein im System. Gibt es Probleme, so erfolgen Fehlermeldungen. Bei nicht behebbaren Fehlern, etwa im Deadlockfall, setzen wir die betroffene Transaktion zurück. Die Grundregel der Concurrency ist erfüllt, auch wenn Transaktionen gegebenenfalls zunächst zurückgesetzt und dann nochmals gestartet werden.

▶ Bei einer Deadlock-Fehlermeldung setzen wir die betroffene Transaktion sofort zurück. Gegebenenfalls erfolgt ein Neustart dieser Transaktion.

Zu weiterführenden Details verweisen wir wieder auf Date (1983) und Kemper und Eickler (2015), ebenso auf Tanenbaum (2016).

8.6 Concurrency und SQL

SQL ist eine Sprache der vierten Generation. SQL fragt deshalb nicht, wie ein Datum ausgelesen oder geschrieben wird, sondern nur, welches Datum gelesen oder geschrieben werden soll. Ähnlich verhält es sich bei den Sperrmechanismen in SQL.

SQL erwartet, dass Concurrency sicher unterstützt wird, dass also alle drei in diesem Kapitel beschriebenen Probleme der Serialisierung von Transaktionen gelöst werden. SQL interessiert nicht das *Wie* dieser Lösung. Nur das Umsetzen der Concurrency wird gefordert.

Concurrency bedeutet für eine Datenbank gleichzeitig einen hohen Aufwand. Um diesen Aufwand den jeweiligen Anforderungen anzupassen, definiert SQL vier Concurrency-Level:

- Dirty Write
- Dirty Read
- Non Repeatable Read
- Phantom

Der Level *Dirty Write* entspricht dem Problem der verlorengegangenen Änderung, das in den letzten beiden Abschnitten besprochen wurde, siehe auch Abb. 8.7 und 8.17. Die SQL-Norm (siehe SQL 2003) verweist darauf, dass Dirty Writes grundsätzlich verboten sind! Deshalb bezeichnet die SQL-Norm die Dirty Writes nicht explizit als Concurrency-Level. Wegen der Wichtigkeit der Dirty Writes führen wir diese hier aber explizit mit auf.

Den Level *Dirty Read* kennen wir ebenfalls. Es handelt sich um das Problem der Abhängigkeit von noch nicht abgeschlossenen Transaktionen, siehe auch Abb. 8.8. Dieser Level wird, wie auch die beiden noch folgenden, explizit in der SQL-Norm beschrieben. In diesem Level können also Daten gelesen werden, die so nie gültig werden. Letztlich werden also Lesezugriffe immer erlaubt, die dabei auftretenden Probleme werden hingenommen.

Im Level *Non Repeatable Read* wird nicht garantiert, dass ein einmal gelesener Eintrag innerhalb der gleichen Transaktion unverändert bleibt. Andere Transaktionen können Inhalte ändern. Ein wiederholter Zugriff in einer Transaktion auf den gleichen Inhalt kann in diesem Level also zu durchaus unterschiedlichen Ergebnissen führen.

Der Level *Phantom* erlaubt, dass beim wiederholten Lesen innerhalb einer Transaktion eine oder mehrere Zeilen auftauchen, die beim vorherigen Lesen noch nicht vorhanden waren. Eine andere Transaktion könnte nämlich neue Zeilen eingefügt haben. Diese neuen Zeilen werden als Phantom bezeichnet.

Die SQL-Norm (SQL 2003) beschreibt vier Isolationslevel. Diese sind: *Read Uncommitted*, *Read Committed*, *Repeatable Read* und *Serializable*. Den Zusammenhang zwischen diesen Isolationsleveln und den Concurrency-Leveln zeigt Tab. 8.5. Wir sehen, dass wir im Level *Serializable* keinerlei Unsicherheiten zulassen. In diesem Level ist daher die Grundregel der Concurrency erfüllt.

Die SQL-Norm erlaubt bei weniger kritischen Transaktionen, einen nicht ganz sicheren Level einzustellen. Natürlich ist in der Regel eine Verletzung der Concurrency zu unterbinden. Es gibt jedoch Anwendungen, wo ein Dirty Read kein Problem darstellt. Sammelt beispielsweise eine Transaktion für rein statistische Zwecke bestimmte Daten, so wäre in

Tab. 8.5 Isolationslevel

Isolationslevel	Dirty Write erlaubt?	Dirty Read erlaubt?	Non Repeatable Read erlaubt?	Phantom erlaubt?
Read Uncommitted	Nein	Ja	Ja	Ja
Read Committed	Nein	Nein	Ja	Ja
Repeatable Read	Nein	Nein	Nein	Ja
Serializable	Nein	Nein	Nein	Nein

dieser Transaktion der Level *Read Uncommitted* durchaus vorstellbar. Diese Transaktion würde damit andere überhaupt nicht behindern.

Zum Setzen eines bestimmten Levels wird als erste Anweisung einer Transaktion der Befehl *Set Transaction* verwendet. Dieser Befehl lautet:

```
SET TRANSACTION ISOLATION LEVEL  Level
```

Als Level ist einer der in Tab. 8.5 vorgestellten Isolationslevel anzugeben. Welcher Level in einer Datenbank standardmäßig eingestellt ist, hängt von den einzelnen Datenbankherstellern und den globalen Einstellungen ab.

Wir wollen noch aufzeigen, wie diese Leveleinstellungen realisiert werden können. Wir haben im Abschn. 8.4 Share- und Exklusivlocks kennen gelernt. In Tab. 8.6 zeigen wir beispielhaft, wie mit Hilfe dieser Locks die einzelnen Levels erreicht werden können. Wir gehen dabei von zeilenweisen Sperren aus.

Bereits im Level *Read Uncommitted* sind Dirty Writes nicht erlaubt. Die Transaktionen setzen daher zum Schreiben Exklusiv-Locks auf die entsprechenden Zeilen. Um auch Dirty Reads zu vermeiden, arbeiten Transaktionen beim Schreiben mit Kopien. Erst mit dem Commit-Befehl werden diese Kopien in die Originaldatensätze geschrieben. Damit lesen andere Transaktionen nur Daten von abgeschlossenen Transaktionen. Um zusätzlich wiederholbares Lesen zu garantieren, müssen sich auch die lesenden Zugriffe synchronisieren. Hier bieten sich Share-Locks an.

Der kombinierte Einsatz von Share- und Exklusiv-Locks garantiert nicht den Level *Serializable*. Zählt etwa eine Transaktion die Anzahl aller Zeilen einer Relation, so wird diese Transaktion einen Share-Lock für alle Zeilen holen. Andere Transaktionen kön-

Tab. 8.6 Mögliche Realisierung der Isolationslevel mit Locks

Isolationslevel	Exklusiv-Locks zum Schreiben	Schreiben auf Kopie	Share-Locks zum Lesen	Range-Locks
Read Uncommitted	Ja	Nein	Nein	Nein
Read Committed	Ja	Ja	Nein	Nein
Repeatable Read	Ja	Ja	Ja	Nein
Serializable	Ja	Ja	Ja	Ja

nen also keine Änderungen mehr vornehmen. Damit wird der Level *Repeatable Read* garantiert. Fügt eine andere Transaktion aber eine neue Zeile hinzu, so ist dies erlaubt. Schließlich hält keine andere Transaktion einen Lock auf diese neue Zeile. Liest aber unsere Transaktion nochmals alle Zeilen, so wird die Anzahl jetzt höher sein. Sie hat ja nun eine Zeile mehr gelesen, nämlich unser Phantom.

Vor diesem Phantom können wir uns beispielsweise schützen, indem wir einen Bereichslock (Range-Lock) einführen. Ein solcher Bereichslock könnte ein Lock auf die gesamte Relation sein. Zum Lesen, Ändern und Löschen holen wir uns den entsprechenden Share-Lock. Nur zum Einfügen setzen wir den Exklusiv-Lock. Damit wird das Phantom verhindert. Details können in Kifer et al. (2006) nachgelesen werden.

8.7 Concurrency in der Praxis

Alle Datenbanken unterstützen Concurrency umfassend. Beim Zugriff auf Relationen werden implizit Sperren gesetzt, eine Deadlockerkennung ist selbstverständlich. Die meisten Datenbanken besitzen auch Befehle zum expliziten Setzen von Locks. Auf diese Besonderheiten wollen wir hier aber nicht weiter eingehen. Vielmehr interessiert uns, wie die einzelnen Hersteller die vier Isolationslevel implementieren, und welche Sperrmechanismen eingesetzt werden.

8.7.1 Concurrency in Oracle

Oracle unterstützt genau zwei der vier Isolationslevel: *Read Committed* und *Serializable*. Es ist daher in Oracle nicht möglich, Daten von noch nicht abgeschlossenen Transaktionen zu lesen. Standardmäßig setzt Oracle den Level *Read Committed*. Mit den folgenden Befehlen kann in den Level *Serializable* gewechselt werden:

```
Set Transaction Isolation Level Serializable;
Set Session Isolation Level Serializable;
```

Im zweiten Fall wird nicht nur die aktuelle Transaktion, sondern die gesamte Session in den höheren Level gehoben.

Oracle weist darauf hin, dass lesende Zugriffe andere schreibende Transaktionen grundsätzlich nicht behindern und umgekehrt. Oracle verwendet also keine Locks beim Lesezugriff! Schreibende Zugriffe werden mit Exklusiv-Locks auf Zeilenebene geschützt. Dies funktioniert im Level *Read Committed* problemlos, da andere Transaktionen nur die nicht geänderten Daten einer Transaktion sehen.

Im Level *Serializable* arbeitet Oracle mit einer optimistischen Sperrstrategie für die Lesezugriffe: Lesende Transaktionen dürfen immer ohne Sperren zugreifen. Gleichzeitig überprüft Oracle, ob beim wiederholten Lesen Änderungen auftraten, ebenso wird das

Phantom überprüft. Bevor Daten ausgegeben werden, die die Grundregel der Concurrency verletzen würden, wirft Oracle einen Fehler:

```
ora-08177: Can't serialize access for this transaction
```

Dieser Fehler tritt nur deshalb auf, weil Oracle beliebige Lesezugriffe erlaubt. Dies erhöht zum einen die Parallelität der Zugriffe. Zum anderen kommt es dann aber gelegentlich zu dieser Fehlermeldung, die dann in Programmen explizit mit überprüft und abgefangen werden muss. Ein Neustart der Transaktion, wie etwa auch beim Deadlock, wird nun dringend empfohlen.

8.7.2 Concurrency in MS SQL Server

Microsoft SQL Server unterstützt den SQL-Standard in Bezug auf Concurrency vollständig. Es sind alle vier Isolationslevel implementiert. Auch werden die Level mit Hilfe von Exklusiv- und Share-Locks realisiert. Das Phantom wird verhindert, indem ein Range-Locking eingesetzt wird. Es werden aber nicht die jeweiligen Tabellen selbst, sondern die dazugehörigen Schlüssel gesperrt. Microsoft nennt dieses Verfahren Key-Range-Locking. Mit folgendem Befehl kann jederzeit überprüft werden, welcher Level in der SQL Datenbank gesetzt ist:

```
dbcc useroptions
```

Mit dem Befehl *Set Transaction* kann der Level geändert werden. Diese Änderung gilt bis zum Ende der Session oder einer erneuten Änderung. Es sollte noch beachtet werden, dass im SQL Server eine Transaktion immer explizit mit *Begin Transaction* gestartet werden muss.

8.7.3 Concurrency in MySQL

Grundsätzlich unterstützt MySQL nur im Speichermodell *InnoDB* Transaktionen. InnoDB ist unter Windows und Unix das Standardmodell. Wir setzen im Weiteren voraus, dass dieses Modell, in MySQL auch Engine genannt, aktiv ist.

Standardmäßig arbeitet MySQL mit InnoDB im Auto-Commit-Modus: Jeder Befehl wird automatisch mit einem Commit beendet. In diesem Fall können erfreulicherweise keine Deadlocks auftreten. Ein Transaktionsbetrieb mit Konsistenzpunkten ist dies aber nicht. Wir müssen daher den Transaktionsmodus auch in InnoDB zunächst einschalten. Dazu gibt es zwei Möglichkeiten:

Erstens können wir ähnlich wie in Oracle Transaktionen automatisch nach dem Abschluss der vorhergehenden starten. Dazu setzen wir:

```
Set Autocommit=0;
```

Zweitens können wir ähnlich wie in SQL Server arbeiten und schreiben bei Transaktionsbeginn explizit:

```
Start Transaction;
```

In beiden Fällen unterstützt nun MySQL alle vier Isolationslevel. Wir können beispielsweise den Level *Serializable* durch folgende Befehle einstellen:

```
Set Transaction Isolation Level Serializable;
Set Session Transaction Isolation Level Serializable;
```

Standardmäßig ist der Level *Repeatable Read* gesetzt. MySQL realisiert diese Isolationslevels mit Exklusiv- und Share-Locks auf die zugegriffenen Zeilen einer Tabelle. Um das Phantom zu verhindern wird ein sogenannter Next-Key-Locking-Algorithmus verwendet. Ähnlich wie in SQL Server werden die Schlüssel und nicht die Inhalte gesperrt. In MySQL werden dabei neben den betroffenen Schlüsseln auch noch die für das nächste Einfügen vorgesehenen Felder gesperrt. Transaktionen, die einen Insert-Befehl ausführen wollen, müssen warten. Der genaue Algorithmus ist in den Online-Manualen ausführlich beschrieben.

8.8 Zusammenfassung

Dieses Kapitel zeigt die Notwendigkeit des Transaktionsbetriebs eindrucksvoll auf. Sowohl Recovery als auch Concurrency sind ohne Transaktionen nicht vorstellbar. Bemerkenswert ist der hohe Aufwand, der sich hinter einem sicheren Datenbankbetrieb verbirgt, ein Aufwand in zweierlei Hinsicht: Erstens beim Datenbankhersteller mit der Implementierung der entsprechenden Möglichkeiten und zweitens im Betrieb durch den zusätzlichen Rechenaufwand, die recht häufigen Plattenzugriffe und die Serialisierung.

Die Concurrency wird in der Praxis mittels Sperrmechanismen sichergestellt. Diese Sperrmechanismen synchronisieren Zugriffe und garantieren eine sequentielle Abarbeitung von Transaktionen, die auf gemeinsame Daten zugreifen. Da Deadlocks auftreten können, müssen diese vom Datenbankverwaltungssystem erkannt und aufgelöst werden. Letzteres geschieht in der Regel mittels des Zurücksetzens einer der betroffenen Transaktionen. Hier kommt die Recovery ins Spiel, die mit Hilfe des Undo-Logs den ursprünglichen Zustand einer Transaktion jederzeit wiederherstellen kann. Wir erkennen die enge Verzahnung zwischen Recovery und Parallelverarbeitung.

Die vorgestellten Mechanismen zur Sicherstellung der Recovery unterstützen auch voll den Parallelbetrieb. Erst die Concurrency erzwingt beispielsweise wegen der vielen parallel abzuarbeitenden Transaktionen Checkpoints. Auch werden das Arbeiten mit der Logdatei, das Halten von Seiten im Cache und das Führen von Metadaten erst durch den Parallelbetrieb richtig aufwendig.

Recovery garantiert durch das Speichern von Before- und After-Images zusammen mit dem Commit-Eintrag in den Logdateien die Rekonstruierbarkeit einer Datenbank in allen nur denkbaren Situationen. Beispielsweise muss bei Stromausfall nur auf den letzten Checkpoint aufgesetzt und die Datenbanksitzung ab diesem Zeitpunkt unter Zuhilfenahme des Redo-Logs nachvollzogen werden.

Als wichtigstes Ergebnis halten wir nochmals fest, dass Recovery und Concurrency ohne den Transaktionsbetrieb nicht denkbar wären. Recovery und Concurrency garantieren die Konsistenz im Fehlerfall und im Parallelbetrieb. Ihre „Arbeitseinheiten" sind daher konsistenzerhaltende Mutationen: die Transaktionen.

8.9 Übungsaufgaben

Aufgaben

1. In einem sicheren Datenbankbetrieb wurde gerade das Transaktionsende in die Logdatei geschrieben. Doch noch vor der Rückmeldung der im Prinzip beendeten Transaktion an den Benutzer stürzt das ganze System ab. Wird beim nächsten Hochfahren die Transaktion deshalb zurückgesetzt? Begründen Sie Ihre Antwort!

2. Was sind Checkpoints? Beschreiben Sie weiter den Nachteil, wenn eine Datenbank ohne Checkpoints arbeiten würde.

3. In einigen einfachen Datenbankanwendungen ist die Recovery-Unterstützung deaktiviert oder zumindest stark eingeschränkt. Woran liegt das?

4. Welche Schritte müssen vom Systemadministrator bzw. vom Datenbankverwaltungssystem im Einzelnen durchgeführt werden, wenn eine einzelne Transaktion wegen eines Software-Fehlers abstürzt?

5. Der Systemverwalter bemerkt im laufenden Datenbankbetrieb, dass die Festplatte, auf der die Daten der Datenbank gespeichert sind, nicht mehr fehlerfrei arbeitet (Schreibfehler). Welche Maßnahmen müssen im Einzelnen ergriffen werden, um mögliche fehlerbehaftete Schreibvorgänge seit der letzten Sicherung zu eliminieren?

6. Unter welchen Voraussetzungen kann auf ein Before-Image verzichtet werden?

7. Unter welchen Voraussetzungen kann auf ein After-Image verzichtet werden?

8. Warum wird bei den Logdaten zwischen Undo-Log und Redo-Log unterschieden?

9. Wie erkennt man Deadlocks? Wie beseitigt man sie, ohne die Konsistenz der Datenbank zu zerstören?

10. Im Parallelbetrieb kann man auch ohne Sperrmechanismen auskommen. Um welches Verfahren handelt es sich, und warum wird es kaum eingesetzt?

11. In einem kleinen Mehrbenutzer-Datenbankverwaltungssystem existiere als Sperrmechanismus nur ein einziger Lock (globaler Datenbanklock). Kann in diesem System ein Deadlock entstehen?

12. Im Parallelbetrieb ist es nicht immer leicht zu sagen, ob eine Transaktion *A* vor oder nach einer Transaktion *B* ablief. Kann dieses Problem immer entschieden werden, wenn wir mit Sperrmechanismen arbeiten?
13. Betrachten wir das Problem der Inkonsistenz der Daten und deren Lösung mittels Locks in Abb. 8.9. Laufen wir ebenfalls in einen Deadlock, wenn wir in Transaktion *TA1* zunächst Konto 3, dann Konto 2 und Konto 1 abgefragt hätten? Wäre dann ohne Locks das Problem der Inkonsistenz der Daten überhaupt aufgetreten?

Literatur

Connolly, T., & Begg, C. (2015). *Database Systems* (6. Aufl.). Pearson.

Date, C. J. (1983). *An Introduction to Database Systems* (Bd. 2). Addison-Wesley.

Date, C. J. (2003). *An Introduction to Database Systems* (8. Aufl., Bd. 1). Addison-Wesley.

Eirund, H., & Kohl, U. (2010). *Datenbanken – leicht gemacht*. Springer Vieweg.

Elmasri, R., & Navathe, S. (2002). *Grundlagen von Datenbanksystemen* (3. Aufl.). Addison-Wesley.

Gulutzan, P., & Pelzer, T. (1999). *SQL-99 Complete – Really*. R&D Books.

Kemper, A., & Eickler, A. (2015). *Datenbanksysteme – Eine Einführung*. Oldenbourg.

Kifer, M., Bernstein, A., & Lewis, P. M. (2006). *Database Systems – An Application-Oriented Approach*. Pearson.

van der Lans, R. F. (2007). *An Introduction to SQL*. Pearson.

Loney, K. (2009). *Oracle11g – Die umfassende Referenz*. Hanser.

Meier, A. (2003). *Relationale Datenbanken: Eine Einführung für die Praxis*. Springer Taschenbuch.

Mehlhorn, K. (1988). *Datenstrukturen und effiziente Algorithmen* (Bd. 1). Teubner.

Ottmann, T., & Widmayer, P. (2012). *Algorithmen und Datenstrukturen*. Spektrum.

Schubert, M. (2007). *Datenbanken*. Teubner.

Sedgewick, R. (2014). *Algorithmen*. Pearson Studium.

SQL (2003). *SQL03: Database Language SQL* ISO 9075.

Tanenbaum, A. S. (2016). *Moderne Betriebssysteme*. Pearson.

Unterstein, G., & Matthiessen, M. (2012). *Relationale Datenbanken und SQL in Theorie und Praxis*. Springer.

Wirth, N. (2000). *Algorithmen und Datenstrukturen: Pascal Version*. Teubner.

Zehnder, C. A. (2005). *Informationssysteme und Datenbanken*. vdf Hochschulverlag.

Moderne Datenbankkonzepte

9

Übersicht

In den bisherigen Kapiteln konzentrierten wir uns auf relationale Datenbanken. Diese Datenbanken sind einfach aufgebaut, leicht zu verstehen und einfach zu bedienen. Sie orientieren sich am Transaktionsbetrieb und gelten als sehr sicher und jederzeit verfügbar. Doch mit den enorm wachsenden Datenmengen und dem weltweiten Zugriff treten Engpässe auf: Um den geforderten schnellen Datenaustausch von überall zu ermöglichen, werden neue Datenbankmodelle und -konzepte erforderlich.

In den 80er Jahren des letzten Jahrhunderts setzten sich relationale Systeme durch. Alle Relationen sind gleichwertig, wir sprechen auch von einem flachen Datenmodell. Komplexe Strukturen müssen daher aufwendig an relationale Systeme angepasst werden. In den 90er Jahren kamen daher objektorientierte Datenbanken auf, um dieses Manko zu beheben. Letztlich setzten sie sich aber kaum durch. Im Wesentlichen sind nur einige sogenannte objektrelationale Datenbanken wie Oracle, DB2 und PostgreSQL im Einsatz. Wir werden im zweiten Teil dieses Kapitels die objektrelationalen Konzepte am Beispiel von Oracle aufzeigen.

In den letzten Jahren stieg das Interesse für verteilte Datenbanken enorm an. Hier sei nur das Stichwort *Cloud* erwähnt. Hinter diesem Wort verbirgt sich das Internet, wo wir Daten in einer Wolke hinterlegen können. Das Wort *Wolke* passt exakt: Große Datenmengen befinden sich irgendwo innerhalb einer riesigen Wolke. Der genaue Speicherort bleibt uns verborgen. Mit dieser neuen Sichtweise entstanden auch ganz neue Zugriffssprachen, die wir unter dem Begriff *NoSQL* zusammenfassen. Dieses Kapitel gibt im ersten Teil einen kleinen Überblick über den aktuellen Stand verteilter Datenbanken. Dabei wird das Hauptgewicht auf die Definition und die Idee der verteilten Datenbanken gelegt.

© Springer Fachmedien Wiesbaden GmbH 2017

E. Schicker, *Datenbanken und SQL*, Informatik & Praxis, DOI 10.1007/978-3-658-16129-3_9

In verteilten Datenbanken werden die Daten nicht wie bisher zentral gespeichert, sondern auf mindestens zwei Rechner oder gleich im gesamten Netz verteilt. Es versteht sich fast von selbst, dass dadurch eine weitere Komplexitätsstufe hinzukommt, nämlich die Verwaltung der einzelnen Datenbestände. Schließlich muss die Datenbank wissen, wo die gewünschten Daten stehen. Bei Mehrfachhaltung von Daten ist zudem wichtig, welche der Daten derzeit gültig sind. Wir wollen auch auf das Protokoll des Zwei-Phasen-Commit eingehen, das bereits seit vielen Jahren im praktischen Einsatz ist.

9.1   Verteilte Datenbanken

Wenn wir Daten auf mehrere Rechner verteilen oder in die Cloud legen wollen, werden wir hauptsächlich mit zwei Fragen konfrontiert:

- Worin liegt der Vorteil der getrennten Datenhaltung gegenüber der zentralen Speicherung?
- Wie funktioniert die Verwaltung verteilter Datenbanken bzw. inwieweit muss der Datenbankbenutzer beim Umstieg auf verteilte Systeme umdenken?

Wir gehen im Folgenden auf diese beiden wichtigen Fragen ein. Bei der Beantwortung der zweiten Frage steht in der Praxis die Forderung im Vordergrund, dass der Benutzer möglichst wenig von der Verteilung bemerkt. Dies veranlasste J. F. Date zu einer Aufstellung von zwölf Regeln, die in einem verteilten System erfüllt sein sollten. Wir stellen diese im übernächsten Unterabschnitt vor und gehen anschließend auf die Schwierigkeiten beim Einhalten dieser Regeln ein. Diese Überlegungen führten dann zu Beginn des Jahrtausends zum so genannten CAP-Theorem. Wir gehen auch darauf kurz ein.

9.1.1   Vorteile der verteilten Datenhaltung

Der Hauptgrund für die Verteilung liegt in der schnellen Verfügbarkeit. Daten ausschließlich zentral zu halten, kann bei extrem vielen Zugriffen schnell zum Engpass werden. Weltweit operierende Unternehmen sind ebenfalls dezentral aufgebaut. Es existieren meist mehrere Fabriken, Werke oder Zweigstellen. Aber auch bei kleineren Firmen gibt es Unternehmensbereiche, Abteilungen oder zumindest verschiedene Projekte. Daraus folgt direkt, dass bereits die anfallenden Daten verteilt sind. Es ist quasi ein Schritt zurück, diese verteilten Daten zentral zusammenzufassen. Und wir fragen uns, ob dies im Zeitalter der Vernetzung überhaupt noch notwendig ist.

Ein wichtiger Vorteil dezentraler Datenhaltung liegt darin, dass häufig lokal zugegriffen wird. Denken wir nur etwa an ein Geldinstitut mit vielen Zweigstellen. Viele Nachfragen und Geldbewegungen geschehen innerhalb der einzelnen Zweigstellen. Wir müssen in diesen Fällen die zentralen Rechner nicht belasten.

Ein weiterer Vorteil der Verteilung von Daten liegt in der Ausfallsicherheit. Setzen wir voraus, dass das verteilte System keinen zentralen Server besitzt, so wird der Ausfall eines beliebigen Rechners das Netz nicht vollständig lahmlegen. Im Gegenteil, bis auf die Daten des einen Rechners bleiben alle weiteren zugreifbar. Damit wird eine hohe Ausfallsicherheit garantiert. Hier liegt andererseits die Achillesferse zentraler Systeme. Der Ausfall des zentralen Datenbankservers legt das gesamte System lahm.

Ein weiterer Vorteil liegt in der optimalen Verteilung auf hunderte von Systemen. So können tausende parallele Abfragen auf verschiedene Rechner und Datenbanken gelenkt werden. Die Antwortzeiten bleiben niedrig.

Wird in diesen Systemen auch viel geändert, so ist es äußerst schwer, die über alle Systeme verteilten Daten konsistent zu halten. Dieser enorm hohe Kommunikationsaufwand führt dazu, dass sich die Vor- und Nachteile letztendlich gegenseitig aufheben.

9.1.2 Die zwölf Regeln zur verteilten Datenhaltung

Bereits die ersten Veröffentlichungen zu verteilten Datenbanken beschäftigten sich mit der Frage, wie sichergestellt werden kann, dass der Benutzer mit den Problemen der Verteilung nicht konfrontiert wird. Wir bezeichnen dies als das fundamentale Prinzip verteilter Datenbanken:

▶ **Regel: Fundamentales Prinzip verteilter Datenbanken** Ein verteiltes System sollte sich dem Anwender gegenüber genauso wie ein zentrales verhalten.

Um dieses Prinzip zu garantieren, stellte J. F. Date einen Forderungskatalog für verteilte Datenbanken auf. Dieser Katalog, siehe Date (1990), umfasst zwölf Regeln, die idealerweise erfüllt sein sollten. Sie sind in Tab. 9.1 aufgelistet.

Diese Regeln sind in einem verteilten System nicht alle zwingend notwendig, aus dem einen oder anderen Grund aber doch wünschenswert. Wir gehen auf diese zwölf Regeln im Folgenden kurz ein:

1. **Lokale Eigenständigkeit jedes einzelnen Rechners**
   Jeder einzelne Rechner im verteilten System besitzt eine maximal mögliche Autonomie. Dies bedeutet insbesondere, dass ein lokaler Zugriff auf lokal gespeicherte Daten nicht misslingen sollte, weil ein anderer Rechner momentan nicht zugreifbar ist. Dieses Verhalten garantiert Ausfallsicherheit, verlangt aber, dass alle lokal gespeicherten Daten auch lokal verwaltet werden. Dies impliziert die lokale Garantie von Integrität, Sicherheit und Transaktionsmechanismen.

2. **Keine zentrale Instanz, die das System leitet und verwaltet**
   Aus der lokalen Eigenständigkeit folgt direkt, dass es keine zentrale Instanz geben darf, die die verteilte Datenbank allein verwaltet. Doch auch wenn die Regel 1 nicht

Tab. 9.1 Die zwölf Regeln von Date

1.	Lokale Eigenständigkeit jedes Rechners
2.	Keine zentrale Verwaltungsinstanz
3.	Ständige Verfügbarkeit
4.	Lokale Unabhängigkeit
5.	Unabhängigkeit gegenüber Fragmentierung
6.	Unabhängigkeit gegenüber Datenreplikation
7.	Optimierte verteilte Zugriffe
8.	Verteilte Transaktionsverwaltung
9.	Unabhängigkeit von der Hardware
10.	Unabhängigkeit von Betriebssystemen
11.	Unabhängigkeit vom Netz
12.	Unabhängigkeit von den Datenverwaltungssystemen

voll erfüllt sein sollte, ist eine zentrale Verwaltung nicht wünschenswert: Das Gesamtsystem wird verwundbar, sei es, dass die zentrale Instanz ausfällt oder sei es nur, dass dieser zentrale Rechner zum Engpass wird.

3. **Ständige Verfügbarkeit**

   In einem verteilten System sollte es nie erforderlich sein, aus Gründen der Datenbankverwaltung das gesamte System oder auch nur erhebliche Teile davon abzuschalten.

4. **Lokale Unabhängigkeit**

   Unter lokaler Unabhängigkeit verstehen wir, dass der Benutzer nicht wissen muss, wo die einzelnen Daten gespeichert sind. Diese Regel erleichtert die Programmierung erheblich, da die gleichen Programme auf allen Rechnern der verteilten Datenbank ohne Anpassung ablaufen. Diese Regel impliziert weiterhin, dass alle gewünschten Daten jederzeit auf jeden beliebigen Rechner zwecks weiterer Bearbeitung geholt werden können.

5. **Unabhängigkeit gegenüber Fragmentierung**

   Fragmentierung ist eine Erweiterung der Partitionierung (siehe auch Abschn. 7.3) und heißt, dass vorgegebene Dateneinheiten, etwa Relationen oder partitionierte Relationen, auf mehrere Rechner verteilt sein können. Denken wir nur an eine große Personaltabelle, in der alle Mitarbeiter einer Firma geführt werden. Aus Performancegründen ist es empfehlenswert, die Mitarbeiterdaten der einzelnen Niederlassungen lokal zu halten, die Relation *Personal* also auf mehrere Rechner zu verteilen. Genau diese Möglichkeit fordert diese fünfte Regel. Das Wort *Unabhängigkeit* weist darauf hin, dass der Benutzer nicht merken soll, ob Daten fragmentiert sind oder nicht.

6. **Unabhängigkeit gegenüber Datenreplikation**

   Unter Datenreplikation verstehen wir, dass Kopien von Daten auf mehreren Rechnern gleichzeitig gehalten werden dürfen. Dies verbessert sowohl die Performance, falls häufig auf die gleichen Daten lokal zugegriffen wird, als auch die Verfügbarkeit. Die Replikation besitzt aber auch einen schwerwiegenden Nachteil: Werden die Daten in einem der Replikate geändert, so müssen auch alle anderen Kopien angepasst oder zumindest invalidiert werden. Die Verwaltung dieser Replikate und deren Invalidierung bedingen einen hohen Aufwand. Wieder ist diese Verwaltung alleinige Aufgabe des verteilten Datenbanksystems, das sich nach Aussage dieser Regel für den Benutzer genauso zu verhalten hat wie ein System, das keine Replikate unterstützt.

7. **Optimierte verteilte Zugriffe**
   Zugriffsoptimierung ist in einem verteilten System noch wichtiger als in einem zentralen, da die Daten über (langsame) Netze transportiert werden müssen. Optimierung heißt, dass jeder einzelne Zugriff möglichst ohne Umwege erfolgen sollte, und dass die Anzahl der Zugriffe für eine Anfrage minimiert wird. Fragen wir etwa am Rechner in München nach allen Artikeln, die im Lager in Hamburg vorrätig sind, so genügt ein Befehl. Dies impliziert in der Praxis aber viele Zugriffe: Wir müssen zunächst erfahren, wo die Hamburger Daten stehen, und erst dann können wir auf die Lagerdaten zugreifen. Moderne nichtrelationale Ansätze versuchen hier zu optimieren.

8. **Verteilte Transaktionsverwaltung**
   Auch in verteilten Systemen sind Transaktionen atomare Einheiten. Recovery und Concurrency müssen ebenso unterstützt werden. Als Anwendungsbeispiel werden wir in Abschn. 9.1.6 den Zwei-Phasen-Commit kennen lernen. Er basiert darauf, dass zunächst alle betroffenen Rechner des verteilten Systems eine lokale Transaktion ausführen und erst dann, wenn alle Teilsysteme mit einem lokalen Commit enden, auch ein globaler Commit erfolgt. Dies erfordert eine globale Kontrolle und widerspricht damit der zweiten Regel. Wir diskutieren dies ausführlich in den nächsten Abschnitten.

9. **Unabhängigkeit von der verwendeten Hardware**
   Diese Forderung ist heute generell erfüllt. PCs mit den verschiedensten Betriebssystemen kommunizieren untereinander und mit Großrechnern. Die Hardware-Plattform spielt dabei kaum noch eine Rolle.

10. **Unabhängigkeit von den verwendeten Betriebssystemen**
    Diese Regel ist im Wesentlichen nur ein Unterpunkt der vorhergehenden. Windows, MacOS, UNIX und MVS, um nur einige zu nennen, arbeiten Hand in Hand.

11. **Unabhängigkeit vom verwendeten Netzwerk**
    Im Zeitalter des Internets und der globalen Vernetzung mit entsprechenden Protokollen ist diese Forderung weitgehend erfüllt.

12. **Unabhängigkeit von den Datenbankverwaltungssystemen**
    Diese Regel ist nicht ganz so selbstverständlich wie die vorhergehenden. Doch die einzelnen Datenbankhersteller nähern sich dank einheitlicher Protokolle einander an. Erwähnt seien bei Internet-Zugriffssprachen beispielsweise JSON und PHP/PDO. Die Kommunikationssprache zwischen den einzelnen Datenbankverwaltungssystemen war bis vor wenigen Jahren noch einheitlich SQL. Hier haben sich inzwischen aber auch andere Sprachen etabliert. Wir kommen auf NoSQL in diesem Kapitel noch kurz zu sprechen.

Leider ist es nicht möglich, alle zwölf Regeln gleichzeitig zu erfüllen, da sie sich teilweise widersprechen: Es ist beispielsweise in der Praxis unmöglich, in einem verteilten System alle betroffenen Replikate beim Commit gleichzeitig zu aktualisieren. Wir werden daher meist die eine oder andere oder gleich mehrere Regeln nur teilweise erfüllen können. Die Regeln 1 bis 6 sind ein ehrgeiziges Ziel und sind heute in vielen verteilten Systemen weitgehend implementiert. Die Regeln 9 bis 11 sind inzwischen selbstverständlich. Doch die Forderungen 7, 8 und 12 sind äußerst anspruchsvoll und nicht widerspruchsfrei. Die Regeln 7 und 12 erwarten einheitliche Schnittstellen mit einem einheitlichen Transaktionsbetrieb. Regel 8 fordert verteilte Transaktionen, die mit den starren Reglementierungen in SQL kaum zu realisieren sind.

Wir müssen letztendlich Kompromisse schließen. Im nächsten Abschnitt werden wir Verfügbarkeit, sicheren Transaktionsbetrieb und Verteilung der Daten gegeneinander abwägen.

9.1.3 Das CAP-Theorem

Bei stetig steigenden Datenmengen werden bestehende Rechensysteme früher oder später zum Engpass. Sie müssen durch leistungsfähigere Systeme ersetzt werden. Wir sprechen hier von einer **vertikalen Skalierung**. Dieser Leistungssteigerung sind jedoch Grenzen gesetzt, so dass Ende der 90er Jahre begonnen wurde, die Daten im WEB auf viele Rechner zu verteilen. Diese Verteilung heißt **horizontale Skalierung**. Viele Systeme nehmen die Daten auf und stellen diese verteilt zur Verfügung.

Diese Verteilung funktionierte in der Vergangenheit nur dann gut, wenn die Daten nicht auf mehrere Rechner repliziert wurden. Es gelang nicht, die Regeln 4 bis 7 zu vereinen: Nur wenn jedes Datum genau auf einem Rechner gespeichert wurde, war die volle Transaktionssicherheit gewährleistet. Im Jahr 2000 stellte schließlich E. Brewer das CAP-Theorem vor, siehe Brewer (2000). Dieser Satz besagt:

> ▶ **Satz: CAP-Theorem** Konsistenz (**C**onsistency), Verfügbarkeit (**A**vailability) und Ausfalltoleranz (Tolerance of Network **P**artitions) können in verteilten Datenbanken nicht gleichzeitig erfüllt werden.

Drücken wir dieses Theorem etwas anders aus: Nur zwei dieser drei Eigenschaften können in einer verteilten Datenbank gleichzeitig vollständig realisiert werden. Die englischen Anfangsbuchstaben dieser drei Eigenschaften gaben diesem Satz ihren Namen. Betrachten wir diese Eigenschaften etwas näher:

C wie Consistency (Konsistenz) Konsistenz kennen wir bereits vom Transaktionsbetrieb und vom ACID-Modell (siehe Abschn. 1.6). Sie besagt, dass zur gleichen Zeit alle mehrfach gehaltenen gültigen Daten übereinstimmen müssen. Damit die Daten gleichzeitig aktualisiert werden können, benötigen wir zusätzlich die Atomarität aus dem ACID-Modell.

Die Konsistenz ist in einem Transaktionsbetrieb eine zwingende Voraussetzung und in der achten Regel von Date aufgeführt.

A wie Availability (Verfügbarkeit) Verfügbarkeit ist weit umspannend und umfasst vor allem die Regeln 3 und 7. Insbesondere darf der Ausfall einzelner Rechner nicht zum Ausfall des gesamten Systems führen. Letztlich muss eine Anfrage an einem Rechnerknoten immer zu einem Ergebnis führen. Dabei spielt auch eine kurze Antwortzeit eine wichtige Rolle. In einem Transaktionsbetrieb ist Verfügbarkeit ebenfalls sehr wichtig.

P wie Tolerance of Partitions (Ausfalltoleranz) Ausfalltoleranz taucht in den zwölf Regeln von Date nicht direkt auf, ist aber versteckt gleich in mehreren enthalten. Hier geht es darum, dass in Netzen Daten verloren gehen können, oder auch nur verspätet zugestellt werden. Dies kann kurzzeitig zu Konsistenzverletzungen führen. Das Gesamtsystem sollte tolerant mit diesen Problemen umgehen, insbesondere sollte es deshalb nicht ausfallen oder komplett zurückgesetzt werden müssen.

Da nach CAP-Theorem nicht alle drei Eigenschaften gleichzeitig erfüllt sein können, können wir die drei Eigenschaften als drei sich nicht gemeinsam schneidende Kreise zeichnen. Wir erhalten damit das Bild aus Abb. 9.1. Wir sehen in diesem Bild aber auch, dass es drei Schnittmengen gibt, die wir mit C-A, C-P und P-A markieren. Diese Schnittmengen wollen wir etwas genauer betrachten:

CA-Systeme Hier kommt es auf Konsistenz und Verfügbarkeit an. Wir bewegen uns im klassischen Bereich der relationalen Datenbanksysteme. Dies heißt aber nicht, dass es in CA-Systemen keine Verteilung gibt. Schon seit mehr als 20 Jahren wird beispielsweise das Zwei-Phasen-Commit-Protokoll in verteilten Datenbanken mit großem Erfolg eingesetzt. Auf dieses Protokoll werden wir in Abschn. 9.1.6 noch ausführlicher eingehen. Auf

Abb. 9.1 CAP-Eigenschaften

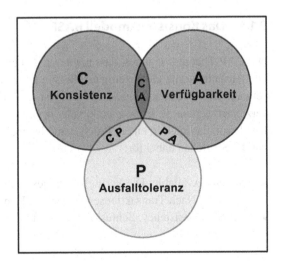

Netzwerkfehler muss in diesen Systemen explizit reagiert werden. Diesbezügliche Automatismen sind hier nicht möglich.

CP-Systeme Hier kann es bei Netzwerkproblemen zu Unregelmäßigkeiten und damit unterschiedlichen Datenständen kommen. In diesen Systemen hat die Konsistenz oberste Priorität. Wir verzichten stattdessen auf die Verfügbarkeit. In der Praxis heißt dies, dass wir bei ernsten Problemen das Gesamtsystem, zumindest aber die betroffenen Teilsysteme herunterfahren und reparieren müssen. Damit werden CP-Systeme letztlich ähnlich wie CA-Systeme behandelt, denn nach dem Hochfahren liegt auch die Verfügbarkeit wieder vor.

PA-Systeme Hier tritt die Konsistenz in den Hintergrund. Die Daten sind im Prinzip beliebig innerhalb des Systems verteilt. Replikate dürfen vorliegen. Der Teilausfall von Komponenten impliziert nicht den Gesamtausfall. Das System ist hochverfügbar. Allerdings geht dies auf Kosten der Konsistenz. Dies heißt aber nicht, dass diese Systeme inkonsistent sind. Vielmehr kann nur die sofortige Konsistenz der Daten nicht garantiert werden. Schließt etwa eine Transaktion nach durchgeführten Änderungen mit einem Commit ab, so werden die einen Transaktionen bereits die neuen Daten lesen, andere hingegen noch die alten. Selbstverständlich kann das System mit diesen inkonsistenten Datenständen umgehen und wird im Laufe der Zeit alle Daten wieder synchronisieren.

PA-Systeme gibt es erst seit wenigen Jahren. Viele NoSQL-Datenbanken entsprechen diesen PA-Systemen. Es seien Amazon Dynamo, CouchDB, Casandra und Riak erwähnt. Auf diese Systeme werden wir kurz im übernächsten Abschnitt eingehen. Cloud-Systeme basieren zum großen Teil ebenfalls darauf. Natürlich können PA-Systeme die Konsistenz nicht völlig außer Acht lassen. E. Brewer stellte deshalb ein eigenes Konsistenzmodell BASE vor, das wir uns im nächsten Abschnitt näher ansehen.

9.1.4 Das Konsistenzmodell BASE

Das CAP-Theorem sagt aus, dass nicht alle drei Eigenschaften Konsistenz, Verfügbarkeit und Ausfalltoleranz gleichzeitig erfüllt sein können. In einem PA-System wird daher die zeitnahe Konsistenz aufgegeben. Auf Konsistenz insgesamt kann aber in keinem System verzichtet werden. E. Brewer stellt daher in Brewer (2000) ein Konsistenzmodell namens BASE vor, das auch in einem PA-System eingehalten werden kann. Die vier Buchstaben von BASE stehen dabei für:

- Basically Available: Die Verfügbarkeit des Systems ist wichtiger als die Konsistenz
- Soft State: Nach Transaktionsende wird die Konsistenz fließend (weich) erreicht
- Eventual Consistency: Schlussendlich sind die Daten konsistent

In klassischen relationalen Datenbanken steht das ACID-Modell im Vordergrund. Unter keinen Umständen dürfen Daten verloren gehen. Anders verhält es sich mit vielen Cloud-Datenbanken. Hier kommt es auf die extrem schnelle Verfügbarkeit an. Ob Daten sofort oder erst in einer Stunde gültig sind, spielt dann oft eine untergeordnete Rolle. Hier ist das BASE-Modell gefragt. Ansonsten gibt es in NoSQL-Datenbanken eine große Bandbreite. Die einen nähern sich eher dem BASE-, die anderem dem ACID-Modell an.

Natürlich ist eine verteilte Datenbank bei weitem komplexer als eine zentrale. Je näher sich eine solche Datenbank beispielsweise dem ACID-Modell nähert, umso mehr muss im Parallelbetrieb synchronisiert werden. Auf verschiedenen Rechnern kann die Uhrzeit geringfügig voneinander abweichen. Auch werden zum Serialisieren eventuell rechnerübergreifende Locks benötigt. Und schon können über Rechnergrenzen hinweg Deadlocks auftreten. Wir benötigen komplexe Algorithmen, die beispielsweise in Date (1983) gut beschrieben sind.

9.1.5 Überblick über moderne Datenbanksysteme

Neben den klassischen relationalen Datenbanken lassen sich die heutigen modernen Datenbanken in vier Kategorien unterteilen:

- Key/Value-Datenbanken
- Dokumentenbasierte Datenbanken
- Spaltenorientierte Datenbanken
- Graphen-Datenbanken

Die Idee der **Key/Value-Datenbanken** ist einfach: Wir speichern die einzelnen Datensätze zusammen mit dem Schlüssel ab. Ein Datensatz ist meist eine Zeichenkette, kann aber auch aus einer komplexen Struktur bestehen. Die wohl älteste Key/Value-Datenbank ist BerkeleyDB. Diese wurde in den ersten Versionen schon in den 70er Jahren unter Unix eingesetzt. Heute ist das kommerzielle Amazon-System Dynamo besonders bekannt. Als Open Source sei Riak erwähnt. Key/Value-Datenbanken sind sehr einfach zu skalieren und daher im Cloud-Computing weit verbreitet. Einen sehr schönen Überblick finden wir in Edlich et al. (2011).

In **dokumentenbasierten Datenbanken** werden alle Daten als Dokumente abgelegt. Diese Datenbanken haben ihren Ursprung in Lotus Notes. In diesen Datenbanken gibt es keine fest vorgeschriebenen Strukturen, da sich praktisch alle Daten als Dokumente definieren und speichern lassen. Dies ist vor allem bei WEB-Anwendungen von großem Vorteil. Die beiden mit Abstand wichtigsten Vertreter sind MongoDB und CouchDB.

Spaltenorientierte Datenbanken speichern die Daten nicht zeilen- sondern spaltenweise. In der Praxis werden heute nur selten reine spaltenorientierte Modelle eingesetzt. Vielmehr orientieren sich die meisten dieser Datenbanken am Big-Table-Konzept von Google. Genau genommen handelt es sich dabei um eine Mischform von Key-Value- und

Tab. 9.2 Zuordnung moderner Datenbanken

	CA-System	CP-System	PA-System
Relationale Datenbanken	Oracle SQL Server MySQL, …		
Key-Value Datenbanken		BerkeleyDB	Dynamo Riak
Dokumentenbasierte Datenbanken		MongoDB	CouchDB
Spaltenorientierte Datenbanken		Big Table HBase	Cassandra

Spalten-Datenbanken. Eine Big-Table wird beispielsweise sowohl durch einen Zeilen- als auch einen Spaltenindex indiziert. Zusätzlich wird mit den Daten ein Zeitstempel abgespeichert. Da in einer Big-Table keine Daten gelöscht werden, erfolgt der Zugriff auf gültige Daten immer mittels des Tripels Zeilenindex, Spaltenindex und Zeitstempel. Neben Googles Big-Table gibt es die Datenbank *HBase* von Microsoft und *Cassandra* von Facebook. Einen guten Überblick über weitere spaltenorientierte Datenbanken gibt wieder Edlich et al. (2011).

Graphen-Datenbanken werden vor allem in Navigationsgeräten eingesetzt. Sie finden aber auch in Geodatenbanken und in sozialen Netzwerken breite Anwendungen. Grundlage dieser Datenbanken ist die Graphentheorie. Diese Datenbanken sind besonders gut geeignet, um Graphen zu durchsuchen. Sie erlauben auch eine schnelle rekursive Suche ohne aufwendige Verbund-Operationen. Dabei können die gespeicherten Daten in der Regel unstrukturiert sein. Bekannt sind vor allem die Open Source Datenbanken *Neo4J* und *OrientDB* sowie *GraphDB* der Firma Sones. Eine ausführliche Einführung in graphenorientierte Datenbanken finden wir in Meier (2016).

Bis auf die Graphen-Datenbanken lassen sich alle hier vorgestellten Datenbanken einem der drei CAP-Systeme zuordnen. Einen guten Überblick gibt Tab. 9.2, in der die Graphen-Datenbanken allerdings fehlen.

Alle modernen CP- und PA-Systeme sind relativ komplex. Jede dieser Datenbanken erfordert daher einen hohen Aufwand an Einarbeitung, um die Funktionsweise vollständig zu verstehen. Dies würde den Rahmen dieses Buches bei weitem sprengen. Um zumindest eine kleine Vorstellung der Problematik der Konsistenz in verteilten Datenbanken zu bekommen, werden wir im nächsten Abschnitt das seit Jahren bewährte Protokoll des Zwei-Phasen-Commit vorstellen.

9.1.6 Zwei-Phasen-Commit

In hochverfügbaren verteilten Systemen ist es sehr schwer die zeitnahe Konsistenz zu garantieren. Um die Probleme aufzuzeigen, stellen wir das in relationalen Datenbanken schon seit vielen Jahren verwendete Protokoll des Zwei-Phasen-Commits vor. Dieses stellt die Konsistenz eines Systems auch über mehrere Rechner hinweg sicher.

Das Protokoll des Zwei-Phasen-Commit relationaler Datenbanken entspricht einem CA-System und garantiert zeitnahe Konsistenz und hohe Verfügbarkeit. Es wird insbesondere in betriebswirtschaftlichen Anwendungen eingesetzt, etwa beim Ein- und Verkauf, in der Produktion oder in Buchungs- und Abrechnungssystemen.

Ein sehr anschauliches Beispiel liefern Banksysteme. Meist besteht eine größere Bank aus einer Datenbankzentrale und mehrere Filialen oder Tochtergesellschaften mit jeweils eigenen lokalen Datenbanken. Und schon liegt eine verteilte Datenbank vor: Die Daten sind zwischen Zentrale und den Filialen aufgeteilt, siehe etwa Abb. 9.2. Überweisungen von einer Zentrale zur Filiale oder umgekehrt erfolgen dann datenbankübergreifend. Betrachten wir beispielsweise eine Überweisung von der Filiale A zur Zentrale. Es sind in diesem Fall zwei Datenbanken involviert, die der Filiale und die der Zentrale.

Wir unterteilen daher unsere Gesamtüberweisung in zwei lokale Abschnitte, in die Buchung in der Zentrale und die Buchung in der Filiale A. Wir benötigen zusätzlich allerdings einen globalen Koordinator, der sicherstellt, dass auch wirklich beide lokalen Abschnitte vollständig abgeschlossen werden. Wir haben also in Summe zwei lokale Transaktionen und einen globalen Koordinator, den wir als **globale Transaktion** bezeichnen.

Um die Konsistenz datenbankübergreifend sicherzustellen fordern wir, dass globale Transaktionen erst dann als abgeschlossen gelten, wenn alle dazugehörigen lokalen Transaktionsabschnitte erfolgreich beendet sind.

Es darf demnach nicht passieren, dass beim bargeldlosen Geldtransfer von einem Geldinstitut zum anderen die Transaktion in der einen Datenbank erfolgreich abgeschlossen und dieselbe Transaktion in der anderen Datenbank wegen eines Fehlers zurückgesetzt wird. In diesem Fall wäre die Gesamtkonsistenz verletzt, da einer Sollbuchung in der einen Datenbank keine Habenbuchung in der anderen gegenüberstehen würde und umgekehrt.

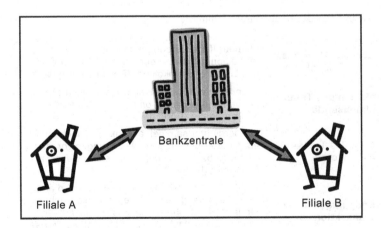

Abb. 9.2 Verteilte Datenbank am Beispiel

Wir verwenden daher ein spezielles Protokoll, das Zwei-Phasen-Commit, das die datenbankübergreifende Konsistenz garantiert. In diesem Protokoll gilt:

- Jede einzelne Datenbank arbeitet für sich im Transaktionsbetrieb, d. h. sie besitzt ihre eigenen Logdateien, ihre eigene Metadatenverwaltung und führt nach Beendigung einer Transaktion ein „lokales" Commit durch. Das Gleiche gilt entsprechend für Checkpoints und andere Performancemaßnahmen wie etwa der Datenbankpufferung.
- Einer der beteiligten Rechner fungiert als Koordinator. Dazu wird eine eigene „globale" Transaktion gestartet. Diese Transaktion überwacht die lokalen Transaktionen und speichert die globalen Aktionen in einer eigenen Logdatei. Ist die Gesamttransaktion erfolgreich, so schließt diese mit einem „globalen" Commit ab.

Der gesamte Algorithmus ist etwas ausführlicher in Tab. 9.3 wiedergegeben. Mit diesem Vorgehen kann die Konsistenz des Gesamtsystems immer sichergestellt werden, egal in welcher der beteiligten Datenbanken ein Fehler auftreten sollte. Wird etwa lokal entschieden, eine noch nicht abgeschlossene Transaktion abzubrechen, so wird diese lokal zurückgesetzt, zusammen mit einer Meldung an den Koordinator. Dieser gibt ein Rollback an alle betroffenen Datenbanken weiter. Dort werden die entsprechenden Transaktionen jeweils lokal zurückgesetzt. Dies führt letztlich zu einem globalen Rollback.

Es sei angemerkt, dass dieses Zwei-Phasen-Commit zwar die auftretenden Probleme meistert, aber extrem aufwendig ist. Unseren Erfahrungen nach ist bei verteilten Datenbanken unter Verwendung des Zwei-Phasen-Commits in der Regel mit etwa einer Verzehnfachung der Antwortzeiten gegenüber nichtverteilten Anwendungen zu rechnen! In Einzelfällen liegen die Antwortzeiten sogar darüber. Dieser hohe Aufwand rührt daher, dass alle lokalen Aktionen auch an den Koordinator weitergeleitet werden. Dieser muss diese Einzelereignisse quittieren, bevor lokal weitergearbeitet werden kann. Dauert dieses gegenseitige Antworten sehr lange, so müssen die jeweiligen Transaktionen überprüfen,

Tab. 9.3 Algorithmus des Zwei-Phasen-Commits

Lokales Abarbeiten einer Transaktion	Jede betroffene Datenbank startet eine lokale Transaktion: Lokale Änderungen werden in der lokalen Logdatei protokolliert. (Beginn der Phase 1)
Melden des Transaktionsendes	Am Ende einer lokalen Transaktion erfolgt eine entsprechende Meldung (*Commit* bzw. *Rollback*) an den Koordinator (Ende der Phase 1).
Globales Transaktionsende	Der Koordinator sammelt alle lokalen Meldungen. Liegen nur erfolgreiche Rückmeldungen vor, so wird ein globales *Commit*, ansonsten ein *Rollback* eingetragen (Phase 2).
Endgültiges lokales Transaktionsende	Das Ergebnis der globalen Transaktion wird an alle lokalen Rechner geschickt. Jeder lokale Rechner übernimmt das globale Ergebnis (*Commit* oder *Rollback*) als endgültiges. Erst jetzt ist die Transaktion abgeschlossen (Ende der Phase 2).

ob die beteiligten Rechner überhaupt noch aktiv sind. Dies führt zu sehr komplexen Protokollen. Die Netzlaufzeiten addieren sich zusätzlich hinzu.

Die Recovery ist erheblich aufwendiger als im Einzelbetrieb, insbesondere wenn der Rechner ausfällt, der als Koordinator fungiert. In diesem Fall muss anhand des globalen Logs ermittelt werden, welche Transaktionen als abgeschlossen gelten. Mit Hilfe der lokalen Logdateien werden dann die Änderungen in den einzelnen Datenbanken gegebenenfalls zurückgesetzt oder übernommen. Dieser hohe Aufwand führt letztlich zum gewünschten Ziel: Es wird auf den letzten konsistenten Stand des Gesamtsystems aufgesetzt!

9.2 Objektorientierte Datenbanken

Unter objektorientierten Datenbanken verstehen wir Datenbankmodelle, denen objektorientierte Konzepte zugrunde liegen. Mit den objektorientierten Programmiersprachen entstanden in den 80er Jahren auch diese neuen Datenbanken. Sie sind seit den 90er Jahren im praktischen Einsatz. Wir unterscheiden heute zwei Arten objektorientierter Datenbanken: Zum einen gibt es die Datenbanken, die aus objektorientierten Programmiersprachen entstanden, und zum anderen die objektorientierten Erweiterungen relationaler Datenbanken. Die erstgenannten spielen heute eine untergeordnete Rolle. Die aus relationalen Systemen abgeleiteten Datenbanken stellen wir am Beispiel von Oracle vor.

Dieser Abschnitt setzt Grundkenntnisse über objektorientierte Programmierung voraus. Insbesondere sollten Begriffe wie Objekte, Klassen, Methoden, Datenkapselung und Vererbung geläufig sein.

9.2.1 Definition objektorientierter Datenbanken

Der Begriff *objektorientiert* ist in der Literatur nicht genau festgelegt. Entsprechend schwer fällt es zu sagen, wann eine Datenbank objektorientiert ist und wann nicht. Wir verwenden daher eine sehr allgemeine Definition.

▶ **Definition: Objektorientierte Datenbanken** Eine Datenbank heißt objektorientiert, wenn sie grundlegende objektorientierte Konzepte wie Objekte, Klassen, Methoden, Kapselung und Vererbung enthält und verwendet.

Die in der Definition aufgezählten Begriffe sind der objektorientierten Programmierung entnommen. Bei Objekten handelt es sich um einzelne Gegenstände, die gegebenenfalls sehr komplex sein können. Beispielsweise wäre ein einzelnes Flugzeug ein Objekt, das aus Rumpf, Tragflächen und Motoren bis hin zu Anzeigeinstrumenten und Schrauben zusammengesetzt ist. Eine Klasse ist ein Objekttyp, gibt also den Aufbau von Objekten wieder.

In unserem Beispiel wäre dies ein Flugzeugtyp, etwa ein Airbus A300. Objekte sind folglich Elemente einer bestimmten Klasse. Eine Klasse enthält sowohl Eigenschaften als auch Methoden, die auf die Klassenobjekte angewendet werden. Beim Flugzeug kommen unter anderem die Methoden *StarteFlugzeug*, *UeberpruefeFlugzeug* oder *LandeFlugzeug* in Frage.

Die Kapselung sorgt dafür, dass nicht wahllos die Daten eines Objekts manipuliert werden dürfen. Vielmehr muss in der Regel über die Methoden zugegriffen werden. Interessieren etwa alle durchgeführten Wartungen, so ist die entsprechende Methode aufzurufen, etwa *AusgebenWartungsmeldungen*. Dies garantiert, dass die interne Struktur einer Klasse jederzeit geändert werden kann. Es müssen nur jeweils die Methoden dieser neuen Struktur angepasst werden, nicht aber die Programme, die auf diese Klassen zugreifen.

Die Vererbung ermöglicht die Spezialisierung von Klassen. Haben wir etwa eine allgemeine Klasse *Flugzeug* definiert, so können wir die Grundeigenschaften einschließlich deren Methoden auch in die Klassen *Motorflugzeug* und *Segelflugzeug* übernehmen, sie werden also weitervererbt. Es müssen nur die zusätzlichen neuen Eigenschaften und Methoden hinzugefügt werden.

Diese Eigenschaften der Objektorientierung sind auch in Datenbanken willkommen. Schließlich besitzen relationale Datenbanken auch einige erhebliche Schwächen. Diese sind in Tab. 9.4 kurz zusammengefasst: In relationalen Datenbanken fällt es schwer, die nicht weiter zerlegbaren Einzelteile eines komplexen Bauteils zu ermitteln, seien es die Anzahl der Tretlager des Herren- oder Damenrads aus der Beispieldatenbank *Bike* im Anhang oder die Anzahl der Bordinstrumente beim Flugzeug. In objektorientierten Datenbanken liefern entsprechende Methoden, rekursiv programmiert, zuverlässig die gewünschten Ergebnisse.

Um hohe Normalformen und damit einfache Zugriffe und eine redundanzfreie Datenhaltung zu erhalten, werden in relationalen Systemen komplexe Strukturen „flachgeklopft". Deshalb werden komplexe Objekte im Relationenentwurf meist völlig umstrukturiert. Die dabei entstehenden Relationen haben dann nur wenig mit den zugrundeliegenden Originalstrukturen gemeinsam, müssen aber bei den einzelnen Zugriffen bekannt sein. In der Regel bauen dann zahlreiche Joins die ursprüngliche Struktur wieder auf, was schnell zu erheblichen Leistungseinbußen führen kann.

Ganz anders sieht dies bei objektorientierten Datenbanken aus. Auch komplexeste Datenobjekte behalten in der Datenbank ihre Struktur bei. Entsprechende Zugriffe sind daher

Tab. 9.4 Nachteile relationaler Datenbanken

Nachteile	Auswirkung
Flache Struktur	Komplexe Objekte werden „flachgeklopft"; ihr Aufbau ist aus dem Design nicht mehr direkt ersichtlich
Keine Rekursion	Der Aufbau komplexer Objekte kann nur schwer nachvollzogen werden (Stücklistenproblem)
Viele Relationen	Häufige Joins auf zusammengehörige Relationen verlängern die Laufzeit

meist schnell, auch werden erforderliche rekursive Zugriffe in objektorientierten Systemen direkt unterstützt.

Betrachten wir beispielsweise die Relationen *Artikel* und *Teilestruktur* der Datenbank *Bike*. Die Relation *Artikel* enthält alle Teile und die Relation *Teilestruktur* gibt an, welches komplexe Teil aus welchen Einzelteilen besteht. Ein Einzelteil kann aus weiteren einfacheren Einzelteilen zusammengesetzt sein und so fort. Es liegt ein rekursives Problem zum Bestimmen aller nicht weiter zusammengesetzten Einzelteile eines Fahrrads vor. Dies ist in relationalen Systemen nicht einfach zu implementieren.

In objektorientierten Systemen können wir dagegen die Struktur eines Objektes *Fahrrad* direkt angeben (siehe Abb. 9.3). Die Originalstruktur wird also unverändert übernommen. Wir können uns mit entsprechenden Befehlen direkt entlang dieser Strukturen bewegen und erhalten die gewünschten Informationen einfach und schnell.

Wir wollen aber nicht verschweigen, dass objektorientierte Datenbanken auch Nachteile besitzen. Die komplexere Struktur erfordert eine aufwendigere Verwaltung. Vor allem steigt die Komplexität der Zugriffsbefehle. Der Aufbau von Objekten aus Unterobjekten ist hierarchisch. Wir müssen die gegebene Welt in dieses Schema einordnen. Auch einige Nachteile hierarchischer Datenbanken bekommen wir hier zu spüren, viele Zugriffsbefehle und keine zugrundeliegende umfassende mathematische Theorie.

Die Praxis der letzten 20 Jahre hat gezeigt, dass objektorientierte Datenbanken die relationalen nur in Nischenplätzen verdrängen konnten, und nur dort, wo komplexe Objekte zugrunde liegen und gefragt sind. Dies gilt vor allem im technisch wissenschaftlichen Bereich, etwa in den Bereichen CAD (Computer Aided Design) und CIM (Computer Integrated Manufacturing), in der Büroautomatisation und in Multimedia-Bereichen.

In praktisch allen anderen Fällen lohnt der Umstieg nicht: Zum einen wäre der Umstellungsaufwand sehr hoch und zum anderen besitzen objektorientierte Datenbanken die

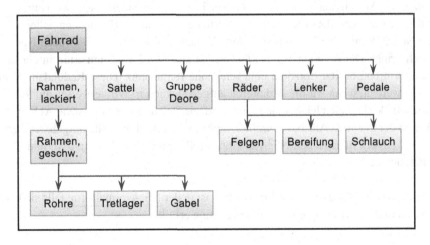

Abb. 9.3 Objekt Fahrrad

oben angesprochenen Nachteile. Um den Umstellungsaufwand zu reduzieren und einen sanften Übergang von relational nach objektorientiert zu ermöglichen, wurden mit der Sprache SQL3 (siehe SQL99 1999) die relationalen Datenbanken mit objektorientierten Strukturen erweitert. Diese SQL-Norm wurde schließlich mit SQL2003 (siehe SQL03 2003) weiter ergänzt. Diese Datenbanken werden heute als **objektrelational** bezeichnet.

Heute stechen vor allem Oracle, DB2 und PostgreSQL mit ihren objektrelationalen Erweiterungen hervor. Rein objektorientierte Ansätze haben sich hingegen kaum durchgesetzt. Bekannt wurden hier vor allem O2 und ObjectStore. Beide Datenbanken spielen aber heute kaum noch eine Rolle. Einen guten Überblick zu objektorientierten Ansätzen und Datenbanken finden wir beispielsweise in Connolly und Begg (2010) und in Elmasri und Navathe (2009).

9.2.2   Objektrelationale Datenbanken

Die Erweiterung relationaler Datenbanken durch Hinzufügen objektorientierter Strukturen und Methoden ist der objektorientierte Ansatz, der sich in den letzten 15 Jahren durchgesetzt hat, und den wir hier auch vorstellen wollen. Dieser Ansatz ist darauf ausgerichtet, die in Tab. 9.4 aufgeführten Nachteile zu beseitigen oder zumindest zu verringern. Es ist dabei nicht das vorrangige Ziel, möglichst viele objektorientierte Konstrukte zu übernehmen. Vielmehr bleibt beispielsweise die Mehrfachvererbung ausgespart. Wir sprechen hier von objektrelationalen Datenbanken.

Dieser Ansatz der Erweiterung ist deshalb von großem Interesse, da Migrationen von einem in ein anderes System sehr aufwendig sind. Relationale Systeme hingegen sind weit verbreitet, so dass wir zu diesen bestehenden Datenbanken sukzessive und Schritt für Schritt objektorientierte Methoden hinzufügen können.

Ein großer Vorteil relationaler Datenbanken ist ihre Einfachheit. Diese wird unter anderem dadurch erreicht, dass die einzelnen Attribute nur atomare Einträge enthalten dürfen (erste Normalform). Wir haben aber bereits in Kap. 2 gesehen, dass dies auch Nachteile mit sich bringt. Die Relation *VerkaeuferProdukt* aus Tab. 2.1 ist immerhin in der ersten Normalform und besitzt trotzdem eine sehr hohe Redundanz. Diese Redundanz könnte beseitigt werden, wenn wir die Atomarität aufgeben würden. Wir verweisen auf Tab. 2.3. Genauso ließe sich auch leicht eine redundanzfreie Relation *Fahrrad* (siehe Abb. 9.3) erstellen, in der in einem Attribut *Einzelteile* einfach die einzelnen Teile aufgelistet werden.

Dieser Ansatz führt zu den NF^2-Relationen (NF^2 = NFNF = Non-First-Normal-Form). Wir definieren:

▶ **Definition: NF^2-Relationen**   Eine Relation ist in der NF^2-Normalform, falls sie bis auf die Atomarität alle Bedingungen an eine Relation erfüllt.

Zu Relationen verweisen wir auf Abschn. 2.2. Wir haben dort auch die nicht atomare Relation *VerkaeuferProdukt* eingeführt, siehe Tab. 2.3 und 9.5. Diese redundanzfreie Relation ist in der NF²-Normalform. Das Attribut *Produktname* enthält dort eine Aufzählung von Produkten. In NF²-Relationen ist es möglich, dass ein einzelnes Attribut nicht nur eine Liste von Elementen enthält, vielmehr sind auch komplexe Objekte vorstellbar, warum also nicht sogar eine Relation. Natürlich darf dann diese interne Relation wieder Objekte enthalten usw. Schon befinden wir uns in komplexen rekursiven Strukturen.

Schon wird deutlich, dass wir mit NF²-Relationen komplexe Objekte aufbauen können. Wir müssen allerdings auch die Anwendungssprache zu einer vollständigen Zugriffssprache ausbauen, so dass beispielsweise auch Vererbung und Datenkapselung unterstützt werden.

Genau in diese Richtung zielten SQL3 und SQL2003. Hier sind Klassen, Objekte, Methoden, Kapselung und Vererbung integriert. Unterstützt wird auch das Überladen von Funktionen und parametrisierte Typen (*Templates*). Mittels des neuen Operators *Recursive Union* wird auch das Stücklistenproblem gelöst. Die objektrelationalen Erweiterungen sind enorm. Der Sprachumfang allein in SQL3 hat sich gegenüber SQL2 verdoppelt.

Der neue Befehl *Create Type* definiert Datentypen. Diese entsprechen dem aus der objektorientierten Programmierung bekannten Klassenbegriff: Es können sowohl Variablen, Konstanten als auch Memberfunktionen inklusive Konstruktoren und Destruktor angegeben werden. Die Datenkapselung geschieht mit den Bezeichnern *Public*, *Private* und *Protected*.

Um Funktionen innerhalb eines SQL-Befehls definieren zu können, benötigen wir Kontrollstrukturen. Folglich finden wir ab SQL3 auch If-, While- und For-Anweisungen. Funktionen außerhalb des Create-Type-Befehls dürfen die SQL-eigenen Sprachkonstrukte oder eine Wirtssprache, etwa C++, verwenden. Die Funktionen dürfen überladen und auch rekursiv aufgerufen werden. Der *Create-Type*-Befehl ermöglicht ferner eine Klassenhierarchie, indem die hier definierten Datentypen von anderen Klassen abgeleitet werden können. Mittels des erweiterten *Create-Table*-Befehls können nun Relationen erzeugt werden, die von einem Datentyp abgeleitet sind.

Noch vor der SQL-Normierung gab es mehrere Implementierungen zur Objekt-Erweiterungen. Dies hat zur Folge, dass es bei den einzelnen Datenbankanbietern teils erhebliche Abweichungen von der Norm gibt. So implementierte beispielsweise Oracle seine eigene Sprache PL/SQL. Wegen der relativ großen Bedeutung von Oracle gehen wir daher in den nächsten beiden Abschnitten ganz gezielt auf Oracle und dessen objektrelationale Implementierung ein.

9.2.3 Objektrelationale Erweiterungen in Oracle

Oracle führte mit der Version V8.0 objektrelationale Erweiterungen ein. Diese wurden in der Version V9.0 ergänzt, seitdem aber nur noch geringfügig erweitert. Es sei nicht verschwiegen, dass Oracle nicht alle neuen Ansätze der SQL-Norm aufgenommen hat. Insbesondere greift Oracle auf seine bereits vorher integrierte Programmiersprache PL/SQL zurück. In diese umfangreiche Sprache wurden die neuen objektorientierten Erweiterungen eingebettet.

In Oracle gibt es mehrere Möglichkeiten, bestehende oder neue Datenbanken mit objektorientierten Strukturen zu versehen. Die wichtigsten Möglichkeiten sind:

- Variable Felder
- Objekte
- Objekt-Sichten
- Eingebettete Relationen (engl.: nested tables)

Variable Felder in Oracle entsprechen einer Liste. Allerdings muss in Oracle die maximale Anzahl der Listenelemente vorgegeben werden. Dies ist die einfachste Form der Erweiterung eines relationalen Attributs. Ein Attribut, das als variables Feld definiert wird, kann also eine nach oben begrenzte Anzahl von Werten aufnehmen.

Objekte entsprechen den objektorientierten Ansätzen von Programmiersprachen. Objekte können Eigenschaften (Variablen) und Methoden (Funktionen und Prozeduren) enthalten. Objektelemente dürfen gekapselt, also für außenstehende Betrachter versteckt werden. Attribute einer Relation dürfen als Objekte definiert werden.

Objekt-Sichten sind wichtig, um einen einfachen Übergang von relationalen in objektorientierte Strukturen zu ermöglichen. Damit lassen sich bestehende Relationen ganz einfach in objektrelationale überführen. Wie der Name aber verrät, handelt es sich nur um eine Sicht. Die Relation bleibt unverändert.

Als Attribute einer Relation können wir Objekte, ja ganze Relationen definieren. In diesem Fall sprechen wir von eingebetteten Relationen. Ein Attribut einer Relation kann also entweder ein relationaler Datentyp, ein variables Feld, ein komplexes Objekt oder sogar eine komplette Relation sein.

Wir wollen im Folgenden diese vier Möglichkeiten an einfachen Beispielen vorstellen. Beginnen wir mit dem Create-Type-Befehl, von dem es mehrere Varianten gibt:

```
CREATE TYPE Typname AS
    { VARRAY | VARRYING ARRAY } ( Anzahl ) OF  Datentyp
CREATE [ OR REPLACE ] TYPE Typname AS OBJECT
(  Spalte  Datentyp  [ , ... ] ,
   [ { MEMBER { Prozedurname | Funktionsname } }
    [ , ... ] ] )
CREATE [ OR REPLACE ] TYPE BODY Typname AS
{ MEMBER { PROCEDURE Prozedurname | FUNCTION Funktionsname }
  ( Parametername Datentyp [ , ... ] ) [ RETURN Datentyp ]
  AS  PL/SQL-Block                        } [ , ... ]
  END ;
CREATE  TYPE Typname AS TABLE OF Datentyp
```

Mit dem ersten Create-Type-Befehl werden variable Felder definiert. Wir beachten, dass wir hier die maximale Anzahl der Listenelemente angeben müssen.

Der zweite Befehl erzeugt ein neues Objekt. Ein eventuell bereits existierendes wird durch die Option *Or Replace* ersetzt. Ein Objekt enthält Attribute und wahlfrei zusätzlich Methoden. Wir geben also, durch Kommata getrennt, die einzelnen Attribute mit ihren Datentypen an. Als Datentyp sind alle Standarddatentypen, aber auch bereits definierte Objekte erlaubt. Anschließend können als Methoden Memberfunktionen und -prozeduren angegeben werden. Hier geben wir nur die Funktions- und Prozedurköpfe an. Die Implementierung selbst erfolgt im Create-Type-Body-Befehl. Hier wird zwischen Prozeduren und Funktionen unterschieden: Funktionen liefern einen Funktionswert zurück (*Return Datentyp*), Prozeduren nicht. Der Programmcode selbst steht schließlich im PL/SQL-Block.

Der letzte dieser Befehle ist sehr einfach, führt aber letztlich zu komplexen Strukturen, zu eingebetteten Relationen. Wir wollen nun nacheinander diese Create-Type-Befehle mit Hilfe einfacher Beispiele genauer kennen lernen.

Wir beginnen mit variablen Feldern und erinnern uns an die nicht atomare Relation *VerkaeuferProdukt* aus Tab. 2.3. Wir haben sie zusätzlich in Tab. 9.5 angegeben. Hier enthält das Attribut *Produktname* eine Aufzählung der verkauften Produkte des jeweiligen Verkäufers. Gehen wir davon aus, dass unsere Firma maximal 50 Produkte vertreibt, so könnte die Definition des Attributs *Produktname* wie folgt aussehen:

```
CREATE TYPE TProdukt AS VARRAY ( 50 ) OF CHAR ( 30 ) ;
```

Wir erzeugen damit einen Datentyp *TProdukt*, der aus einem Feld von maximal 50 Elementen vom Datentyp *Char(30)* besteht. Diesen Datentyp können wir jetzt in unserer Relation *VerkaeuferProdukt* verwenden:

```
CREATE TABLE VerkaeuferProdukt
(  VerkNr     CHAR(4)      PRIMARY KEY ,
   VerkName   CHAR(20)     NOT NULL ,
   PLZ        CHAR(5) ,
   Adresse    CHAR(60) ,
   Produkt    TProdukt ,
   Umsatz     NUMERIC (10, 2)  ) ;
```

Das Arbeiten mit dieser nicht atomaren Relation ist natürlich aufwendiger als mit normalisierten Relationen. Schließlich müssen wir berücksichtigen, dass es nun Objekte gibt.

Tab. 9.5 Nicht atomare Relation VerkaeuferProdukt

VerkNr	VerkName	PLZ	VerkAdresse	Produktname	Umsatz
V1	Meier	80331	München	Waschmaschine, Herd, Kühlschrank	17000
V2	Schneider	70173	Stuttgart	Herd, Kühlschrank	7000
V3	Müller	50667	Köln	Staubsauger	1000

Das Hinzufügen der ersten Zeile aus Tab. 9.5 geschieht beispielsweise mit folgendem *Insert*-Befehl:

```
INSERT INTO VerkaeuferProdukt VALUES
( 'V1', 'Meier', '80331', 'München',
  TProdukt ( 'Waschmaschine', 'Herd', 'Kühlschrank' ), 17000 );
```

Mit dem Insert-Befehl werden sechs Attribute eingefügt. Davon ist das fünfte ein variables Feld. Und dies müssen wir auch mit einem Cast-Operator unter Angabe des Datentyps bekannt geben. Dabei haben wir alle verkauften Produkte aufgelistet. Mit zwei weiteren Insert-Befehlen können wir die Relation *VerkaeuferProdukt* gemäß Tab. 9.5 füllen. Dass diese Daten auch gespeichert wurden, können wir leicht durch folgenden Select-Befehl nachprüfen:

```
SELECT * FROM VerkaeuferProdukt;
```

Es werden genau drei Zeilen ausgegeben, wobei das fünfte Attribut jeder Zeile eine Aufzählung enthält. Kompliziert wird es, wenn wir nur auf Teile der Liste zugreifen wollen. Hat beispielsweise Verkäufer *Schneider* auch Staubsauger verkauft, so möchten wir dieses Produkt zusätzlich hinzufügen. Oder wir wollen einzelne Produkte aus der Liste löschen. Oder wir stellen die Frage, welche Verkäufer Kühlschränke verkauft haben. All diese Aufgaben haben gemeinsam, dass wir sie nicht mit einem einzigen SQL-Befehl lösen können. Wir können die Feldelemente auch nicht indizieren. Wir benötigen vielmehr die Sprache PL/SQL und müssen die einzelnen Aufgaben programmieren. So weit wollen wir an dieser Stelle nicht einsteigen, sondern uns stattdessen etwas ausführlicher direkt mit Objekten beschäftigen.

Objekte in Oracle erlauben es uns komplexe Strukturen aufzubauen. Zusätzlich erhalten wir damit neue Datentypen, die wir gezielt verwenden können. Dies verbessert die Gesamtstruktur eines Systems merklich. Wir betrachten dazu unsere Beispieldatenbank *Bike*. In den drei Relationen *Kunde*, *Lieferant* und *Personal* gibt es jeweils die Attribute *Strasse*, *PLZ* und *Ort*. Es macht natürlich Sinn, in allen drei Relationen die gleichen Datentypen zu benutzen. Dies ist in unserem Fall leider nicht der Fall. Der Ort ist in zwei Fällen als *Char(20)* und in einem Fall als *Char(25)* definiert. Um solche Unzulänglichkeiten auszuschließen, definieren wir ein Objekt *TAdresse*:

```
CREATE OR REPLACE TYPE TAdresse AS OBJECT
( Strasse    VARCHAR2 ( 30 ) ,
  PLZ        VARCHAR2 ( 5 ) ,
  Ort        VARCHAR2 ( 20 ) ,
  MEMBER FUNCTION Anschrift RETURN VARCHAR2 ) ;
/
```

Wir haben hier drei Attribute in einem Objekt zusammengefasst. Wir haben ferner den Datentyp *Varchar2* statt *Char* gewählt, da wir uns bereits vom SQL-Standard entfernt haben, und Oracle den Datentyp *Varchar2* empfiehlt. Weiter wurde eine Funktion *Anschrift* deklariert, die diese Adresse ausgibt. Die Create-Type-Befehle sollten immer mit einem Schrägstrich in einer neuen Zeile abgeschlossen werden. Nur so ist in Oracle sichergestellt, dass folgende Befehle korrekt ausgeführt werden.

Jetzt können wir unsere drei Relationen *Kunde*, *Personal* und *Lieferant* einheitlich definieren. Als Beispiel geben wir die Relation *LieferantNeu* an:

```
CREATE TABLE LieferantNeu
( Nr         INTEGER           PRIMARY KEY ,
  Name       VARCHAR ( 30 )    NOT NULL ,
  Adresse    TAdresse ,
  Sperre     CHAR       ) ;
```

Der Zugriff auf Relationen, die Objekte enthalten, ist einfach und entspricht dem auch in Programmiersprachen gewohnten Muster: Die Objektelemente werden zusammen mit dem Objektnamen, getrennt durch einen Punkt, angegeben. Wollen wir beispielsweise den Namen und den Wohnort aller Lieferanten ausgeben, so lautet jetzt der *Select*-Befehl:

```
SELECT   Name, L.Adresse.Ort
FROM     LieferantNeu L;
```

Es ist zu beachten, dass in Oracle das Objekt *Adresse* zwingend qualifiziert werden muss, und zwar mit einem Aliasnamen, hier *L*! Wir sehen, dass die Relation noch leer ist. Wir sollten also zunächst die Daten aus der Relation *Lieferant* laden. Dies geschieht wie folgt:

```
INSERT INTO LieferantNeu
SELECT   Nr, Name, TAdresse( Strasse, PLZ, Substr(Ort, 1, 20) ),
         Sperre
FROM     Lieferant ;
```

Die neue Relation *LieferantNeu* besitzt nur vier Attribute. Die entsprechende Anzahl müssen wir daher auch im Select-Befehl angeben. Wir fassen dabei die drei bisherigen Attribute *Strasse*, *PLZ* und *Ort* mittels des Cast-Operators zum Objekt *TAdresse* zusammen. Wir müssen noch beachten, dass in der Relation *Lieferant* das Attribut *Ort* aus 25 Zeichen besteht. Wir kürzen daher dieses Attribut noch mit Hilfe der Funktion *Substr*.

Existiert in einer Datenbank bereits eine Relation *Lieferant*, so empfehlen wir das Überführen in die neue Relation *LieferantNeu* nicht. Auch mit Hilfe einer Objekt-Sicht können wir die neuen objektrelationalen Möglichkeiten verwenden. Wir erhalten beispielsweise eine entsprechende Sicht *SLieferant* mit:

```
CREATE VIEW SLieferant ( Nr, Name, Adresse, Sperre ) AS
  SELECT   Nr, Name, TAdresse ( Strasse, PLZ, Ort ), Sperre
  FROM     Lieferant ;
```

Auf diese Art und Weise können wir neu definierte Objekte auch auf bestehende Relationen anwenden. Analog zur Relation *LieferantNeu* können wir jetzt auch hier Name und Wohnort einfach ausgeben:

```
SELECT   Name, L.Adresse.Ort
FROM     SLieferant L;
```

Leider haben diese Erweiterungen auch ihre Achillesferse. Eine Ausgabe der Relation *LieferantNeu* mit Hilfe von „*Select* *“ ist unbefriedigend, siehe Abb. 9.4. Statt der tatsächlichen Adresse wird nur jeweils der Datentyp angezeigt. Erst beim Klick auf den Datentyp wird der Inhalt verraten. Dies ist in der Praxis verschmerzbar, da grundsätzlich in der Programmierung empfohlen wird, auf den Wildcard-Operator „*“ zu verzichten. Die Alternative wäre die etwas umständliche Ausgabe:

```
SELECT   Nr, Name, L.Adresse.Strasse, L.Adresse.PLZ,
         L.Adresse.Ort, Sperre
FROM     LieferantNeu L ;
```

Deutlich eleganter wird es, wenn wir uns an unsere Memberfunktion *Anschrift* erinnern. Wir müssen dazu diese Funktion allerdings erst implementieren. Wir stellen den Code vor:

```
CREATE OR REPLACE TYPE BODY TAdresse AS
  MEMBER FUNCTION Anschrift RETURN VARCHAR2 IS
  ausgabe VARCHAR2(60);
```

	NR	NAME	ADRESSE	SPERRE
1	1	Firma Gerti Schmidtner	[BIKEOO.TADRESSE]	0
2	2	Rauch GmbH	[BIKEOO.TADRESSE]	0
3	3	Shimano GmbH	[BIKEOO.TADRESSE]	0
4	4	Suntour LTD	[BIKEOO.TADRESSE]	0
5	5	MSM GmbH	[BIKEOO.TADRESSE]	0

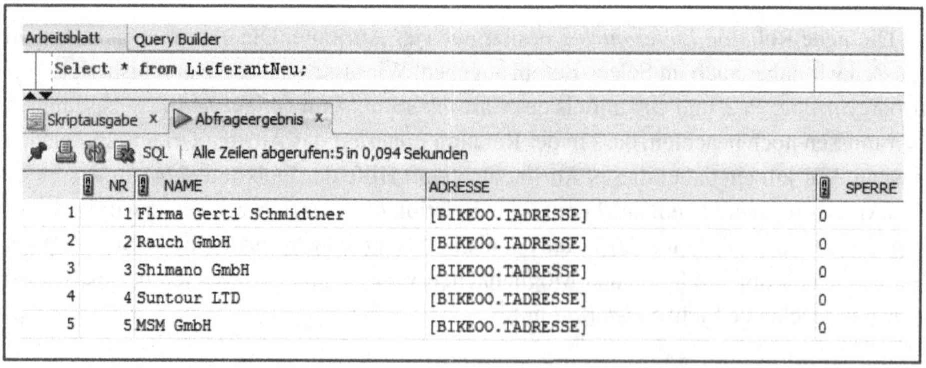

Abb. 9.4 Ausgabe von Objekten

Abb. 9.5 Ausgabe von Objekten und Funktionen

```
BEGIN
    ausgabe := TRIM(Strasse) || ', ' || TRIM(PLZ)  || ' '
              || TRIM(Ort);
    RETURN ausgabe;
  END;
END;
/
```

In dieser Implementierung wiederholen wir zunächst den Funktionskopf aus der Deklaration im Create-Type-Befehl. Anschließend definieren wir die Variable *ausgabe*. Im eigentlichen Rumpf, der zwischen den Bezeichnern *Begin* und *End* eingebettet ist, trimmen wir die Attribute *Strasse*, *PLZ* und *Ort*, verschmelzen diese mittels des Konkatenierungs-Operators „ll" und weisen diese der Variablen *ausgabe* zu. Diese Variable wird dann als Funktionsergebnis zurückgegeben. Mit Hilfe dieser Funktion können wir nun schreiben:

```
SELECT  Nr, Name, L.Adresse.Anschrift(), Sperre
FROM    LieferantNeu L ;
```

Wir erhalten damit die Anschrift in übersichtlicher Form in einer einzigen Spalte, siehe Abb. 9.5. Zur Vertiefung sei auf Kähler (2008) verwiesen. Wie sich Objekte zu ganzen Relationen erweitern lassen, zeigen wir im nächsten Abschnitt.

9.2.4 Eingebettete Relationen in Oracle

Wir haben im letzten Abschnitt kennen gelernt, dass einzelne Attribute aus einer Aufzählung von Elementen bestehen können. Ein Element wiederum darf ein beliebiges Objekt sein. Somit können wir in einem einzigen Attribut eine Liste von Objekten definieren. Allerdings müssen wir hier die maximale Anzahl der Listenelemente vorgeben. Diese Einschränkung gilt nicht, wenn wir stattdessen **eingebettete Relationen** (auf Englisch: nested tables) verwenden. Eingebettete Relationen können wir als eine Erweiterung von variablen Feldern ansehen. Schließlich besteht eine Relation aus Attributen, ist also eigentlich als ein Feld von Objekten definiert. In Relationen ist die Anzahl der Objekte nur durch datenbankinterne Strukturen und dem Speicherplatz beschränkt. In objektrelationalen Datenbanken dürfen daher einzelne Attribute Relationen enthalten. Dies wollen wir an einem Beispiel aufzeigen.

In der Beispieldatenbank *Bike* werden alle Aufträge in der Relation *Auftrag* und die Einzelpositionen in der Relation *Auftragsposten* verwaltet. Wir können jetzt die Einzelpositionen, die im eigentlichen Sinne zur Entität *Auftrag* gehören, auch innerhalb der Relation *Auftrag* mittels einer eingebetteten Relation abspeichern. Definieren wir dazu zunächst ein entsprechendes Objekt:

```
CREATE OR REPLACE TYPE TEinzelposten AS OBJECT
(  Artnr        INTEGER,
   Anzahl       INTEGER,
   Gesamtpreis  NUMERIC(10,2)    ) ;
```

Um dieses Objekt in einer Relation einbetten zu können, müssen wir es entsprechend kennzeichnen:

```
CREATE TYPE  ER_Einzelposten  AS TABLE OF  TEinzelposten ;
```

Der Datentyp *ER_Einzelposten* ist jetzt die Basis für eine eingebettete Relation. Wir definieren unsere neue Relation *AuftragNeu*:

```
CREATE TABLE  AuftragNeu
(  AuftrNr       INTEGER  PRIMARY KEY,
   Datum         DATE,
   Einzelposten  ER_Einzelposten,
   Kundnr        INTEGER  REFERENCES Kunde,
   Persnr        INTEGER  REFERENCES Personal ON DELETE SET NULL
)  NESTED TABLE Einzelposten  STORE AS  ER_Einzelposten_TABLE ;
```

Mit der letzten Zeile der Definition wird der Datenbank mitgeteilt, wo diese eingebettete Relation (*nested table*) angelegt werden soll.

Der Zugriff auf diese neue Relation ist dem von variablen Feldern sehr ähnlich. Wollen wir etwa Auftrag 2 aus der Originalrelation in der neuen Relation abspeichern, so müssen wir im Insert-Befehl fünf Attribute angeben. Das Attribut *Einzelposten* ist aber eine Relation, die wiederum zwei Positionen enthält. Wir müssen daher wieder Cast-Operatoren einsetzen und schreiben:

```
INSERT INTO AuftragNeu VALUES
(  2,   DATE '2013-01-06',
   ER_Einzelposten ( TEinzelposten (100002, 3, 1950),
                     TEinzelposten (200001, 1, 400) ),
   3,  5 ) ;
```

Jedes einzufügende Element ist ein Objekt vom Typ *TEinzelposten*. Mittels eines Cast-Operators wandeln wir die drei Einzeldaten in diesen Objekttyp um. Die eingebettete Relation *ER_Einzelposten* enthält in unserem Beispiel zwei dieser Objekte. Mit einem weiteren Cast-Operator erstellen wir eine Relation vom Typ *ER_Einzelposten*, die diese beiden Objekte enthält. Ganz wichtig ist, dass es hier keine Einschränkung bei der Anzahl der Tupel gibt.

Somit unterscheidet sich auch die Speichertechnik zwischen eingebetteten Relationen und variablen Feldern. Oracle speichert variable Felder normalerweise in der Relation selbst, wobei Speicher für die maximale Anzahl von Elementen reserviert wird. Eingebettete Relationen werden hingegen als eigene Relationen verwaltet. Die letzte Zeile der Definition der Relation *AuftragNeu* gibt beispielsweise an, dass die eingebettete Relation unter dem Namen *ER_Einzelposten_TABLE* abgelegt wird. Auch wenn Oracle die eingebettete Relation als eigenständige Relation verwaltet, so ist ein direkter Zugriff auf diese Relation nicht möglich. Originalrelation und eingebettete Relation werden intern mittels Zeigern verbunden, der Zugriff erfolgt ausschließlich über die Relation *AuftragNeu*.

Und damit wären wir auch schon beim Vorteil dieser neuen Möglichkeiten. Wir haben nicht zwei Relationen definiert, die mittels eines Fremdschlüssels miteinander verbunden sind, sondern nur eine, die interne Verknüpfungen enthält. Mit vier weiteren *Insert*-Befehlen können wir daher den Inhalt der beiden Relationen *Auftrag* und *Auftragsposten* aus Tab. 10.5 und 10.6 in einer einzigen Relation *AuftragNeu* vereinigen. Wir sparen somit Verbundoperationen (Joins) und sind letztlich erheblich performanter. Gleichzeitig bleibt die Originalstruktur erhalten. Ein Auftrag enthält schließlich alle Auftragsdaten und muss nicht künstlich in zwei Teile (*Auftrag* und *Auftragsposten*) zerlegt werden.

Die Nachteile sind leider auch nicht zu vernachlässigen. Erstens konnten wir die Artikelnummern nicht als Fremdschlüssel auf die Relation *Artikel* definieren. Fremdschlüssel innerhalb von Objekten sind grundsätzlich nicht möglich. Alternativ können wir nur Referenzen mit Hilfe der Ref-Bedingung setzen, worauf wir hier aber nicht weiter eingehen und stattdessen auf die Oracle-Dokumentation verweisen. Und zweitens befriedigt die Anzeige der Daten nicht. Der folgende Select-Befehl zeigt zwar alle Daten an, aber in einer schwer lesbaren Weise:

```
SELECT * FROM AuftragNeu ;
```

Auch die Ausgabe aller Einzelpositionen zu Auftrag 2 liefert eine gewöhnungsbedürfti-
ge Darstellung. Der folgende Befehl liefert eine eingebettete Relation als Ergebnis zurück.

```
SELECT   Einzelposten
 FROM    AuftragNeu
 WHERE   AuftrNr = 2 ;
```

Diese eingebettete Relation wird in SQL-Plus gemäß Tab. 9.6 ausgegeben. Es wird die
komplette Struktur der eingebetteten Relation, also eine Relation bestehend aus Objekten,
angezeigt.

In SQL Developer werden die Inhalte erst dann angezeigt, wenn auf die Objekte
geklickt wird. Dies ist unbefriedigend, lässt sich aber mit Hilfe des Operators *The* auf
einfache Weise lösen. Dieser Operator *The* wandelt eine eingebettete Relation in eine
„normale" Relation um. Dies wollen wir ausnutzen und schreiben den folgenden *Select-*
Befehl:

```
SELECT   *
 FROM     THE  ( SELECT  Einzelposten
                  FROM    AuftragNeu
                  WHERE   AuftrNr = 2  ) ;
```

Hier wird der Select-Befehl mit Hilfe des The-Operators in eine Relation überführt und
dann ausgegeben. Das Ergebnis ist jetzt eine ganz normale Relation, siehe Tab. 9.7.

Mit Hilfe dieses The-Operators greifen wir fast wie gewohnt auf Objektrelationen zu.
Wurden beispielsweise in Auftrag 2 noch zusätzlich 2 Tretlager à 30 Euro verkauft, so
lautet der dazugehörige Befehl zum Einfügen:

```
INSERT INTO THE ( SELECT  Einzelposten FROM AuftragNeu
                  WHERE AuftrNr = 2 )
VALUES ( 500013, 2, 60 ) ;
```

Wollen wir zu Auftrag 2 nur alle Positionen anzeigen, die mehr als 100 Euro kosten,
so schreiben wir:

Tab. 9.6 Direkte Ausgabe einer eingebetteten Relation

Einzelposten(Artnr, Anzahl, Gesamtpreis)
ET_Einzelposten(TEinzelposten(100002, 3, 1950), TEinzelposten(200001, 1, 400))

Tab. 9.7 Ausgabe einer eingebetteten Relation als Relation

Artnr	Anzahl	Gesamtpreis
100002	3	1950
200001	1	400

```
SELECT   *
FROM     THE   ( SELECT  Einzelposten
                 FROM    AuftragNeu
                 WHERE   AuftrNr = 2 )
WHERE    Gesamtpreis > 100 ;
```

Dank des The-Operators stehen die Attribute *Artnr*, *Anzahl* und *Gesamtpreis* zur Verfügung. Wir müssen allerdings immer beachten, dass der The-Operator nur jeweils genau eine einzige eingebettete Relation umwandeln kann. Wir können uns daher immer auf nur eine Zeile im Attribut *Einzelposten* beziehen!

Wenn wir alle Auftragspositionen aller Aufträge ausgeben wollen, die mehr als 100 Euro umfassten, so müssen wir einen anderen Weg einschlagen. Wir führen dazu obigen SQL-Befehl für jeden Auftrag aus und verknüpfen das Ergebnis dann mit der Auftragsnummer. Wir geben also die Auftragsnummern zusammen mit einer eingebetteten Relation aus. Da wir allerdings zuvor unsere eingebettete Relation in eine normale umgewandelt haben, benötigen wir jetzt einen Cast-Operator, der aus einer Relation eine Einbettung erzeugt. Bisher wirkte ein Cast-Operator nur auf einzelne Ausdrücke und nicht auf mehrere Zeilen. Für Objektrelationen benötigen wir daher einen speziellen Cast-Operator. Er lautet:

```
CAST ( MULTISET ( Unterabfrage ) AS Objekttyp )
```

Dieser Cast-Operator wandelt eine beliebige Abfrage in eine eingebettete Relation vom angegebenen Objekttyp um. Die Abfrage muss dabei zum Objekttyp kompatibel sein. Wir kommen zu unserer ursprünglichen Aufgabenstellung zurück und geben alle Aufträge mit allen Positionen mit mehr als 100 Euro Gesamtpreis aus.

```
SELECT A.AuftrNr,
       CAST (MULTISET ( SELECT *
                        FROM THE ( SELECT  Einzelposten
                                   FROM    AuftragNeu
                                   WHERE   AuftrNr = A.AuftrNr )
                        WHERE Gesamtpreis > 100
                      ) AS ER_Einzelposten )
FROM AuftragNeu A;
```

Im Inneren finden wir hier den vorher besprochenen *Select*-Befehl mit dem The-Operator. Wir haben nur den Auftrag 2 durch das Attribut *A.AuftrNr* ersetzt. Dieser Select-Befehl wird jetzt mittels des Cast-Multiset-Operators in eine eingebettete Relation umgewandelt, nachdem alle Auftragspositionen mit weniger als 100 Euro Umsatz entfernt wurden. Diese eingebettete Relation wird schließlich zusammen mit der Auftragsnummer ausgegeben. Letztlich erhalten wir die Relation *AuftragNeu*, jedoch ohne das Datum, Kunden- und Personalnummer und ohne die Positionen unter 100 Euro Umsatz.

Zur Vertiefung wollen wir noch ein weiteres Beispiel vorstellen. Die Relation *Auf-tragNeu* ist nach dem Erzeugen zunächst leer. Es bietet sich an, diese Relation mit allen Daten aus den Relationen *Auftrag* und *Auftragsposten* zu füllen. Dies können wir in zwei Schritten erledigen. Zunächst laden wir alle Auftragsdaten in die Relation *AuftragNeu*. Anschließend fügen wir mit einem Update-Befehl alle Auftragspositionen hinzu:

```
INSERT INTO AuftragNeu (Auftrnr, Datum, Einzelposten,
                        Kundnr, Persnr)
  SELECT   AuftrNr, Datum, NULL, Kundnr, Persnr
  FROM     Auftrag;

UPDATE Auftragneu
SET Einzelposten = CAST ( MULTISET(
                    SELECT Teilenr, Anzahl, Gesamtpreis
                    FROM   Auftragsposten
                    WHERE  AuftrNr = Auftragneu.AuftrNr )
                    AS ER_Einzelposten);
```

Hier haben wir zu jeder Auftragsnummer die Auftragspositionen ermittelt und das Abfrageergebnis mit Hilfe des Cast-Multiset-Operators in eine eingebettete Relation verwandelt. Als Übungsaufgabe sei empfohlen, diese Übernahme aller Einträge aus den Relationen *Auftrag* und *Auftragsposten* mit einem einzigen Insert-Befehl durchzuführen.

Diese Beispiele zeigen anschaulich, dass sich mit den objektrelationalen Datenbanken die Syntax deutlich erweitert. Dies geht einher mit erheblich komplexeren DML-Befehlen. Dabei haben wir bisher nur an der Oberfläche gekratzt. Neben Memberfunktionen gibt es auch statische Funktionen, ebenso Konstruktoren. Hinzu kommen Member- und statische Prozeduren. Die Vererbung nimmt ebenfalls einen breiten Raum ein. Der Einstieg in objektrelationale Strukturen ist insgesamt sehr spannend, aber auch steinig. Als Einstieg sei Kähler (2008) empfohlen.

9.3 Zusammenfassung

Dieses Kapitel besteht aus zwei Teilen, aus verteilten und aus objektorientierten Datenbanken. Wir haben gesehen, dass eine verteilte Datenhaltung den realen Gegebenheiten wesentlich besser entspricht als eine zentrale Verwaltung. Auch die Ausfallsicherheit kann durch die Verteilung erhöht werden. Allerdings ist der Aufwand zur Verwaltung einer verteilten Datenbank enorm hoch. Die von Date aufgestellten zwölf Regeln sind eine erste gute Richtschnur, wie Verteilung aussehen sollte. Als fundamentales Prinzip verteilter Datenbanken gilt dabei, dass der einzelne Benutzer nicht bemerkt, ob eine zentrale oder verteilte Datenverwaltung vorliegt. Dies sollte nicht nur für den Endbenutzer sondern insbesondere auch für den Anwendungsprogrammierer gelten.

In der Praxis sind wir noch mehr oder weniger weit von diesem Ideal entfernt. Das Internet und damit die Cloud haben in den letzten Jahren der Verteilung von Daten einen großen Anschub gegeben. Dabei spielt das CAP-Theorem eine wichtige Rolle zur Beurteilung der Art der Verteilung. Es ist eine Vereinfachung und gleichzeitig einer Präzisierung der Regeln von Codd auf das Wesentliche. Letztlich muss sich der Anwender entscheiden, ob Konsistenz, Verfügbarkeit oder Ausfalltoleranz für ihn besonders wichtig sind. Er muss sich für zwei dieser drei Möglichkeiten entscheiden.

Ist der Anwender bereit auf ein Maximum an Konsistenz zu verzichten, so sollte er das Konsistenzmodell *BASE* beachten, das ihm zwar nicht sofort, aber letztendlich doch Konsistenz garantiert. Ein kleiner Überblick über heutige verteilte Datenbanksysteme und über den seit vielen Jahren eingesetzten Zwei-Phasen-Commit beendet diesen ersten Teil.

Zur Jahrtausendwende wurde objektorientierten Datenbanken eine große Zukunft vorausgesagt. In der Praxis haben sie sich jedoch gegenüber relationalen Datenbanken nicht durchsetzen können. Nur in wenigen Bereichen spielen sie heute eine Rolle, insbesondere in technischen und Multimedia-Anwendungen. Nach einem kurzen Überblick über objektorientierte Konzepte betrachteten wir objektrelationale Datenbanken am Beispiel von Oracle. Objektrelationale Datenbanken sind von den relationalen abgeleitet, indem die Atomarität aufgegeben wird. Wir sprechen hier von NF^2-Normalformen.

Wir haben am Beispiel der Bike-Datenbank einige Möglichkeiten aufgezeigt. Wir haben Objekte und variable Felder definiert und in entsprechende Relationen eingearbeitet. Zuletzt haben wir uns mit eingebetteten Relationen beschäftigt und darauf zugegriffen. Die Komplexität dieser Zugriffsbefehle kam dabei deutlich zum Vorschein.

9.4 Übungsaufgaben

Fragen

1. Was wird unter Unabhängigkeit gegenüber Fragmentierung und gegenüber Replikation verstanden?
2. Definieren Sie den Begriff *Verteilte Datenbanken*!
3. Wir haben globale Deadlocks in verteilten Datenbanken kennengelernt. Können in verteilten Datenbanken auch lokale Deadlocks auftreten?
4. Ist unter Verwendung eines Zwei-Phasen-Commit-Protokolls die Regel 2 von Date erfüllbar, obwohl für dieses Protokoll ein zentraler Koordinator benötigt wird?
5. Kennen Sie eine verteilte Datenbank aus der Praxis? Wenn ja, welche der zwölf Regeln verletzt sie? Welche Nachteile werden deshalb in Kauf genommen? Wie ist diese Datenbank bezüglich des CAP-Theorems einzuordnen?
6. Wie hängen das CAP-Theorem und das Konsistenzmodell *BASE* zusammen?
7. Wie löst SQL3 das rekursive Stücklistenproblem?
8. Wie werden in SQL3 NF^2-Relationen definiert?
9. Schreiben Sie ein Objekt *TPerson*, das den Namen, die Adresse und das Geburtsdatum einer Person enthält. Greifen Sie auf das Objekt *TAdresse* zurück. Schreiben Sie eine Relation *PersonalNeu*, die das Objekt *TPerson* verwendet.

10. Schreiben Sie einen Select-Befehl, der aus der Relation *AuftragNeu* alle Einzelpositionen zu Auftrag 4 ausgibt, falls das Attribut *Anzahl* größer als 1 ist.
11. Wann wird ein Zwei-Phasen-Commit benötigt?
12. Was macht einen Zwei-Phasen-Commit Ihrer Meinung nach so extrem zeitaufwendig?
13. Kopieren Sie mit einem einzigen Insert-Befehl alle Daten aus den Relationen *Auftrag* und *Auftragsposten* in die Relation *AuftragNeu*.

Literatur

Bangel, D., & Weingärtner, K. (2011). *NoSQL Reality Check*. Java Spektrum.

Boeker, M. (2010). *MongoDB – Sag ja zu NoSQL*. entwickler.press.

Brewer, E. (2000). *Towards Robust Distributed Systems*. http://www.cs.berkeley.edu/~brewer/cs262b-2004/PODC-keynote.pdf. Zugegriffen: 19.08.13.

Chang, F., Dean, J., Ghemawat, S., & Hsieh, W. C. et al. (2006). *Bigtable: A Distributed Storage System for Structured Data* Proc USENIX Symposium on Operating System Design and Implementation.

Connolly, T., & Begg, C. (2015). *Database Systems* (6. Aufl.). Pearson.

Date, C. J. (1983). *An Introduction to Database Systems* (Bd. 2). Addison-Wesley.

Date, C. J. (1990). What is a Distributed Database. In C. J. Date, & A. Warden (Hrsg.), *Relational Database Writings 1985–1989*. Addison-Wesley.

Date, C. J., & Darwen, H. (1998). *Foundation for Object/Relational Databases*. Addison-Wesley.

Deux, O. (1991). The O2 System. *Communication of the ACM, 34*(10), 34–48.

Edlich, S., Friedland, A., Hampe, J., Brauer, B., & Brückner, M. (2011). *NoSQL – Einstieg in die Welt nichtrelationaler WEB 2.0 Datenbanken*. Hanser.

Elmasri, R., & Navathe, S. (2009). *Grundlagen von Datenbanksystemen* (3. Aufl.). Pearson.

Faeskorn-Woyke, H., Bertelsmeier, B., Riemer, P., & Bauer, E. (2007). *Datenbanksysteme – Theorie und Praxis mit SQL2003, Oracle und MySQL*. Pearson.

Gulutzan, P., & Pelzer, T. (2002). *SQL Performance Tuning*. Addison-Wesley.

Heuer, A. (1997). *Objektorientierte Datenbanken* (2. Aufl.). Addison-Wesley.

Kemper, A., & Eickler, A. (2015). *Datenbanksysteme – Eine Einführung*. Oldenbourg.

Kähler, W.-M. (2008). *SQL mit Oracle*. Vieweg-Teubner.

Khoshafian, S. (1993). *Object-Oriented Databases*. John-Wiley.

Loney, K. (2009). *Oracle11g – Die umfassende Referenz*. Hanser.

Marsch, J., & Fritze, J. (2002). *Erfolgreiche Datenbankanwendung mit SQL3*. Springer.

Meier, A. (2010). *Relationale und postrelationale Datenbanken*. Springer.

Meier, A., & Kaufmann, M. (2016). *SQL- & NoSQL-Datenbanken*. Springer.

Redmond, E., & Wilson, J. R. (2012). *Sieben Wochen, sieben Datenbanken*. O'Reilly.

Schader, M. (1997). *Objektorientierte Datenbanken*. Springer.

SQL99 (1999). *Database Language SQL (SQL3)*. ISO 9075.

SQL03 (2003). *Database Language SQL*. ISO 9075.

SQL06 (2006). *Database Language SQL*. ISO 9075.

SQL08 (2008). *Database Language SQL*. ISO 9075.

SQL11 (2011). *Database Language SQL*. ISO 9075.

Stonebraker, M., & Kemnitz, G. (1991). The Postgres next generation database management system. *Communications of the ACM, 34*(10), 78–92.

Sunderraman, R. (2007). *Oracle10 Programming – A Primer*. Addison-Wesley.

Türker, C., & Saake, G. (2005). *Objektrelationale Datenbanken: Ein Lehrbuch*. Dpunkt.

Anhang

10

Die Beispieldatenbank *Bike* wird in diesem Buch zu Übungszwecken durchgängig verwendet. Diese Datenbank ist der Praxis entnommen: Der hier betrachtete Fahrradhändler kann seine Aufgaben mit dieser Datenbank verwalten, auch wenn noch Wünsche offen bleiben. Dafür ist diese Datenbank mit nur zehn Relationen sehr übersichtlich und daher optimal für den Anfänger geeignet.

Es heißt, wir lernen aus Fehlern, und so enthält die Datenbank *Bike* einige Designschwächen. Nicht jede Relation befindet sich in der 3. Normalform, auch inhaltlich ist die Datenbank *Bike* nicht immer optimal aufgebaut. Im Buch wird gezielt auf diese Problemfälle aufmerksam gemacht. Davon unabhängig sei als Übung empfohlen, die noch enthaltenen Designfehler zu identifizieren und zu beseitigen.

Dieser Anhang enthält eine Gesamtdarstellung der Beispieldatenbank *Bike*. Die Installationsskripte für diese Datenbank werden kostenlos für Oracle, MS SQL Server und MySQL im Internet unter der folgenden Adresse zur Verfügung gestellt:

http://bike.oth-regensburg.de

Auf dieser Internet-Seite sind ferner verfügbar:

- Alle PHP-Programme
- Alle Beispielprogramme zur Objektorientierung aus Kap. 9
- Die Foliensätze zu allen Kapiteln im PDF-Format
- Alle Lösungen zu den Übungsaufgaben aus Kap. 1–9
- Hinweise zur Installation von Datenbanken und zur Beispieldatenbank *Bike* mit weiteren Hinweisen.
- Installationsskript zum Bierdepot aus Kap. 1

Von dieser Internetadresse ist auch ein Zugriff auf eine Oracle-Datenbank möglich, auf der die Datenbank *Bike* installiert ist. Mit Hilfe von Select-Befehlen kann darauf jederzeit zugegriffen werden.

© Springer Fachmedien Wiesbaden GmbH 2017   339
E. Schicker, *Datenbanken und SQL*, Informatik & Praxis, DOI 10.1007/978-3-658-16129-3_10

Ein Hinweis auf diesen Download-Bereich findet sich auch auf der Internetseite zu diesem Buch beim Springer-Verlag:

http://www.springer.com/978-3-658-16128-6

Die Datenbank *Bike* selbst besitzt zwei wichtige Bereiche, die Verwaltung der Artikel und das Auftragswesen. Darüber hinaus gibt es Lieferanten-, Kunden- und Personal-Entitäten. Einen sehr guten Überblick gibt das Entity-Relationship-Diagramm der Datenbank in Abb. 10.1.

Betrachten wir zunächst die Verwaltung der Artikel: Wir erkennen eine Entität *Artikel*. Diese enthält alle Artikel, beginnend von Einzelteilen bis zum komplett montierten Fahrrad. Weiter finden wir eine Entität *Lager*, aus der der momentane Lagerbestand ersichtlich ist. Den Aufbau komplexer Artikel aus Einzelteilen erhalten wir schließlich mittels einer Beziehungsentität *Teilestruktur*. Eine vereinfachte Lieferverwaltung ist mittels der beiden Relationen *Lieferant* und *Lieferung* gegeben.

Etwas komplexer ist das Auftragswesen aufgebaut: Zunächst liegt eine Entität *Auftrag* vor, in der alle eingehenden Aufträge verwaltet werden. Sie besitzt Beziehungen zur *Kunden-* und *Personal*-Entität. Einzelheiten zu den einzelnen Aufträgen finden wir in der Entität *Auftragsposten*. Hier sind alle Einzelpositionen zu den einzelnen Aufträgen aufgeführt. Diese Beziehungsentität besitzt je eine Beziehung zu den Entitäten *Artikel* und *Auftrag*. Damit können wir in dieser Entität speichern, welche Artikel zu welchem Auftrag gehören. Der Händler baut gelegentlich Fahrräder individuell zusammen. Bei solchen

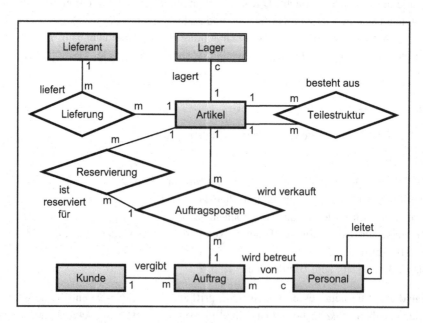

Abb. 10.1 Das Entity-Relationship-Diagramm der Bike-Datenbank

Aufträgen reserviert er die entsprechenden Zwischenartikel und vermerkt dies in der Entität *Reservierung*.

Im Entity-Relationship-Diagramm erkennen wir eine schwache Entität und vier Beziehungsentitäten. Jede Verbindungslinie entspricht genau einem Fremdschlüssel. Verwendet wird die in diesem Buch vorgestellte Notation.

Ein besonderes Augenmerk sei auf die Beziehungsentität *Teilestruktur* gerichtet. Diese Beziehungsrelation heißt Stückliste, da sie angibt, wie Artikel aus einfacheren Komponenten zusammengesetzt sind. Diese Entität *Teilestruktur* besitzt zwei Fremdschlüssel auf die Relation *Artikel*.

Das Entity-Relationship-Diagramm aus Abb. 10.1 enthält zehn Entitäten, davon vier Beziehungsentitäten. Diese Entitäten sind die Basis unserer relationalen Datenbank und werden eins zu eins in Relationen umgesetzt. Die vier Beziehungsentitäten lösen m zu n Beziehungen auf, die in relationalen Datenbanken immer als eigenständige Relationen realisiert werden. Jede der zehn Relationen besitzt einen Primärschlüssel. Jede der zwölf Verbindungslinien repräsentiert einen Fremdschlüssel. Dieser Fremdschlüssel befindet sich immer in der Relation, dem die m Beziehung zugeordnet ist. Bei der einzigen c zu 1 Beziehung zwischen den Relationen *Lager* und *Artikel* enthält die schwache Entität *Lager* den Fremdschlüssel. Das Entity-Relationship-Modell (ERM) führt also direkt zu den Relationen unserer relationalen Datenbank. Wir stellen im Folgenden diese Relationen zusammen mit Beispieldaten vor. Null-Werte werden durch den Eintrag *NULL* gekennzeichnet.

- Lieferant: Diese Relation beinhaltet als Attribute (Eigenschaften) den Firmennamen, den Wohnort, die Postleitzahl, die Straße und die Hausnummer. Zusätzlich markiert das Attribut *Sperre* in Tab. 10.1, ob ein Sperrvermerk für diesen Lieferanten vorliegt, etwa wegen Zahlungsverzögerungen in der Vergangenheit. In der Praxis werden häufig noch weitere Daten zu Statistik- oder Informationszwecken aufgenommen.

Tab. 10.1 Relation Lieferant der Beispieldatenbank

Nr	Name	Strasse	PLZ	Ort	Sperre
1	Firma Gerti Schmidtn.	Dr.Gesslerstr.59	93051	Regensburg	0
2	Rauch GmbH	Burgallee 23	90403	Nürnberg	0
3	Shimano GmbH	Rosengasse 122	51143	Köln	0
4	Suntour LTD	65 Melton Street	NULL	London	0
5	MSM GmbH	St-Rotteneckstr.13	93047	Regensburg	0

- Kunde: Diese Relation entspricht vom Aufbau der Relation *Lieferant*. Das *Sperre*-Attribut in Tab. 10.2 kennzeichnet hier, ob etwa mangels Liquidität an den Kunden noch etwas verkauft werden darf.

Tab. 10.2 Relation Kunde der Beispieldatenbank

Nr	Name	Strasse	PLZ	Ort	Sperre
1	Fahrrad Shop	Obere Regenstr. 4	93059	Regensburg	0
2	Zweirad-Center Stal.	Kirschweg 20	44267	Dortmund	0
3	Maier Ingrid	Universitätsstr. 33	93055	Regensburg	1
4	Rafa - Seger KG	Liebigstr. 10	10247	Berlin	0
5	Biker Ecke	Lessingstr. 37	22087	Hamburg	0
6	Fahrräder Hammerl	Schindlerplatz 7	81739	München	0

- Personal: Diese Relation ist ähnlich wie die Relationen *Lieferant* und *Kunde* aufgebaut. Zusätzlich sind noch das Geburtsdatum, der Familienstand, der Vorgesetzte, das Gehalt, eine persönliche Beurteilung und die Aufgabe in der Firma (Arbeiter, Vertreter, ...) aufgeführt.

In der Praxis werden meist noch weitere Daten aufgenommen, etwa das Einstelldatum, die Vorbildung und verbale Beurteilungen. Aus Platzgründen wurde die Relation *Personal* in zwei Teiltabellen (Tab. 10.3 und 10.4) aufgeteilt. Der Primärschlüssel *Persnr* ist jeweils mit angegeben, und die Attribute *Vorgesetzt* und *Beurteilung* wurden mit *Vorg* bzw. *Beurt* abgekürzt.

Tab. 10.3 Relation Personal der Beispieldatenbank (Teil 1)

Persnr	Name	Strasse	PLZ	Ort
1	Maria Forster	Ebertstr. 28	93051	Regensburg
2	Anna Kraus	Kramgasse 5	93047	Regensburg
3	Ursula Rank	Dreieichstr. 12	60594	Frankfurt
4	Heinz Rolle	In der Au 5	90455	Nürnberg
5	Johanna Köster	Wachtelstr. 7	90427	Nürnberg
6	Marianne Lambert	Fraunhofer Str. 3	92224	Landshut
7	Thomas Noster	Mahlergasse 10	93047	Regensburg
8	Renate Wolters	Lessingstr. 9	86159	Augsburg
9	Ernst Pach	Olgastr. 99	70180	Stuttgart

Tab. 10.4 Relation Personal (Teil 2)

Persnr	GebDatum	Stand	Vorg.	Gehalt	Beurt.	Aufgabe
1	05.07.79	verh	NULL	4800.00	2	Manager
2	09.07.75	led	1	2300.00	3	Vertreter
3	04.09.67	verh	6	2700.00	1	Facharbeiterin
4	12.10.57	led	1	3300.00	3	Sekretär
5	07.02.84	gesch	1	2100.00	5	Vertreter
6	22.05.74	verh	NULL	4100.00	1	Meister
7	17.09.72	verh	6	2500.00	5	Arbeiter
8	14.07.79	led	1	3300.00	4	Sachbearbeiter
9	29.03.92	led	6	800.00	NULL	Azubi

- <u>Auftrag</u>: Diese Relation (siehe Tab. 10.5) ist gegenüber den Anforderungen in der Praxis erheblich vereinfacht. Zu jedem Auftrag mit Primärschlüssel *AuftrNr* existieren nur folgende Daten: Datum, Kundennummer und Mitarbeiternummer (*Persnr*).

Tab. 10.5 Relation Auftrag der Beispieldatenbank

AuftrNr	Datum	Kundnr	Persnr
1	04.01.2013	1	2
2	06.01.2013	3	5
3	07.01.2013	4	2
4	18.01.2013	6	5
5	03.02.2013	1	2

- <u>Auftragsposten</u>: Diese Beziehungsrelation (siehe Tab. 10.6) enthält alle wichtigen Auftragsdaten. Sie nimmt in der Datenbank eine zentrale Rolle ein, da sie mit den Relationen *Auftrag* und *Artikel* in Beziehung steht. Mit der Relation *Artikel* bestehen sogar zwei Beziehungen, zum einen direkt und zum anderen über die Beziehungsrelation *Reservierung*. Im ersten Fall wird der in Auftrag gegebene Artikel gemerkt, im zweiten Fall die zu reservierenden Einzelteile.

Tab. 10.6 Relation Auftragsposten der Beispieldatenbank

PosNr	AuftrNr	Artnr	Anzahl	Gesamtpreis
101	1	200002	2	800,00
201	2	100002	3	1.950,00
202	2	200001	1	400,00
301	3	100001	1	700,00
302	3	500002	2	100,00
401	4	100001	1	700,00
402	4	500001	4	30,00
403	4	500008	1	94,00
501	5	500010	1	40,00
502	5	500013	1	30,00

- <u>Artikel</u>: In dieser Relation (siehe Tab. 10.7) wird jedes Teil durch eine Bezeichnung, einen Netto- und Bruttopreis inklusive Steuer und gegebenenfalls durch eine Maßangabe (Abmessung), die Maßeinheit (z. B. *ST* für Stück oder *CM* für Zentimeter) beschrieben. Das Attribut *Typ* spezifiziert, ob ein Endprodukt (*E*), ein zusammengesetztes Teil (*Z*) oder ein Fremdartikel (*F*) vorliegt. Fremdartikel sind Artikel, die immer von Lieferanten geliefert werden.

Tab. 10.7 Relation Artikel der Beispieldatenbank

ANr	Bezeichnung	Netto	Steuer	Preis	Farbe	Mass	Einheit	Typ
100001	Herren-City-Rad	588.24	111.76	700.00	blau	26 Zoll	ST	E
100002	Damen-City-Rad	546.22	103.78	650.00	rot	26 Zoll	ST	E
200001	He-Rahmen lackiert	336.13	63.87	400.00	blau	NULL	ST	Z
200002	Da-Rahmen lackiert	336.13	63.87	400.00	rot	NULL	ST	Z
300001	He-Rahmen geschweißt	310.92	59.08	370.00	NULL	NULL	ST	Z
300002	Da-Rahmen geschweißt	310.92	59.08	370.00	NULL	NULL	ST	Z
400001	Rad	58.82	11.18	70.00	NULL	26 Zoll	ST	Z
500001	Rohr 25CrMo4 9mm	6.30	1.20	7.50	NULL	9 mm	CM	F
500002	Sattel	42.02	7.98	50.00	NULL	NULL	ST	F
500003	Gruppe Deore LX	5.88	1.12	7.00	NULL	LX	ST	F
500004	Gruppe Deore XT	5.04	0.96	6.00	NULL	XT	ST	F
500005	Gruppe XC-LTD	6.72	1.28	8.00	NULL	XC-Ltd	ST	F
500006	Felgensatz	33.61	6.39	40.00	NULL	26 Zoll	ST	F
500007	Bereifung Schwalbe	16.81	3.19	20.00	NULL	26 Zoll	ST	F
500008	Lenker + Vorbau	78.99	15.01	94.00	NULL	NULL	ST	F
500009	Sattelstütze	4.62	0.88	5.50	NULL	NULL	ST	F
500010	Pedalsatz	33.61	6.39	40.00	NULL	NULL	ST	F
500011	Rohr 34CrMo4 2.1	3.36	0.64	4.00	NULL	2,1 mm	CM	F
500012	Rohr 34CrMo3 2.4	3.61	0.69	4.00	NULL	2,4 mm	CM	F
500013	Tretlager	25.21	4.79	30.00	NULL	NULL	ST	F
500014	Gabelsatz	10.08	1.92	12.00	NULL	NULL	ST	F
500015	Schlauch	6.72	1.28	8.00	NULL	26 Zoll	ST	F

- Teilestruktur: Diese Relation enthält zu allen Artikeln (*Artnr*) aus der Relation *Artikel*, die aus einfacheren Teilen zusammengesetzt sind, die entsprechenden Einzelteile (*Einzelteilnr*). Das Attribut *Anzahl* gibt die Anzahl der benötigten Einzelteile an, und das Attribut *Einheit* bezieht sich auf die Maßeinheit des Einzelteils. Besteht ein Artikel aus mehreren verschiedenen einfachen Teilen, so werden entsprechend viele Tupel in dieser Relation eingetragen. Diese Relation *Teilestruktur* (siehe Tab. 10.8) entspricht einer einfachen Stückliste, die in der Praxis häufig vorkommt.

Tab. 10.8 Relation Teilestruktur der Beispieldatenbank

Artnr	Einzelteilnr	Anzahl	Einheit
100001	200001	1	ST
100001	500002	1	ST
100001	500003	1	ST
100001	400001	1	ST
100001	500008	1	ST
100001	500009	1	ST
100001	500010	1	ST
100002	200002	1	ST
100002	500002	1	ST
100002	500004	1	ST
100002	400001	1	ST
100002	500008	1	ST
100002	500009	1	ST
100002	500010	1	ST
200001	300001	1	ST
200002	300002	1	ST
300001	500001	180	CM
300001	500011	161	CM
300001	500012	20	CM
300001	500013	1	ST
300001	500014	1	ST
300002	500001	360	CM
300002	500011	106	CM
300002	500012	20	CM
300002	500013	1	ST
300002	500014	1	ST
400001	500007	2	ST
400001	500006	1	ST
400001	500015	2	ST

- Lager: Diese Relation (siehe Tab. 10.9) enthält neben dem Artikel den Lagerort und den Bestand. Weiter wird ein Mindestbestand, die Anzahl der reservierten sowie der bereits bestellten Teile gespeichert. Nicht jedes in der Relation *Artikel* angegebene Teil muss in dieser Relation enthalten sein. Teile, die weder auf Lager, noch reserviert oder bestellt sind, brauchen hier nicht aufgeführt zu werden.

Tab. 10.9 Relation Lager der Beispieldatenbank

Artnr	Lagerort	Bestand	Mindbest	Reserviert	Bestellt
100001	001002	3	0	2	0
100002	001001	6	0	3	0
200001	NULL	0	0	0	0
200002	004004	2	0	0	0
300001	NULL	0	0	0	0
300002	002001	7	0	2	0
400001	005001	1	0	0	0
500001	003005	8050	6000	184	0
500002	002002	19	20	2	10
500003	001003	15	10	0	0
500004	004001	18	10	0	0
500005	003002	2	0	0	0
500006	003004	21	20	0	0
500007	002003	62	40	0	0
500008	003003	39	20	1	0
500009	002007	23	20	0	0
500010	001006	27	20	1	0
500011	001007	3250	3000	161	0
500012	004002	720	600	20	0
500013	005002	20	20	2	0
500014	005003	27	20	1	0
500015	002004	55	40	0	0

- Reservierung: Diese Relation (siehe Tab. 10.10) gibt darüber Auskunft, welche Artikel für welchen Auftragsposten reserviert wurden. Diese Beziehungsrelation besitzt je einen Fremdschlüssel auf die Relationen *Artikel* und *Auftragsposten*, die zusammen den Primärschlüssel bilden. Ein weiteres Attribut speichert die Anzahl der einzelnen reservierten Artikel.

Tab. 10.10 Relation Reservierung der Beispieldatenbank

Posnr	Artnr	Anzahl
101	300002	2
201	100002	3
202	500001	180
202	500011	161
202	500012	20
202	500013	1
202	500014	1
301	100001	1
302	500002	2
401	100001	1
402	500001	4
403	500008	1
501	500010	1
502	500013	1

- Lieferung: Diese Relation (siehe Tab. 10.11) gibt an, welche Artikel von welchem Lieferanten in welcher Lieferzeit geliefert werden. Zusätzlich werden der Nettoeinkaufspreis und die laufenden Bestellungen vermerkt.

Tab. 10.11 Relation Lieferung der Beispieldatenbank

ANr	Liefnr	Lieferzeit	Nettopreis	Bestellt
500001	5	1	6.50	0
500002	2	4	71.30	10
500002	1	5	73.10	0
500003	3	6	5.60	0
500003	4	5	6.00	0
500003	2	4	5.70	0
500004	3	2	5.20	0
500004	4	3	5.40	0
500005	4	5	6.70	0
500006	1	1	31.00	0
500007	1	2	16.50	0
500008	1	4	83.00	0
500009	1	2	4.10	0
500009	2	1	4.60	0
500010	1	3	35.20	0
500011	5	1	3.10	0
500012	5	1	3.40	0
500013	1	4	21.00	0
500014	1	5	9.20	0
500015	1	1	6.20	0

Sachverzeichnis

© Springer Fachmedien Wiesbaden GmbH 2017
E. Schicker, *Datenbanken und SQL*, Informatik & Praxis, DOI 10.1007/978-3-658-16129-3